Sozialwissenschaften und Berufspraxis

Reihe herausgegeben vom
Berufsverband Deutscher Soziologinnen und Soziologen e.V.

Die Reihe Sozialwissenschaften und Berufspraxis wendet sich an Personen mit sozialwissenschaftlichem Hintergrund, die ihre Erkenntnisse im beruflichen Alltag nutzen bzw. selbst an der Genese sozialwissenschaftlicher Erkenntnisse beteiligt sind. Darüber hinaus wendet sich die Reihe an Personen, die ihre sozialwissenschaftlichen Kenntnisse an Hochschulen oder auch in einem nicht akademischen beruflichen Umfeld erwerben, anwenden oder weitergeben. Veröffentlicht werden in den Sammelbänden, die in der Regel einmal im Jahr erscheinen, sozialwissenschaftlich reflektierte empirische und theoretische Beiträge aus unterschiedlichen gesellschaftlichen Handlungsfeldern. Damit macht die Reihe Sozialwissenschaften und Berufspraxis da weiter, wo die renommierte wissenschaftliche Fachzeitschrift des BDS gleichen Namens, kurz SuB, Ende 2015 aufgehört hat.

Herausgeber der Reihe Sozialwissenschaften und Berufspraxis ist der Berufsverband Deutscher Soziologinnen und Soziologen e.V. (BDS). Der BDS vertritt die beruflichen und berufspolitischen Interessen von Absolventinnen und Absolventen soziologischer und sozialwissenschaftlicher Studiengänge. Der Verband arbeitet mit einem wissenschaftlichen Kreis von Herausgeberinnen und Herausgebern zusammen:

Prof. Dr. Birgit Blättel-Mink, Goethe-Universität Frankfurt am Main (Sprecherin)

M.A. Torsten Noack, Stuttgart

Prof. Dr. Corinna Onnen, Universität Vechta

Prof. Dr. Michael Opielka, ISÖ – Institut für Sozialökologie, Siegburg

Dr. Katrin Späte, Universität Münster

apl. Prof. Dr. Rita Stein-Redent, Universität Vechta

Weitere Bände in der Reihe http://www.springer.com/series/15715

Hans-Werner Franz · Christoph Kaletka
(Hrsg.)

Soziale Innovationen lokal gestalten

Springer VS

Herausgeber
Hans-Werner Franz
Berufsverband Deutscher Soziologinnen
und Soziologen e.V.
Dortmund, Deutschland

Christoph Kaletka
Sozialforschungsstelle Dortmund
Technische Universität Dortmund
Dortmund, Deutschland

Sozialwissenschaften und Berufspraxis
ISBN 978-3-658-18531-2   ISBN 978-3-658-18532-9   (eBook)
https://doi.org/10.1007/978-3-658-18532-9

Die Deutsche Nationalbibliothek verzeichnet diese Publikation in der Deutschen National-
bibliografie; detaillierte bibliografische Daten sind im Internet über http://dnb.d-nb.de abrufbar.

Springer VS
© Springer Fachmedien Wiesbaden GmbH, ein Teil von Springer Nature 2018

Gedruckt auf säurefreiem und chlorfrei gebleichtem Papier

Springer VS ist ein Imprint der eingetragenen Gesellschaft Springer Fachmedien Wiesbaden GmbH
und ist ein Teil von Springer Nature
Die Anschrift der Gesellschaft ist: Abraham-Lincoln-Str. 46, 65189 Wiesbaden, Germany

Vorwort des BDS-Vorstands und des Herausgeberkreises

Die SuB ist wieder da.

Als Schriftenreihe „Sozialwissenschaften und Berufspraxis" bei Springer VS. Formal wird die Reihe herausgegeben vom BDS Berufsverband Deutscher Soziologinnen und Soziologen im Verbund mit einem Herausgeberkreis, dessen Sprecherin Birgit Blättel-Mink ist.

Der Kreis der Herausgeber/innen besteht insgesamt aus: Prof. Dr. Birgit Blättel-Mink, Goethe-Universität Frankfurt am Main (Sprecherin); M.A. Torsten Noack, Stuttgart; Prof. Dr. Corinna Onnen, Universität Vechta; Prof. Dr. Michael Opielka, ISÖ – Institut für Sozialökologie, Siegburg; Dr. Katrin Späte, Universität Münster (als Vertreterin des Vorstands des BDS); apl. Prof. Dr. Rita Stein-Redent, Universität Vechta.

Die Reihe „Sozialwissenschaften und Berufspraxis" wendet sich wie die frühere Zeitschrift an Personen mit sozialwissenschaftlichem Hintergrund, die ihre Erkenntnisse sowohl im beruflichen Alltag nutzen bzw. selbst an der Genese sozialwissenschaftlicher Erkenntnisse beteiligt sind als auch ihre sozialwissenschaftlichen Kenntnisse an Hochschulen oder auch in einem nicht akademischen beruflichen Umfeld anwenden oder weitergeben. Die Sammelbände erscheinen in der Regel einmal im Jahr und enthalten sozialwissenschaftlich reflektierte empirische und theoretische Beiträge aus unterschiedlichen gesellschaftlichen Handlungsfeldern. Damit tritt die Reihe Sozialwissenschaften und Berufspraxis die Nachfolge der 2015 eingestellten renommierten wissenschaftlichen Fachzeitschrift SuB des BDS an.

Die *Themenschwerpunkte* der einzelnen Bände sowie deren jeweilige HerausgeberInnen werden durch den Kreis der HerausgeberInnen festgelegt. Dabei ist vorgesehen, die thematischen Schwerpunkte der im zweijährigen Turnus stattfindenden Tagung für Angewandte Sozialwissenschaften des BDS mit zu berücksichtigen.

Jeder Band der Reihe „Sozialwissenschaften und Berufspraxis" umfasst mehrere *Rubriken*:

• Hauptbeiträge (20-25 Seiten; 30 bis 40 Tsd. Zeichen)
• Aus der Praxis der empirischen Forschung (auch für Qualifikationsarbeiten; 12-15 Seiten; 20-25 Tsd. Zeichen)
• Von Praxen und Projekten (Berichte aus der soziologischen Praxis; 12-15 Seiten; 20 – 25 Tsd. Zeichen)
• Glossar (jede Autorin/jeder Autor wird gebeten, vier bis fünf zentrale Begriffe zu nennen und kurz zu erläutern; auch mit Literatur; Datensätzen; Links zum Weiterlesen)

Die einzelnen Beiträge werden durch Mitglieder des BDS und der DGS begutachtet (double blind peer review). Die Auswahl und Ansprache übernehmen die Herausgeber/innen des jeweiligen Bandes.

Der erste Band der neuen Reihe wird von Hans-Werner Franz (BDS) und Christoph Kaletka (Sozialforschungsstelle der TU Dortmund) herausgegeben und umfasst vorwiegend Beiträge der XIX. Tagung für Angewandte Sozialwissenschaften des BDS, die vom 9.-11. Juni 2017 in Dortmund stattfand und von BDS und sfs gemeinsam veranstaltet wurde.

Der BDS hat sich schon im Vorfeld der Frankfurter Tagung des Jahres 2015 vorgenommen, sich künftig stärker mit dem Themenfeld der sozialen Innovation zu beschäftigen. Ein wichtiger Grund dafür ist die Einsicht, dass der BDS sich mitverantwortlich machen muss für den Erhalt der Demokratie und einer offenen, innovationsfreundlichen Gesellschaft und Kultur in Deutschland. Die Professionalität der sozialwissenschaftlichen Expertise zu verbinden mit der Erneuerungsfähigkeit und -freudigkeit ist uns ein Bedürfnis und Aufgabe zugleich. Nach der Tagung verabschiedeten die Gremien des BDS ein Strategiepapier, in dem der BDS seine eigene Entwicklung mit der der sozialen Innovation (als Praxis und Forschung) verbindet. Darin heißt es, – ganz im Sinne des auch bisher schon propagierten Anspruchs, die „PraxisSoziologie" zu vertreten – der BDS wolle mindestens auf mittlere Sicht „im engen Schulterschluss mit einem aufstrebenden Thema und, was wichtiger ist, mit einer expandierenden wissenschaftlichen und praktischen Community paktieren, der sich perspektivisch viele Mitglieder des BDS zugehörig fühlen können. Da Thema und Community auch programmatisch gestalterischen Anspruch erheben, würde der BDS sich zum ersten Mal über seine Berufsverbandseigenschaft hinaus mit einem positiv belegten gestalterischen Impetus identifizieren." Zugleich hoffen wir natürlich, dass damit noch mehr SozialwissenschaftlerInnen den Weg zu einer Mitgliedschaft im BDS finden.

Diese Ausrichtung wird den Herausgeberinnen und Herausgebern als Anregung und hoffentlich zu keiner Zeit als Beschränkung dienen. In diesem Sinne wünschen wir der neuen Reihe mit dem alten Namen alles Gute.

Für den Vorstand: Bernd Vonhoff, Hans-Werner Franz
Für den Herausgeberkreis: Birgit Blättel-Mink

Inhalt

Teil 2 Ökosysteme sozialer Innovation entdecken und entwickeln

Einleitung

Hans-Werner Franz und Christoph Kaletka

Soziale Innovation ist, wenn Viele etwas anders machen. Diese einfache Definition, die der BDS mit dem Aufruf für die Frankfurter Tagung für Angewandte Sozialwissenschaften in die Welt gesetzt hat, ist ungenau. Sie könnte auch für sozialen Wandel gelten, der die Summe vieler Innovationen, darunter auch sozialer, ist. Damals sollte diese einfache Formel die Einstiegsschwelle in ein noch relativ neues Forschungsgebiet niedrig setzen und die breite Anschlussfähigkeit zu sozialwissenschaftlicher Forschung und Praxis verdeutlichen. Sie sollte ausdrücken, dass sich das Neue immer nur als Veränderung gesellschaftlicher Gewohnheiten und Verhaltensweisen durchsetze, wobei sich jeweils interessierte gesellschaftliche Bereiche als aktive Wirkungszusammenhänge betätigten. Verständiges Nachmachen unter Anpassung an die jeweiligen sozialen Situationen und Erfordernisse mache aus guten Ideen und Ansätzen allmählich neue soziale Praktiken: soziale Innovationen. Diese (zu) einfache Definition sollte auch sagen, dass eine Innovation nur dann als solche gelten kann, wenn sie sich in der Tat für Viele als vorteilhaft erwiesen hat und vielfach praktiziert wird.

Mit der Thematik „Soziale Innovationen lokal gestalten" für die Dortmunder Tagung in 2017 wollten wir genauer hinschauen. Im Aufruf zu Tagung und Sammelband hieß es daher:

- Welche Bedingungen, welche Prozesse führen dazu, dass bestimmte soziale Innovationen aufgegriffen werden, andere nicht? Welche Akteurskonstellationen eignen sich am ehesten? Welche Kooperationen werden eingegangen, um innovative Projekte zu starten und zum Erfolg zu führen?
- Wie können wir als Sozialwissenschaftlerinnen und Sozialwissenschaftler das Verstehen und die Entwicklung sozialer Innovationsprozesse erleichtern? Welche Rollen spielen wir selbst im jeweiligen Kontext? Welcher theoretischen

© Springer Fachmedien Wiesbaden GmbH, ein Teil von Springer Nature 2018
H.-W. Franz und C. Kaletka (Hrsg.), *Soziale Innovationen lokal gestalten*,
Sozialwissenschaften und Berufspraxis,
https://doi.org/10.1007/978-3-658-18532-9_1

und methodischen Hilfsmittel bedienen wir uns dabei? Welche Aufgabe kommt sozialwissenschaftlicher Expertise generell bei lokalen Innovationsprozessen zu?

• Welche sozialwissenschaftlich reflektierten Beispiele sozialer Innovationen in Städten, Gemeinden und Regionen können wir dazu vorstellen?

Die in diesem Band enthaltenen Beiträge befassen sich systematisch mit einer oder gleich mehreren dieser Fragen. Sie sind das Ergebnis eines längeren Sichtungs-, Auswahl- und Korrekturprozesses. Ursprünglich hatten uns 37 Angebote erreicht, 28 davon haben wir erbeten; 20 sind nun hier versammelt; bei den einen ist das Leben, bei anderen der Tod naher Angehöriger dazwischengekommen; bei wieder anderen hat die Qualität des Beitrags nicht gestimmt. Mit dieser nun vorliegenden Auswahl bieten wir Ihnen einen in zwei thematische Bereiche strukturierten, aktuellen Einblick in die gestaltende (Forschungs-) Praxis sozialer Innovation auf lokaler Ebene.

1   Innovation, das erfolgreiche Neue

Wir wissen, dass nicht aus allen guten Ideen und Ansätzen, „neuen Kombinationen und Figurationen von sozialen Praktiken" (Howaldt et al. 2014, S. 9) verallgemeinerte und Institutionalisierungsprozesse nach sich ziehende soziale Praktiken werden; eine Vielzahl bleibt einfach auf der Strecke. Anders gesagt: Nicht alles, was wir innovativ finden, wird Innovation. Das Adjektiv „innovativ", mit dem wir viele neuartige Ideen und Initiativen etikettieren, beinhaltet also eine Beurteilung, eine Erwartungshaltung und Wertaussage. Das Wort „Innovation" hingegen trifft eine objektive Feststellung, die empirisch belegbar ist. Eigentlich müssten wir also sagen: Nicht alles, was wir einmal innovativ gefunden haben, ist Innovation geworden. Irgendwann im Verlaufe der Entwicklung, Erprobung oder Verbreitung einer neuen Idee oder Invention ist der Faden abgerissen, nicht von anderen aufgenommen und weitergesponnen worden, nicht zum Bestandteil des sozialen Gewebes geworden. So hat die größte *soziale* Innovation unserer Zeit, das Worldwide Web auf der Basis der *technischen* Innovation Internet, das, was uns als Menschen wesentlich ausmacht, unsere Kommunikationsformen, objektiv und empirisch unzweifelhaft feststellbar von Grund auf verändert, ohne dass wir uns dem noch entziehen könnten, selbst wenn wir wollten. Diese soziale Innovation ist innerhalb von weniger als zwei Jahrzehnten zur Grundlage der Weltwirtschaft und für Milliarden von Menschen mit E-Mail, Mobiltelefon-Anwendungen und den sogenannten sozialen Medien auch in ihrem privaten Leben strukturprägend geworden – ob es uns gefällt oder nicht. Damit vergleichbar ist nur die Erfindung der Druckpresse durch Gutenberg vor fast 580 Jahren und die damit verbundene grenzenlose Reproduzierbarkeit von gedrucktem Wissen, die zur Entwicklung unserer Bildungs- und Wissenschafts-systeme geführt hat, ein Prozess, der – zwischenzeitlich verstärkt und beschleunigt durch Radio und Fernsehen – bis heute nicht abgeschlossen ist und der nun unter Verwendung der neuen Medien extrem beschleunigt vorangetrieben wird. Die gar nicht mehr so neuen sozialen Kommunikationsmedien bauen also nicht nur auf jener alten Innovation auf, sondern verhelfen ihr nun auch an jenen Bildungs-fronten zum Vordringen, wo sie bislang noch versagt hatten. Der Vergleich der beiden Diffusionszeiten – 20 vs. 580 Jahre – vermittelt auch einen Eindruck von der Beschleunigung von Veränderung, mit der wir heute konfrontiert sind und die viele, vor allem ältere Menschen häufig überfordert. Für einen großen Teil der Menschheit hingegen, insbesondere für junge Menschen, ist das WWW mittler-weile schon keine Innovation mehr, sondern selbstverständlicher Bestandteil einer gewandelten Welt, in die sie hineingeboren wurden.

2   Mehr soziale Innovation braucht mehr Sozialwissenschaft

Aus der Sicht der Sozialwissenschaften ist es dieser Diffusions- und Adaptations-prozess von Innovationen, sozialen und technischen, der für uns interessant, „span-nend" ist, wie wir gerne sagen. Aufgrund unseres Berufs sind wir häufig in solche Diffusionsprozesse involviert: weil wir die betreffende Idee interessant oder gar gut finden und sie als Auftragnehmer oder durch wissenschaftliche Begleitung und deren Arbeitsergebnisse fördern wollen; weil wir mit ihrer, meist öffentlich geförderten, wissenschaftlichen Untersuchung unseren Lebensunterhalt verdienen; weil wir mit Umfragen und Erhebungen zum Thema oder gar mit dem Monitoring oder mit einer Evaluation betraut wurden; weil die Vielzahl der empirischen Untersuchungen und deren reflektierte Veröffentlichung uns selbst zu neuen wissenschaftlichen Analy-sen und theoretischen Erklärungen über gesellschaftliche Veränderungsprozesse, aber auch über unsere eigene Praxis, führen. *Der Sammelband soll,* so hatten wir im Call for Papers gesagt, *das Verstehen sozialer Innovationsprozesse erleichtern, für das Verhalten in solchen Prozessen qualifizieren und den Diskurs über die Rolle der Sozialwissenschaften in, für und bei sozialen Innovationsprozessen vor Ort be-fördern.* Solche Anwendungsfälle haben wir in diesem Band versammelt. „Soziale Innovationen lokal gestalten" ist ein reichhaltiger Band geworden, der zeigt, wie vielfältig involviert Sozialwissenschaft mit ihren Theorien und Methoden praktisch werden kann und wird, wie sie soziale Veränderungsprozesse unterstützen, verbessern und bereichern kann; aber eben auch, wie sie ihr theoretisches Verständnis sozialer Prozesse und ihre methodische Kreativität an ihnen bereichern kann; und zu guter Letzt, wie wir selbst als wissenschaftliche Begleiter solcher Prozesse uns durch deren Beobachtung und Analyse bereichern und davon lernen, auch daran wachsen können.

Zwei thematische Schwerpunkte lassen sich feststellen, die sich, verteilt über eine Vielzahl von sozialen Handlungsfeldern, durch die meisten Beiträge ziehen. Da ist zum einen die Beobachtung und Untersuchung von *Diffusionsprozessen* konkreter sozialer Neuerungen und zum anderen das Nachdenken über die *Rahmenbedingungen oder „Ökosysteme"*, unter denen diese innovativen Praktiken zum Tragen kommen können oder konnten. Daher haben wir diese beiden Schwerpunkte auch zu den Hauptteilen des Buches gemacht. Verbunden mit diesen beiden Schwerpunkten werden durch alle Beiträge hindurch sozialwissenschaftliche Theorien und Methoden zur Analyse und zum Verständnis dieser Prozesse und Strukturen im jeweiligen Anwendungskontext herangezogen oder neu kombiniert und tragen so ihrerseits zu originellen Ansätzen und Kombinationen sozialwissenschaftlicher Praxis bei.

Den Auftakt macht jedoch ein Beitrag, der weder dem einen noch dem anderen Schwerpunkt zuzuordnen ist, weil er einen ordnenden Überblick verschafft über die weltweite Landschaft sozialer Innovationen und zugleich den Grundstein legt für die beiden folgenden Teile des Bandes. *Antonius Schröder* von der Sozialforschungsstelle Dortmund leitet das EU-Projekt SI-DRIVE, das u. a. versprochen hat, ein weltweites Mapping von sozialinnovativen Projekten und Initiativen zu leisten. In seiner Zusammenfassung legt er Wert auf die Feststellung, dass der soziale Wandel gestaltet werden müsse und dazu „die Beteiligung von Nutzern und Begünstigten … ein zusätzliches zentrales Element" sei. „Um das Innovationspotenzial der gesamten Gesellschaft zu aktivieren, zu fördern und zu nutzen," sei „es notwendig, soziale Innovationen als Teil eines neuen Innovationsparadigmas zu verstehen und ihre Rahmenbedingungen entsprechend zu verbessern. Dies beinhaltet ein (sozial) innovationsfreundliches politisches Umfeld ebenso wie die Weiterentwicklung problem- und lösungsbezogener Ökosysteme sozialer Innovationen." Er schließt mit einer Aufforderung an die (Sozial-) Wissenschaften, sich in diesem Feld verstärkt zu engagieren, die man jedoch auch lesen kann als Forderung an die Politik auf allen Ebenen, entsprechende Bedingungen hierfür zu schaffen. Die Ergebnisse des weltweiten Mappings hätten auch gezeigt, dass für die Schaffung eines förderlichen Klimas für soziale Innovationen „eine höhere Einbindung von Forschungs- und Bildungseinrichtungen in die Initiativen im Sinne eines umfassenden Ökosystems erforderlich ist – einschließlich neuer Formen der Wissenserzeugung sowie der Co-Kreation von Wissen zwischen Wissenschaft, Praktikern und Innovatoren."

3 Diffusionsprozesse beobachten und begleiten

Wie nicht anders zu erwarten, sind Evaluation und Monitoring sowie damit verbundene Erhebungskonzepte zentrale Begleitfunktionen, mit denen sozialwissenschaftliche Expertise sozialinnovative Ansätze fachlich unterstützen können. Dabei ist es zunächst unerheblich, ob man dem jeweiligen als innovativ etikettierten Ansatz neutral oder mit Sympathie gegenübersteht. Entscheidend sind die wissenschaftliche Verlässlichkeit und Validität der Methoden und Instrumente, die hier entwickelt und zur Verfügung gestellt werden.

„Wenn mit Hilfe des Instrumentariums Wirkungen und Nutzen der Quartiersarbeit wissenschaftsbasiert, systematisch und nachvollziehbar dargestellt werden können, kann dadurch die ‚Diffusion' sozialräumlicher Konzepte kommunaler Pflege- und Sorgepolitik in Regelstrukturen unterstützt werden." So formulieren es *Stephanie Funk und Dieter Zisenis*, die in diesem Kapitel den ersten Beitrag stellen. Wir haben diesen Beitrag an den Anfang des Kapitels gestellt, weil hier mit kritischem Blick theoretisch und methodisch wohlbegründet ein Instrumentarium zur Evaluation und Selbstevaluation alterns- und altengerechter Quartiersentwicklung vorgestellt wird, das sich vor allem „einer auf Professionalität (der Quartiersentwickler/innen, die Hg.) bezogenen Wirkungsorientierung verpflichtet" fühlt und sich absetzt von Konzepten sozialer Innovation als Reparatur- und Kompensationsbetrieb, bei denen „Wirkungsorientierung und Messbarkeit der Effekte von sozialen Dienstleistungen … insbesondere vor dem Hintergrund rückläufiger staatlicher Finanzierungen und der Generierung privater und nichtstaatlicher Ressourcen eingefordert" werden. Konkret geht es darum, „neue Unterstützungs-, Pflege- und Sorgestrukturen insbesondere für Hochaltrige und Pflegebedürftige zu entwerfen und zu etablieren. Im Fokus stehen dabei die Wünsche älterer Menschen, auch bei eintretenden Beeinträchtigungen so lange wie möglich in ihrem vertrauten Wohnumfeld leben zu können, und die Verbesserung der Lebenssituation im Quartier für Ältere, Hochaltrige und Personen mit besonderem Pflege- und Unterstützungsbedarf und für die Personen aus ihrem familiären und außerfamiliären Hilfenetzwerk, insbesondere pflegende Angehörige."

Der Beitrag von *Mathias Cuypers, Jens Maylandt und Bastian Pelka* widmet sich ebenfalls der Wirkungsanalyse. Er untersucht – durchaus selbstkritisch – die Reichweite und Intensität des Impacts der von ihnen selbst entwickelten und betriebenen europäischen Online-Plattform I-Linc zur Bekämpfung der Arbeitslosigkeit und der Förderung von Beschäftigungsfähigkeit von Jugendlichen. Anders als *Funk und Zisenis*, die sich vor allem auf die klassischen Evaluationsgrundlagen der DGEval berufen, wird hier mit dem Anschluss an die Diffusionstheorie von Rogers (2003) und die Vierfachhelix von Carayannis und Campbell (2012) eine

empirische Wirkungsanalyse vorgelegt, die sich theoretisch zudem am Fünfeck
sozialer Innovation (Social Innovation Pentagon) von Howaldt et al. (2014) orientiert.
Als Innovation wird hier die soziale Plattform betrachtet, wobei sie mit Pelka und
Kaletka (2011) davon ausgehen, „dass es sich bei sozialen Medien wie Blogs, Wikis
oder Foren weniger um technologische Innovationen handelt, sondern dass vor
allem neue soziale Praktiken der Kooperation, Kommunikation und der verteilten
und inkrementellen Produktion Charakter stiftend für soziale Medien sind. Die
Innovation ist also weniger auf Ebene des technischen Artefakts zu identifizieren,
sondern in der Antwort auf die Frage, was Menschen mit diesem tun. Diese Analyse
betont die Impact-Dimension, indem sie feststellt, dass für die Verbreitung sozialer
Medien nicht neue Technologie, sondern eine breitere Nutzerzahl notwendig sei."

Die drei folgenden Beiträge widmen sich sehr unterschiedlichen Ausprägungen
sozialer Innovation. Sie sind darauf gerichtet, Nachhaltigkeit dadurch zu erzielen,
dass Dinge geteilt und damit intensiver und meist auch länger genutzt werden, als
wenn sie im individuellen Besitz genutzt würden. Wichtig aus unserer Sicht ist bei
allen drei Beiträgen der Umstand, dass sie aufzeigen, wie sozialwissenschaftliche
Ansätze und Methoden nicht nur die Verbreitung (Status) erheben, sondern auch
die weitere Verbreitung (Prozess) der Innovation mit wissenschaftlichen Ergebnissen
unterstützen können, ohne dass die AutorInnen ihre wissenschaftliche Neutralität
aufgeben. In allen Fällen wird sauber zwischen der erklärten Absicht, die Innovation
zu fördern, und dem Einsatz der Erhebungs- und Messinstrumente unterschieden.

Selbstevaluation und ihre Tauglichkeit für lokale Verbraucherinitiativen ist ein
Fokus des Beitrags von *Jonas Grauel, Johannes Gorges, Myriam Stenger und Arno
Becker*. Sie untersuchen sehr genau die Bedingungen, unter denen Selbstevaluation
eher von Vorteil oder eher schwierig einzusetzen ist. Als eher vorteilhaft erweist sie
sich für „außengerichtete" Initiativen, als eher schwierig und selbstlernorientiert für
„innengerichte". Für diese Unterscheidung von innen- und außengerichtet bedienen
sie sich als weiterem Fokus der grundlegenden soziologischen Unterscheidung von
Gesellschaft und Gemeinschaft und zeigen auf, wie diese für die Betrachtung von
lokalen Verbraucherinitiativen relevant ist und analytisch fruchtbar gemacht werden
kann. Insbesondere wird herausgearbeitet," dass der Wunsch vieler Initiativen, den
Gemeinschaftsgedanken zu stärken, oft auch an praktische Grenzen stößt, weil (sie)
tief in die moderne Gesellschaft eingebettet bleiben."

Eine soziale Marktanalyse legen *Georg Sunderer, Konrad Götz und Wiebke
Zimmer* für die rasch wachsende Carsharing-Branche vor. Sie untersuchen die
Nutzungsbreite und -tiefe sowie die Nutzenüberlegungen im Hinblick auf zwei
Carsharing-Varianten, des stationsbasierten Carsharings einerseits und des sta-
tionsunabhängigen oder flexiblen Carsharings andererseits. Zudem fragen sie
danach, ob Elektroautos besser oder schlechter bei den Nutzern ankommen als

Verbrennungsautomobile. Neben vielen anderen empirischen Ergebnissen zeigt die Studie, dass Menschen über 60 und solche mit niedrigem Bildungsniveau nur sehr wenig für Carsharing übrighaben.

Geteiltes Nutzen von Gebrauchsgegenständen ist auch bei dem Beitrag von *Alexandra Jaik* Gegenstand der Untersuchung, nur geht es hier nicht um Autos, sondern um Werkzeuge, Haushaltsgeräte oder Reisezubehör. Die soziale Innovation besteht dabei eher im geteilten Nutzen als in der spezifischen Form der Leihläden oder Leilas, Bibliotheken der Dinge oder Sharing Depots, die quer durch Europa aufgesucht und typisiert wurden. Als Spezifikum des Beitrags ist hervorzuheben, dass „vorwiegend die Angebotsseite, nicht die Perspektive der Nutzer im Fokus" steht. Die Autorin untersucht vor allem die Ausbreitungsbedingungen dieser Verbraucherbewegung in Europa ebenso wie in Übersee.

Vor der Kulisse des demographischen Wandels zeigen die beiden folgenden Beiträge am Beispiel alter und/oder dementer Menschen die Interdependenz von technischen Neuerungen und ihrer jeweiligen sozialen Einbettung und Nutzungsform auf. *Stefanie Wiloth und Johannes Eurich* untersuchen sehr kritisch die Potenziale ebenso wie die Probleme für die soziale Situation, die durch innovative technische Unterstützungssysteme als Bestandteil einer alterns- und demenzfreundlichen Versorgungsstruktur entstehen. Konkret geht es „um die (sozialen) Nutzungsformen vor allem von computergestützten Applikationen, insbesondere von Tablet-PCs" für das gesamte Beziehungsgeflecht im Umfeld von alten und teilweise auch dementen Menschen. Dabei ist klar, dass angesichts der defizitären Versorgungstrukturen im Pflegebereich solche Unterstützungssysteme immer weiter auf dem Vormarsch sind und durch weitere Anpassungen ihre Potenziale noch wachsen werden.

Während *Wiloth und Eurich* noch betonen, dass technische Unterstützungssysteme „nicht als ein Ersatz für zwischenmenschliche Interaktion und Pflegepersonal verstanden werden dürfen", geht es beim Beitrag von *Claudia Obermeier* genau darum: um das soziale Verhältnis zwischen Mensch und Roboter, um Kooperation. Sie analysiert am Beispiel von Pflegerobotern, wie technische Innovationen in eine bestimmte soziale Situation, die von Vereinsamung bedrohter alter Menschen, hineingeplant werden und deren soziale Situation verändern, wobei Sozialität hier sowohl das Verhältnis von alten Menschen und Pflegerobotern als auch das Verhältnis zwischen alten Menschen, Pflegediensten und Pflegerobotern meint. „Im Zentrum der Betrachtungen stehen humanoide Roboter, die in der eigenen Häuslichkeit der Senior*innen zum Zwecke der Interaktion mit dem Ziel der Reduktion des Isolations- und Vereinsamungsempfindens zum Einsatz kommen und überdies Unterstützung bei einfachen pflegerischen Aufgaben leisten können." Es wird gezeigt, dass „Menschen sich auf eine per se sozial konnotierte Situation

mit einem Roboter einlassen" und „dass Roboter in menschenähnlicher Gestalt
mit Werten belegt werden, die einer menschlichen Person zugeschrieben werden."
Während die Diffusion dieser kombinierten Formen von technischer und sozialer
Innovation im Wesentlichen über Marktmechanismen in dem von Personalmangel
geprägten, aber gleichwohl auf Jahrzehnte expansiven Pflegesektor läuft, beschreibt
Laura Tahnee Rademacher den „Weg zur Institutionalisierung sich neu formierender
gesellschaftlicher Prozesse", womit sie vor allem die Gleichstellung von Männern
meint. Sie setzt daran an, dass Gleichstellung zwar beide Geschlechter meint, jedoch lange Zeit vor allem als Gleichstellung von Frauen verstanden und praktiziert
wurde, während Männer eher als „Problemgruppe" gesehen wurden: „als Straftäter,
Bildungsverlierer, als Risikofaktoren für sich und andere." Mit Institutionalisierung
wird hier der Prozess (vorwiegend am Beispiel von Münster) beschrieben, wie sich
differenziertere und ausgewogenere Gleichstellungsvorstellungen und Politikan-
sätze im Zusammenspiel von zivilgesellschaftlichen Initiativen und kommunalen
Akteuren durchsetzen und in welcher Weise sich dabei sozialwissenschaftliche
Interpretations- und auch Handlungsmuster als hilfreich erweisen.

Dass sich auch auf dem Land weit ab von den großen Städten, den Hotspots der
Innovation, etwas ändert und wer dabei welche Rolle spielt oder spielen kann, das
ist Gegenstand zweier Beiträge, die unterschiedlicher nicht sein könnten. Der eine,
von *Christoph Schubert*, untersucht „Soziale Innovationen im ländlichen Raum" und
geht der Frage nach, wie „Zivilgesellschaft und kommunale Verwaltungsstruktur
als begünstigende und hemmende Faktoren" wirken können. Daher haben wir
ihn dem nächsten Buchteil über Ökosysteme sozialer Innovation zugeordnet. Der
Beitrag von *Peter Biniok und Stefan Selke* hingegen stellt – ganz im Sinne unseres
Calls, der auch nach der Rolle von SozialwissenschaftlerInnen fragt – Ergebnisse und
Erfahrungen aus zwei Projekten vor, bei denen die Autoren ihren eigenen Zugang
zu sozialinnovativen Aktivitäten im Südschwarzwald schildern. Sie bezeichnen ihn
als „Soziale Bricolage vor dem Hintergrund regionaler Disparitäten und lokaler
Engagementkulturen", wobei sie „transformative Wissenschaft und Praxisforschung
als Orientierungsrahmen" darlegen und sich selbst dabei als „als aktive Gestalter
im Reallabor" sehen. Ausführlich schildern und begründen sie ihren methodischen
Pragmatismus, weshalb sie eben auch von „Bricolage" sprechen, was französisch
so viel heißt wie basteln, handwerken oder *do it yourself*. Sie verstehen diese Form
der „Praxisforschung" als „eine Form (lokaler) Mikropolitik". „Der dabei erzielte
symmetrische Forschungskontakt entspricht dem Ideal einer nicht autoritativen
Wissenschaft, die den inneren Zusammenhang von Erfahrung, Erforschen und
Erkennen (auch für Wissenschaftler) betont."

In ganz ähnlicher Absicht, aber weitaus weniger pragmatisch propagiert *Robert
Jende* seine „Performative Soziologie als öffentliche Aktionsforschung", womit er

eine „Ästhetik des Sozialen" andeuten möchte. „Das Erkenntnisinteresse liegt darin, soziale *Transformationen im Vollzug* und die Bedingungen und das Entstehen sozialer Innovationen zu verstehen. Ziel ist es, für eine öffentliche Aktionsforschung neue Räume demokratischen Experimentierens zu erschließen, Öffentlichkeiten aktiv herzustellen und den Forschenden Mittel und Wege für transformierende Interventionen an die Hand zu geben. Öffentlichkeit soll dabei nicht als Sprachraum, etwa als eine kommunikative Sphäre der Konsensbildung, verstanden werden, sondern als *Versammlung* der Leiber an einem Ort." Es geht *Jende* um das Schaffen von Ereignissen und Erlebnissen, was er am Beispiel des „Cornerns", des sich massenhaft an einer Ecke Treffens, ähnlich wie bei *flash mobs*, wobei jedoch häufig etwas zur Aufführung kommt. Hier ist der Kontext jedoch der Protest gegen Gentrifizierungsprozesse. Der Beitrag endet mit „sieben Postulaten öffentlicher Aktionsforschung".

Toya Engel, Katharina Klindworth und Jörg Knieling haben sich in völlig anderer Weise einem im Grunde ganz ähnlichen Gegenstand gewidmet. Sie untersuchen die „Einflüsse von Pionieren auf gesellschaftliche Transformationsprozesse", und zwar in Hamburg und im Handlungsfeld Energie. Auch hier wird die Massierung der nachhaltigen Nutzung von Energie als öffentliche Angelegenheit betrieben, und einzelne Personen spielen dabei eine Pionierrolle. Dieser Ansatz „verknüpft das Systemverständnis der Transition Theory mit der Schlüsselrolle von Individuen und Gruppen, die als Innovatoren auf gesellschaftliche Veränderungsprozesse wirken können. Im Mittelpunkt stehen dabei die persönlichen Eigenschaften dieser Individuen." Auch hier wird also die Transitionstheorie (u. a. Grin et al. 2010; Geels 2005, Geels und Schot 2007) als tragender Theorieansatz und deren Begriffswelt zur analytischen Durchdringung des Phänomens Pioniere und Pionierhandeln als Innovationstreiber genutzt. Dabei rekurrieren sie teilweise auch auf die neue Blüte des Genossenschaftswesens in Verbindung mit der Energiewende (Bürgerenergiegenossenschaften).

Auch *Dietmar J. Wetzel und Sanna Frischknecht* gehen einer Renaissance des in der Schweiz verbreiteten Genossenschaftswesens nach, indem sie gemeinschaftlich-kooperative Wohnformen in der Deutschschweiz als soziale Innovationen deuten. Als Interpretationsrahmen haben sie eine praxeologische Konzeption von Innovation und Diffusion gewählt, die ausführlich vorgetragen wird. Diese argumentative Aufbereitung der Innovationsdebatte begründet u. a., warum im empirisch-analytischen Teil der „Blick nicht isoliert auf die konkreten Praktiken, die Wohnformen, Ideen und Modelle des Zusammenlebens" gerichtet wird. Vielmehr fragen sie danach, „wie die konkreten Praktiken in Narrativen integriert werden und dadurch diskursiv zum Tragen kommen." Sie zeigen, wie die jungen Gemeinschaftsbauprojekte „an bewährte und etablierte Strukturen und Organisationsformen öffentlichkeitswirksam anknüpfen" und dadurch „nicht nur zur Wiederbelebung der Genossenschaftsbewegung, sondern auch zu deren Wahrnehmung als innovative Akteure auf dem Wohnungsmarkt" beitragen.

Üblacker/Schreiber steigen ebenfalls auf der Quartiers- und Nachbarschaftsebene ein. Ein Spezifikum des Beitrags besteht darin, dass er das Ergebnis eines „Folkwang LAB, einem experimentellen Lehrformat der Folkwang Universität der Künste in Essen", ist, wobei sozialwissenschaftliche als auch gestalterische Herangehensweisen und Methoden zusammengebracht werden. In einem segregierten, von Gentrifizierungsprozessen bedrohten Stadtteil Essens soll die Nachbarschaft mit ihren neuen und alteingesessenen Bewohnern durch das Eingreifen der studentischen Projektbeteiligten für die unterschiedlichen Sichtweisen auf das Viertel sensibilisiert werden. „Um diese Gruppen miteinander in Verbindung zu bringen und dadurch das soziale Miteinander in der Nachbarschaft zu fördern, schuf das partizipative Projekt „Wir sind Nachbarn" einen Rahmen, innerhalb dessen sich Nachbarn und Studierende über Ideen zum sozialen Miteinander in der Nachbarschaft verständigten und diese dann gemeinsam umsetzten." Neben der Projektbeschreibung mit detaillierten Angaben zur Methodik enthält der Beitrag auch Reflexionen über „Chancen der Zusammenarbeit von Soziologie und Gestaltung".

Der letzte Autor dieses Buchteils, *Hans-Werner Franz*, knüpft an die (nicht nur) im Bereich der sozialen Innovation verbreitete Situation an, dass Forschende zu Akteuren und Akteure zu Forschenden werden. Er bezeichnet dieses Phänomen „bewusst doppeldeutig als Social Science Production": „als Prozess der Erzeugung sozialwissenschaftlichen Wissens, zugleich als Prozess der sozialen Erzeugung von Wissen, an dem alle diejenigen beteiligt sind, die im Rahmen eines Projekts Wissen und Erfahrung sammeln, adaptieren und einer neuen Anwendung oder neuem Wissen zuführen. Anders gesagt: Forschungs- und Innovationsprozess sind zumindest zeitweise nur analytisch voneinander zu trennen." In diesem Prozess erhalten die forschenden SozialwissenschaftlerInnen eine neue Rolle. Sie werden zu Verantwortlichen eines zielgerichteten sozialen Prozesses, in dem sie nicht mehr nur Fragen stellen und Antworten oder Diskussionsprozesse beobachten, dokumentieren und analysieren, sondern nicht selten selbst die Verantwortung dafür übernehmen, dass die Beteiligten vom Reden zum Entscheiden und zur Vorbereitung von Handlungen kommen. „Der Prozess der Hinführung und Vorbereitung auf eine neue Praxis, der für die Beteiligten der Projektkulisse im Vordergrund steht, wird für die WissenschaftlerInnen zum Kontext der Gewinnung von Daten, Informationen und Wissen. Damit ihr wissenschaftliches Projekt realisiert werden kann, sind sie häufig in der Rolle, dafür zu sorgen, dass sich das Beteiligungsprojekt weiter entfaltet. Dafür benötigen die involvierten ForscherInnen Kompetenzen, die sie in der Regel weder während des Studiums noch in einem traditionellen

Forschungskontext erwerben können." *Franz*, selbst viele Jahre in dieser Art der empirischen Sozialforschung aktiv, stellt eine Reihe von einfachen Instrumenten vor, mit denen SozialwissenschaftlerInnen ihre neue Rolle als Facilitators effektiver und effizienter gestalten können.

4 Ökosysteme sozialer Innovation entdecken und entwickeln

Im Tagungsband der VXIII. Tagung für Angewandte Sozialwissenschaften zum Thema „Soziale Innovation Verstehen" hatte Birgit Blättel-Mink (2015, S. 187) bei der Untersuchung der „Diffusionsprozesse sozialer Innovationen" gefragt, ob „sich so etwas wie ein nationales oder regionales ,soziales Innovationssystem' denken" lasse. Während es mit einer Reihe von Initiativen wie der Erklärung zu „sozialen Innovationen für Deutschland" (2014) inzwischen gelungen ist, das Verständnis von Innovation auf der programmatischen Ebene der Bundesregierung aufzubohren und um den sozialen Aspekt zu erweitern (vgl. BMBF 2014 und Howaldt et al. 2017), ist auf der regionalen Ebene ganz praktisch sehr viel im Fluss. Dieser Frage nach dem sozialen Innovationssystem auf der regionalen Ebene, also den Rahmenbedingungen der lokalen und regionalen Innovationsansätze und -prozesse, ihrer Impulse und Dynamiken, gehen die Autorinnen und Autoren der Beiträge des zweiten Teils nach, die einen ganz gezielt, die anderen eher beiläufig, jedoch nicht minder produktiv in ihren Beobachtungen.

Ein empirisches Beispiel für ein solches, sozial geprägtes Innovationssystem präsentierte *Hans-Werner Franz* auf der Dortmunder Tagung, die diesem Sammelband als Anlass diente, mit der Präsentation zum „Dortmunder Konsens" (Franz 2017). Entstanden aus der nicht selten von Filz geprägten Tradition der Montanmitbestimmung in den Städten des Ruhrgebiets haben es Politik und Zivilgesellschaft in Dortmund geschafft, die korporatistische Konsenskultur umzuwandeln in eine relativ offene Netzwerkkultur des „Ärmel hochkrempeln" und des „Strukturwandel gemeinsam schultern", die Gernot Grabher (1994) einmal als Kultur der „kontrollierten Redundanz" bezeichnet hat. Auslöser (Trigger) dieser Entwicklung, die Dortmund zur wahrscheinlich erfolgreichsten Ruhrgebietsstadt gemacht hat, waren die Gründung der Universität Dortmund 1968 und die Gründung des Technologiezentrums Dortmund im Jahr 1983. Die TU Dortmund gehört heute zu den erfolgreichsten jungen Universitäten in Deutschland und weltweit, und das TZDO ist mit weit über 12.000 Arbeitsplätzen einer der immer wieder prämierten fünf erfolgreichsten Science Parks in Europa. Dass diese innovativen

Pflanzungen so reichhaltige Früchte tragen konnten, lag – so die These von *Franz* – an einem alle gesellschaftlichen und politischen Lager umschließenden Klima des Konsenses, das nach seiner Öffnung ein fruchtbar sprudelndes Ideenspektrum zu kombinieren wusste mit der Entschlossenheit des gemeinsamen Anpackens nach Beendigung der Debatte. Die Stadt Dortmund hat dies durch die Erweiterung ihrer demokratischen und Verwaltungsstrukturen um ein Netzwerkgeflecht innovativer regionaler Governance-Strukturen zu nutzen gewusst (vgl. hierzu auch den Beitrag von Evers/Kleinfeld in diesem Band) und so den Strukturwandel substantiell wie methodisch innovativ gestaltet. Dortmund ist heute entgegen den Prognosen vieler Wissenschaftler wieder eine rasch wachsende Stadt, deren Erwerbsbevölkerung inzwischen das Niveau der besten Beschäftigungsjahre vor dem Strukturwandel übertroffen hat.

Überhaupt: Die meisten Neuerungen finden in unseren Städten statt. Städte sind Kristallisationsraum sozialer Innovationen. Hier treten nicht nur die meisten Probleme in gehäufter und konzentrierter Form auf, hier finden sich auch am ehesten Menschen, die Lösungsideen entwickeln und vorantreiben. In den Städten kreuzen sich nicht nur viele Einflüsse, hier verbreiten sie sich auch am schnellsten. Besonders große Städte mit ihren großen Verwaltungen, Institutionen und Unternehmen und vor allem mit ihren vielfältigen Stadtgesellschaften vernetzen sich oft auch eher, um voneinander zu lernen, wobei sie nicht selten gleichzeitig im Wettbewerb miteinander stehen. Die öffentliche Verwaltung und die Verantwortlichen von großen Städten beobachten moderne Trends in anderen Städten und imitieren diese, allerdings nicht in Form einer unreflektierten Übernahme, sondern in vielfältigen Anpassungen an ihre eigenen Rahmen- und Handlungsbedingungen (Czarniawska 2009). Wenn es also darum geht, wo soziale Innovationen ihren fruchtbarsten Nährboden finden, dann sind wir in den Städten am richtigen Ort.

Dmitri Domanski und Christoph Kaletka sind mit ihrem Beitrag auf der Suche nach einem Konzept für Ökosysteme sozialer Innovation, mehr noch: Sie wollen „lokale Ökosysteme sozialer Innovation verstehen und gestalten". Deshalb stehen sie am Anfang dieses Buchteils über die Entdeckung und Entwicklung von regionalen sozialen Innovationssystemen. Sie sprechen von Ökosystemen sozialer Innovation, weil analog zum biologischen Begriff des Ökosystems „nicht nur individuelle und organisierte Akteure, sondern auch die förderlichen und hemmenden Rahmenbedingungen, unter denen sie handeln", in den Blick genommen werden. Diese Begrifflichkeit hat sich zudem in weiten Teilen der internationalen Diskussion zum Thema wildwüchsig durchgesetzt. Die Autoren haben die vielen verschiedenen Ansätze zur Erklärung der Erfolgs- und Misserfolgsbedingungen sozialer Innovationen zusammengetragen und kritisch gesichtet und ein vorläufiges Konzept formuliert, das die gezieltere Skalierung, d. h. die Förderung von Wachstum und Verbreitung sozialinnovativer Ansätze leichter planbar macht. Aber auch sie kommen zu dem Schluss, dass „weitere theoretische wie empirische Arbeiten zu Ökosystemen sozialer Innovation … notwendig (sind), um Phänomene wie besagte Skalierungsprobleme besser zu verstehen, um Initiativen in unterschiedlichen Phasen des Innovationsprozesses angemessen zu fördern und um praktikable Governance-Modelle für das Zusammenspiel von Sektoren und Intermediären zu entwickeln. Ebenso wird es besser möglich zu verstehen, warum manche Initiativen florieren und sich dauerhaft behaupten und warum andere scheitern."

Matthias Wörlen und Tobias Hallensleben stellen sich die gleichen Fragen wie *Domanski und Kaletka*. Auch sie setzen beim Verhältnis zwischen individuellen und kollektiven Kompetenzen einerseits, institutionellen Rahmenbedingungen andererseits an. Um beide wirksam handelnd miteinander zu verbinden, nehmen sie das Konstrukt der „Institutionellen Reflexivität" zu Hilfe (Moldaschl 2005, 2006) und entwickeln es nun „mit Blick auf die Verarbeitung urbaner Entwicklungsherausforderungen" weiter. „Im Wesentlichen geht es dabei um Reflexivität als Kompetenz bzw. als Vermögen, etwas zu tun – als generatives Potential, wirksam zu handeln." Dabei halten sie die „Konzepte der ‚Institutionellen Reflexivität', der ‚Reflexivität als subjektive Kompetenz' und der ‚Ko-Evolution subjektiver und institutioneller Reflexivität' … auf sozial-räumliche Konfigurationen" für anwendbar, „solange die Elemente dieser Konfigurationen ein gewisses Maß wechselseitiger Bezüglichkeit – …Systemhaftigkeit… – aufweisen." Als Fallbeispiel, um diesen theoretischen Zugang durchzuspielen, präsentieren sie die „Transformation der Regenwasserbewirtschaftung am Beispiel Hannover-Kronsberg", zugleich ein „hoch-relevantes Feld nachhaltiger Stadtentwicklung, denn die Umgestaltung der Regenabwasserinfrastruktur stellt eine komplexe Herausforderung dar, der sich aktuell viele Großstädte stellen müssen." Dabei analysieren sie, dass die im Rahmen des Projekts „Hannover-Kronsberg" gefundenen vorbildlichen Lösungen vor allem dem hohen Innovationsdruck unter dem Einfluss des Großereignisses Expo 2000 in Hannover zu verdanken sind. Die Planungen für das neue Stadtviertel liefen unter hohem Zeit- und Erfolgsdruck; dabei mussten der Umweltdezernent und der Amtsleiter Stadtentwässerung trotz unterschiedlicher Zielorientierungen und eines persönlich gespannten Verhältnisses kooperieren und zudem die 17 Bauunternehmen für 22 Wohneinheiten koordinieren, die mit dieser komplexen Art der Regenwassernutzung und -entsorgung keinerlei Erfahrungen hatten. Die für Hannover-Kronsberg entwickelten Lösungen fanden seitdem in vielen Städten Nachahmer, z. B. auch in dem völlig neu geplanten Phoenix-See-Viertel in Dortmund, das auf dem Areal des früheren Stahlwerks Phoenix-Ost um einen dort neu geschaffenen See entstanden ist (Franz 2017).

Auch der Beitrag von *Janina Evers und Ralf Kleinfeld* reflektiert, wie man in einer Region das komplexe Geflecht unterschiedlicher Akteure in eine Art regionaler Innovationsgovernance einbinden kann. Der Beitrag diskutiert zunächst „Regionalmanagement" selbst als soziale Innovation und gibt darauf aufbauend einen Überblick über „die Verknüpfung von Regional Governance und Transition Management als Grundlage für die Etablierung neuer Akteursbeziehungen in Regionen als soziale Innovation auf der Metaebene." Governance wird hier in Verbindung mit Innovation folgerichtig als strategisches Konzept mit Zielorientierung verstanden. „*Ziel* ist es, gemeinsam erkannte Probleme zu bearbeiten oder gemeinsam definierte Ziele zu erreichen. Somit stellt sich Governance als ein Mix aus Wettbewerbs- und Kooperationslogik dar, der nicht den Repräsentations- und Legitimationsverpflichtungen demokratisch verantwortlicher, territorial definierter Gebietskörperschaften unterliegt." „Regional Governance-Netzwerke", deren Teilnehmer sich aus Politik, Verwaltung, Unternehmen, Verbänden und anderen zivilgesellschaftlichen Vertretern rekrutieren, kennen nicht nur Interessengegensätze, sondern auch Mentalitätsunterschiede. „Die strategische Lenkung solcher Diskussionsprozesse stellt eine große Herausforderung für das Management von Regional Governance dar. Hier liegt einer der wichtigsten Gründe, die dafür sprechen, das Konzept von Regional Governance um das des Transition Managements zu erweitern und soziale Innovationen durch neue Interaktionsarenen zu etablieren". Auch hier wird also auf die maßgeblich in den Niederlanden entwickelte Transitionstheorie (Geels und Schot 2010) und speziell auf das Konzept des Transition-Management zurückgegriffen (Van Buuren und Loorbach 2009; Loorbach 2010). Im Anschluss an die theoretische Diskussion werden der in einem Projekt entwickelte Handlungsleitfaden und ein Weiterbildungskonzept für die Moderation von Akteursnetzwerken vorgestellt (vgl. hierzu auch Franz und Sarcina 2009).

„Altengerechte Quartiersentwicklung" stand am Anfang des ersten Buchteils, wo *Stephanie Funk und Dieter Zisenis* mit Blick auf den demographischen Wandel ein Evaluations- und Selbstevaluationskonzept für die Quartiersentwicklung vorstellten. Der Beitrag von *Frank Schulz* über ein „Community Center als Antwort auf soziale Probleme in benachteiligten Stadtteilen" ist vordergründig stark auf die Projektmethodik und den Projektverlauf ausgelegt und wäre sicherlich auch gut im Diffusionsteil des Buches aufgehoben. Aber bei genauerer Lektüre sagt er, wie auch der Beitrag von *Funk* und *Zisenis*, sehr viel über Erfolgs- und Misserfolgsfaktoren von „sozialer Innovation im Quartier" – so seine Hauptüberschrift – aus, analysiert die Akteurskonstellationen und gibt so einen sehr konkreten Einblick in die komplexen Prozesse der Beeinflussung und Entwicklung eines Problemquartiers und die damit verbundenen Lernprozesse bei allen Beteiligten. Reflexivität ist auch hier wie bei *Matthias Wörlen und Tobias Hallensleben* ein zentrales

Element, auch wenn es nicht theoretisch entfaltet wird. Aber sie erweist sich als prozessstrukturierendes Postulat und zugleich als eingebautes Steuerungselement der wissenschaftlich beratenden Prozessbegleitung. Damit präsentiert sich das Management des Quartiersentwicklungsprozesses als beeindruckendes Beispiel für Transition Management (vgl. den Beitrag von *Janina Evers und Ralf Kleinfeld*).

Zentraler Gegenstand und damit die eigentliche soziale Neuerung, die sich in vielen Städten vollzieht und systematische Beobachtung verdient, ist die Umwandlung von (große Teile der Woche leerstehendem) Schulraum und damit auch von Schule als Institution in eine Bildungs- und Entwicklungsressource für einen Stadtteil, in ein Bürgerzentrum oder Quartierszentrum oder eben ein Community Center.

Wir haben zwar deutlich gesagt, dass die Musik der Innovation vor allem in den Städten spielt, aber das schließt ja nicht aus, dass auch auf dem Land Einschlägiges passiert. *Christoph Schubert* ist sogar der Meinung, dass die zunehmend defizitäre Situation auf dem Land eine Situation erzeuge, „die das Entstehen sozialer Innovationen begünstigt." Denn die Lebensbedingungen auf dem Land abseits der Metropolregionen haben sich in den letzten Jahrzehnten sehr stark verändert. „Abgesehen von wenigen wachsenden Regionen sind sie meist und insbesondere in den neuen Bundesländern von Abwanderung, Alterung und damit verbundenen Konsequenzen, wie einer ständig bedrohten Infrastrukturausstattung, gekennzeichnet." Wer dort weiter gut leben will, muss sich also etwas einfallen lassen. Grund genug für *Christoph Schubert,* „Zivilgesellschaft und kommunale Verwaltungsstruktur als begünstigende und hemmende Faktoren" sozialer Innovationen im ländlichen Raum zu untersuchen. Er weist zunächst auf ein weitverbreitetes Dilemma hin. Viele Bürger erwarten von den staatlichen Strukturen, dass sie selbst bei extremen „Peripherisierungsprozessen" noch für eine ausreichende Infrastruktur sorgen, beschweren sich jedoch, dass sie dafür weitere Wege zu Schulen und Krankenhäusern in Kauf nehmen müssen. Von staatlicher und politischer Seite wiederum wird oft „mehr bürgerschaftliches Engagement" verlangt. „Dazu gehört oft auch die Übernahme von Verantwortung in ländlichen Räumen. Diese Verantwortungszuschreibung wird von vielen EinwohnerInnen ländlicher Räume als Zumutung gewertet, denn Aufgaben, die in dichter besiedelten Regionen der Staat übernimmt, sollen im ländlichen Raum teilweise auf die BürgerInnen übertragen werden." Tatsächlich lässt sich jedoch auch eine Tendenz der EinwohnerInnen ländlicher Gemeinden zur „Selbstresponsibilisierung" oder „Selbstaktivierung" beobachten. Anhand von drei Fällen in verschiedenen Teilen Deutschlands (Sachsen-Anhalt, Bayern, Rheinland-Pfalz) untersucht *Schubert*, welche fördernden und hemmenden Faktoren Akteure auf der staatlichen Seite (Bürgermeister, Verwaltungen) und auf der zivilgesellschaftlichen Seite (Individuen, Vereine, Initiativen) in Bewegung bringen bzw. sie davon abhalten, sich zu bewegen.

Eine vergleichbare Analyse für Städte wäre sicher ebenso spannend. Vielleicht gäbe es dann eine genauere Antwort auf die Frage, warum von den Ruhrgebietsstädten gerade Dortmund die Tradition der Montanmitbestimmung so fruchtbar hat werden lassen.

5   Zum guten Schluss

Quer durch alle unsere Beiträge zieht sich die Erkenntnis, dass bei sozialen Innovationen die Dreifach-Helix von Wissenschaft, Wirtschaft und staatlichen Akteuren, erweitert um die Komponente Zivilgesellschaft, zur Vierfach-Helix wird. Es liegt auf der Hand, dass bei sozialen Innovationen, wie eingangs gesagt wurde, „interessierte gesellschaftliche Bereiche als aktive Wirkungszusammenhänge" agieren. Das ist jedoch doppeldeutig, was an dem Begriff „wirken" liegt. Zum einen wirken die Bürger (der Zivilgesellschaft) aktiv mit, wenn es darum geht, neue Ideen hervor- und Initiativen voranzubringen, und zum anderen sind sie das entscheidende Umfeld, an dem Wirkung als Ergebnis zu messen ist. Es kann die Entstehung und Verbreitung sozialer Innovationen durch Neugier, Wagemut und eine Bereitschaft zum Ausprobieren befördern oder sie durch Ablehnung oder mangelndes Interesse ins Leere laufen lassen. Hier erweitert sich das Konzept der „absorptive capacity" (Cohen und Levinthal 1990), das in der klassischen Innovationsforschung die Fähigkeit und Bereitschaft von Unternehmen beschreibt, externes Wissen aufzunehmen und sich auf Veränderung einzulassen; in Ökosystemen sozialer Innovation sind es insbesondere die Bürgerinnen und Bürger und die organisierte Zivilgesellschaft, deren Offenheit manche Initiativen erfolgreich macht und deren Skepsis andere verkümmern lässt.

Zwar ist auch bei technischen Innovationen, die meist aus der Wissenschaft kommen, sei es der akademischen oder der angewandten der Ingenieure in der Wirtschaft, die Gesellschaft der aktive Wirkungszusammenhang, der über Erfolg oder Misserfolg entscheidet. Schließlich sind auch Markt und Politik nur Chiffren für Sphären der Gesellschaft. So trivial es klingen mag: Es gibt nichts Menschliches, was nicht auch gesellschaftlich wäre. Insofern ist jede Innovation sozial. Aber bei sozialen Innovationen ist die Zivilgesellschaft meist auch die oder eine Quelle des Neuen; und es ist die Zivilgesellschaft, sei es in ihren ureigensten Vergesellschaftungs- und Vergemeinschaftungsformen, sei es über Mechanismen wie Veröffentlichung, Markt und Politik – auf welchem Weg jeweils auch immer –, die durch Nachmachen (Adoption) und Anpassen an eigene Nutzungszwecke (Adaptation) neue Ideen zu neuen Praktiken und schließlich zur allgemein geübten

Praxis macht. Wo nötig macht die Politik dann Gesetze und andere allgemeine Regeln (Institutionen) daraus. Und mit der Verallgemeinerung einer Praktik hört die Innovation auf, eine zu sein. Oder anders gesagt: Die Menschen machen ihre eigene Geschichte. Denn was für die Alten neu ist, sind für die Jungen die unmittelbar vorgefundenen, gegebenen und überlieferten Umstände, unter denen sie für sich Neues schaffen.

Ebenso deutlich wird jedoch auch aus vielen Beiträgen, dass es immer das Zusammenwirken unterschiedlicher Bereiche der Gesellschaft, in der Breite wie in der Tiefe, ist, das soziale Innovationsprozesse ausmacht. Aus der Organisationsentwicklung wissen wir, dass man, um das Verhalten von Menschen zu ändern, die Verhältnisse ändern muss, und zwar am besten unter Beteiligung der Menschen, die ihr Verhalten ändern sollen. So ist das auch bei sozialen Innovationen. Da wo Innovationsmanagement analysiert oder postuliert wird, ist immer von Vernetzung und immer von Mehrebenenmodellen die Rede; die Vierfach-Helix ist dafür nur eine weitere Metapher. Das ist darin begründet, dass soziale Innovation immer etwas mit Lernen zu tun hat: beim Nachmachen, weil man den Nutzen für sich selbst erkennen muss, beim angepassten Nachmachen, weil man das Praktische am Neuen und die eigene Nutzensicht zu etwas seinerseits Neuem zusammenbringen muss. Und erst recht hat es mit Lernprozessen oder Reflexivität zu tun, wenn aus Vorsicht oder Beharrungsvermögen (der Bürger, der Verwaltungen, der Wirtschaft und, klar, auch der Wissenschaft) in Quartierskontexten, Städten und Regionen Ausprobieren und womöglich Andersnutzen, Andersmachen oder Andersleben werden soll. Das Ziel von Lernen ist die Verbesserung der eigenen Fähigkeit zur Lebensbewältigung. Und es sind die Lernenden, die darüber entscheiden, was und wieviel sie lernen. Soziale Innovation ist immer auch das Ergebnis eines Lernprozesses und muss daher auch als solcher untersucht werden.

Von *Antonius Schröder* ebenso wie von *Domanski und Kaletka* wissen wir aus der weltweiten Erhebung des Projekts SI-DRIVE, dass die Seite der Wissenschaft in Initiativen sozialer Innovation oft kaum oder gar nicht eingebunden ist, jedenfalls erheblich weniger als bei technischen Innovationen. Es fällt auf, dass die Wissenschaft auch bei den Regional Governance-Netzwerken, wie sie von *Janina Evers und Ralf Kleinfeld* vorgestellt werden, nicht auftaucht, obwohl die Beiden doch selbst an einem solchen Projekt beteiligt sind oder waren. Ingenieuren würde das nicht passieren.

Dieser Band ebenso wie die Tagung von BDS und Sozialforschungsstelle der TU Dortmund sollten aber genau das zeigen: dass Sozialwissenschaften für soziale Innovationen nicht nur Beobachter und Begleiter, sondern mit ihren spezifischen Angeboten Lernhelfer, Werkzeugkasten, selbst Wegbereiter sein können. Ihre theoretischen Angebote helfen, Strukturen, Verhältnisse und Prozesse besser zu verstehen, ihre methodischen Angebote können nicht nur zum Zählen, Messen und Vergleichen genutzt werden, sondern auch zum Lernen, Bessermachen, Schaffen. Aber auch das hat sich in vielen Beiträgen gezeigt: Sozialwissenschaften, die sich sozialen Innovationen zuwenden, müssen hierzu lernen, Wissen sozial zu schaffen, will sagen, unter Beteiligung der Menschen, die ihre Lebensumstände verbessern wollen. Gesellschaftswissenschaften, die sich nicht auch als Wissenschaften für die Gesellschaft verstehen, braucht kein Mensch.

Literatur

Blättel-Mink, B. 2015. Diffusionsprozesse sozialer Innovationen erforschen. *Sozialwissenschaften und Berufspraxis (SuB)* 38, Nr. 2: 177–192.

BMBF (Hg.). 2014. Die neue Hightech-Strategie – Innovationen für Deutschland. https://www.bmbf.de/pub_hts/HTS_Broschure_Web.pdf. Zugegriffen: 10. Oktober 2017.

Carayannis, E. G., und David F.J. Campbell. 2012. *Mode 3 Knowledge Production in Quadruple Helix Innovation Systems: 21st-Century Democracy, Innovation, and Entrepreneurship for Development.* New York/Dordrecht/Heidelberg/London: Springer.

Cohen, W. M. und D. A. Levinthal. 1990. Absorptive capacity: A new perspective on learning and innovation. *Administrative Science Quarterly* 35, Nr. 1: 128–152.

Czarniawska, B. 2009. Gabriel Tarde und die Verwaltung von Großstädten. In *Soziologie der Nachahmung und des Begehrens: Materialien zu Gabriel Tarde*, Hrsg. C. Borch und U. Stäheli, 372–396. Frankfurt am Main: Suhrkamp.

Howaldt, J., R. Kopp, A. Schröder, H. Kopf, und S. Müller (Hg.). 2014. Erklärung „Soziale Innovationen für Deutschland" 2014, Version 2.0. http://www.sfs.tu-dortmund.de/cms/Medienpool/small_publications/Erklaerung_Soziale_Innovationen.pdf. Zugegriffen: 10. Oktober 2017.

Franz, H.-W. 2009. Social Science Production or Social Innovation by Social Production of Science. In *Non-Technological and Non-Economic Innovations. Contributions to a theory of robust innovation*, Hrsg. S. Roth, 93–105. Bern: Peter Lang.

Franz, H.-W., und R. Sarcina. 2009. *Building Leadership in Project and Network Management – A Facilitator's Tool Set.* Dordrecht/Berlin/Heidelberg/New York: Springer.

Franz, H.-W. 2017. Präsentation: Der Dortmunder Konsens. Common Sense for Common Wealth. XiX. Tagung für Angewandte Sozialwissenschaften, Dortmund, 9.-11. Juni 2017. http://bds-soz.de/wp-content/uploads/2017/06/F01_Franz.pdf. Zugegriffen am 11. September 2017.

Geels, F.W. 2005. Processes and patterns in transitions and system innovations: Refining the co-evolutionary multi-level perspective. *Technological Forecasting and Social Change* 72, Nr. 6: 681–696.

Geels, F.W., und J. Schot. 2007. Typology of sociotechnical transition pathways. *Research Policy* 36, Nr. 3: 399–417.

Grin, J., J. Rotmans, und J. Schot (2010). *Transitions to Sustainable Development, New Directions in the Study of Long Term Transformative Change*. New York, London: Routledge.

Grabher, G. 1994. Lob der Verschwendung: Redundanz in der Regionalentwicklung: Ein sozioökonomisches Plädoyer. https://www.econstor.eu/handle/10419/122876. Zugegriffen am 11.9.2017.

Howaldt, J., A. Butzin, D. Domanski, und C. Kaletka. 2014. *Theoretical Approaches to Social Innovation. A Critical Literature Review*. A deliverable of the project: "Social Innovation: Driving Force of Social Change" (SI-DRIVE). Dortmund: Sozialforschungsstelle. https://www.si-drive.eu/wp-content/uploads/2014/11/D1_1-Critical-Literature-Review_final.pdf. Zugegriffen am 4. September 2017.

Howaldt, J., R. Kopp, S. Böschen, und B.-J. Krings (Hg.). 2017. Broschüre „Innovationen für die Gesellschaft – Neue Wege und Methoden zur Entfaltung des Potenzials Sozialer Innovationen". http://www.sfs.tu-dortmund.de/Publikationen/Broschuere_Innovationen_fuer_die_Gesellschaft.pdf. Zugegriffen am 10. Oktober 2017.

Loorbach, D. 2010. Transition Management for Sustainable Development. A prescriptive, complexity-based Governance Framework. *Governance – An international Journal of Policy administration and institution 23*: 161–183

Moldaschl, M. 2005. Audit-Explosion und Controlling-Revolution. Zur Verstetigung und Verselbständigung reflexiver Praktiken in der Wirtschaft. *Soziale Welt* 56: Nr. 2–3, 267–294.

Moldaschl, M. 2006. Innovationsfähigkeit, Zukunftsfähigkeit, Dynamic Capabilities. *Managementforschung* 16: 1–36.

Pelka, B. und C. Kaletka. 2011. WEB 2.0 revisited: user-generated content as a social innovation. *International Journal of Innovation and Sustainable Development* 5: Nr. 2–3, 264–275.

Rogers, E. M. 2003. *Diffusion of Innovations*. New York: Free Press.

Van Buuren, A., und D. Loorbach. 2009. Policy innovation in isolation? Conditions for policy renewal by transition arenas and pilot projects. *Public Management Review* 11: Nr. 3, 375–392.

Soziale Innovation Weltweit: Ergebnisse des Global Mapping im Projekt SI-DRIVE

Antonius Schröder

1 Soziale Innovationen auf dem Weg zum Mainstream

Soziale Innovationen sind auf dem Vormarsch. Sowohl Praktiker und Politikvertreter als auch die Wissenschaft sind sich verstärkt darin einig, dass technologische Innovationen allein nicht die überwiegend sozialen und ökonomischen Herausforderungen moderner Gesellschaften lösen werden und können. „Ein einseitig nur auf Technologie ausgerichtetes Innovationsverständnis begrenzt das Lösungsspektrum. Ohnehin sind komplexe Probleme mit technischen Innovationen allein nicht zu lösen. Bildung, gesellschaftliche Integration … brauchen vor allem neue Denkweisen … und veränderte (soziale) Praktiken. Die Potenziale neuer Technologien lassen sich nur dann entfalten, wenn diese in die Veränderungen sozialer Praktiken eingebettet sind. Insofern brauchen wir eine ganzheitliche Perspektive, in der sich technologische und soziale Innovationen gegenseitig verstärken und so zur Lösung der großen gesellschaftlichen Herausforderungen beitragen." (Erklärung „Soziale Innovationen für Deutschland" 2014, S. 2).

Vor diesem Hintergrund entstehen vermehrt soziale Innovationen mit neuen Lösungen für aktuelle Problemlagen. Soziale Innovationen im Sinne der Entwicklung neuer Praktiken zur Gestaltung sozialer Veränderungen sind allgegenwärtig und tragen zur gesellschaftlichen Entwicklung bei.

> „Soziale Innovationen treten in ganz unterschiedlichen Formen in unserer Gesellschaft auf und nehmen Einfluss auf unser Leben: Sie verändern die Art und Weise, wie wir zusammenleben (Wohngemeinschaften), konsumieren (Car-Sharing) oder Wohlstand verteilen (progressive Steuergesetzgebung). Sie verändern Machtverhältnisse in der Gesellschaft (Frauenbewegung) und der Wirtschaft (Arbeitnehmervertretungen). Sie sorgen für neue Formen der Zusammenarbeit zwischen Menschen (Lebensarbeitszeitkonten), Organisationen (Private-Public-Partnerships) und Staaten (Freizügigkeitsabkommen). Initiiert werden können soziale Innovationen in verschie-

© Springer Fachmedien Wiesbaden GmbH, ein Teil von Springer Nature 2018
H.-W. Franz und C. Kaletka (Hrsg.), *Soziale Innovationen lokal gestalten*,
Sozialwissenschaften und Berufspraxis,
https://doi.org/10.1007/978-3-658-18532-9_2

denen Sektoren, in der Zivilgesellschaft (Urban Farming), der Politik (Elternzeit), der Wirtschaft (Mikrokredite), und häufig entstehen sie gerade zwischen den Sektoren (Duale Studiensysteme)." (Erklärung Soziale Innovationen für Deutschland 2014, S. 2)

Soziale Innovationen sind bereits fester Bestandteil der politischen Agenda. So wurden auf dem BMBF Kongress „Innovationen für die Gesellschaft – Neue Wege und Methoden zur Entfaltung des Potenzials sozialer Innovationen" im Herbst 2016 Ansätze zur Einbindung und Entfaltung neuer Innovationspotentiale der ganzen Gesellschaft diskutiert, erste Handlungsfelder definiert und die dazu notwendige Zusammenarbeit zwischen Politik und Wissenschaft, Wirtschaft und Zivilgesellschaft in den Blick genommen (Broschüre „Innovationen für die Gesellschaft", Hrsg. Howaldt/Kopp/Böschen/Krings 2017). Auch die deutsche Hightech-Strategie wird „… zu einer umfassenden ressortübergreifenden Innovationsstrategie weiterentwickelt. Dazu greifen wir neue Themen auf und führen neue Instrumente der Innovationsförderung ein. Wir setzen auf einen erweiterten Innovationsbegriff, der nicht nur technologische, sondern auch soziale Innovationen umfasst und beziehen die Gesellschaft als zentralen Akteur ein. Wir nehmen das Ganze in den Blick und denken zusammen, was zusammengehört." (BMBF 2014, S. 4)

Aber was verstehen wir konkret unter Sozialen Innovationen? „Soziale Innovationen sind neue soziale Praktiken, die … auf die Lösung von Problemen zielen, direkt oder indirekt soziale Bedarfe decken, partizipativ entwickelt oder umgesetzt werden, häufig aus informellen Kontexten heraus entstehen, in Wechselwirkung zu technischen Innovationen stehen können und in den entsprechenden Handlungsfeldern angenommen werden." (Erklärung „Soziale Innovationen für Deutschland", 2014, S. 3)

Es geht also um die Entwicklung oder Kombination neuer *sozialer Praktiken*, die bestehende gesellschaftliche Herausforderungen und lokale soziale Bedarfe oder Problemlagen besser lösen als bisher bestehende, etablierte Praktiken (Howaldt et al. 2016, S. 4). Basierend auf dieser übergreifenden Definition, die weit über normative Konzepte wie Soziales Unternehmertum (Howaldt et al. 2015, Howaldt et al. 2016b) oder den Bezug zur Sozialökonomie hinausgeht, wurden im Projekt SI-DRIVE fünf zentrale, miteinander verbundene Dimensionen sozialer Innovationen entwickelt (siehe Abb. 1): Neue soziale Praktiken im so definierten Sinne umfassen verschiedene Konzepte und Verständnisse von sozialen Innovationen, die sich auf soziale Bedarfe und gesellschaftliche Herausforderungen beziehen, die entsprechende Ressourcen und Fähigkeiten benötigen (inkl. des Aufbaus notwendiger Kapazitäten, Empowerment und Konfliktbewältigung), mit Hemmnissen und Restriktionen konfrontiert werden, in unterschiedliche Koordinations-, Leitungs- und

Abb. 1

Zentrale Dimensionen
sozialer Innovationen
(eigene Darstellung)

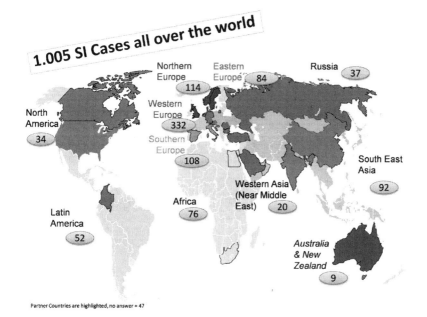

Abb. 2   Verteilung der erfassten Initiativen auf die Kontinente (eigene Darstellung)

Netzwerkkonstellationen mit unterschiedlichen Akteuren (aus Politik, Wirtschaft, Zivilgesellschaft und Wissenschaft) eingebunden sind und verschiedene Phasen und Prozessdynamiken durchlaufen. Die Ausprägungen dieser fünf Dimensionen bestimmen das Potenzial, den Handlungsrahmen und die Wirkungen sozialer Innovationen bzw. der neuen sozialen Praktiken.

Im Folgenden werden nun die Ergebnisse des weltweiten Mapping von 1.005 Initiativen sozialer Innovationen aus dem EU geförderten internationalen Projekt SI-DRIVE im Überblick zusammengefasst.

2 Soziale Innovationen: Neue Antworten auf gesellschaftliche Herausforderungen und lokale Bedarfe und Problemlagen

Treiber und Focus sozialer Innovationen sind in erster Linie Antworten auf (lokale) soziale Bedarfslagen (71 %) und gesellschaftliche Herausforderungen (60 %), die in einem nicht unerheblichen Umfang (32 %) auch auf systemische Veränderungen abzielen. Wie auch die weiteren Ergebnisse zeigen werden, sind soziale Innovationen im Wesentlichen lokal initiiert und mehrdimensional ausgerichtet. Sie integrieren verschiedene Ansätze, Sektoren und Politikfelder. In diesem Sinne finden sich unterschiedliche Verknüpfungen der drei oben genannten Zielgrößen bei den

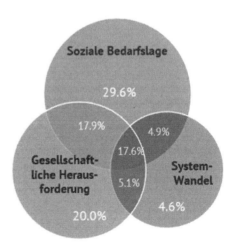

Abb. 3
Gesellschaftliche Level
sozialer Innovationen
(eigene Darstellung)

untersuchten Initiativen (siehe dazu Abb. 3). Diese übergreifenden Lösungsansätze werden auch im Hinblick auf die untersuchten Politikfelder deutlich: Die meisten Lösungsansätze sozialer Innovationen sind nicht nur auf ein Politikfeld beschränkt, sondern zielen auf Politikfeld übergreifende Lösungsansätze ab (siehe Abb. 4). So sind viele innovative Umweltmaßnahmen auch mit Bildungsangeboten verknüpft, Bildungsmaßnahmen zielen auf eine Integration in den Arbeitsmarkt ab, Beschäftigungsmaßnahmen integrieren Weiterbildungsmaßnahmen etc. Das Politikfeld Armutsbekämpfung und nachhaltige Entwicklung zeigt die Notwendigkeit sektor- und politikfeldübergreifender Lösungen am häufigsten: Armut lässt sich nachhaltig nur bekämpfen, wenn alle anderen sechs Politikfelder mit in den Blick genommen werden.

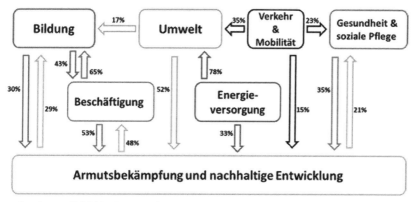

Adressierte Politikfelder (Prozentuale Anteile bilden die Nennungen der Ränge 2 und 3 der jeweils anderen Politikfelder ab)

Abb. 4   Politikfeld übergreifende Lösungsansätze (eigene Darstellung)

Die holistische Orientierung sozialer Innovationen basiert auf Lösungsansätzen, die die Nutznießer und deren Bedürftigkeit in den Mittelpunkt stellt. Dies schlägt sich auch in den zentralen Praxisfeldern sozialer Innovationen nieder. Praxisfelder fassen dabei gleichartige, ähnlich ausgerichtete Initiativen in einer übergreifenden Typologie (Meso-Level) zusammen (z. B. unterschiedliche Formen des Car-Sharing, der Mikrofinanzierung) (siehe dazu auch Howaldt et al. 2016, S. 5). Die wichtigsten Praxisfelder (mit mehr als zehn Initiativen) in den einzelnen Politikfeldern sind in Tabelle 1 aufgelistet; sie repräsentieren rund zwei Drittel aller erfassten Innovationen.

Tab. 1   Praxisfelder sozialer Innovationen (eigene Darstellung)

Zentrale Politik- und Praxisfelder
(in Klammern: jeweils Anzahl der im Mapping dazu erfassten Initiativen)

Bildung und Lebenslanges Lernen: (178)

    Reduzierung von Bildungsbenachteiligung (44)

    Neue Lernarrangements, interaktive Bildung (41)

    Förderung unternehmerischer Kompetenzen (18)

    Alternative Bildungs- und Weiterbildungsformen (17)

    Neue Strategien und Strukturen für Lebenslanges Lernen (17)

    Berufsorientierung und frühzeitige Karriereplanung (15)

    Neue digitale und virtuelle Lernarrangements (13)

    Qualitätsverbesserung und neue Bildungsstandards (13)

Beschäftigung: (136)

    Unterstützung bei der Arbeitssuche und -vermittlung (43)

    Aus- und Weiterbildung (31)

    Soziales Unternehmertum (26)

    Arbeitsplatzinnovationen und organisatorische Innovationen (20)

    Arbeitsbedingungen und Arbeitsumfeld (16)

Umwelt und Klimawandel: (72)

    Alternative nachhaltige Lebensmittelproduktion und -verteilung (24)

    Schutz und Wiederherstellung von Ökosystemen und Biodiversität (19)

    Wiederverwendung und Recycling (17)

    Nachhaltiges (strategisches) Konsumieren, Sharing Economy (12)

Energieversorgung: (74)

    Produktionsgemeinschaften für Energie (34)

    Aufzeigen von Beispielen und Impulsgeber (16)

    Energiedienstleistungen (12)

    Lokale (örtliche) Energieproduktion (12)

Transport und Mobilität: (59)

    Management von Multimodalitäten (16)

    Transportmöglichkeiten für Menschen mit eingeschränkter Mobilität (15)

    Intelligentes Arbeiten, intelligentes Berufspendeln (11)

    Von Bürger/innen initiierter öffentlicher Transport (9)

Gesundheit und Soziale Fürsorge: (96)

    Neue Vorsorge- / Pflegemodelle(44)

    E-health und m-health (21)

    Veränderungen bei den Pflegestellen (16)

    Integrative Pflegedienstleistungen (15)

Armutsbekämpfung und nachhaltige Entwicklung: (140)
  Beseitigung von Benachteiligung und Diskriminierung (44)
  Ganzheitliche Betreuung von armen und (gesellschaftlich) ausgegrenzten Menschen (20)
  Nicht standardgemäße oder gefährliche Unterbringungen, Behausungen (15)
  Unzureichende finanzielle Ressourcen (14)
  Unzureichende oder ungesunde Ernährung (14)
  Arbeitslosigkeit oder Unterbeschäftigung (12)
  Unzureichende Arbeitsstandards, -bedingungen (11)
  Besondere Formen/Orte der Armut oder Ausgrenzung (10)

Die Kombination ähnlicher Initiativen in den entwickelten übergreifenden Praxisfeldern stellt bereits eine erste Typologie sozialer Innovationen dar und ist eine gute Grundlage für die themenspezifische Diffusion und Imitation. Innovation und Imitation sind dabei gleich wichtig (siehe Abb. 5). Ungefähr die Hälfte aller Initiativen entwickelt brandneue Lösungen (45 %). Etwas häufiger (50 %) werden aber auch bereits bestehende Innovationen nachgeahmt und (im Wesentlichen moderat) modifiziert. Um ein stärkeres Zusammenspiel von Erfindungen und Imitationen zu erzielen, sind entsprechende Transfer- und Austauschmaßnahmen notwendig. Der in diesem Sinne sinnvolle Transfer neuer Lösungsansätze ist aber

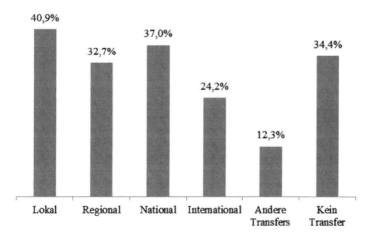

Abb. 5   Begrenzter Transfer (N=997) (eigene Darstellung)

bei einer von drei Initiativen nicht gegeben. Wenn Transfer erfolgt, ist er aktuell sehr begrenzt und häufig auf die eigene Initiative und das lokale oder regionale Umfeld beschränkt: Bei 53 Prozent der Initiativen erfolgt der Transfer durch Projektpartner, 38 Prozent adoptieren neue Nutzer/innen, Nutznießer/innen (siehe Abb. 6).

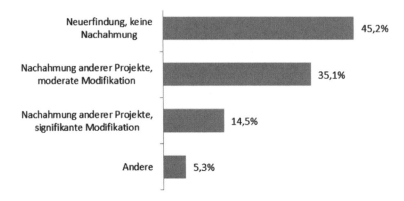

Abb. 6   Innovativer Charakter sozialer Innovationen (N=981) (eigene Darstellung)

3   Akteure und Akteurskonstellationen sozialer Innovationen

Als zentrale Treiber für soziale Innovationen werden in fast der Hälfte aller Initiativen Individuen, Gruppen oder Netzwerke (45 %) benannt. Obwohl finanzielle Ressourcen nur von wenigen Initiativen (5 %) als wichtigster Treiber benannt werden, ist die (nachhaltige) Finanzierung /Förderung das zentrale Problem für über die Hälfte der untersuchten Initiativen. Um zu effektiven und umfassenden, d. h. Sektor übergreifenden Lösungen zu kommen, diverse weitere Barrieren (siehe Abb. 7) zu überwinden und ihre Nachhaltigkeit zu sichern, sind die Initiativen darauf angewiesen, möglichst viele relevante und betroffene Akteure in die Initiative einzubeziehen.

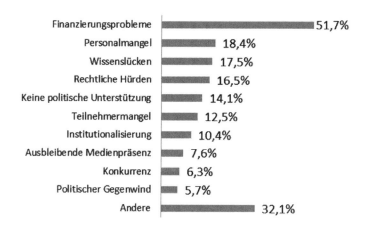

Abb. 7 Hindernisse für soziale Innovationen (N=765)
(23% der Initiativen haben keine konkreten Hindernisse benannt) (eigene Darstellung)

Aus diesem Grund sind Akteure oder Stakeholder aus allen gesellschaftlichen Bereichen in den meisten Initiativen vertreten. Non-Profit-Organisationen (NPOs) und Nicht-Regierungsorganisationen (NGOs) sind wie öffentliche Einrichtungen in fast der Hälfte, Privatunternehmen in ca. einem Drittel der Initiativen vertreten (siehe Abb. 8). Dies kann als deutlicher Hinweis für die nachhaltige Entwicklung bedarfs- und problembezogener Ökosysteme als Treiber sozialer Innovationen gewertet werden. Aktuell ist in den entstehenden Ökosystemen der Bereich „Wissenschaft, Forschung und Entwicklung" mit 15 Prozent deutlich unterrepräsentiert, insbesondere, wenn man dies mit technologischen Innovationen und den Nationalen Innovationssystemen (NIS) vergleicht, bei denen hohe Summen in Forschung und Entwicklung und Wissenschaftsbeteiligungen investiert werden.

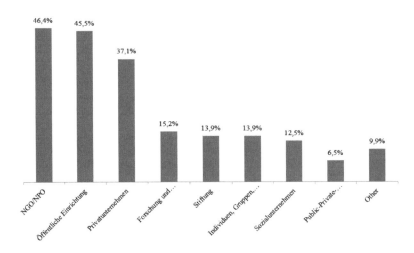

Abb. 8   An den Initiativen beteiligte Partner (N=1.005) (eigene Darstellung)

Es arbeiten also Partner aus allen Bereichen der Gesellschaft an der gemeinschaftlichen Lösung (lokaler) sozialer Problemlagen und gesellschaftlicher Herausforderungen mit. Betrachtet man die Ebene der ähnliche Initiativen zusammenfassenden Praxisfelder, so finden sich in 75 Prozent der Praxisfelder Akteure aus der Zivilgesellschaft, der öffentliche Sektor ist zu 71 Prozent und der private in 69 Prozent der Praxisfelder vertreten.

Ungefähr die Hälfte der untersuchten Initiativen ist darüber hinaus auch in übergeordnete (regionale, nationale wie internationale) Organisationsformen eingebunden: 42 Prozent der Initiativen sind Teil von Politikprogrammen, 37 Prozent sind in übergeordneten Netzwerken, 34 Prozent in Dachorganisationen und 27 Prozent in sozialen Bewegungen organisiert.

Die Akteurskonstellationen sind dabei davon abhängig, um welche Problemlagen es sich handelt, wer willens und in der Lage ist, sich an den Problemlösungen zu beteiligen und welche (durchaus auch wechselnden) Funktionen und Rollen im Innovationsprozess von den Akteuren übernommen werden. Insgesamt lassen sich in den Initiativen mit mehr als drei Partnern (439 der erfassten Fälle) vier Akteursallianzen in Bezug auf die drei zentralen Sektoren Zivilgesellschaft, öffentlicher Bereich und Privatwirtschaft herausfiltern (wie bereits betont, spielt die Wissenschaft in den Initiativen sozialer Innovationen bisher nur eine marginale Rolle; vgl. dazu Howaldt et al. 2016a, S. 104f.):

Typ 1: Eine Allianz aus Zivilgesellschaft und öffentlichen Institutionen ist mit 20 Prozent am häufigsten vertreten.

Typ 2: Eine konzertierte Aktion aus allen drei Sektoren (Zivilgesellschaft, öffentlicher Bereich und Privatwirtschaft) findet sich in 16 Prozent der Initiativen.

Typ 3: Zivilgesellschaft und Privatwirtschaft arbeiten in 13 Prozent der Initiativen zusammen.

Typ 4: Öffentlicher Bereich und Privatwirtschaft suchen in ebenfalls 13 Prozent der Initiativen nach gemeinsamen Lösungen.

Andere Partner bzw. Konstellationen finden sich in 30 Prozent der Initiativen, 9 Prozent der Initiativen sind bisher nur auf einen Sektor konzentriert.

Neben den drei – oder vier, nimmt man die Wissenschaft dazu – Sektoren ist die Einbindung der Betroffenen und Nutznießer/innen von sozialen Innovationen zentraler Bestandteil des Konzepts. Zwei von drei Initiativen (66 %) begründen ihre Problemlösungen mit einer signifikanten Beteiligung der Begünstigten. Dabei spielen die Bereitstellung von Wissen und die Integration der Nutzer/innen als Lösungsanbieter eine zentrale Rolle; Co-Kreation und Weiterentwicklung der Lösungsansätze durch die Nutzer/innen sind ebenso wie ihre Rolle als Innovatoren erwähnenswerte Funktionen; ihre Beteiligung an der Finanzierung der Initiativen ist dagegen marginal (siehe Abb. 9). Die Bereitstellung von Wissen durch die Nutzer/innen ist in allen Politikfeldern wichtig, vor allem aber in den Bereichen Gesundheit

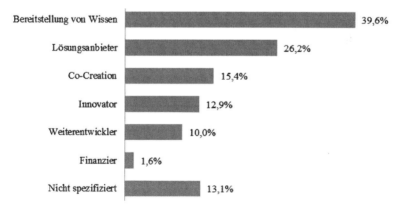

Abb. 9   Einbindung der Nutznießer/innen sozialer Innovationen (N=442) (eigene Darstellung)

und Pflege (51 % der Initiativen in diesem Politikfeld), Armutsreduzierung (47 %) und Beschäftigung (47 %). Eigene Lösungsansätze liefern die Nutzer/innen insbesondere im Bereich Transport und Mobilität (55 %); Co-Kreation im gemeinsamen Entwicklungsprozess ist im Bereich Energieversorgung besonders wichtig (40 %).

Wie bereits angesprochen ist die Partnerkonstellation auch für die Akquisition unterschiedlichster Finanzierungsquellen von zentraler Bedeutung. Soziale Initiativen sind auf einen Mix von Finanzierungsmöglichkeiten angewiesen (siehe Abb. 10). Neben eigenen Finanzierungsquellen durch die Partnerorganisationen, Eigenkapital, eigene Einnahmen und Mitgliedergebühren sind die Initiativen auf öffentliche (regionale, nationale und EU) wie private Förderung angewiesen (Spenden von Einzel-/Privatpersonen, internationale Stifter, Stiftungen, Privatunternehmen, Crowd Funding). Dies geschieht aus reiner Not und nicht als (betriebswirtschaftlich fundierte) Strategie einer Risikodiversifikation („Wir müssen sehen, was wir bekommen können"). Neben den eigenen Einnahmen und alternativen Finanzierungsmöglichkeiten (z. B. Crowd Funding) spielt auch die Beteiligung finanzstarker Partner eine wichtige Rolle bei der Implementierung und Institutionalisierung der Initiativen und Lösungsansätze sowie ihrer Nachhaltigkeit

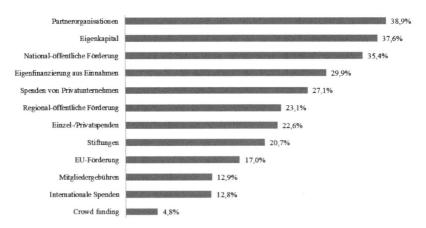

Abb. 10 Finanzierungsquellen der Initiativen (eigene Darstellung)

4   Soziale Innovationen brauchen lösungsbezogene Ökosysteme

Der systemische Ansatz sozialer Innovationen verknüpft bisher häufig voneinander getrennte und selbstreferentielle gesellschaftliche Sektoren des Staates, der Wirtschaft, der Zivilgesellschaft und der Wissenschaft, die darüber hinaus gehenden korrespondierenden Rationalitäten für Aktivitäten und entsprechende Regulationsmechanismen sowie die entsprechenden Probleme und Lösungskapazitäten (Howaldt et al. 2016, S. 16). Um die Schnittstellen zwischen den eher separiert agierenden Sektoren im Sinne einer nachhaltigen „Governance" und effektiver Steuerungs- und Koordinierungsfunktionen zu verbessern, sind Sektor übergreifende Kooperationsformen und Netzwerke sowie andere Formen gegenseitiger Befruchtung, inklusive neuer Formen des Wissensmanagements, zu entwickeln. Derartige neue Kooperationsformen werden aktuell anhand zweier unterschiedlicher heuristischer Modelle diskutiert: einerseits die sogenannte Quadruple oder Vierfach-Helix (Wallin 2010), in der der öffentliche Sektor, Wirtschaft, Wissenschaft und Zivilgesellschaft zusammenarbeiten, um bestimmte strukturelle Veränderungen zu bewältigen; andererseits das Ökosystem sozialer Innovationen (Sgaragli 2014), das nachhaltige und verlässliche Interaktion der Helix-Akteure erfordert und die systemische Komplexität berücksichtigt. Die holistische Perspektive sozialer Innovationen korrespondiert dabei mit der Notwendigkeit der Sektor übergreifenden Zusammenarbeit im Sinne eines umfassenden Ökosystems (siehe Abb. 11). Das oder die Ökosysteme sozialer Innovationen sind aktuell (je nach Konzeption und Verlauf der Innovationen) in unterschiedlichen Entwicklungsstadien vorzufinden (siehe Boelman/Heales 2015, S. 7). Ansetzend an gesellschaftlichen Herausforderungen

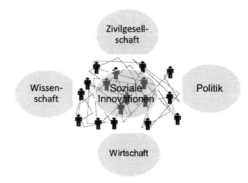

Abb. 11
Ökosystem für
soziale Innovation
(eigene Darstellung)

und (weitgehend lokal verorteten) sozialen Erfordernissen gilt es gemeinschaftlich
mit den Akteuren aus allen betroffenen Sektoren innovative Lösungen zu suchen und
kooperativ umzusetzen. Je nach zu bewältigendem Problem und Phase der sozialen
Innovation: Idee/Invention, Implementation, Testen, Wirkung und Institutionalisierung, sind Sektor übergreifende Akteurskonstellationen notwendig, die sich flexibel
im Innovationsprozess verändern können: je nach Kapazitäten und Funktionen
der beteiligten Partner (siehe dazu ausführlich Howaldt et al. 2016a, Kapitel 4.5).

Was das konkret bedeutet und welchen Umfang eine derartige Akteurskonstel-
lation für spezifische Problemlösungsansätze annehmen kann, soll im Folgenden
an zwei Beispielen sozialer Innovationen verdeutlicht werden: einer lokalen, zivilgesellschaftlich initiierten stadtbezirksbezogenen Initiative „Tausche Bildung für
Wohnen e. V. (Duisburg)" und einer regionalen, öffentlich geförderten Initiative
„dynaklim – Dynamische Anpassung an die Auswirkungen des Klimawandels in
der Emscher-Lippe-Region (Ruhrgebiet)".

4.1   Tausche Bildung für Wohnen e. V., Duisburg[1]

Duisburg-Marxloh: 70 Prozent der Bevölkerung mit Migrationshintergrund, 23
Prozent Arbeitslosigkeit, hohe Leerstandsraten bei Gebäuden: 13 Prozent bei Start
der Initiative; ca. 50 Prozent der Kinder leben in von Transferleistungen abhängigen
Familien. In diesem Stadtteil stellt die öffentlich mehrfach ausgezeichnete Initiative
„Tausche Bildung für Wohnen e. V." kostenlosen Wohnraum für junge Bildungspaten:
Studierende, Auszubildende und sozial engagierte Bürger/innen, zur Verfügung. Im
Gegenzug kümmern sich die Bildungspaten intensiv um die Integration benachteiligter
Kinder des Stadtteils: z. B. durch Nachhilfe, Hausaufgabenbetreuung, Freizeitgestaltung, Sprachbetreuung, Coaching/Beratung. Die Initiative ist eingebunden in die
regionale Infrastruktur: z. B. Moscheen, Kirchen, Sportplätze, Schulen, Turnhallen
und Jugendzentren, und die Stadtteilentwicklung. Sie sieht sich als Anlauf- und
Begegnungsstelle für Kinder, Eltern, Paten und Partner. Um die von der Initiative
ausgehenden vielfältigen positiven Effekte auf die Lebensbedingungen und die Stadtteilentwicklung wie die Renovierung von leer stehenden Häusern und Wohnungen,
die Erstellung bezahlbaren Wohnraums, die Integration und das Empowerment
benachteiligter Kinder wie ihrer Eltern, die Einbindung von Menschen und Generationen unterschiedlicher sozialer, kultureller, religiöser und ethnischer Herkunft
zu erzielen, wurden von Beginn an Allianzen mit relevanten und interessierten
Partnern aus Politik, Wirtschaft und Zivilgesellschaft eingegangen (siehe Abb. 12).

---

1   (http://www.tbfw-marxloh.org/, siehe auch Schröder/Kuschmierz 2017, Kapitel 2.3.1)

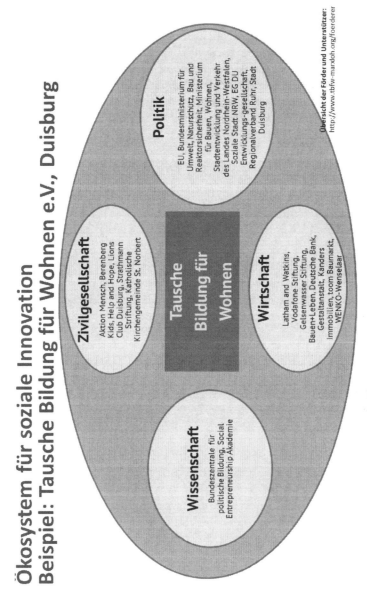

Abb. 12 Partnerkonstellation „Tausche Bildung für Wohnen e. V."
(eigene Darstellung, in Anlehnung an http://www.tbfw-marxloh.org/)

Partner aus der Wissenschaft sind hier weniger involviert; allerdings waren das Engagement und die Förderung durch die Social Entrepreneurship Academy ein wichtiges Element für die Konzeptualisierung und Professionalisierung der Initiative in der Gründungsphase. Ein weitergehendes Engagement der Universitäten ist aus Sicht der Initiatoren für die weitere Entwicklung und Institutionalisierung sehr gewünscht, z. B. für eine externe Evaluation und die Verbreitung, den Transfer der Innovation in andere lokale Regionen oder auch Anwendungsfelder wie z. B. lokale Gesundheitsdienstleistungen.

4.2   dynaklim[2]

dynaklim ist ein vom BMBF gefördertes inter- und transdisziplinäres Netzwerk, das die dynamische Anpassung regionaler Planungs- und Entwicklungsprozesse an die Auswirkungen des Klimawandels am Beispiel der Emscher-Lippe-Region (Nördliches Ruhrgebiet) prognostisch und proaktiv in den Blick nimmt. Im Mittelpunkt stehen die prognostizierten Auswirkungen des Klimawandels auf den Wasserhaushalt in der Region und die damit verbundenen Folgewirkungen für Bevölkerung, Wirtschaft, Infrastruktur, Natur und Umwelt. *dynaklim* antizipiert gemeinsam mit relevanten regionalen Akteuren Chancen und Risiken des Klimawandels in der Region und deren mögliche Integration in Planungs- und Entwicklungsprozesse. Basierend auf 13 Projektpartnern und deren Kooperationspartnern wurde eine Vielzahl weiterer regionaler Partner, darunter Unternehmen der regionalen Wirtschaft, Wasserverbände, wissenschaftliche Einrichtungen, Gebiets- und Verwaltungskörperschaften und regionale Initiativen, in den Entwicklungsprozess einbezogen, ergänzt um verschiedene Partnerregionen im europäischen Ausland, mit denen Wissen, Lösungen und Erfahrungen ausgetauscht werden.

Das *dynaklim*-Netzwerk (siehe Abb. 13) mit Partnern aus allen vier gesellschaftlichen Sektoren (Zivilgesellschaft, Wirtschaft, Politik und – mit zentraler Beteiligung – der Wissenschaft) sieht sich als Kooperationsangebot und Kooperationsplattform für alle regionalen Akteure („community of practice", Birke et al. 2015). Nachhaltigkeit und Weiterentwicklungen sind insbesondere durch die mit ca. 400 Vertretern aus Kommunen, Verbänden, Unternehmen und gesellschaftlichen Initiativen entwickelte „Roadmap 2020 zur regionalen Klimaadaptation" sowie weitere Transfermaßnahmen wie den Transfer auf andere Regionen, den Ausbau der Netzwerkpartner, die Unterstützung von Teilprojekten gewährleistet. Zentraler Treiber und Koordinator des Netzwerkes sind hier wissenschaftliche Partner, d. h. die RWTH Aachen und die Technische Universität Dortmund.

---

2   (http://www.dynaklim.de/dynaklim/index.html, s. a. Schartinger et al. 2017, Kapitel 4.1.1)

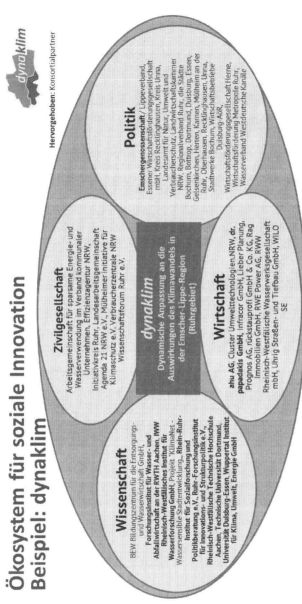

Abb. 13 Partnerkonstellation „*dynaklim*" (eigene Darstellung, in Anlehnung an
http://www.dynaklim.de/dynaklim/index.html)

5   Die Ergebnisse zusammengefasst

Soziale Innovationen im Sinne von neuen Praktiken treten in verschiedensten Formen, Konzepten und Dynamiken auf. Dabei stehen lokale soziale Bedürfnisse und gesellschaftliche Herausforderungen im Fokus und sind wesentlicher Treiber. Initiativen sozialer Innovation sind von Problemen getrieben und häufig abhängig von (charismatischen) Individuen, mit entsprechenden Nachteilen für die Nachhaltigkeit von Initiativen.

Die in SI-DRIVE verwendete umfassende Definition gewährleistet die Berücksichtigung verschiedener Auffassungen und Konzeptualisierungen von sozialen Innovationen, die Komplexität sozialer Innovationsprozesse und ihre Bedeutung für den sozialen Wandel. Diese Komplexität von Innovationsprozessen bedarf unterschiedlicher Governance-Ansätze, die die Rollen und Funktionen der beteiligten Akteure ordnen. Unterschiedliche Akteure und sektorenübergreifende Zusammenarbeit bilden das Rückgrat der Initiativen; die Notwendigkeit problembezogener und -lösender Ökosysteme, die Akteure aus allen betroffenen Sektoren einbezieht, wird immer offensichtlicher; die Beteiligung von Nutzern und Begünstigten sind ein zusätzliches zentrales Element.

Soziale Innovationen erfordern spezifische Bedingungen, um das Innovationspotenzial der gesamten Gesellschaft zu aktivieren, zu fördern und zu nutzen. Dazu ist es notwendig, soziale Innovationen als Teil eines neuen Innovationsparadigmas zu verstehen und ihre Rahmenbedingungen entsprechend zu verbessern. Dies beinhaltet ein (sozial) innovationsfreundliches politisches Umfeld ebenso wie die Weiterentwicklung problem- und lösungsbezogener Ökosysteme sozialer Innovationen.

Die Ergebnisse des weltweiten Mapping haben auch gezeigt, dass dafür eine höhere Einbindung von Forschungs- und Bildungseinrichtungen in die Initiativen im Sinne eines umfassenden Ökosystems erforderlich ist – einschließlich neuer Formen der Wissenserzeugung sowie der Co-Kreation von Wissen zwischen Wissenschaft, Praktikern und Innovatoren.

Soziale Innovationen haben vermehrt die Kapazitäten und das Potenzial, zum sozialen Wandel beizutragen und Gesellschaftsgruppen zu befähigen, einen positiven Beitrag zum sozialen Zusammenhalt und zu einem intelligenten, nachhaltigen und integrativen Wachstum zu leisten.

Verschiedene Interventions- und Analyseebenen sind dabei erkennbar und notwendig. Ressourcen und Barrieren für soziale Innovationen sind unterschiedlich: Rahmenbedingungen und Unterstützungsfaktoren im Sinne eines innovationsfreundlichen Umfeldes müssen noch (weiter) entwickelt werden. Hier dürfte in Zukunft der lokalen Ebene verstärkte Bedeutung zukommen,

- um das vorhandene Potential (insbesondere der Zivilgesellschaft, Grassroots-Initiativen) für soziale Innovationen zu heben, zu entfalten, zu fördern und zu koordinieren,
- um gute Problemlösungsansätze nutzbar zu machen, zu institutionalisieren und zu verbreiten,
- um Experimentiermöglichkeiten anzubieten und zu gewährleisten,
- um problembezogene Ökosysteme mit relevanten Partnern aus alle gesellschaftlichen Sektoren zu etablieren, und
- um intra- und intersektorale Kapazitäten und Kompetenzen (weiter) zu entwickeln.

Domanski und Kaletka (2017) verdeutlichen in einem anderen Beitrag dieses Sammelbandes die Notwendigkeit einer weitergehenden wissenschaftlichen Erforschung von Ökosystemen für soziale Innovationen. Sie stellen zudem einen vertiefenden Bezug zu Innovationen auf der lokalen Ebene her.

Literatur

Birke, M., Schultze, J., Hasse, J., Rauscher, N. 2015. Roadmapping – eine Governance-Innovation für den Weg zur klimarobusten und klimakompetenten Region; In: Knieling, J.; Roßnagel, A. (Hg.): *Governance der Klimaanpassung*; S. 283–302; München: Oekom, BMBF (Hg.) 2014, Die neue Hightech Strategie – Innovationen für Deutschland.

Boelman, V., und C. Heales. 2015. *Social Innovation Strategies – Regional* Report (SI-DRIVE deliverable D3.6 internal report).

Domanski, D und Kaletka, C. 2017. Lokale Ökosysteme sozialer Innovationen verstehen und gestalten. In: Franz, H.-W., Kaletka, C. (Hg.) *Soziale Innovationen lokal gestalten*, Wiesbaden: Springer VS

Erklärung „Soziale Innovationen für Deutschland" 2014, Version 2.0.

Howaldt, J., A. Schröder, C. Kaletka, D. Rehfeld, und J. Terstriep. 2016. *Mapping the World of Social Innovation: A Global Comparative Analysis across Sectors and World Regions*. Dortmund: TU.

Howaldt, J., A. Schröder, C. Kaletka, D. Rehfeld, und J. Terstriep. 2016a. *Comparative Analysis (Mapping 1) – Mapping the World of Social Innovation: A Global Comparative Analysis across Sectors and World Regions*. SI-DRIVE deliverable D1.4, https://www.si-drive. eu/?p=2283 Zugegriffen: 08. August 2017

Howaldt, J., D. Domanski, und M. Schwarz. 2015. Rethinking social entrepreneurship: The concept of social entrepreneurship under the perspective of socio-scientific innovation research. *Journal of Creativity and Business Innovation 1*: 88–89. http://www.journalcbi. com/social-entrepreneurship.html. Zugegriffen: 08. August 2017.

Howaldt, J., Kopp, R., Böschen, S., und Krings, B.-J. (Hg.) 2017. Broschüre „Innovationen für die Gesellschaft – Neue Wege und Methoden zur Entfaltung des Potenzials Sozialer Innovationen"

Howaldt, J.; Kaletka, C.; Schröder, A. 2016b. Social Entrepreneurs: Important Actors within an Ecosystem of Social Innovation; In: *European Public & Social Innovation Review*, Vol. 1, Issue 2, 95–110

Schartinger, D. Wepner, B., Andersson, T., Abbas, Q., Asenova, D., Damianova, Z., Dimova, A., Ariton, V., Hannum, C., Ecer, S., Schröder, A., Zirngiebl, M. 2017. *Social Innovation in Environment and Climate Change: Case Study Results Policy Field Environment and Climate Change*, SI-DRIVE deliverable D6.3

Schröder, A.; Kuschmierz, L., et al. 2017. *Social Innovation in Education and Lifelong Learning. Case Study Results*. SI-DRIVE deliverable D4.3, https://www.si-drive.eu/?p=2567 Zugegriffen: 08. August 2017

Sgaragli, F. 2014. *Enabling social innovation ecosystems for community-led territorial development*. Rom: Fondazione Giacomo Brodolini.

Wallin, S. 2010. *The co-evolvement in local development – From the triple to the quadruple helix model*. http://www.leydesdorff.net/th8/TRIPLE%20HELIX%20-%20VIII%20CON-FERENCE/PROCEEDINGS/0110_Wallin_Sirkku_O-104/triple%20helix%20Wallin%20final.pdf. Zugegriffen: 09. August 2017.

Teil 1
Diffusionsprozesse beobachten und begleiten

Wirkung und Nutzen inklusiver Quartiersentwicklung

Bericht zum Entwicklungsstand im Forschungsprojekt WINQuartier

Stephanie Funk und Dieter Zisenis

1 Altengerechte Quartiersentwicklung

Die Entwicklung alten- bzw. altersgerechter Quartiere hat sich in den vergangenen Jahren im wissenschaftlichen Fachdiskurs und in der politischen Programmatik als wesentliche Strategie entwickelt, um vor dem Hintergrund der Herausforderungen durch den demographischen Wandel neue Unterstützungs-, Pflege- und Sorgestrukturen insbesondere für Hochaltrige und Pflegebedürftige zu entwerfen und zu etablieren. Im Fokus stehen dabei die Wünsche älterer Menschen, auch bei eintretenden Beeinträchtigungen so lange wie möglich in ihrem vertrauten Wohnumfeld leben zu können, und die Verbesserung der Lebenssituation im Quartier für Ältere, Hochaltrige und Personen mit besonderem Pflege- und Unterstützungsbedarf und für die Personen aus ihrem familiären und außerfamiliären Hilfenetzwerk, insbesondere pflegende Angehörige. Autonomie und Wohlergehen, in der Konkretisierung als selbstbestimmtes Leben und Versorgungssicherheit im Alter, sind die Leitziele, die letztlich im unmittelbaren Wohnumfeld – im Stadtteil, im Quartier, im Sozialraum – realisiert werden sollen (vgl. Knopp 2013, Alisch 2014, Knabe et al. 2015, van Rießen et al. 2015, Rüßler et al. 2015, Kremer-Preiß und Mehnert 2017).

Alten- bzw. altersgerechte Quartiersentwicklung als sozialraumorientiertes Konzept knüpft dabei an Konzepte der „inklusiven Quartiersentwicklung" an, wodurch alle Menschen, die im Quartier leben und arbeiten, in den Fokus rücken: alle Generationen, unterschiedliche Milieus und Kulturen mit ihren je individuellen Lebenslagen, Lebensstilen und Lebensformen (Deutscher Verein 2011; Arbeitsgemeinschaft 2012; Pilotprojekt des Städtetags Baden-Württemberg „Inklusive Quartiere" (IQ)).

Die Entwicklung altengerechter Quartiere setzt die Stärkung kommunaler Gestaltungsspielräume voraus. Mit dem zum 1. Juli 2017 in Kraft getretenen Pfle-

© Springer Fachmedien Wiesbaden GmbH, ein Teil von Springer Nature 2018
H.-W. Franz und C. Kaletka (Hrsg.), *Soziale Innovationen lokal gestalten*,
Sozialwissenschaften und Berufspraxis,
https://doi.org/10.1007/978-3-658-18532-9_3

gestärkungsgesetz III sind die Kompetenzen der Kommunen zwar – zum großen Teil befristet und modellhaft – erweitert worden. Weitergehende Vorschläge, wie die Kommunen dauerhaft mit den notwendigen Ressourcen ausgestattet werden und ihre Steuerungsfunktion für eine bedarfsgerechte Infrastrukturentwicklung, die Initiierung und Förderung von Quartiersentwicklung und Maßnahmen zur Verbesserung der Kooperations- und Koordinationsstrukturen mit allen relevanten Akteuren, wahrnehmen können (z. B. ein „kommunales Basisbudget" oder „Regionale Pflegebudgets"), sind bisher nicht oder nur in Ansätzen aufgegriffen worden (vgl. Winter und Müller-Naveau 2012, Bertelsmann Stiftung 2014, kritisch zum Positionspapier der Bertelsmann Stiftung: Kreutz o. J., Hoberg et al. 2016a, Hoberg et al. 2016b).

Im Siebten Altenbericht werden die besondere Rolle und Verantwortung der Kommunen hervorgehoben. „Wesentlich für das gute Leben im Alter sind Gesundheit, Sorge und Pflege, Wohnen, Mobilität und deren Ausgestaltung auf der örtlichen Ebene" (BMFSFJ 2016, S. 43). Hierfür die notwendige Infrastruktur zur Verfügung zu stellen, ist Teil der kommunalen Daseinsvorsorge, verstanden als „(1) ein Bündel an Gütern, Dienstleistungen und Institutionen von öffentlichem Interesse, das (2) die Mitglieder einer Gesellschaft befähigen soll, ein gutes Leben eigenständig und selbstbestimmt zu führen, (3) an der sozialen Gemeinschaft teilzuhaben und die Möglichkeit der sozialen und politischen Partizipation zu haben. Dabei müssen (4) soziale Ungleichheiten berücksichtigt werden." (BMFSFJ 2016, S. 36).

Trotz aller Erkenntnisse und politischen Programmatik ist die Praxis altengerechter Quartiersentwicklung fast ausschließlich projektförmig organisiert. In den vergangenen Jahren haben vorwiegend Träger der Freien Wohlfahrtspflege und/oder Kommunen über unterschiedliche Förderprogramme Quartiersprojekte initiiert, deren nachhaltige Verankerung in Regelstrukturen bisher allerdings weitgehend ausbleibt.

In diesem Kontext steht das Forschungsprojekt „WINQuartier – Wirkung und Nutzen inklusiver Quartiersentwicklung" (Laufzeit: 01.01.2016–31.12.2018). Gefördert durch die Stiftung Wohlfahrtspflege NRW (im Förderprogramm „Pflege Inklusiv") und im Auftrag und in Projektträgerschaft der Freien Wohlfahrtspflege NRW entwickeln, erproben und evaluieren Wissenschaftlerinnen und Wissenschaftler zusammen mit fünf Pilotquartieren im Rahmen des dreijährigen Projekts ein Instrumentarium zur wirkungsorientierten Selbstevaluation.

2 Wirkungsdebatte im Quartier

In den vergangenen Jahren sind verschiedene Konzepte für die Gestaltung alten- bzw. altersgerechter Quartiere entwickelt worden. Sie beschreiben Handlungsfelder und Zieldimensionen, die die sozialraumorientierte Arbeit für ältere oder hochaltrige Menschen bestimmen und leiten sollen. In diesem Kontext gerät die Praxis der altengerechten Quartiersentwicklung zunehmend unter Druck, den Wert bzw. die Wirkungen ihrer Quartiersarbeit zu belegen (vgl. zum Wirkungsdiskurs in der Sozialen Arbeit Otto 2007, Otto et al. 2010, Bleck 2016, Kehl et al. 2016).

Merchel (2015, S. 30ff.) beschreibt organisationsexterne, aber auch organisationsinterne Argumente für Wirkungsnachweise, die auch im Kontext der Quartiersentwicklung bedeutsam sind und die mittels Evaluationen erbracht werden sollen.

2.1 Organisationsexterne Argumente für Wirkungsnachweise

Legitimationsdruck von Seiten der Politik und der Öffentlichkeit sind das grundlegende Argument für Wirkungsnachweise aus organisationsexterner Perspektive. Altengerechte Quartiersentwicklung ist gegenwärtig projektförmig organisiert. Damit verbunden ist der Einsatz öffentlicher Gelder, sei es durch finanzielle Unterstützung der Kommune oder durch andere Fördermittelgeber. Projekte, die ganz oder auch nur zum Teil durch öffentliche Gelder finanziert sind, geraten unter Druck nachzuweisen, dass der Mitteleinsatz gerechtfertigt ist und durch die geleistete Arbeit erwünschte Wirkungen erzielt wurden. In diesem Zusammenhang werden nicht nur projektbezogene Ziele für einzelne Maßnahmen angesprochen, sondern Programmziele werden auf ihre Beiträge zu einer vorbeugenden Pflege- und Sozialpolitik hin überprüft. In diesem Zusammenhang sprach Barbara Steffens, ehemalige Gesundheitsministerin des Landes Nordrhein-Westfalen, von einer „Präventionsrendite" für Kommunen und bezog sich hierbei vor allem auf die Chancen altengerechter Quartiersentwicklung als eine Form neuer (quartiersnaher) Versorgungsstrukturen (Die Landesregierung NRW 2014).

Die Frage nach den erreichten Wirkungen (in Relation zu den eingesetzten Kosten) ist insbesondere dann relevant, wenn es um Weiterfinanzierung geht. Modellprojekte, die in ein Regelangebot überführt werden sollen, müssen entsprechend aufzeigen können, welche Effekte sie erreicht haben. Daran anschließend kann über einen rationalen Mitteleinsatz entschieden werden.

Der Legitimationsdruck ist umso größer, je knapper die verfügbaren Ressourcen sind. Das Argument der Ressourcenknappheit wird vor allem dann bemüht, wenn gesellschaftliche Veränderungen die Überprüfung bisher bewährter Handlungskonzepte erforderlich machen.

Gleichzeitig geht es um eine verbesserte politische, fachbezogene und administrative Steuerung, häufig verbunden mit Leistungs- und Kostenvergleichen.

2.2 Organisationsinterne Argumente für und professionsbezogene Perspektive auf Wirkungsnachweise (im Quartier)

Evaluationen im Sinne von Ergebnisevaluationen werden als Mittel gesehen, die eigene Leistungsfähigkeit der Organisation und der Praxis zu erhöhen, z. B. durch

- Verbesserung der Arbeitsorganisation und von Arbeitsabläufen;
- Reduktion von Konflikten zwischen Mitarbeitenden und Teams
- Herstellen von Transparenz;
- Aufgreifen von Kritik und Beschwerden der Zielgruppe und
- Ausrichten auf und Verständigung über die Ziele der Arbeit, einschließlich der Möglichkeit, routinierte Arbeitsabläufe zu hinterfragen und somit ggf. „eingefahrene Praxis" weiterzuentwickeln.

Schließlich ist auch aus der Profession heraus Evaluation ein Instrument zur Selbstreflexion, wodurch Arbeits- und Handlungsweisen strukturiert werden können.

Wirkungsorientierung stellt auch – zumindest programmatisch – „ein Kernelement im Selbstverständnis der Freien Wohlfahrtspflege dar."… „Die Messung von Wirkungen bedarf einer intensiven Kenntnis der Arbeitsfelder der Sozialen Arbeit, fachlich fundierter sowie valider Indikatoren, Instrumente und Verfahren." Und: „Die nachhaltige Entwicklung und Umsetzung fachspezifischer Erhebungsinstrumente und -verfahren erfordert eine Kooperation von Freier Wohlfahrtspflege, Fachwissenschaft sowie Interessenverbänden und Kostenträgern." (BAGFW 2015). Daran knüpft das Instrumentarium zur wirkungsorientierten Selbstevaluation an.

2.3 Wissenschaftliche Ansprüche an Wirkungsevaluationen in der altengerechten Quartiersentwicklung

Neben inhaltlichen und steuerungspolitischen Argumenten für und gegen Wirkungsnachweise im Quartier bestehen fachliche Anforderungen an die Durchführung solcher Arbeitsvorhaben. Evaluationen, insbesondere in Zusammenhang mit Wirkungsnachweisen, müssen stets wissenschaftlichen Standards folgen. Sie dienen der systematischen Beurteilung eines Sachgegenstands oder auch von Arbeitsweisen anhand vorab formulierter Bewertungskriterien (Stockmann 2004; Kurz & Kubek 2015). Wirkungsevaluationen werden genutzt, um erreichte Wirkungen nach Ende eines Projekts oder einer Maßnahme zu beurteilen. Dementsprechend ermitteln Evaluator/innen, inwiefern festgelegte Ziele erreicht wurden (BZgA 2013). Um zu entscheiden, ob bzw. in welchem Umfang sie erreicht wurden, und insbesondere, um aufzeigen zu können, in welchem Zusammenhang die geleistete Quartiersarbeit mit den ermittelten Wirkungen steht, gibt es wissenschaftliche Anforderungen an Evaluationsdesigns und -durchführungen, die auch im Rahmen von Selbstevaluationen erfüllt werden müssen (Bödeker 2012; Kolip 2016; Stiftung Zewo o. J.):

1. Klar formulierte Wirkungsziele.
2. Vorher-Nachher-Vergleich. Mit einer Wirkungsevaluation kann ermittelt werden, ob und in welchem Umfang festgelegte Ziele erreicht wurden. Ein einfacher Soll-Ist-Vergleich am Ende einer Maßnahme sagt noch nichts über Wirkungen aus.
3. Vergleich zwischen Interventions- und Vergleichsgruppe

Im Hinblick auf den Kontext der Selbstevaluationen hat die Deutsche Gesellschaft für Evaluation Standards verfasst (DeGEval 2004), die bei der Entwicklung des Instrumentariums berücksichtigt werden.

3 WINQuartier: Rahmen für das Instrumentarium zur wirkungsorientierten Selbstevaluation

Im WINQuartier-Projekt wird ein Instrumentarium zur wirkungsorientierten Selbstevaluation entwickelt. Dies bedeutet jedoch nicht, dass anderen Evaluationsformen wie der Prozess- oder Strukturevaluation eine geringere Bedeutung zugesprochen wird. Im Gegenteil bedarf es ebenso einer Planungs-, Struktur- und Prozessqualität als Voraussetzung für das Erreichen intendierter Wirkungen der Quartiersentwicklung (Donobedian 1965, BZgA 2013).

3.1   Fokussierung auf Wirkung und Nutzen altengerechter Quartiersentwicklung

Vor dem Hintergrund der Bandbreite von Handlungsfeldern in der Quartiersentwicklung soll der Fokus der Betrachtung auf der Erfassung von Wirkungen und Nutzen von Maßnahmen zur Förderung des selbstbestimmten Lebens und der Versorgungssicherheit für Ältere, Hochaltrige und Personen mit besonderem Pflege- und Unterstützungsbedarf im Quartier liegen. Wirkungen und Nutzen können dabei auf unterschiedlichen Ebenen angesiedelt sein. Das Instrumentarium erfasst sowohl direkte Wirkungen im Hinblick auf die Zielgruppe als auch Wirkungen im Quartier als soziales System mit seiner Infrastruktur und Rahmenbedingungen.

Quartiere sind sehr heterogen, stehen in einem kommunalen/regionalen Kontext und Wirkungszusammenhang, sind eingebunden in gesellschaftliche, materielle und rechtliche Rahmenbedingungen und gesellschaftliche Diskurse (z. B. um sich wandelnde Altersbilder und sozialstaatliche Versorgung vs. Selbstsorgeverpflichtungen) und sind durch ständige Veränderungsprozesse gekennzeichnet. Maßnahmen zur Quartiersentwicklung finden in einem sehr komplexen Feld statt, Veränderungen im Quartier sind auf eine Vielzahl von Faktoren zurückzuführen, die auf unterschiedlichen Ebenen zu finden sind und nicht unmittelbar durch Maßnahmen im Quartier beeinflusst werden können. Das Mehrebenenmodell (vgl. Abb. 1) soll diese unterschiedlichen Wirkungsebenen und Interdependenzen abbilden und soll verdeutlichen, auf welchen Ebenen Quartiersentwickler/-innen Verantwortung tragen.

3.2   Ziele des Instrumentariums

Mit den Projektergebnissen liegt ein wissenschaftsbasiertes, systematisches, transparentes und praktikables Instrumentarium vor, das von den Akteuren der Quartiersentwicklung zur Planung, Steuerung und Kontrolle von Quartiersentwicklungsprozessen genutzt werden kann. Die Qualifizierung von Mitarbeitenden im Umgang mit dem Instrumentarium ist ebenfalls Gegenstand des Projekts.

Das Instrumentarium kann zukünftig insbesondere genutzt werden für die

- Planung und Steuerung von Quartierentwicklungsprozessen in unterschiedlichen Kontexten;
- Selbstevaluation durch die verantwortlichen Akteure in Quartiersentwicklungsprozessen, inkl. der Partizipation von weiteren Stakeholdern und den Nutzerinnen und Nutzern in den Quartieren;

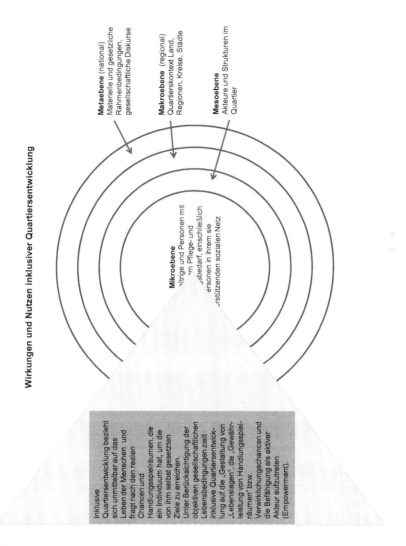

Abb. 1 Wirkungen und Nutzen inklusiver Quartiersentwicklung (eigene Darstellung)

- Dokumentation und begründete und nachvollziehbare Darstellung von Wirkungen und Nutzen der Arbeit in Quartiersentwicklungsprojekten gegenüber Entscheidern und Finanziers;

- Professionalisierung der Mitarbeitenden und Träger im Arbeitsfeld Quartiersentwicklung.

4   Instrumentarium zur wirkungsorientierten Selbstevaluation

Das Instrumentarium zur wirkungsorientierten Selbstevaluation wird ausschließlich online über eine Internetplattform präsentiert.

4.1   Prinzipien des Instrumentariums

Für das Instrumentarium sind folgende Prinzipien definiert worden:

- Der Fokus des Instrumentariums liegt ausschließlich auf Arbeitsweisen der wirkungsorientierten Selbstevaluation. Es beschreibt Grenzen, vor allem aber Chancen und Möglichkeiten, wirkungsorientierte Selbstevaluationen im Quartier durchzuführen. Dementsprechend zielt das Instrumentarium nicht auf wissenschaftliche Theoriebildung und ausdrücklich nicht auf Vergleiche (Benchmarking) zwischen einzelnen Quartieren ab. Dies würde den unterschiedlichen (kommunalen) Kontexten, in denen quartiersnahe/sozialraumorientierte Arbeit umgesetzt wird, nicht gerecht werden.
- Mit dem Fokus auf Selbstevaluation dient das Instrumentarium vorrangig den Quartiersentwickler/innen.
- Das Instrumentarium dient als „empirische Fundierung professionellen Reflexions- und Erklärungswissens" (Otto 2007, S. 17) und soll damit zu einer professionellen Gestaltung der Praxis beitragen sowie die Professionalisierung der Mitarbeitenden im Arbeitsfeld Quartiersentwicklung unterstützen. Es obliegt den Durchführenden einer Selbstevaluation, inwiefern die Ergebnisse der Selbstevaluation in den jeweiligen Arbeitsteams gegenüber den Verantwortlichen in den Trägerorganisationen, gegenüber Kooperationspartnern, Stakeholdern, Entscheidungsträgern und Finanziers genutzt werden.
- Das Instrumentarium zur wirkungsorientierten Selbstevaluation bezieht sich auf die Mikroebene (s. Mehrebenenmodell). Entsprechend werden Veränderungen bei Älteren, Hochaltrigen und Personen mit besonderem Pflege- und Unterstützungsbedarf einschließlich der Personen in ihrem sie unterstützenden sozialen Netz in den Blick genommen, etwa im Hinblick auf Wissen, Fähigkeiten,

Fertigkeiten, Einstellungen und Meinungen. Zudem werden auf der Mesoebene Wirkungen in Bezug auf Akteure und Strukturen im Quartier ermittelt. Eine Verknüpfung dieser beiden Ebenen geschieht über die Berücksichtigung des Lebenslagenansatzes und des Capability-Ansatzes von Amartya Sen und Martha C. Nussbaum (vgl. Otto 2007, S. 71 ff, Bittlingmayer und Ziegler 2012 und BMFSFJ 2016 S. 35 ff.) mit dem Fokus auf Befähigungen, Handlungsspielräume und Verwirklichungschancen. Weitere Wirkungsebenen sind im Rahmen einer Selbstevaluation durch Quartiersentwickler/-innen nicht zu evaluieren. So bedarf es für Wirkungsevaluationen auf der Meta- und Makroebene gänzlich andere Evaluationsverfahren und -ansätze.

• Das Instrumentarium ist geeignet, partizipative Evaluationen zu organisieren, d. h. Projektmitarbeitende, weitere Stakeholder und insbesondere Nutzerinnen und Nutzer (Ältere, Hochaltrige und Personen mit besonderem Pflege- und Unterstützungsbedarf und Personen aus ihren persönlichen sozialen Netzen) in den Quartieren einzubeziehen.

• Das Instrumentarium liefert Materialien sowohl für quantitative als auch für qualitative Verfahren und gibt unterstützende Hinweise für Datenauswertungen.

• Eine wirkungsorientierte Planung quartiersbezogener Maßnahmen ist eine notwendige Voraussetzung für eine wirkungsorientierte Selbstevaluation der geleisteten Arbeit. Das bedeutet, dass von den Leitzielen der Quartiersentwicklung her erdacht wird, welche kurz- und mittelfristigen Wirkungsziele es gibt und welche Maßnahmen wiederum zur Erreichung dieser Ziele denkbar wären. Daher werden Nutzerinnen und Nutzer z. B. zur Formulierung von Wirkungszielen angeregt. Durch wirkungsorientierte Selbstevaluation kann keine umfassende Wirkungsanalyse erfolgen. Im Hinblick auf Wirkungszusammenhänge zwischen Interventionen und Wirkungen kann es keine Kausalitätsnachweise geben, allenfalls können begründete Plausibilitäten beschrieben werden. Es geht vielmehr um „Wirkungsreflexion", „um plausibilisierbare Begründungen der Annahme von Wirkungszusammenhängen, besonders unter Beteiligung der AdressatInnen selber und somit um die fachliche Qualifizierung" der Quartiersarbeit (Sturzenhecker und von Spiegel 2009, S. 318). Es liegt auf der Hand, dass es neben Voraussetzungen auf Ebene der Praktikerinnen und Praktiker weiterer Rahmenbedingungen zur Durchführung selbstevaluativer Vorhaben bedarf (DeGEval 2004). Deren Beeinflussung liegt jedoch außerhalb der Reichweite des WINQuartier-Instrumentariums.

• Das Instrumentarium zur wirkungsorientierten Selbstevaluation ist ein lernendes System und keine abgeschlossene Verfahrensanweisung. Gegenwärtig befinden sich die Arbeitsmaterialien und -hilfen in einer Pilotierung. Im laufenden Prozess werden, orientiert an den Bedarfen der Praxispartner, weitere Materialien entwickelt. Dieses Prinzip soll dazu beitragen, ein praxistaugliches Instrumentarium zu entwickeln, welches nicht nur wissenschaftlichen Ansprüchen, sondern auch den Anforderungen des Arbeitsalltags in der Quartiersentwicklung gerecht wird.

4.2   Struktur des Instrumentariums

Das Instrumentarium zur wirkungsorientierten Selbstevaluation bzw. das WINQuartier- Internetportal umfasst verschiedene Formate, um Quartierentwickler/-innen in der Planung und Umsetzung eigener Evaluationen zu unterstützen. Materialien zu den verschiedenen Formaten stehen als freier Download zur Verfügung.

Impulstexte. Eine notwendige Voraussetzung für die Durchführung wirkungsorientierter Selbstevaluationen im Quartier ist ein Verständnis für zentrale Begrifflichkeiten und die Möglichkeit der inhaltlichen Auseinandersetzung mit diesem Thema. Bislang ist die wirkungsorientierte Reflexion der eigenen Arbeit nicht explizit in das Aufgabenportfolio von Quartiersentwickler/-innen integriert. Das Arbeitsfeld ist durch Heterogenität der Professionen geprägt (z. B. Soziale Arbeit, Pflege, Gesundheitsförderung, Stadt- und Raumentwicklung). In Impulstexten wird das Thema wirkungsorientierter Selbstevaluation dialogfähig eingeführt, Hintergrundinformationen zur wirkungsorientierten Selbstevaluation werden im Kontext Quartiersentwicklung angeboten. Ebenso werden Impulstexte als Gesprächsgrundlage zur Verfügung gestellt und beispielsweise der Renditebegriff im Kontext der Quartiersentwicklung diskutiert oder Autonomie und Teilhabe als zentrale Handlungsfelder vorgestellt.

Methoden. Unter diesem Format werden Methoden vorgestellt, die im Rahmen einer wirkungsorientierten Selbstevaluation eingesetzt werden können. Anhand einer Kurzbeschreibung sowie Hinweisen zur Gestaltung und Anwendung der Evaluationsmethoden sollen Nutzerinnen und Nutzer des Internetportals im Hinblick auf ihre Evaluationsfragen in der Auswahl passender Methoden unterstützt werden. Beschrieben werden schriftliche und mündliche Befragungsmethoden, Gruppendiskussionen und Beobachtungen. Dieses ausgewählte Spektrum möglicher Evaluationsmethoden soll das Bewusstsein der Quartiersentwickler/-innen für die Nutzbarkeit qualitativer Indikatoren und Methoden für eine wirkungsorientierte Selbstevaluation fördern. Eine starre Fokussierung auf quantitative Vorgehensweisen und auf die Generierung von Kennzahlen für erfolgreiche Quartiersentwicklungsprozesse ist nicht zu empfehlen. Solche Kennzahlen existieren bisher noch nicht. Weiterhin ist fraglich, ob das Entwickeln solcher Indizes überhaupt zielführend für ein offenes Arbeitsfeld wie der Quartiersentwicklung sein kann.

Verfahren. Wirkungen werden ihm Rahmen von WINQuartier auf verschiedenen Ebenen betrachtet. Neben Veränderungen auf Ebene der Zielgruppe, kann der Evaluationsfokus auch auf der Quartiersebene liegen. Entsprechend zielen Evaluationsfragen auf Akteure, Kooperationen und Strukturen im Quartier ab. Hierzu gibt es bereits inhaltlich ausgearbeitete Evaluationsverfahren, z. b. aus der Entwicklungszusammenarbeit, die für die Quartiersarbeit übersetzt werden, z. b. Most Significant Change oder auch MAPP. Darüber hinaus entstehen Arbeitshilfen, die den Capability Ansatz für eine wirkungsorientierte Selbstevaluation nutzen.

Wissenswertes. Neben einem Glossar, in dem auch weiterführende Literatur gelistet wird, bereitet die WINQuartier-Projektgruppe einen Bereich für häufig gestellt Fragen (FAQ) vor. Darüber hinaus werden Veranstaltungen, wie z. B. Workshops und Fachtagungen, zum Thema der wirkungsorientierten Evaluation in der Quartiersentwicklung aufgeführt. Ebenso wird mit Dialogveranstaltungen verfahren, die den kollegialen Austausch zwischen Quartiersentwickler/-innen ermöglichen und fördern.

Neben einem allgemeinen Kontaktformular am Ende des Internetportals gibt es auf jeder Seite eine direkte Kontaktmöglichkeit, die den Nutzer/-innen für konkrete inhaltliche Nachfragen zur Verfügung steht. Aus diesen Nachfragen wird u. a. der FAQ-Bereich erstellt und fortlaufend entwickelt.

Aufgrund der Vielseitigkeit der altengerechten Quartiersentwicklung wurde im Arbeitsprozess davon abgesehen, konkrete Instrumente wie Fragebögen und Interviewleitfäden für verschiedene Handlungsbereiche zu entwickeln. Dies ist insbesondere der Heterogenität des Arbeitsfeldes geschuldet. Die erhobenen Daten müssen zur Beantwortung einer Frage genutzt werden können, die für den jeweiligen Arbeitskontext von Interesse ist (vgl. König 2007). Selbstevaluationen müssen zuerst einen Nutzen für diejenigen erbringen, die verantwortlich für die Planung und Durchführung der Evaluation sind (ebd.).

4.3 Pilotierungsphase und Evaluation der Pilotierung

Um ein Instrumentarium zur wirkungsorientierten Selbstevaluation zu entwickeln, das wissenschaftlichen und Praxisansprüchen genügt, wurde eine einjährige Pilotierung eingeplant. Seit Mai 2017 erproben fünf Pilotquartiere das Instrumentarium, reflektieren den Einsatz im Arbeitsalltag und diskutieren, welche weiteren Inhalte im Projektverlauf noch entwickelt werden sollen. Zu diesem Zweck wird die Pilotierung wissenschaftlich begleitet. Das externe Evaluationsteam fokussiert auf Fragen zur Nutzung der angebotenen Materialien, Einschätzungen zur wahrgenommenen Unterstützung bei der Durchführung der wirkungsorientierten Selbstevaluation sowie zur Frage, inwiefern tatsächlich auch Wirkungen und Nutzen der geleisteten Arbeit durch Anwendung der WINQuartier-Materialien ermittelt werden können. Aus diesem Grund wird das Instrumentarium erst nach Projektende öffentlich zugänglich sein. Bis dahin haben ausschließlich die Projektgruppe sowie die fünf Pilotquartiere Zugriff auf die Internetplattform.

4.4   Nutzung des Instrumentariums

Das Internetportal WINQuartier weist einen offenen und damit nicht direktiven Charakter auf. Eine festgelegte Reihenfolge zur Nutzung der Formate und Materialien gibt es nicht. Ebenso verfügt das Internetportal über keine hierarchischen Verknüpfungen, die verschiedene Texte und Verfahren miteinander in Verbindung setzen und durch das Portal führen. Grund für diese Form des Wissensportals sind die Professionsheterogenität im Arbeitsfeld Quartiersentwicklung und die damit verbundenen unterschiedlichen Ausgangsvoraussetzungen zur Durchführung einer wirkungsorientierten Selbstevaluation. Durch die offene Gestaltung soll eine bedarfs- und interessengerechte Nutzung ermöglicht werden, ohne dass im Vorfeld Einschränkungen erfolgen. Gleichwohl empfiehlt die Projektgruppe eine modellhafte Nutzungsweise, die im Folgenden vorgestellt wird.

Im Rahmen der Entwicklungsarbeiten des Internetportals wurden verschiedene Evaluationsansätze gesichtet. In der Fachliteratur wird in Frage gestellt, ob bei kurzfristigen Zeitverläufen überhaupt sinnvoll Wirkungsevaluationen durchgeführt werden können (u. a. Stiftung Zewo o. J.). Insbesondere im Kontext der Quartiersentwicklung ist diese Frage in den Mittelpunkt zu rücken. Denn dieses Arbeitsfeld ist in der Regel projektförmig organisiert, Laufzeiten von ein bis drei Jahren grenzen die Aussagekraft wirkungsorientierter Evaluationen ein. Daher werden die Nutzer/-innen des Internetportals WINQuartier dazu angehalten, sich der Zeitverläufe ihrer Quartiersarbeit und der konkreten Maßnahmen bewusst zu sein/werden und basierend auf diesen Überlegungen die wirkungsorientierte Selbstevaluation zu planen. Die Problematik wird auch in den zur Verfügung stehenden Impulstexten aufgegriffen. Daher bildet dieses Format den Startpunkt für Nutzer/-innen des Portals. Um den Zugriff zu vereinfachen, werden die Impulstexte als erstes Format im Menü angeboten.

Da es bislang nur unzureichend Erfahrung mit der wirkungsorientierten Selbstevaluation in der Quartiersentwicklung gibt (vgl. empirica 2015), wird den Nutzer/-innen des Internetportals empfohlen, zunächst auf die Evaluation einzelner Maßnahmen ihres Quartiersansatzes zu fokussieren. Daher sind am Ende der Impulstexte zum Thema Wirkung und Selbstevaluation konkrete Verweise auf den Leitfaden zur wirkungsorientierten Selbstevaluation eingefügt. Der Leitfaden selbst eignet sich insbesondere zur Evaluation (zunächst) einzelner Maßnahmen der Quartiersentwicklung. Schritt für Schritt werden die Planungs-, Durchführungs- und Auswertungsphase einer wirkungsorientierten Selbstevaluation erläutert. Anhand der angefügten Arbeitsfragen werden Nutzer/-innen darin unterstützt, ihre Evaluationsvorhaben strukturiert zu planen und zu reflektieren. Für ausgewählte Arbeitsschritte gibt es weitere Arbeitshilfen (Word- sowie PDF-Dokumente), die zum freien Download zur Verfügung stehen und auch per E-Mail an Kolleginnen und Kollegen versendet werden können.

Nachdem die Nutzerinnen und Nutzer sich für einen konkreten Evaluationsge- genstand entschieden, Wirkungsziele formuliert und Indikatoren entwickelt haben, besteht eine Herausforderung darin, geeignete Methoden auszuwählen, mittels derer die Datenerhebung erfolgen soll. Zur Unterstützung dieses Arbeitsschritts ist im Leitfaden ein Verweis zum Format *Methoden* enthalten, der bei Bedarf direkt oder auch später genutzt werden kann.

Es gibt zudem das Format *Verfahren*. Nachdem zentrale Begriffe und der wesent- liche Ablauf einer Selbstevaluation nachvollzogen wurden, können Nutzer/-innen dazu übergehen, Formate aus der Kategorie *Verfahren* auszuwählen. Insbesondere für Evaluationsvorhaben, die auf die Ebene des Quartiers blicken und somit Akteure, Kooperationen und Strukturen im Quartier in den Mittelpunkt rücken, sind hier inhaltlich ausgearbeitete Verfahren zu finden.

5   Fazit und Ausblick

Nach Ende der Projektlaufzeit im Dezember 2018 wird das Internetportal mit dem Instrumentarium zur wirkungsorientierten Selbstevaluation öffentlich frei zugänglich sein. Mit diesem Angebot für verantwortliche Akteure der Quartier- sentwicklung (hier mit dem Fokus auf alten- bzw. altersgerechte Quartiere) sind vielfältige Voraussetzungen und Konsequenzen verbunden. Das Instrumentari- um kann die Praxis darin unterstützen, eine neue Kultur wirkungsorientierter Planung, Interventionsgestaltung und Ergebnisevaluation zu implementieren. Akteure sind diejenigen, die in der Quartiersentwicklung für die Planung und Steuerung, Umsetzung und Reflexion von Interventionen und Maßnahmen in den einzelnen Quartieren die Verantwortung wahrnehmen, in der Projektpraxis also die „Quartiersmanager/-innen", „Quartiersentwickler/-innen", Kümmer/-innen, Projektleitungen, Projektkoordinator/-innen, Projektbegleiter/-innen etc. Da Partizipation ein Wesensmerkmal fast aller Quartiersentwicklungsprozesse ist, wird auf Quartiersebene entschieden, wer zum Personenkreis gehört, der in dieser Weise Verantwortung übernimmt. Das Instrumentarium richtet sich aber letztlich an eine – noch zu entwickelnde – Regelstruktur kommunaler Daseinsfürsorge in der Altenhilfe und von daher an alle Verantwortlichen in Quartiersentwicklungsprozessen auf kommunaler Ebene (Ämter, Fachdienste und Koordinierungsstellen in der Kommune, Leitungsverantwortliche in Trägerorganisationen etwa der Freien Wohlfahrtspflege). Darüber hinaus ist berücksichtigt, dass unabhängig von gegebenen Trägerstrukturen für einzelne Projekte Kooperationspartner aus unterschiedlichsten Feldern einbezogen werden (private Dienstleister für Pflege und Gesundheit, Wohnungswirtschaft, Kommune, Einrichtungen aus Kultur und Bildung etc.). Damit sich diese neue Kultur entwickeln und durchsetzen kann, sind Entscheidungen zu treffen im Hinblick auf

- Notwendige Ressourcen: Wirkungsorientierte Selbstevaluation als selbstverständlicher Teil der Arbeitsorganisation erfordert zusätzliche personelle und materielle Ressourcen.
- Personalentwicklung: Das Instrumentarium wird ohne zusätzliche Unterstützungs- und Qualifizierungsmaßnahmen für die Mitarbeitenden nur sehr begrenzt zu nutzen sein.
- Organisationskultur: Die Nutzung des Instrumentariums ist unabdingbar mit einer „innovations- und fehlerfreundlichen Organisationskultur" verbunden. Ob wirkungsorientierte Selbstevaluationen zu einer professionellen, reflektierten Planung und Steuerung und ggf. Neujustierung von Quartierentwicklungsprozessen aus der Nutzerperspektive (Interessen, Präferenzen, Wünsche, Unterstützungsbedarfe der jeweiligen Zielgruppen) führen, hängt wesentlich davon ab, ob die Ergebnisse gleichermaßen unvoreingenommen wie kritisch diskutiert werden können. Gleichwohl müssen unterschiedliche Machtkonstellationen berücksichtigt werden: Mitarbeitende werden danach fragen, inwieweit im Rahmen einer Selbstevaluation sichtbar gewordene nicht oder nur unzureichend erreichte Ziele ihrer Arbeitsleistung zugerechnet und mit dienstrechtlichen Konsequenzen verbunden werden. Trägerorganisationen werden im Kontext asymmetrischer Verhandlungspositionen gegenüber öffentlichen Mittelgebern und anderen Finanziers ihre organisationseigene Logik berücksichtigen und mögliche Refinanzierungsprobleme ins Kalkül ziehen.
- Die Notwendigkeit, ggf. über die Möglichkeiten (und Grenzen) einer wirkungsorientierten Selbstevaluation hinaus zusätzliche Evaluationsvorhaben mit externer Unterstützung zu initiieren.

Die Weiterentwicklung des Instrumentariums bezieht sich schließlich auf ein sozialwissenschaftliches Verständnis von sozialer Innovation. Howaldt und Schwarz definieren soziale Innovation als eine „von bestimmten Akteuren bzw. Akteurskonstellationen ausgehende intentionale, zielgerichtete Neukombination bzw. Neukonfiguration sozialer Praktiken in bestimmten Handlungsfeldern bzw. sozialen Kontexten mit dem Ziel, Probleme und Bedürfnisse besser zu lösen bzw. zu befriedigen, als dies auf der Grundlage etablierter Praktiken möglich ist. Es handelt sich dann und insoweit um eine soziale Innovation, wenn sie – marktvermittelt oder ‚non- bzw. without-profit' – sozial akzeptiert wird und breit in die Gesellschaft bzw. bestimmte gesellschaftliche Teilbereiche diffundiert, dabei kontextabhängig transformiert und schließlich als neue soziale Praktiken institutionalisiert bzw. zur Routine wird" (Howaldt und Schwarz 2010, S. 54f.). Wenn mit Hilfe des Instrumentariums Wirkungen und Nutzen der Quartiersarbeit wissenschaftsbasiert, systematisch und nachvollziehbar dargestellt werden können, kann dadurch die „Diffusion" sozialräumlicher Konzepte kommunaler Pflege- und Sorgepolitik in Regelstrukturen unterstützt werden.

Damit wird gleichzeitig eine Abgrenzung zu einem Verständnis von sozialen Innovationen vorgenommen, das seitens der EU-Kommission soziale Innovationen gerne unmittelbar mit Sozialwirtschaft, sozialen Investitionen und sozialem Unternehmertum und damit mit Wettbewerb und sozialen und finanziellen Renditen in Zusammenhang bringt. Wirkungsorientierung und Messbarkeit der Effekte von sozialen Dienstleistungen werden dabei insbesondere vor dem Hintergrund rückläufiger staatlicher Finanzierungen und der Generierung privater und nichtstaatlicher Ressourcen eingefordert (vgl. Burmester und Wohlfahrt 2016). „Die Wirkungsdiskussion ist damit ganz unmittelbar in den Kontext der Effektivitäts- und Effizienzüberlegungen geraten, und es gilt der Grundsatz, dass die erwünschten Wirkungen einer Leistung Orientierungsgrundlagen einer outputorientierten Steuerung darstellen. Damit wird der Boden einer professionseigenen Wirkungsdebatte verlassen und vor allem die Frage erörtert, wie sozialpolitische Zielsetzungen in zielgruppenbezogene Wirkungsziele übersetzt werden können und wie damit Informationen über Wirkungsgrade der Leistungserbringung generiert werden können" (ebd. S. 22).

Das WINQuartier-Instrumentarium hingegen ist einer auf Professionalität bezogenen Wirkungsorientierung verpflichtet.

Literatur

Alisch, Monika, Hrsg. 2014. Älter werden im Quartier: Soziale Nachhaltigkeit durch Selbstorganisation und Teilhabe. Kassel: kassel university press

Arbeitsgemeinschaft der Spitzenverbände der Freien Wohlfahrtspflege des Landes Nordrhein-Westfalen. 2012. Impulspapier Quartier. Inklusive, kultursensible und generationengerechte Quartiersentwicklung als Schlüssel für demographiefeste Kommunen. Selbstbestimmtes Wohnen und Versorgungssicherheit für Menschen im Quartier, Wuppertal. https://www.freiewohlfahrtspflege-nrw.de/fileadmin/user_data/89-Positionspapier-Archiv-2012/lag_impulspapier-quartier2012_final.pdf. Zugegriffen: 03. August 2017

Bertelsmann Stiftung (Autoren: Dr. Tobias Hackmann, Daniela Müller, Michael Steiner, Jan Tiessen). 2016. Pflege vor Ort gestalten und verantworten. Konzept für ein Regionales Pflegebudget. Gütersloh: Bertelsmann Stiftung. https://www.bertelsmann-stiftung.de/fileadmin/files/BSt/Publikationen/GrauePublikationen/GP_Pflege_vor_Ort_gestalten_und_verantworten.pdf. Zugegriffen: 01. August 2017

Bittlingmayer, Uwe H. und H. Ziegler. 2012. Public Health und das gute Leben: Der Capability-Approach als normatives Fundament interventionsbezogener Gesundheitswissenschaften?, WZB Discussion Paper, No. SP I 2012-301. http://hdl.handle.net/10419/56930 Zugegriffen: 03. August 2017

Bleck, Christian. 2016. ‚Qualität‘, ‚Wirkung‘ oder ‚Nutzen‘? Zentrale Zugänge zu Resultaten sozialer Arbeit in professionsbezogener Reflexion. In: Borrmann, Stefan und B. Thiessen (Hrsg.). Wirkungen Sozialer Arbeit. Potentiale und Grenzen der Evidenzbasierung für Profession und Disziplin. Theorie, Forschung und Praxis der Sozialen Arbeit | Band 12. Opladen: Barbara Budrich

Bödeker, Wolfgang. 2012. Wirkungen und Wirkungsnachweis bei komplexen Interventionen. In: Robert Koch-Institut [RKI] (Hrsg.). Evaluation komplexer Interventionen in der Prävention: Lernende Systeme, lehrreiche Systeme?, 33–42. Berlin: RKI.

Bundesarbeitsgemeinschaft der Freien Wohlfahrtspflege (BAGFW). 2015. Standortbestimmung der Bundesarbeitsgemeinschaft der Freien Wohlfahrtspflege (BAGFW) zur Wirkungsorientierung in der Arbeit der Freien Wohlfahrtspflege, Berlin, http://www.bagfw.de/suche/detailansicht-tt-news/article/standortbestimmung-der-bagfw-zur-wirkungsorientierung-in-der-arbeit-der-freien-wohlfahrtspflege/ Zugegriffen: 03. August 2017

Bundesministerium für Familie, Senioren, Frauen und Jugend [BMFSFJ], Hrsg. 2016. Siebter Bericht zur Lage der älteren Generation in der Bundesrepublik Deutschland. Sorge und Mitverantwortung in der Kommune – Aufbau und Sicherung zukunftsfähiger Gemeinschaften. Stellungnahme der Bundesregierung. Sachverständigenkommission „Siebter Altenbericht der Bundesregierung". Berlin: Bundesdrucksache, 18/10210).

Bundeszentrale für gesundheitliche Aufklärung [BZgA], Hrsg. 2013. Qualitätssicherung von Projekten zur Gesundheitsförderung in Settings. Ein Kooperationsprojekt zwischen der Bundeszentrale für gesundheitliche Aufklärung und der Fakultät für Gesundheitswissenschaften der Universität Bielefeld. Köln: BZgA.

Burmester, Monika und N. Wohlfahrt. 2016. Soziale Innovationen – ein neues Konzept sozialer Dienstleistungsproduktion und seine Folgen für die Sozialwirtschaft. In: Sozialer Fortschritt 1–2 / 2016 Vol. 65, S. 16–23.

Deutsche Gesellschaft für Evaluation, Hrsg. 2004. Empfehlungen zur Anwendung der Standards für Evaluation im Handlungsfeld der Selbstevaluation. http://www.degeval.

de/fileadmin/Publikationen/DeGEval_-_Empfehlungen_Selbstevaluation.pdf. Zuge-griffen: 04. März 2017

Deutscher Verein für öffentliche und private Fürsorge e. V. 2011. Eckpunkte des Deutschen Vereins für einen inklusiven Sozialraum. https://www.deutscher-verein.de/de/uploads/empfehlungen-stellungnahmen/2011/dv-35-11-sozialraum.pdf. Zugegriffen: 01. August 2017

Die Landesregierung Nordrhein-Westfalen. 2014. Ministerin Steffens: Pflegereform ebnet den Weg für mehr Lebensqualität im Alter. Pressemitteilung. https://www.land.nrw/de/pressemitteilung/ministerin-steffens-pflegereform-ebnet-den-weg-fuer-mehr-lebens-qualitaet-im-alter. Zugegriffen: 12. Juli 2017.

Donobedian, A. 1966. Evaluating the quality of medical care. *The Milbank Memorial Fund Quarterly* 44: 166–203.

Empirica (Hrsg.). 2015. Auswertungen von kommunalen Selbstevaluationen.http://www.staedtebaufoerderung.info/StBauF/SharedDocs/Publikationen/StBauF/SozialeStadt/2015_auswertung_kommunale_selbsevaluation.pdf?__blob=publicationFile&v=5. Zugegriffen: 17.07.2017.

Hoberg, Rolf, T. Klie und G. Künzel (2016a). Stärkung der Kommunen in der Pflege und die Modellkommunen. Vorschläge zur Umsetzung der jüngsten Reformen. Friedrich Ebert Stiftung. WISO Direkt 19/2016. http://library.fes.de/pdf-files/wiso/12734.pdf. Zugegriffen: 01. August 2017

Hoberg, Rolf, t. Klie und G. Künzel (2016b). Pflege in Sozialräumen. Was muss eine Struk-turreform Pflege und Teilhabe leisten? Friedrich Ebert Stiftung. WISO Direkt 20/2016. http://library.fes.de/pdf-files/wiso/12735.pdf. Zugegriffen: 01. August 2017

Howaldt, Jürgen und M. Schwarz. 2010. „Soziale Innovation im Fokus. Skizze eines gesell-schaftstheoretisch inspirierten Forschungskonzepts. Bielefeld: transcript

Kehl, Konstantin, G. Glänzel, V. Then und G. Mildenberger. 2016. CSI-Transparenzgutachten: Möglichkeiten, Wirkungen (in) der Freien Wohlfahrtspflege zu messen.

Kemna, Kirsten und M. Goldmann. 2016. Soziale Innovationen zur Sicherstellung der kommunalen pflegerischen Versorgungsstruktur. In: Naegele, G., E. Olbermann und A. Kuhlmann, Teilhabe im Alter gestalten. Aktuelle Themen der Sozialen Gerontologie, S. 435–448. Wiesbaden: Springer VS

König, Joachim. 2007. Einführung in die Selbstevaluation. Ein Leitfaden zur Bewertung der Praxis Sozialer Arbeit. Freiburg im Breisgrau: Lambertus.

Kolip, Petra. 2016. Ergebnisevaluation von Maßnahmen der Prävention und Gesundheitsför-derung. Leitfaden Selbstevaluation für Praktikerinnen und Praktiker. Bielefeld: LZG.NRW.

Knabe, Judith, A. van Rießen und R. Blandow (Hrsg.). 2015. Städtische Quartiere gestalten. Kommunale Herausforderungen und Chancen im transformierten Wohlfahrtsstaat. Bielefeld: transcript

Knopp, Reinhold. 2013. Herausforderungen und Chancen der demografischen Entwicklung für eine sozialraumorientierte Soziale Arbeit in Deutschland. In: sozialraum.de (5) Aus-gabe 1/2013. URL: http://www.sozialraum.de/herausforderungen-und-chancen-der-de-mografischen-entwicklung.php, Datum des Zugriffs: 01.08.2017

Kremer-Preiß, Ursula und T. Mehnert. 2017. Handreichung Quartiersentwicklung. Praktische Umsetzung sozialraumorientierter Ansätze in der Altenhilfe. Heidelberg: medhochzwei

Kreutz, Daniel. o. J.. Bertelsmann-Stiftung und Prognos AG wollen die Pflege verbilligen. Zur Kritik des „Regionalen Pflegebudgets". http://www.nachdenkseiten.de/upload/

pdf/150818-daniel-kreutz-zur-kritik-des-regionales-pflegebudget.pdf. Zugegriffen: 01.
August 2017

Kurz, Bettina und D. Kubek. 2015. Kursbuch Wirkung. Das Praxishandbuch für Alle, die
Gutes noch *besser tun wollen*. Berlin: PHINEO.

Merchel, Joachim. 2015. *Evaluation in der Sozialen Arbeit*. München: Ernst Reinhardt Verlag.

Noack, Michael und K. Veil (Hrsg.). 2013. Aktiv Altern im Sozialraum – Grundlagen Positionen Anwendungen. Köln: Verlag Sozial · Raum · Management

Otto, Hans-Uwe. 2007. Zum aktuellen Diskurs um Ergebnisse und Wirkungen im Feld der
Sozialpädagogik und Sozialarbeit – Literaturvergleich nationaler und internationaler
Diskussion. Expertise im Auftrag der Arbeitsgemeinschaft für Kinder- und Jugendhilfe
– Berlin: Arbeitsgemeinschaft für Kinder- und Jugendhilfe – AGJ

Otto, Hans-Uwe, a. Polutta und H. Ziegler (Hrsg.). 2010. What Works – Welches Wissen
braucht die Soziale Arbeit? Zum Konzept evidenzbasierter Praxis. Opladen & Farmington
Hills: Barbara Budrich

Rüßler, Harald, D. Köster, J. Stiel und E. Heite. 2015. Lebensqualität im Wohnquartier. Ein
Beitrag zur Gestaltung alternder Stadtgesellschaften. Stuttgart: Kohlhammer.

Städtetag Baden-Württemberg. Pilotprojekt „Inklusive Quartiere" (IQ). http://www.inklu-
sive-quartiere.de/willkommen. Zugegriffen: 18. August 2017

Stiftung Zewo. o. J. Wirkungsmessung in der Entwicklungszusammenarbeit. Zewo-Leitfaden
für Projekte und Programme. http://impact.zewo.ch/de/wirkungsmessung. Zugegriffen:
20. Mai 2017.

Stockmann, Reinhard. 2004. Was ist eine gute Evaluation? Einführung zu Funktionen und
Methoden von Evaluationsverfahren. http://www.ceval.de/modx/fileadmin/user_upload/
PDFs/workpaper9.pdf. Zugegriffen: 02. April 2017.

Sturzenhecker, Benedikt und H. von Spiegel. 2009 Was hindert und fördert Selbstevaluation
und Wirkungsreflexion in der Kinder- und Jugendarbeit. In: Lindner, Werner (Hrsg.), Kin-
der- und Jugendarbeit wirkt, 2. Auflage. Wiesbaden: VS Verlag für Sozialwissenschaften.

van Rießen, Anne, c. Bleck und R. Knopp (Hrsg.). 2015. Sozialer Raum und Alter(n). Wiesbaden: Springer VS

Winter, Gabriele und R. Müller-Naveau. 2012. Kommunales Basisbudget. Ein Vorschlag zur
Finanzierung gemeinwesenorientierter Seniorenarbeit. In: Pro Alter. Selbstbestimmt
älter werden, 44(6), 34–37

Die Bedeutung von Online-Plattformen für Community-Building und (digitale?) soziale Innovation
Empirische Befunde

Mathias Cuypers, Jens Maylandt und Bastian Pelka

1   Einleitung

Die Bekämpfung von Jugendarbeitslosigkeit stellt momentan eine entscheidende Herausforderung für die Institutionen der Europäischen Union dar. Dabei besteht Einigkeit, dass die Fähigkeit, Informations- und Kommunikationstechnologien (IUK) für Berufssuche, Ausbildung und Berufsausübung zu nutzen (im Folgenden als „digital skills" bezeichnet), den Stellenwert einer Schlüsselqualifikation erlangt hat. Neben abhängiger Beschäftigung misst die Politik selbständiger Erwerbsarbeit Potenzial für die Integration von jungen Menschen in Beschäftigung zu.

Diese beiden arbeitsmarktpolitischen Instrumente im Feld der Bekämpfung von Jugendarbeitslosigkeit werden durch verschiedene Akteure unterstützt. Doch betreffende Communities agieren trotz gegenseitiger inhaltlicher Bezugspunkte weitestgehend disjunkt – ein Austausch von erfolgreichen Ansätzen oder eine Themen übergreifende Zusammenarbeit finden kaum statt. Es müssen also neue Wege gefunden werden, um eine verstärkte Zusammenarbeit der Akteure zu forcieren.

Die Entwicklung von Plattformen ist eine Herangehensweise politischer Entscheider wie der EU-Kommission, um den Austausch von Wissen und Beispielen guter Praxis sowie das Bestreben neu entstandener Communities, thematisch verschiedene Sektoren zu integrieren, zu unterstützen. Ziel des dieser Untersuchung zugrunde liegenden Forschungs- und Entwicklungsprojektes I-LINC[1] ist es daher,

---

[1]   Konsortialpartner sind der Dachverband der digitalen Lernorte in Europa, „All Digital", der Interessenverband der Schulministerien in Europa, „European Schoolnet", der Telekommunikationsdienstleister Telefónica Europe und die Sozialforschungsstelle, zentrale wissenschaftliche Einrichtung der TU Dortmund. Laufzeit des Projektes: 2014–2017, website: www.i-linc.eu

© Springer Fachmedien Wiesbaden GmbH, ein Teil von Springer Nature 2018
H.-W. Franz und C. Kaletka (Hrsg.), *Soziale Innovationen lokal gestalten*,
Sozialwissenschaften und Berufspraxis,
https://doi.org/10.1007/978-3-658-18532-9_4

61

eine Plattform einzurichten, die Stakeholder zur Unterstützung der genannten arbeitsmarktpolitischen Ziele in Form einer aktiven Community zusammenbringt. Hierzu werden auf der Plattform einerseits Informationen angeboten (eine Sammlung von Beispielen guter Praxis, eine Stakeholder-Datenbank, eine Sammlung ausgewählter Veröffentlichungen und Learning Tools, ein Event-Kalender) und andererseits themenspezifische Communities mit Diskussionsforen moderiert.

Im vorliegenden Beitrag soll das Potenzial der Plattform I-LINC, ihre Ziele zu erfüllen, empirisch näher untersucht werden. Hierzu wird ein theoretischer Rahmen, der sich vorwiegend auf das Konzept sozialer Innovation bezieht, eingeführt. Wir diskutieren den sozial-innovativen Eigenwert vermeintlich digitaler, sozialer Innovationen und versuchen, den Ansatz „Digital Social Innovation" von Bria (2015) mit dem Analyseansatz des Social Innovation Pentagons zu verbinden. Das Social Innovation Pentagon (Howaldt et al. 2014, S. 159) dient in unserer Untersuchung dazu, aus (a) einer strukturellen konzept- und ressourcenorientierten sowie (b) einer empirischen, Stakeholder zentrierten Perspektive das Potenzial der I-LINC Plattform, die Entwicklung sozialer Innovationen zu unterstützen, einzuschätzen.

2   Forschungsfragen und Methodik

In der *strukturellen, konzept- und ressourcenorientierten Abschätzung des innovativen Potenzials* des I-LINC Projektes soll die Frage beantwortet werden, inwiefern die konzeptionelle Ausrichtung des Projektes geeignet ist, die Initiierung und Diffusion sozialer Innovationen zu unterstützen. Fragen nach dem angezielten Akteursspektrum, den Steuerungsmechanismen, den behandelten Themengebieten sowie zu erwartenden diffusionsrelevanten Prozessdynamiken werden hierzu entlang des Social Innovation Pentagons behandelt. Hierzu wird eine heuristische Vorgehensweise gewählt.

Im Vordergrund der nachfolgenden *empirischen, Stakeholder zentrierten Untersuchung* stehen die Fragen, wie die verschiedenen I-LINC-Stakeholder die Inhalte der Plattform annehmen, welche Bedeutung Kooperation für sie hat, in welchen Formen sie bereits kooperieren und in welchem Maße die Themenportfolios der Stakeholder an die von I-LINC offerierten Themengebiete anschlussfähig sind. Abschließend wird die Frage aufgeworfen, inwiefern lokale Innovatoren von dem Angebot einer europaweiten Internet-Plattform profitieren können. Kann es gelingen, Austauschprozesse zu initiieren, in denen die beteiligten Akteure trotz unterschiedlicher Ausgangsbedingungen (nationale Gesetzgebung, lokale Besonderheiten) Impulse für ihre lokalen Aktivitäten erhalten?

Der größte Teil der qualitativen und quantitativen Daten, die für die empirische, Stakeholder zentrierte Untersuchung genutzt werden, bezieht sich auf die sogenannten I-LINC-Stakeholder. Im Rahmen des I-LINC-Projekts wurden Daten zu diesen Akteuren zu unterschiedlichen Anlässen gesammelt, sodass insgesamt vier Teilquellen vorliegen[2]. Hierbei wurde keine einheitliche Sampletechnik eingesetzt. Stattdessen nahmen Stakeholder ihre Einträge teilweise selbst vor, teilweise fügten I-LINC-Projektpartner einen Akteur hinzu und teilweise Dritte, weshalb keine Grundgesamtheit aller potentiellen I-LINC-Stakeholder definiert ist, und keine Repräsentativität postuliert werden kann. Trotzdem können die vorhandenen Stakeholder-Fälle als Gruppe definiert werden, denn in jedem der Fälle traf jemand die Entscheidung, dass ein Akteur potentiell an I-LINC interessiert ist. Es wurden alle Teil-Samples (334 Fälle) in einem neuen Datensatz vereint. Da quantitatives Datenmaterial aus den früheren Erhebungen nur für eine Auswahl von Fällen verfügbar war, wurde entschieden, zusätzlich eine qualitative Erhebung auf der Basis der Webpräsenzen und bereits zuvor erhobenen Kurzbeschreibungen durchzuführen. Dieser neue quantitative Datensatz wurde gemäß Mayring (2015, S. 68) im Sinne einer skalierenden Strukturierung analysiert. Davon unabhängig werden verschiedene Teile der I-LINC-Website qualitativ hinsichtlich ihres Innovationsförderungspotenzials untersucht. Hierfür sind insbesondere Zusammenfassungstechniken relevant (Mayring 2015, S. 67).

3   Soziale Innovation und Digitale Medien

Das soziale Innovationsparadigma ist seit mehr als einer Dekade fester Bestandteil der sozialwissenschaftlichen und politischen Diskussion. Dabei steht im Vordergrund, den vorherrschenden ökonomisch-technischen Blick auf Innovation zu relativieren (siehe auch Howaldt et al. 2014, S. 1). Das Paradigma ermöglicht es zudem, nicht nur soziale Entwicklungen auf der Makroebene, sondern auch die ihnen zugrundeliegenden Mechanismen auf Mikro- und Mesoebene zu betrachten, wie es etwa schon der frühe französische Theoretiker Gabriel Tarde (1843–1904) (Ebd., S. 2) tat. Dieser interessierte sich für die Imitation sozialer Ideen, die zu ihrer Etablierung führt (siehe Ebd., S. 15 f.).

---

2 Eine zweiteilige Desk-Research von Anfang 2015, eine Online-Befragung unter Stakeholdern aus dem letzten Quartal 2015 und die stetig erweiterte Stakeholder-Datenbank auf der I-LINC-Website („Stakeholder Repository").

Trotz, vielleicht auch wegen der teils inflationären Verwendung des Begriffs gibt es weder eine weithin akzeptierte Theorie der sozialen Innovation noch eine einheitliche Definition des Begriffs. So haben Rüede und Lurtz (2012) nach einer Literaturstudie allein vier Hauptkategorien der unterschiedlichen Ansätze und Definitionen identifiziert. Wir beziehen uns auf die Arbeiten von Jürgen Howaldt, Michael Schwarz und Ralf Kopp (siehe Howaldt & Schwarz 2017, Howaldt, Kopp & Schwarz 2015a, Howaldt, Kopp & Schwarz 2015b). In der Definition von Howaldt und Schwarz kommt die Betonung „des Sozialen" in Bezug auf den Terminus Innovation zur Geltung. Sie beschreiben soziale Innovationen als

> „…eine von bestimmten Akteuren bzw. Akteurskonstellationen ausgehende intentionale, zielgerichtete Neukombination bzw. Neukonfiguration sozialer Praktiken in bestimmten Handlungsfeldern bzw. sozialen Kontexten, mit dem Ziel, Probleme oder Bedürfnisse besser zu lösen bzw. zu befriedigen als dies auf Grundlage etablierter Praktiken möglich ist. Es handelt sich dann und insoweit um eine soziale Innovation, wenn sie […] sozial akzeptiert wird und breit in die Gesellschaft bzw. bestimmte gesellschaftliche Teilbereiche diffundiert, dabei kontextabhängig transformiert und schließlich als neue soziale Praktik institutionalisiert wird" (Howaldt und Schwarz 2010, 54f.).

Diese Definition hat mittlerweile zur Identifizierung zahlreicher sozialer Innovationen beigetragen (vgl. Howaldt et al. 2014). Insbesondere wurde den Fragen nachgegangen, der Beteiligung welcher Akteure es bei der Entwicklung sozialer Innovationen bedarf und wie diese im institutionellen Setting, das ihr Interventionsfeld prägt, interagieren. Das „Social Innovation Pentagon" (Howaldt et al. 2014, S. 159) war insofern eine wichtige Weiterentwicklung des Ansatzes von Howaldt und Schwarz, als dass es die Abhängigkeit sozialer Innovationen von zu untersuchenden gesellschaftlichen Aushandlungsprozessen betont und somit den Diskurs zur Operationalisierung öffnet. Abb. 1 zeigt die Kanten des Pentagons.

Pelka und Kaletka (2011) kommen nach einer Untersuchung der Wirkmechanismen sozialer Medien zu dem Schluss, dass es sich bei sozialen Medien wie Blogs, Wikis oder Foren weniger um technologische Innovationen handelt, sondern dass vor allem neue soziale Praktiken der Kooperation, Kommunikation und der verteilten und inkrementellen Produktion Charakter stiftend für soziale Medien sind. Die Innovation ist also weniger auf Ebene des technischen Artefakts zu identifizieren als durch die Antwort auf die Frage, was Menschen mit diesem tun. Diese Analyse betont die Impact-Dimension, indem sie feststellt, dass für die Verbreitung sozialer Medien nicht neue Technologie, sondern eine breitere Nutzerzahl notwendig sei.

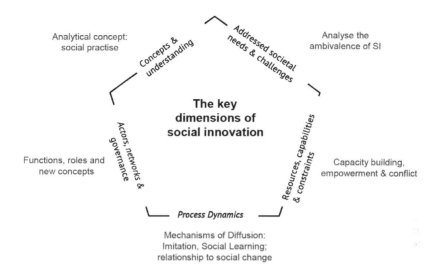

Abb. 1   Das Social Innovation Pentagon. Quelle: Howaldt et al. 2014, S. 159.

Bria (2015) führt eine neue Variante sozialer Innovationen ein, die sie Digitale Soziale Innovationen (im Folgenden DSI) nennt und definiert als „a type of social and collaborative innovation in which innovators, users and communities collaborate using digital technologies to co-create knowledge and solutions for a wide range of social needs and at a scale and speed that was unimaginable before the rise of the internet" (Bria, 2015, S. 9). Um digitale soziale Innovationen systematisch beschreiben zu können, führt Bria vier Komponenten von DSI ein: *Wirkungsbereiche* (kollaborative Wirtschaft, neue Produktionswege oder offene Demokratie; siehe ebd., S. 24), *beteiligte Organisationen* (Social Enterprises, Graswurzelorganisationen oder Regierung und öffentlicher Sektor; ebd., S. 37), *technologische Trends* (offene Netzwerke, offenes Wissen und offene Hardware; ebd., S. 46) sowie *angezielte Gesellschaftsbereiche* (Gesundheitssektor, Wissenschaft und Technologie oder Kultur und Kunst; ebd. S. 48).

Die beschriebenen Kriterien erscheinen nützlich, um soziale Innovationen, bei denen IUK eine herausragende Rolle spielen, zu analysieren und gegebenenfalls zu kategorisieren. Allerdings möchten wir zur Diskussion stellen, ob es sinnvoll ist, „digitale" soziale Innovationen als eigene Spezies zu deklarieren. Unter Brias Kriterien stellen lediglich *Wirkungsbereiche* und *technologische Trends* Untersuchungskategorien dar, die exklusiv digitale Aspekte ins Zentrum rücken, während *beteiligte Organisationen* und *angezielte Gesellschaftsbereiche* sich mit dem Erkenntnisinteresse, das durch das Social Innovation Pentagon ausgedrückt wird, decken. Es spricht somit einiges dafür, dass das Social Innovation Pentagon die von Bria eingeführten Kategorien digitaler sozialer Innovationen abdeckt, gleichwohl aber gerade in Bezug auf digitale Kommunikation wichtige neue Anregungen für tiefergehende Analysen erhält.

4   I-LINC und (digitale) soziale Innovationen

In der nun folgenden *strukturellen Potenzialabschätzung* der I-LINC Plattform wollen wir das Social Innovation Pentagon mit der Zielsetzung einer heuristischen Analyse einsetzen.

Die erste zu betrachtende Pentagonkante heißt *Konzepte und Verständnis* und empfiehlt sich eher für eine Ex-post-Analyse als für eine formative Potenzialabschätzung. Gleichwohl kann festgehalten werden, dass I-LINC mit einem bestimmten Verständnis von sozialer Innovation und insbesondere dem Prozess sozialer Innovationen konstruiert ist. Eine Grundannahme des Projekts ist beispielsweise, dass soziale Innovationen bestenfalls mit vielen Akteuren gemeinschaftlich und diskursiv entwickelt und verbreitet werden können. Zudem ist I-LINC thematisch auf bestimmte Themen und geographisch vorwiegend auf die EU fokussiert. Brias Kategorien können die Analyse dahingehend bereichern, dass mit den *domains of DSI* und den *technological trends* konkrete digitale Medien oder Vorgehensweisen (open access, co-production of knowledge) eingeführt sind, die I-LINC jeweils erfüllt.

Bezüglich der Pentagonkante *Akteure, Netzwerke und Governance* können wir feststellen, dass I-LINC Akteure aus Wissenschaft, Staat, Wirtschaft und Zivilgesellschaft und damit auch die von Bria genannten Gesellschaftsbereiche adressiert. Mit Blick auf Brias Kriterien kann man als Bestandteile von Governance den open access-Ansatz (domains of DSI) und die Koproduktion von Wissen unter Nutzung digitaler Medien (technological trends) anführen. Gleichwohl besteht gegenwärtig eine Diskrepanz zwischen Konzept und Wirklichkeit: Es muss davon ausgegangen werden, dass sich das Verhalten der Nutzer von I-LINC größtenteils auf das Abgreifen von Informationen beschränkt und die diskursive Koproduktion von Wissen und konzeptionelle Agenden nur ansatzweise stattfindet. Die Herausforderung für I-LINC liegt nun darin, seine „Moderationsrolle" stärker wahrzunehmen und Interaktionsprozesse der Stakeholder gezielt zu stimulieren.

Die nächste Pentagonkante ist *adressierte gesellschaftliche Bedürfnisse und Herausforderungen*. Die Europäische Kommission thematisiert die Bedeutung von digitalen Technologien und Kompetenzen auf unterschiedlichen Ebenen wie gesellschaftlicher Teilhabe (Vuorikari, et al, 2016), sozialer Sicherung (Misuraca et al. (2016), Städtebau (Europäische Kommission, o. J.) oder Beschäftigung (Europäische Kommission, 2016). Aus der Perspektive dieser Pentagonkante besteht die Aufgabe von I-LINC vorwiegend darin, die von den politischen Akteuren auf nationaler und europäischer Ebene thematisierten Herausforderungen auf der Meso- und Mikroebene ins Akteursbewusstsein zu rücken und die Diskussionen über digitale Kompetenzen von der europäischen Verlautbarungsebene auf konkrete lokale und regionale akteursspezifische Problemlagen herunterzubrechen. Hierzu ermöglicht es eine open access-Plattform unterschiedlichen Akteuren, ihre jeweilige Problemsicht zur Diskussion zu stellen. Die zentrale Herausforderung besteht darin, die Wahrnehmung der Plattform in den entsprechenden gesellschaftlichen Settings, auch durch „offline- und face to face-Aktivitäten", zu forcieren.

Bei der nächsten zu betrachtenden Pentagonkante *Ressourcen, Fähigkeiten und Barrieren* stößt man mit einem formativen Blickwinkel schnell an Grenzen, da für weitere Informationen ein abgeschlossener oder zumindest laufender Prozess als Untersuchungsgegenstand vonnöten wäre. Die Intention von I-LINC ist es aber, gerade solche Prozesse zu initiieren. Greifen wir an dieser Stelle erneut Brias Kategorien von DSI auf, können wir den Ressourcen-Aspekt unter dem Gesichtspunkt der „domains of DSI" und der „technological trends" betrachten. Als Online-Plattform offeriert I-LINC einen Austauschprozess zwischen Akteuren, der weitgehend zeit- und ortsunabhängig ist und deshalb relativ ressourcenschonend seitens der Akteure bewerkstelligt werden kann.

Unter Zuhilfenahme der letzten Pentagonkante werden *Prozessdynamiken*, insbesondere mit Blick auf die Diffusion (z. B. durch soziales Lernen oder Imitation) sozialer Innovationen, untersucht. Zieht man zunächst Brias Kategorien von DSI in Betracht, ist auf die diffusionsförderliche Wirkung offen zugänglicher Informations- und Austauschportale zu verweisen, welche potenziellen „early adopters" (Rogers, 2003) frei, jederzeit und an jedem Ort die Möglichkeit geben, Inventionen aufzuspüren und die Anwendbarkeit im eigenen Handlungsfeld auszuloten.

Zu Beginn der *empirisch-stakeholderorientierten Analyse* wird die I-LINC Plattform als zentraler Kommunikationsort der I-LINC-Community entlang Rogers' fünf Adoptionsstufen (ebd., S. 169) im Zuge der Diffusion einer Innovation untersucht. Diese sind:

- Knowledge, von einer Innovation erfahren
- Persuasion, von einer Innovation im positiven oder negativen Sinn überzeugt werden
- Decision, sich für oder gegen eine Innovation entscheiden

- Implementation, die Innovation implementieren
- Confirmation, die Innovationsentscheidung bestätigen und weiter nutzen oder rückgängig machen

Die Webpräsenz I-linc.eu besteht aus sechs zentralen Bereichen und diversen Unterkategorien (siehe Abb. 2).

1) HOME
2) MY PAGE
3) I-LINC COMMUNITY
    ABOUT THE I-LINC COMMUNITY
    STAKEHOLDER REPOSITORY
    OPINIONS
    COMMUNITIES
    WIKIINCLUSION
        HOME – BLOG – DISCUSSIONS – ACTIVITIES
4) RESOURCES
    ARTICLES AND RESEARCH
    BEST PRACTICE
    POLICY HUB
5) LEARNING OPPORTUNITIES
6) EVENTS
    GOW17
    SELFIE-ENTREPRENEUR
    CALENDAR

Abb. 2

Struktur der Website
i-linc.eu

Besonders relevant unter den Angeboten der Website sind jene, die darauf abzielen, die Kooperation zwischen Stakeholdern und die Diffusion von Innovationen zu fördern.

Die Bereiche Stakeholder Repository, Best Practice und Learning opportunities unterstützten die Adoptionsstufen nach Rogers in unterschiedlichem Maße. Die Seite *Stakeholder Repository* enthält eine Datenbank (264 Einträge Juni 2017) von "Organizations, programmes, projects and online networks working in the field of digital skills that can boost youth employability and entrepreneurship" (I-LINC 2017a). Die Stakeholder-Seiten beinhalten zwar jeweils allgemeine Informationen, aber nur selten konkrete Projekte und innovative Ideen. Folglich ist es bereits schwer, den ersten Schritt in Rogers Modell des Innovations-Adoptionsprozesses, das Wissen um eine Innovation, zu vollziehen. Im Bereich *Best practice* werden verschiedene konkrete Projekte präsentiert (200 im April 2017), die die zukünftigen Aktivitäten der Betrachter im Sinne einer Imitation inspirieren sollen. Damit werden vor allem die ersten zwei Stufen von Rogers Adoptionsprozess, das Wissen um eine Innovation und die Beeinflussung der Einstellung zu einer Innovation gefördert. Eine Möglichkeit, weitere Informationen zu den vorgestellten Praxisbeispielen zu erhalten, bietet hier zwar eine Funktion zur Kontaktaufnahme; diese ist aber nur teilweise vorhanden und wird auch kaum angeregt. Der Bereich *Learning Opportunities* enthält Dokumente, die konkrete Ideen ausführlich behandeln oder zu Seiten mit anwendungsbereiten Inhalten verlinken. Hier scheint ein weitgehender Adoptionsprozess (vgl. Rogers 2003) am ehesten möglich. Nutzer erhalten nicht nur Kenntnis von der Innovation, sondern können auch eine befürwortende oder ablehnende Haltung zu ihr entwickeln, sie können dank der teilweise weitreichenden Informationen auch entscheiden, ob sie die Innovation adoptieren wollen und sie je nach Komplexität auch ohne weitere Hilfestellung implementieren.

Beide Wikinclusion-Bereiche sind auf neuartige Diskussions-Tools konzentriert. Mit den integrierten Diensten „Flipboard", „dotstorming", „Tricider" und „padlet"[3] können Benutzer Inhalte teilen, Ideen bewerten und Probleme diskutieren. Da diese Formate spärlich bis gar nicht genutzt wurden, müsste geprüft werden, ob hier nicht der Wille, technisch moderne Tools zu integrieren, ihren inhaltlichen Nutzen übersteigt.

Der Communities-Bereich soll Beiträge und Diskussionen mithilfe klassischer Foren ermöglichen. Es wurden Communities zu sieben Themen implementiert. Das Ausmaß an Aktivität reichte am Stichtag (21. Juni 2017) von keinem einzigen Post in zwei Communities bis zu 422 Beiträgen in der Community „Entrepreneurial teachers". Die gemessen an den Beiträgen erfolgreichen Communities beruhen auf konkreten Kontexten: Entrepreneurial teachers basiert auf einem von zahlreichen Lehrern genutzten MOOC[4]. Somit war ein gemeinsamer Bezugspunkt für die Diskussion gegeben. Insbesondere bei Diskussionen, denen ein solcher Bezugspunkt fehlt, ist eine aktive Gestaltung der Diskussion durch die Plattformbetreiber erforderlich, damit eine Gesprächsdynamik entstehen kann.

Nachdem die bisherige Nutzung der I-LINC Plattform empirisch untersucht wurde, wird nun der Blick auf die Stakeholder des Projekts gerichtet. Folgende Merkmale wurden erhoben:

---

3   „Flipboard": Plattform für personalisierte Nachrichten, https://flipboard.com/.
    „Dotstorming: Tool zur Organisation von Gruppenarbeit mithilfe eines Votingsystems, https://dotstorming.com/.
    „Padlet": Digitale Pinnwand, https://de.padlet.com/. Triceder: Tool, mit dem Ideen und Argumente für eine Idee geteilt und bewertet werden, www.tricider.com

4   Massive Open Online Course – einer Online-Lehreinheit, in der Regel bestehend aus mehreren Vorlesungen mit Frage- und Diskussionsmöglichkeiten.

- Der inhaltliche Fokus der Aktivitäten der I-LINC-Stakeholder: IKT-Lernen, Jugend, Benachteiligte und marginalisierte Gruppen, Beschäftigungsfähigkeit, Unternehmerschaft, politische und kulturelle Integration sowie interkulturelle Erfahrungen (teilweiser oder vollständiger Fokus)
- Die Institutionen/Sektoren (Staat/Wirtschaft/Zivilgesellschaft/Wissenschaft).
- Die *Verbindungen*, die die Stakeholder zu Akteuren aus anderen Sektoren haben
- *Ansprache* von Endnutzern (Jugendliche) oder Multiplikatoren (Organisationen, Projekte, Plattformen)
- Die *Reichweite des Stakeholders* (maximal regional, national, international)

Die folgende Analyse beschränkt sich auf zwei Kanten des Social Innovation Pentagons, nämlich „Akteure, Netzwerke und Government" sowie „adressierte soziale Bedürfnisse und Herausforderungen".

Akteure, Netzwerke und Government: Intersektorale Verbindungen zwischen Stakeholdern können gemäß dem Quadruple-Helix-Ansatz (Carayannis & Campbell 2012), der ein enges Zusammenwirken der Sektoren Staat, Wissenschaft, Wirtschaft und Zivilgesellschaft propagiert, als förderlich im Sinne von I-LINC eingestuft werden. Die Stakeholder waren in den vier Sektoren unterschiedlich stark präsent (vgl. Abb. 3). So waren rein zivilgesellschaftliche Akteure (172) sehr häufig vertreten, während besonders rein wissenschaftliche Akteure (10) nur sehr selten auftraten. 82 Stakeholder ($\approx$ 24.6 %) wurden als hybride Organisationen eingestuft, die innerhalb verschiedener Sektoren operierten. Dies kann als relativ geringes Maß einer intersektoralen Verflechtung angesehen werden. Im Rahmen des Projekts wurde in einer gesonderten Population von Stakeholdern eine standardisierte Befragung durchgeführt. Hierbei stuften 57 Prozent der Teilnehmer *„excellent cooperation between project partners"* als einen wichtigen Erfolgsfaktor ein[5]. Keiner der anderen zehn zur Auswahl stehenden Faktoren erreichte einen höheren Wert. Zudem nannten 15 Prozent *„Deficient cooperation between project partners"* als eine wichtige Barriere für die Arbeit der Organisation[6]. Funktionierende Netzwerke sind also aus Sicht der Stakeholder ein zentraler Erfolgsfaktor und defizitäre Kooperationen ein zwar nicht zentraler, aber doch bedeutsamer Schwachpunkt.

Weiterhin war von Interesse, ob die Stakeholder in ihren Kurzbeschreibungen Verbindungen mit anderen Stakeholdern erwähnten. Taten sie dies, so wurde das als Zeichen für eine hohe Relevanz des Themas gewertet, da die Mehrheit der Beschreibungen von den Stakeholdern selbst stammt und deren Selbstbild zum

---

5   N=61

6   N=75

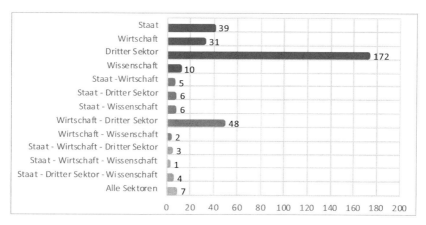

Abb. 3   Sektorale Zuordnung der Stakeholder N=334 (eigene Darstellung).

Ausdruck bringt. 48,5 Prozent der Stakeholder-Kurzbeschreibungen enthielten eine solche Information.

Das so identifizierte Potenzial für weitere Vernetzungen lässt sich mithilfe des Datensatzes weiter spezifizieren. So besteht die Möglichkeit, Teilpopulationen anhand der Informationsverfügbarkeitsvariable miteinander zu vergleichen. Auffällig ist, dass zivilgesellschaftliche Stakeholder häufiger Informationen zu Verbindungen in ihre Kurzbeschreibungen integrierten (Abb. 4). Ein Grund hierfür könnte eine finanzielle Abhängigkeit von anderen Akteuren sein.

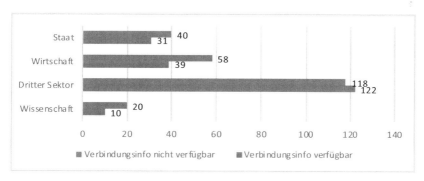

Abb. 4   Zahl der Stakeholder nach Sektor, Aufteilung entlang der Verbindungsinformationsverfügbarkeitsvariable. Mehrfachzuordnungen möglich. N=334 (eigene Darstellung)

Zudem gab ein hoher Anteil der Stakeholder (über 80 % der akademischen, zivilgesellschaftlichen und wirtschaftlichen Akteure und 68 % der staatlichen Akteure)
mit Verbindungsinformationen an, mit staatlichen Akteuren verbunden zu sein
(siehe Abb. 5). Der Staat scheint also ein zentraler Akteur im Netzwerk dieser
kooperativen Verbindungen zu sein.

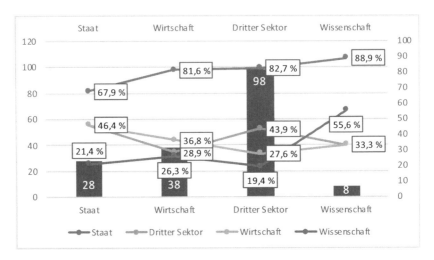

Abb. 5 Die Säulen zeigen die Anzahl der Stakeholder, für die konkrete
Verbindungsdaten verfügbar waren. Die Linien zeigen den Anteil dieser
Stakeholder, die mit den jeweiligen anderen Sektoren verbunden waren. N=135
(eigene Darstellung)

Das Potenzial von I-LINC könnte nun darin liegen, die Fokussierung auf staatli-
ches Engagement zu relativieren und eine Kommunikation aller Stakeholder auf
Augenebene sowie eine Ideenentwicklung aus dem Kreis der Stakeholder heraus
zu ermöglichen.

Adressierte soziale Bedürfnisse und Herausforderungen: Nicht nur die I-LINC-The-
men und ihre gesellschaftliche Relevanz an sich sind relevant, sondern auch ihre
Anschlussfähigkeit zu den Themenportfolios der Stakeholder. Eine zu schwache
Übereinstimmung könnte dazu führen, dass die Stakeholder nicht erreicht wer-
den. Am häufigsten werden seitens der Stakeholder die Themen Jugend (72 %),
Beschäftigungsfähigkeit (61 %) und ICT-Lernen (49 %) fokussiert (siehe Abb. 7).
Die Analyse ergab darüber hinaus, dass sich die Stakeholder neben diesen Themen

auch zu einem beträchtlichen Anteil mit politischer und kultureller Integration (45 %) sowie interkulturellen Erfahrungen (16 %) befassen.

Diese erste Divergenz zwischen I-LINC-Themen und denen der Stakeholder führt sich fort. Es zeigt sich, dass ein großer Teil der Stakeholder nur einen Teil der I-LINC-Themen behandelt. So gibt es nur zwei Stakeholder, die teilweise oder vollständig auf alle fünf I-LINC-Themen fokussiert sind (Abb. 6). Insbesondere hinsichtlich der hauptsächlichen Fokusse passen die Stakeholder tendenziell nur zu einer kleinen Auswahl an I-LINC-Themen: 90,7 Prozent der Stakeholder weisen nur maximal zwei der Fokusse auf. Bei Hinzunahme der teilweisen Fokussierungen ist die Verteilung symmetrischer mit einem Fokus auf zwei oder drei I-LINC-Themen.

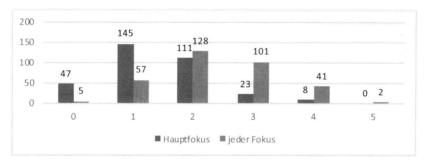

Abb. 6   Zahl der Stakeholder pro Zahl der umgesetzten I-LINC-Themen. N=334 (eigene Darstellung)

Das häufige Auftreten der beiden zusätzlich zu den I-LINC-Themen erfassten Themen *politische und kulturelle Integration* sowie *interkulturelle Erfahrungen* wirft die Frage auf, inwiefern Stakeholder mit diesen Ausrichtungen von den I-LINC-Themen im Sinne einer Polarisierung zwischen ökonomischen und kulturellen Themen abweichen. Eine solche Isolierung konnte jedoch nicht bestätigt werden: So wiesen 66 Prozent der auf politisch-kulturelle Integration fokussierten Stakeholder auch eine Fokussierung auf Beschäftigungsfähigkeit auf – und 50 Prozent der auf interkulturelle Erfahrungen fokussierten Stakeholder wiesen zugleich auch eine Fokussierung auf Beschäftigungsfähigkeit auf.

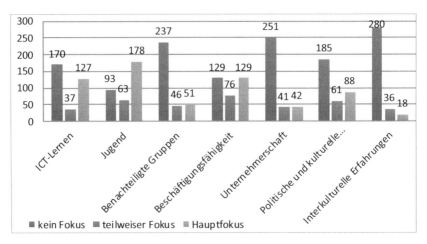

Abb. 7   Hauptfokus, teilweiser Fokus und kein Fokus für jedes der sieben Stakeholder-
Themen. N=334 (eigene Darstellung)

Dass die Themenspektren von I-LINC und jene seiner Stakeholder nicht kongruent sind, sondern allenfalls Schnittmengen aufweisen, war als Grundannahme bei der Konzeption der Plattform berücksichtigt. Die I-LINC Plattform steht somit vor der Aufgabe, die thematisch divers aufgestellten Stakeholder effektiv anzusprechen. In diesem Zusammenhang bietet es sich an, themenübergreifende Angebote zur Verfügung zu stellen. Auf diese Weise kann einerseits die potentielle Zielgruppe der Inhalte erhöht werden und andererseits können die Stakeholder dazu angeregt werden, ihren eigenen Horizont zu erweitern. Beispielsweise könnte der nicht von I-LINC, aber von den Stakeholdern behandelte Themenkomplex sozial-(inter) kulturelle Integration stärker bedient werden. Damit würde neben der ökonomischen Verwertungsperspektive auch stärker die sozial-integrative Funktion des Kompetenzerwerbs in der Selbstdarstellung des Projektes betont werden.

Eine weitere Grundlage für die Entscheidungen, welche Inhalte zu I-LINC hinzugefügt werden, könnte eine Liste der häufigsten Fokuskombinationen sein, wie sie in Abb. 8 zu sehen ist.

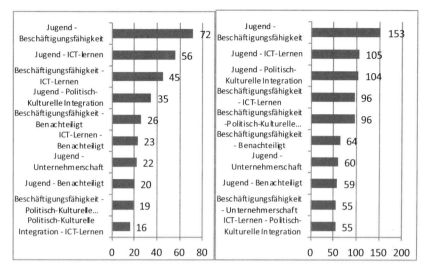

Abb. 8 Die zehn häufigsten Hauptfokus- (links) und allgemeine Fokuskombinationen (rechts). Jede Kombination kann weitere (Haupt-)Fokusse enthalten. N=334 (eigene Darstellung)

5 Der Nutzen von I-LINC für lokale Innovatoren

Bezüglich des geographischen Wirkungsbereiches (regional, national, international) der Stakeholder ist annähernd eine Gleichverteilung anzutreffen, wobei die regionale Ebene die meisten Stakeholder auf sich vereint (siehe Abb. 9).

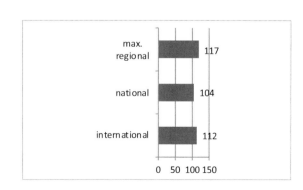

Abb. 9

Geographische Reichweiten im Stakeholder-Datensatz. N= 334 (eigene Darstellung)

Will I-LINC gemäß Tardes' „Lokalitätspostulat" auf lokaler Ebene Innovationen aufspüren und zu ihrer Diffusion beitragen, so sind regionale Akteure wesentliche Adressaten. Im Folgenden wird dargestellt, welche spezifischen Eigenschaften maximal regional tätige Stakeholder aufweisen.

Maximal regionale Stakeholder stammen vorwiegend aus dem zivilgesellschaftlichen (rd. 73 % vs. 76 % bei nationalen und 67 % bei internationalen Stakeholdern) und staatlichen Sektor (25 % vs. 13 und 26 %), während sie deutlich seltener aus dem wirtschaftlichen (9 % vs. 67 und 46 %) oder wissenschaftlichen (4 % vs. 7 und 17 %) Sektor stammen. Da sie häufiger (54 vs. 44 und 45 %) Informationen zu ihren Verbindungen zu anderen Akteuren in ihre Kurzbeschreibungen integriert haben, kann darauf geschlossen werden, dass für regionale Akteure Kooperationen eine größere Bedeutung haben. Darüber hinaus richten sich regionale Stakeholder mit ihren Angeboten viel stärker an die Endnutzer als die nationalen und internationalen Akteure (75 vs. 59 und 52 %). Bezüglich der Fokusse (Hauptfokus- und teilweiser Fokus hier kombiniert) ist auffällig, dass maximal regionale Stakeholder deutlich seltener ICT-Techniken thematisieren: Nur 36 Prozent fokussieren sich auf ICT-Techniken, während es bei nationalen Stakeholdern 59 und bei internationalen Stakeholdern 54 Prozent sind. Ferner fokussieren maximal regional tätige Stakeholder stärker auf politische und kulturelle Integration (57 vs. 40 und 36 %) sowie Interkulturelle Integration (31 vs. jeweils 8 %). Insgesamt kann also gesagt werden, dass die regionalen Stakeholder ein etwas breiteres Themenfeld abdecken als Stakeholder mit nationaler oder internationaler Ausrichtung.

Um herauszufinden, inwiefern es I-LINC bereits gelingt, lokale Innovatoren zu unterstützen, werden die Diskussionsforen im Community-Bereich einer näheren Analyse unterzogen.

Einige der Diskussionsfäden in den Community-Foren sind explizit auf lokale Erfahrungen ausgerichtet. Das trifft auch auf den aktivsten Bereich „Entrepreneurial Teachers" zu. Webinar und Forum richten sich an Lehrer. Mit ihrer Teilnahme an Diskussion und Webinar erhalten diese die Gelegenheit, sich mit Kollegen auszutauschen und Erkenntnisse dann in der eigenen Tätigkeit lokal umzusetzen.

In der Gesamtsicht zeigt sich Folgendes: Die Lehrer erhalten über ein Webinar Informationen darüber, wie entrepreneuriale Kompetenzen im Unterricht vermittelt werden können. Anschließend findet ein Austausch im Forum des Community-Bereichs statt. Dabei geht es nicht so sehr darum, dass die Gemeinschaft der Lehrer zu einem klaren Ergebnis kommt und beispielsweise einen Plan für die Vermittlung der Fertigkeiten aufstellt. Stattdessen stellen die Teilnehmer ihre eigenen Erfahrungen und Einschätzungen vor. Gelegentliche Rückfragen und Bezugnahmen sind Indizien für ein generelles Interesse der Gemeinschaft an diesen. Widersprüche und kontroverse Meinungen waren hingegen kaum anzutreffen. Die Herausforderung für die Lehrer ist, die Erkenntnisse aus Webinar und Austausch im Forum in die eigene, lokal gebundene Unterrichtsgestaltung umzumünzen.

Die Analyse des webinarbegleitetenden Forumsbereichs verdeutlicht, dass eine Zusammenarbeit von lokalen Akteuren vor allen Dingen dann gut gelingen kann, wenn dies in einem spezifischen Kontext geschieht. Dass der Austausch wie im Fall der Lehrer gelingt, hängt wohl auch damit zusammen, dass sie alle prinzipiell in ihrem Beruf vor ähnlichen Herausforderungen stehen. Je allgemeiner der Kontext gestaltet wird, desto schwieriger könnte sich ein Austausch gestalten: Wenn beispielsweise Akteure aus dem wirtschaftlichen und zivilgesellschaftlichen Sektor von regionaler und internationaler Ebene zusammenkommen, müsste zunächst einmal die natürliche Differenz der Tätigkeitsfelder überwunden werden.

6   Fazit

Zur Bekämpfung von Jugendarbeitslosigkeit ist – neben anderen arbeitsmarktpolitischen Maßnahmen – die Forcierung der ICT-Kompetenzen junger Menschen unerlässlich. Daneben gilt es, entrepreneuriale Kompetenzen von Jugendlichen zu erkennen und zu fördern. Das Projekt I-LINC setzt hier an, um mittels einer interaktiven Internetplattform Stakeholder aus den Bereichen Jugendbeschäftigungsfähigkeit, ICT-Kompetenzen und Entrepreneurship miteinander zu vernetzen.

Um dieses Vorhaben heuristisch und empirisch beurteilen zu können, wurde als interpretativer Bezugsrahmen das Social Innovation Pentagon (Howaldt et al. 2014) gewählt. Es wurde gezeigt, dass das Pentagon zuvor weitestgehend isoliert verwendete Ansätze wie die Quadruple Helix zur Schaffung von Innovationen (Carayannis & Campbell 2012), Rogers Theorie zur Diffusion von Innovationen (Rogers 2003) und Digital Social Innovation (Bria 2015) mit analytischem Mehrwert integrieren kann. Bezüglich des innovativen Eigenwerts digitaler Medien wurde festgestellt, dass diese eher Medium und Katalysator für soziale Innovationen sind als eine neue Spezies „Digitale Soziale Innovationen" darzustellen.

Die *strukturelle Potenzialabschätzung* ergab, dass I-LINC in seiner Konzeption und technischen Ausgestaltung durchaus zur Schaffung sozialer Innovationen beitragen kann. Die Plattform adressiert mit Jugendbeschäftigungsfähigkeit durch ICT- und entrepreneuriale Kompetenzen offenkundig vorhandene gesellschaftliche Problemfelder, spricht alle Stakeholder entlang der Quadruple Helix an, offeriert mit ihrem open access-Ansatz eine, wenn auch mit vielen Freiheitsgraden versehene, Steuerungsform und erlaubt ressourcenschonende orts- und zeitunabhängige Interaktion der Stakeholder. Allerdings zeigte eine Analyse der I-LINC-Plattform einige Defizite bei der Nutzung des Potenzials: Als Gründe hierfür wurde unter anderem eine zu hohe Distanz zu konkreten Innovations-Adoptionsprozessen sowie unzureichend gesteuerte Diskussionsbereiche ausgemacht.

Eine *analytische Betrachtung der I-LINC-Stakeholder* half dabei, das theoretisch ausgemachte Potenzial der Plattform zu spezifizieren. Dabei konnte ein generelles Interesse an Kooperationen unter den Stakeholdern bestätigt werden. Das trifft insbesondere auf zivilgesellschaftliche und maximal regional aktive Stakeholder zu. Innerhalb des Kooperationsnetzwerks ist auffällig, dass Stakeholder aus allen Akteursgruppen am häufigsten mit staatlichen Akteuren kooperieren. I-LINC könnte zur Relativierung der Fixierung auf den Staat beitragen, indem es die Akteursgruppen stärker untereinander vernetzt. I-LINC ist darüber hinaus mit einem recht heterogenen Themenspektrum der Stakeholder konfrontiert, das sich nur teilweise mit den eigentlichen I-LINC-Themen deckt. Themenverknüpfende Inhalte könnten genutzt werden, um trotzdem möglichst viele Stakeholder anzusprechen.

Der Nutzen der I-LINC Plattform für lokale Innovatoren liegt in einem kontextuell eingebetteten Austausch themenverwandt agierender Stakeholder. Exemplarisch wurde dies an der Analyse von Forumsdiskussionen im Bereich „Entrepreneurial Teachers" gezeigt. Webinare und MOOCs können einen gemeinsamen Kontext darstellen, der Basis der Diskussion ist. Die Stakeholder erfahren so Vorgehensweisen anderer Akteure, die in inhaltlich ähnlichen, jedoch bezüglich institutioneller Rahmenbedingungen durchaus diversen Handlungsfeldern operieren. Der Austausch bietet den Stakeholdern die Möglichkeit, neue Vorgehensweise im Lichte der eigenen Handlungsoptionen zu reflektieren und notwendige konzeptionelle Modifikationen vorzunehmen. Die Schwierigkeit für eine europäische Plattform wie I-LINC liegt darin, die Aufmerksamkeit der lokalen Innovatoren zu gewinnen. Dies kann nur gelingen, wenn die Mesoebene, also national oder regional agierende Akteure aus den jeweiligen gesellschaftlichen Handlungsfeldern, als Transferträger agiert. Im untersuchten Diskussionsforum bestand die Transferkette aus European Schoolnet als europäischem „Lehrerdachverband", nationalen Lehrerorganisationen und letztlich den im Forum aktiven, lokal operierenden Lehrern. Hieraus wird deutlich, dass Vorhaben wie I-LINC sich nicht auf die Einrichtung und Moderation einer Internet-Plattform beschränken dürfen, sondern auf verschiedenen Ebenen gesellschaftlicher Handlungsfelder aktiv sein müssen, um die transnationale Plattform zum Interaktionsforum europäischer, nationaler und lokaler Stakeholder zu machen.

Literatur

Bria, F. 2015. Growing a Digital Social Innovation ecosystem for Europe. DSI final report. https://www.nesta.org.uk/sites/default/files/dsireport.pdf. Zugegriffen: 17. Juli 2017.

Carayannis, E. G., und David F.J. Campbell. 2012. *Mode 3 Knowledge Production in Quadruple Helix Innovation Systems: 21st-Century Democracy, Innovation, and Entrepreneurship for Development*. New York / Dordrecht / Heidelberg / London: Springer.

Europäische Kommission, Hrsg. 2016. e-Competence Framework (e-CF) – A common European Framework for ICT Professionals in all industry sectors – Part 1: Framework. https://standards.cen.eu/dyn/www/f?p=204:110:0::::FSP_PROJECT,FSP_ORG_ID:41798,1218399&cs=17B0E0F8CABCDBDDB8066A46FA937510B. Zugegriffen: 17. Juli 2017.

Europäische Kommission, Hrsg. o. J. European Innovation Partnership on Smart Cities and Communities. Operational Implementation Plan: First Public Draft. http://ec.europa.eu/eip/smartcities/files/operational-implementation-plan-oip-v2_en.pdf. Zugegriffen: 17. Juli 2017.

Howaldt, J., A. Schröder, C. Kaletka, D. Rehfeld, und J. Terstriep. 2016. Comparative Analysis (Mapping 1). Mapping the World of Social Innovation: A Global Comparative Analysis across Sectors and World Regions. A deliverable of the project: 'Social Innovation:Driving Force of Social Change' (SI-DRIVE); Dortmund: TU Sozialforschungsstelle.

Howaldt, J., A. Butzin, D. Domanski und C. Kaletka, Hrsg. 2014. *Theoretical approaches to social innovation – a critical literature review*. Dortmund: TU Sozialforschungsstelle.

Howaldt, J., M. Schwarz. 2017. Social innovation and human development – how the capabilities approach and social innovation theory mutually support each other. *Journal of human development and capabilities*, 2/18, 163–180.

Howaldt, J., R. Kopp, S. Schwarz. 2015a.*On the theory of social innovations Tarde's neglected contribution to the development of a sociological innovation theory.*Weinheim u. a.: Beltz Juventa.

Howaldt, J.; R. Kopp, M. Schwarz. 2015b.Social innovations as drivers of social changeExploring Tarde's contribution to social innovation theory building;In New frontiers in social innovation research, Hrsg. A. Nicholls, J. Simon, M. Gabriel, 29–51. Basingstoke u. a.: Palgrave Macmillan.

I-Linc, Hrsg. 2017a. Stakeholder Repository. http://www.i-linc.eu/en/web/portal/stakeholders/repository. Zugegriffen: 15. April 2017.

I-Linc, Hrsg. 2017b. Best Practice. http://www.i-linc.eu/web/portal/best-practice. Zugegriffen: 15. April 2017.

Kaletka, C., und B. Pelka (2015). (Digital) Social Innovation Through Public Internet Access Points. In Universal Access in Human-Computer Interaction. Access to Today's Technologies. UAHCI 2015, Part I, LNCS 9175, Hrsg. M. Antona und C. Stephanidis., 201–212. Heidelberg/New York/Dordrecht/London: Springer.

Mayring, P. 2015. *Qualitative Inhaltsanalyse: Grundlagen und Techniken*. 12., überarbeitete Auflage. Weinheim und Basel: Beltz.

Misuraca, G., C. Kucsera, G. Pasi, D. Gagliardi, F. Abadie. 2017. ICT-Enabled Social Innovation to support the Implementation of the Social Investment Package: Mapping and Analysis of ICT-enabled Social Innovation initiatives promoting social investment across the EU: IESI Knowledge Map 2016. doi: 10.2760/107465.

Pelka, B. und C. Kaletka. 2011. WEB 2.0 revisited: user-generated content as a social innovation. *International Journal of Innovation and Sustainable Development*, 2–3/5: S.264 – S.275

Vuorikari, R., Y. Punie, S. Carretero, und L. Van den Brande. 2016. DigComp 2.0: The Digital Competence Framework for Citizens. http://publications.jrc.ec.europa.eu/repository/bitstream/JRC101254/jrc101254_digcomp%202.0%20the%20digital%20competence%20framework%20for%20citizens.%20update%20phase%201.pdf. Zugegriffen: 17. Juli 2017.

Rogers, E. M. 2003. *Diffusion of Innovations*. New York: Free Press.

Rüede, D. und K. Lurtz. 2012. Mapping the various meanings of social innovation: Towards a differentiated understanding of an emerging concept. *EBS Business School Research Paper Series*. Online: https://papers.ssrn.com/sol3/papers.cfm?abstract_id=2091039.

Lokale Verbraucherinitiativen für einen nachhaltigeren Konsum als „soziale Innovation"
Reflexionen aus soziologischer und evaluatorischer Perspektive

Jonas Grauel, Johannes Gorges, Myriam Stenger und Arno Becker

1 Einleitung

In den letzten Jahren ist in Europa und Nordamerika eine Vielzahl von lokalen Gruppen entstanden, die durch innovative Praktiken zur Beförderung eines nachhaltigeren Konsums beitragen. Beispiele sind Gemeinschaftsgärten, Reparaturwerkstätten, Lastenradverleihe, Solidarische Landwirtschaften, Foodsharing-Initiativen, Schenk-Initiativen wie Umsonstläden und Giveboxen, Tauschringe und Einkaufskooperativen für Lebensmittel.

Dieses Phänomen ist in der Literatur unter Schlagworten wie „grassroots initiatives for sustainable consumption" (Grabs et al. 2016) oder „sustainable consumption communities" (Seyfang 2007) diskutiert worden. Wir fassen die oben genannten Gruppen aus Sicht der Verbraucherarbeit unter dem Begriff „Lokale Verbraucherinitiativen für einen nachhaltigeren Konsum" (im Folgenden: LoVinK) zusammen, wobei diese durch vier Merkmale definiert sind: *Erstens* handelt es sich um organisierte Gruppen von Personen, die kollaborative Konsumformen (z. B. Tauschen, Teilen, Leihen, Schenken, gemeinschaftlichen Einkauf, Instandsetzung von Produkten, Erzeugung für den Eigenbedarf) praktizieren oder für Dritte ermöglichen. *Zweitens* ist die Beförderung von Nachhaltigkeit (v. a. im Sinne des Klima- und Ressourcenschutzes) ein wichtiges Ziel dieser Initiativen. *Drittens* sind sie lokal basiert, d. h. die Gruppe trifft sich an einem bestimmten Ort, und ein Großteil der Mitglieder stammt aus dem engeren Umkreis. *Viertens* handelt es sich um nicht-gewerbliche Organisationen, deren Mitglieder in aller Regel Freiwilligenarbeit leisten.

In diesem Artikel möchten wir zwei Fragen adressieren: *Erstens* nehmen wir uns der Frage an, wie LoVinK vor dem Hintergrund soziologischer Diagnosen zur Entwicklung der modernen Gesellschaft einzuordnen sind. *Zweitens* fragen wir,

© Springer Fachmedien Wiesbaden GmbH, ein Teil von Springer Nature 2018
H.-W. Franz und C. Kaletka (Hrsg.), *Soziale Innovationen lokal gestalten*,
Sozialwissenschaften und Berufspraxis,
https://doi.org/10.1007/978-3-658-18532-9_5

welche Funktionen (Selbst-)Evaluation für LoVinK erfüllen und welchen Nutzen sie dadurch stiften kann. Um diese Fragen zu klären, setzen wir einerseits soziologische Diagnosen zu den Entwicklungstendenzen der modernen Gesellschaft als Spiegel ein, vor dem sich das Innovationspotenzial der LoVinK und ihrer Praktiken einordnen lässt. Exemplarisch gehen wir dabei näher auf das Spannungsfeld zwischen einer fortschreitenden Vergesellschaftung (Weber 2005 [1921/1922], S. 30) und der Betonung des Gemeinschaftsprinzips in vielen LoVinK ein. Für den evaluatorischen Teil betrachten wir die Bedingungen für Selbstevaluation in den LoVinK und erörtern ihren Nutzen. Dazu stellen wir Beispiele aus zwei Initiativen vor und ordnen diese evaluationstheoretisch ein.

Verbunden sind die beiden Teile unseres Beitrags durch ein theoretisches Spannungsverhältnis, das sich ergibt, wenn man Evaluation auf LoVinK bezieht: Professionelle Evaluation kann als zutiefst mit der modernen Gesellschaft verknüpftes Bewertungsinstrument verstanden werden. Mit voranschreitender Ausdifferenzierung und Spezialisierung der arbeitsteiligen Gesellschaft steigt der Bedarf, die unterschiedlichen, voneinander getrennt laufenden Prozesse zu optimieren und auf einander abzustimmen. Denn mit dem Einzug von u. a. Arbeitsteilung, funktionaler Differenzierung und Rationalisierung bedarf es methodischer Verfahren, um Fehler auf dem Weg zu einem zuvor festgelegten Ziel einzugrenzen, zu bestimmen, dass die Maßnahmen auf Zielkurs liegen und diese Ziele nach wie vor erstrebenswert sind. Die „analytische Bewertung von Fakten" (Stockmann 2007, S. 11) ist dabei wesentlich. LoVinK arbeiten dagegen häufig explorativ, wollen zum Teil ergebnisoffen tätig sein und setzen das Erleben von Gemeinschaft oft über die systematische Bewertung von Prozessen. Vor dem Hintergrund dieses Spannungsfeldes wollen wir erörtern, inwieweit Selbstevaluation ein für LoVinK geeignetes Hilfswerkzeug ist und zu welchen Zwecken sie eingesetzt werden kann. Unsere These ist dabei, dass Evaluation für die Initiativen unterschiedliche Funktionen erfüllen kann, je nachdem ob die Initiativen stärker nach außen gerichtet arbeiten – also gewissermaßen „vergesellschaftet" – oder im Gegenzug innengerichtet und stärker „vergemeinschaftet" agieren.

Der weitere Beitrag ist wie folgt strukturiert: Kapitel 2 dient zunächst der Abgrenzung des Phänomens „LoVinK" von der Umweltbewegung und der Einordnung ihres sozial-innovativen Charakters. Die Kapitel 3 und 4 bilden dann den eigentlichen Kern des Artikels: Hier entwickeln wir zunächst die Reflexion der LoVinK vor dem Hintergrund soziologischer Diagnosen, insbesondere des Gegensatzpaars „Gesellschaft" und „Gemeinschaft". Im Anschluss daran werden Möglichkeiten und Grenzen einer (Selbst-)Evaluation von lokalen Verbraucherinitiativen diskutiert.

2   Abgrenzung lokaler Initiativen zur Umweltbewegung und Einordnung als soziale Innovation

Wie eingangs erwähnt, basieren die Tätigkeiten der LoVinK weitestgehend auf freiwilligem Engagement. Hollstein (2017, S. 41) weist in diesem Zusammenhang darauf hin, die ehrenamtliche Arbeit schaffe „Räume, die es dem Einzelnen und unserer Gesellschaft als Ganzes ermöglichen, sich handelnd – und damit glaubwürdig – der eigenen Vorstellungen eines guten Lebens […] zu vergewissern und öffentlich auszudrücken". Dies gilt gerade auch für Formen des Zusammenlebens, welche die Engagierten durch Staat und Wirtschaft nicht hinreichend realisiert sehen, denn „im Ehrenamt würdigen wir unsere Vorstellungen von einer guten Gesellschaft" (ebd.). Die Initiativen können also als Räume begriffen werden, die das Experimentieren mit innovativen sozialen Praktiken ermöglichen.

Dabei unterscheiden sich LoVinK von den „neuen sozialen Bewegungen" wie der Umweltschutzbewegung, die ebenfalls auf Nebenfolgen der Modernisierung (Beck et al. 1996) reagiert haben. Rucht stellt als zentrale Merkmale sozialer Bewegungen heraus, dass diese *erstens* „auf die Grundlagen von Gesellschaft zielen" (Rucht 2002, S. 4) und *zweitens* „bevorzugt zum Mittel des *kollektiven und öffentlichen Protests*" (ebd.) greifen. Gillwald (2000, S. 6) klassifiziert soziale Innovationen nach gesellschaftlichem Bereich (Staat/Wirtschaft/Bürgergesellschaft) und Ausrichtung (intern/extern). Sie ordnet die Umweltbewegung als Innovation im Bereich der „Bürgergesellschaft" mit externer Ausrichtung ein, da sie Forderungen an Staat und Wirtschaft richtet und auf grundlegende Veränderungen in diesen Bereichen abzielt. Vor diesem Hintergrund können die in den letzten Jahren entstandenen lokalen Initiativen abgegrenzt werden: Zunächst geht es ihnen nicht um die Artikulation von Protest durch explizite politische Forderungen. Ihre Motivation zeichnet sich vielmehr dadurch aus, „dass sie die Defizitperspektive verlassen. Sie formulieren keine Feindbilder, es geht nicht um den Kampf gegen Missstände, Umweltcampaigning oder um das Kurieren von negativen Auswirkungen des Klimawandels. Die Bewegung bezieht ihre Kraft für Veränderung durch die Fokussierung auf positive Zukunftsbilder und Gestaltungsmöglichkeiten" (Maschkowski 2014, S. 2).

Die Umweltbewegung kann große politische Erfolge vorweisen und hat dadurch auch zu einer Stärkung des zivilgesellschaftlichen Selbstbewusstseins geführt (Hasenöhrl 2003, S. 21). Jedoch ist zu beobachten, dass in der deutschen Bevölkerung progressive Umwelteinstellungen zwar verbreitet sind (BMUB und Umweltbundesamt 2015), die Ressourcenverbräuche durch Konsum quer durch alle gesellschaftlichen

Milieus (Kleinhückelkotten et al. 2016) aber nach wie vor hoch sind.[1] In diese Lücke zwischen Umweltbewusstsein und -handeln stoßen die LoVinK vor. Daher liegt es nahe, sie als pragmatisch-handlungsorientierten Arm der Umweltbewegung zu verstehen. Es ist zu vermuten, dass die Initiativen mit letzterer eng vernetzt sind, wozu aber noch keine empirischen Erkenntnisse vorliegen.

3   Lokale Verbraucherinitiativen als Bestandteil der modernen Gesellschaft: Eine soziologische Reflexion

Zum Kernbestand des soziologischen Wissens gehören Diagnosen zu den tiefgreifenden Prozessen, die konstitutiv für die moderne Gesellschaft und ihre Dynamik sind. Zu denken ist an Prozesse wie fortschreitende Arbeitsteilung (Durkheim 1992 [1893]), die zunehmende Durchsetzung von Marktmechanismen (Polanyi 1978 [1944]), Urbanisierung (Simmel 1989 [1887–1892]), Bürokratisierung (Weber 2005 [1921/1922]), die Globalisierung der Waren- und Kapitalströme (z. B. Robertson 1992, Giddens 1996) und die Beschleunigung des sozialen Lebens (Rosa 2005). All diese Prozesse haben vor allem mit der Industrialisierung an Fahrt aufgenommen und sind weitgehend miteinander verflochten. Diese Entwicklungen können als Medaillen mit zwei Seiten betrachtet werden: Einerseits ist ohne sie das enorme Wirtschaftswachstum und der Wohlstand breiter Bevölkerungsschichten kaum denkbar (Berger 1992, S. 83). Andererseits haben diese Prozesse objektiv negative Konsequenzen wie die Entstehung globaler Umweltrisiken (Beck 1986) oder werden subjektiv als Quell von Entfremdung wahrgenommen: So kann soziale Beschleunigung zum Gefühl führen, immer mehr und schneller leisten zu müssen, um mithalten zu können (Rosa 2005, S. 176ff.).

Eine ganze Reihe von Sinndeutungen, Zielen, Praktiken und Organisationsweisen der LoVinK lassen sich als „Gegenentwürfe" zu den genannten Entwicklungstendenzen moderner Gesellschaften beschreiben: Gemeinschaftsgärten können als Orte der Entschleunigung verstanden werden (Müller 2011, Baier et al. 2013).

---

1   Die Umweltbewusstseinsstudie 2014 stuft 14 % der Bevölkerung als „nachhaltigkeitsorientiert" ein, wobei 50 % dieser Gruppe in den kritisch-kreativen Milieus verortet werden (Umweltbundesamt 2015). In diesen Milieus haben auch alternative Konsumformen die höchste Akzeptanz. Gleichzeitig zeigt die ebenfalls vom Umweltbundesamt beauftragte Pro-Kopf-Ressourcenverbrauchsstudie, dass der Ressourcenverbrauch des kritisch-kreativen-Milieus leicht über dem Bevölkerungsdurchschnitt liegt (Kleinhückelkotten et al. 2016). Hier wird deutlich, dass in diesem Milieu der Anspruch an umweltfreundliche Lebensstile und die Realität auseinandergehen.

Solidarische Landwirtschaften stellen den globalisierten Wertschöpfungsketten in der Nahrungsmittelproduktion einen lokalen Ansatz gegenüber (Boddenberg et al. 2016). Näh- und RepairCafés sind Orte, an denen „vorindustrielle Kompetenzen" wiedererlernt werden können, die im Zuge der Industrialisierung vielfach verschwunden sind. In den meisten Initiativen kommt dem Gemeinschaftsgedanken eine hohe Bedeutung zu, der als Gegenentwurf zur anonymen Großstadt und Gesellschaft verstanden wird (vgl. Urban Gardening Manifest 2014). Insofern dies zutrifft, lassen sich LoVinK als Versuche verstehen, den als negativ erlebten Konsequenzen gesellschaftlicher Modernisierung durch Eigeninitiative im Kleinen und vor Ort eine andere Praxis entgegenzusetzen (vgl. Rückert-John et al. 2015, S. 78, S. 83). Es ist allerdings zu betonen, dass sich die „Gegenentwürfe" auf verschiedene Dimensionen des Modernisierungsprozesses beziehen und die verschiedenen Initiativentypen jeweils einen unterschiedlichen Fokus setzen: So ist die Idee des „Do it yourself" in Gemeinschaftsgärten sehr präsent, Lokalisierungsbezüge finden sich stark in der Solidarischen Landwirtschaft und Lastenradinitiativen lassen sich als „Gegenentwurf" zur beschleunigten, auf fossiler Energie basierenden Mobilität verstehen. Wir gehen somit von einem weiten Spektrum aus: Nicht jede Initiative bezieht sich auf jede der genannten Entwicklungstendenzen, zudem kann die Abgrenzung von den Entwicklungstendenzen mehr oder weniger stark sein.

Vorläufig lässt sich damit festhalten, dass sich die Initiativen in einem Spannungsfeld zwischen einer weitgehend rationalisierten, ökonomisierten, beschleunigten und individualisierten Gesellschaft einerseits und einer – je nach Initiative(-ntyp) mehr oder weniger tiefgreifenden – Vision eines nachhaltigen, entschleunigten, gemeinschaftlich orientierten Lebens andererseits bewegen. Anhand des Beispiels des Gegensatzpaars „Vergesellschaftung" und „Vergemeinschaftung" möchten wir dieses Spannungsfeld eingehender erläutern.

3.1 Vergesellschaftung und „Wieder-Vergemeinschaftung" als Gegenentwurf

Die Gegenüberstellung von Gemeinschaft und Gesellschaft ist ein soziologisches Konstrukt, um den Wandel sozialer Beziehungsgefüge im Übergang einer traditionellen Gesellschaft zur modernen Gesellschaft zu beschreiben. Die Analyse dieses Wandels gibt dabei Aufschluss über eine sich ändernde Gesellschaftsstruktur (Opielka 2006, S. 23). Vereinfacht gesagt beschreibt „Gemeinschaft" soziale Beziehungen, die auf einem starken Gefühl der Zusammengehörigkeit beruhen und die als dauerhaft, naturwüchsig, authentisch und oft selbstzweckhaft charakterisiert werden können (Rosa et al. 2010, S. 40). Als Prototyp der Gemeinschaft gilt dabei die

Familie. Dagegen beschreibt „Gesellschaft" soziale Beziehungen, die eher temporär, rational, zweckgerichtet und an wechselseitigen Interessen orientiert sind, wobei geschäftliche Tauschbeziehungen anonymer Marktteilnehmer hier als Prototyp genannt werden können (ebd.). Das Entstehen vielfältiger vergesellschafteter sozialer Beziehungen (Weber 2005 [1921/1922]), die Funktionen von älteren gemeinschaftlichen Sozialformen übernehmen, ist dabei eine für die Moderne kennzeichnende Dynamik.[2] Im Laufe dieses Prozesses werden die Individuen auf der einen Seite aus traditionell gewachsenen Bindungen, Erwartungsstrukturen und der damit einhergehenden sozialen Kontrolle freigesetzt bzw. „entbettet", womit sich auch Möglichkeitsräume für (neue) soziale Bindungen ergeben (Beck 1986; Beck und Beck-Gernsheim 1993; Giddens 1996). Auf der anderen Seite sind die Individuen nun mit Kontingenzerfahrungen konfrontiert, die vielfach als Sinnverlust erlebt werden. Seit dem Anbeginn der Moderne gibt es daher Diskurse, in denen der Verlust von Gemeinschaft beklagt wird. Auf der Suche nach Sinnerfahrung wird Gemeinschaft zu einem Objekt der Sehnsucht, da sie Sicherheit, Verständnis, Zusammenleben, Freundschaft und Vertrauen verspricht (Bauman 2009, S. 9), die in der Moderne bedroht zu sein scheinen (Rosa 2010, S. 32ff.). So beobachtet Bauman ein Rückbesinnen auf Gemeinschaft in der Moderne: „Gemeinschaft – das Wort ist uns zum Synonym für ein verlorenes Paradies geworden, in das wir eines Tages zurückzukehren hoffen, und so suchen wir fieberhaft nach dem Weg dorthin" (Bauman 2009, S. 9).

Vor diesem Hintergrund lässt sich die hohe Bedeutung erklären, die dem Gemeinschaftsgedanken in vielen LoVinK zugeschrieben wird. Das Erleben von und das Wirken in Gemeinschaft wird häufig als Motivation genannt, sich einer Initiative anzuschließen (Celata et al. 2016, S. 141), und Gemeinschaft wird als ein wesentlicher Erfolgsfaktor verstanden (CO CONCEPT und USV-Agrar 2017, S. 18). Die lokale Verankerung, gemeinsame Organisation und ein gemeinsam geteiltes Weltbild tragen dazu bei, unter den Beteiligten ein „Wir-Gefühl" zu erzeugen (Grabs et al. 2016, S. 32). Die Bedeutung der Gemeinschaft geht noch darüber hinaus, berührt sie doch die Kernidee vieler Initiativentypen. Besonders stark setzen die Solidarischen Landwirtschaften und Gemeinschaftsgärten darauf, vergesellschaftete – z. B. formale, anonyme, marktlich organisierte und auf Geld basierende – Sozialbeziehungen in vergemeinschaftete Beziehungen zu transformieren, die auf Solidarität, Bekanntschaft und persönlichem Vertrauen beruhen. Bei anderen Initiativentypen ist dieses Moment schwächer ausgeprägt, doch es finden sich zumindest Elemente

---

2 Bekanntlich versteht Weber „Vergesellschaftung" und „Vergemeinschaftung" als Idealtypen. Er verweist darauf, dass die meisten Sozialformen teils vergesellschafteter und teils vergemeinschafteter Natur sind (Weber 2005 [1921/1922], S. 30).

von Gemeinschaftlichkeit: So legen RepairCafés etwa Wert darauf, dass die Reparatur keine reine Dienstleistung sein soll, sondern in Kooperation oder durch Hilfe zur Selbsthilfe geschieht. Und Foodsharing läuft unter dem Übereinkommen, dass jeder nur so viele Lebensmittel aus dem Fairteiler bezieht, wie er benötigt. Am anderen Ende des Spektrums stehen Initiativentypen wie etwa Lastenradverleihe, deren Angebot primär an eine Zielgruppe außerhalb der Initiative gerichtet ist und die daher eine starke Dienstleistungsorientierung aufweisen.

Zu betonen ist ebenfalls, dass Gemeinschaft in den LoVinK nicht im traditionellen Sinne verstanden, sondern auch um einen progressiven Sinn erweitert wird: Angestrebt wird eine Gemeinschaft, in der Individualität bewahrt werden kann (Baier 2013, S. 49). Dies gilt auch für den niederschwelligen Zugang zur Gemeinschaft: Während Gemeinschaft nach Tönnies (2012 [1880–1931]) auf Basis von historisch gewachsener örtlicher Nähe, Blutsverwandtschaft und Freundschaft beruht und Fremde nicht ohne Weiteres einen Zugang erhalten, kann sich an den Initiativen prinzipiell jeder beteiligen, der Interesse an einer Mitwirkung hat (CO CONCEPT und USV-Agrar 2017, S. 15). Dies birgt Potenziale, da unterschiedlichste individuelle Kompetenzen und Fähigkeiten eingebracht werden und Mitglieder voneinander lernen können (ebd.). Als Fazit lässt sich bis hierhin festhalten, dass einige Elemente der Praktiken in LoVinK „wieder-vergemeinschaftet" werden sollen, während andere, „vergesellschaftete" Elemente – wie etwa der freiwillige Zusammenschluss und das Ausleben pluraler Individualität – als Errungenschaften begrüßt und beibehalten werden.

Gemeinschaft bedeutet in den LoVinK daher keine Rückkehr zur vormodernen Schicksals- und Zwangsgemeinschaft. LoVinK lassen sich soziologisch als typische „posttraditionale Vergemeinschaftungen" (Hitzler et al. 2008, S. 15) bzw. als „Anlass-Gemeinschaften" (Bauman 2009, S. 88) beschreiben: Gemeinschaft findet lediglich partiell, temporär und mit der Möglichkeit des jederzeitigen Austritts statt. Gesucht wird letztlich kein festes soziales Bindungsgefüge, stattdessen muss die Gemeinschaft einen Nutzen für individuelle Belange haben (Prisching 2008, S. 38). Die Initiativen bleiben in eine multioptionale moderne Gesellschaft eingebunden, ihre Mitglieder können jederzeit auch andere Tätigkeiten und Gruppen vorziehen, wenn es ihnen „zu eng" wird. Dies mag auch die oft genannten Schwierigkeiten erklären, langfristig zuverlässige Mitglieder zu finden, die Verantwortung übernehmen und das Bestehen der Initiative sichern. Der Großteil an (organisatorischen) Arbeiten fällt häufig auf einige wenige Mitglieder zurück (CO CONCEPT und USV-Agrar 2017, S. 16; Maschkowski et al. 2014, S. 5; Lange et al. 2016, S. 41f.; Rückert-John et al. 2013). Während eine Formalisierung der Organisationsstrukturen oder eine (Teil-) Professionalisierung der Arbeit zwar eine effizientere Rekrutierung und damit eine mögliche Lösung der Personalprobleme versprechen, bieten sie hier keinen Ausweg, da solche Schritte letztlich „vergesellschaftend" wirken und dem Gemeinschaftscharakter zuwiderlaufen (vgl. Sekulova et al. 2016, S. 17). Auch die postulierte Offenheit für oder gar gewünschte Einbindung von heterogenen sozialen Gruppen gelingt in der Praxis nicht immer. Studien haben gezeigt, dass die Mitglieder vieler LoVinK relativ homogene Gruppen mit meist deutlich überdurchschnittlich hoher Bildung sind (Sekulova et al. 2016, S. 32f.; Brandsen et al. 2016, S. 307; Müller et al. 2015, S. 40). Mit Bourdieu (1987 [1979]) ließe sich hier eine Spekulation anschließen, ob nicht auch in den LoVinK feine habituelle Unterschiede am Wirken sind, die – wenn auch unbewusst und ungewollt – zu sozialen Selektionen führen. Der Realisierung einer pluralistischen Gemeinschaft in der Gesellschaft, in der sich gewissermaßen „das Beste beider Welten" vereint, scheinen aus einer soziologischen Sicht demnach strukturelle Grenzen gesetzt zu sein.[3] Im Anschluss stellt sich die Frage, wie die soziologische Analyse für die Gestaltung lokaler Initiativen vor Ort nützlich sein kann. Dafür wenden wir uns nun der (Selbst-)Evaluation als potentiell geeignetem Instrument für die Entwicklung der Initiativen zu.

4 Möglichkeiten und Grenzen der (Selbst-)Evaluation lokaler Verbraucherinitiativen

Um auszuloten, welches Potential (Selbst-)Evaluation für die positive Gestaltung lokaler Verbraucherinitiativen bieten kann, greifen wir auf die Erkenntnisse der bisherigen Analyse zurück. Unsere Ausgangsthese ist dabei, dass Evaluation unterschiedliche Funktionen für die Initiativen erfüllen – und damit entsprechend Nutzen stiften – kann, je nachdem ob die Initiativen stärker „vergesellschaftet" oder „vergemeinschaftet" sind. Um diese These zu erörtern und um uns ihrer Plausibilität zu versichern, zeigen wir *erstens* auf, welche Voraussetzungen für (Selbst-)Evaluation in den Initiativen gegeben sind. *Zweitens* stellen wir anhand von zwei Praxisbeispielen dar, welche Funktionen Evaluation für die LoVinK erfüllen kann und welche Chancen sich damit für die LoVinK bieten.

---

3 Zu einem ähnlichen Ergebnis kommen Rückert-John et al. (2015, S. 86) wenn sie feststellen, dass gerade diejenigen alternativen Konsumformen fragil erscheinen, die mit einem hohen Maß an Gemeinschaftlichkeit und Eigeninitiative auf Seiten der Verbraucher/-innen einhergehen.

4.1 Professionelle Evaluation, Selbstevaluation und „Evaluation im Alltagshandeln"

Unter dem Begriff Evaluation wird die „systematische Untersuchung des Nutzens oder des Wertes eines Gegenstandes" (Böttcher et al., 2014, S. 1) verstanden. Evaluationsprozesse zielen darauf ab, einen Erkenntnisgewinn zu generieren, um daraus Handlungsoptionen und Entscheidungen abzuleiten. Sie sollen ausdrücklich Nutzen generieren. Stockmann betont, die Evaluation sei „alt wie die Menschheit selbst. […] wenn jemand ausprobiert, ob bestimmte Pflanzen essbar sind oder nicht, dann führt er eine Evaluation durch" (2002, S. 2). Damit verweist er darauf, dass auch im Alltag Evaluationen in dem ganz basalen Sinn durchgeführt werden, dass Informationen gesammelt und bewertet werden, um schließlich Entscheidungen zu treffen. Dieser Hinweis ist für unsere Argumentation bedeutsam, denn wir wenden uns mit den LoVinK in diesem Beitrag ehrenamtlich arbeitenden Gruppen zu, die oft nur sehr lose und informell organisiert sind, über geringe Finanzmittel verfügen und die bestenfalls zufällig Mitglieder in ihren Reihen haben, die über professionelles Evaluationswissen verfügen. Im Gegensatz zur Evaluation im Alltagshandeln zeichnet sich die wissenschaftsbasierte Evaluation, „die insbesondere öffentlich verantwortete bzw. finanzierte Politiken, Programme, Projekte oder Maßnahmen […] bewertet" (Giel et al. 2015, S. 7), dadurch aus, dass sie „empirische Methoden zur Informationsgewinnung und systematische Verfahren zur Informationsbewertung anhand offen gelegter Kriterien verwendet, die eine intersubjektive Nachprüfbarkeit möglich machen" (Stockmann 2002, S. 2). Professionelle Evaluationen können von organisationsexternen Evaluatoren durchgeführt werden, die damit betraut sind, von einem Auftraggeber umrissene Fragestellungen zu beantworten. Die Vergabe an Externe dient dabei unter anderem dazu, Rollenkonflikte zu vermeiden, die bei Selbstevaluationen auftreten können (König 2007, S. 43). Durch externe Evaluatoren soll ein neutraler und analytischer Blick auf den Untersuchungsgegenstand gewährleistet und die benötigte Methodenkompetenz sichergestellt werden (von Spiegel 1993, S. 212).

In Abgrenzung dazu werden Selbstevaluationen als „systematische, datenbasierte Verfahren der Beschreibung und Bewertung verstanden, bei denen die praxisgestaltenden Akteure identisch mit den evaluierenden Akteuren sind" (DeGEval, 2004, S. 6). Sie werden häufig in Praxisfeldern wie der Sozialen Arbeit und Schule durchgeführt (ebd., S. 5). Selbstevaluation ist unabhängig von ihren Anwendungsfeldern immer mit „Mehrarbeit" für die Praktiker verbunden (Bestvater und Beywl 2015, S. 134), insbesondere da die dazu notwendigen Methodenkompetenzen oftmals erst noch aufzubauen sind. Selbstevaluationen in Schule und Sozialer Arbeit finden im beruflichen Kontext und im Rahmen von Organisationen statt, die Ressourcen wie

z. B. Arbeitszeit oder finanzielle Mittel bereitstellen können. Sie dienen oft dazu, Erkenntnisse über die eigene Berufspraxis zu gewinnen, um diese besser gestalten zu können. Aufgrund der hierarchischen Organisationsstrukturen in den genannten Kontexten ist zudem von einem hohen Grad an zielgerichtetem, zweckrationalem Handeln auszugehen. Zu betonen ist weiterhin das „systematische, datenbasierte Verfahren" als Grundlage und eine Reihe weiterer Standards, welche die DeGEval (2004) für die Selbstevaluation auch im Sinne einer Professionalisierung der Selbstevaluierenden empfiehlt. Die Anwendung der Standards setzt dabei ein hohes Niveau an (Selbst-)Reflexion und Dokumentation voraus.

In den durch die Ehrenamtlichkeit geprägten LoVinK sind die soeben beschriebenen Rahmenbedingungen aus mindestens vier Gründen nicht gegeben: *Erstens* ist der Organisationsgrad vieler Initiativen deutlich geringer als in den oben genannten Praxisfeldern. *Zweitens* verfügen LoVinK in der Regel nur über geringe finanzielle Mittel. *Drittens* müssen sich die Akteure die für Selbstevaluationen benötigten Kompetenzen in ihrer Freizeit aneignen, womit sich der bereits angesprochene Zeitkonflikt verschärft. *Viertens* stellt sich schließlich die Frage, inwiefern eine *systematische* Untersuchung und Bewertung der Praxis auf Basis definierter Evaluationsstandards erforderlich bzw. gewünscht ist. Zweifellos sind die Initiativen an der Verbesserung ihrer Kernaktivitäten oder ihrer internen Kommunikation interessiert; gleichzeitig ist davon auszugehen, dass ein höherer Systematisierungsgrad Zeit erfordert und mit dem Wunsch nach Zeit für das kollaborative Tun und für Gemeinschaftserlebnisse (CO CONCEPT und USV-Agrar 2017, S. 14) kollidiert. Zudem sei erwähnt, dass Initiativen an einer Transformation von Handlungsmöglichkeiten arbeiten und weniger an der Realisierung von Handlungszielen. Initiativen können sich daher nur eingeschränkt an dem Grad ihrer Zielerreichung messen. Vor diesem Hintergrund liegt die Vermutung nahe, dass die Akteure in den Initiativen dazu tendieren werden, Selbstevaluationen im Sinne der von Stockmann (2002) angesprochenen „Evaluation im Alltagshandeln" durchzuführen. Daher stellt sich die Frage, welcher Grad der Systematisierung für die lose organisierten Initiativen sinnvoll ist und in welcher Hinsicht Selbstevaluationen ihnen nützen können.

4.2   Beispiele für die Rolle der Selbstevaluation in lokalen Verbraucherinitiativen

Um zu eruieren, welche Funktion Selbstevaluation in den LoVinK einnehmen kann, ist es sinnvoll, einen Blick in die Praxis zu werfen. Dabei kontrastieren wir mit „KASIMIR – Dein Lastenrad" und der SoLawi Düsseldorf zwei Initiativen, die unterschiedlichen Initiativentypen zu zuordnen sind und sich in mehreren Hinsichten unterscheiden. Die Beispiele illustrieren somit einen Teil der Spannbreite an Bedingungen für Selbstevaluation in den LoVinK.

4.2.1 „KASIMIR – Dein Lastenrad"

Der eingetragene Verein „Wie leben wir" aus Köln betreibt seit 2013 die Initiative „KASIMIR – Dein Lastenrad", über die Verbraucher/-innen sich kostenlos Lastenräder ausleihen können. In ihrem Selbstverständnis steht die Initiative für die Idee der Gemeingüter, die gemeinsam statt individuell genutzt werden, sowie für Ressourcenschonung und Verkehrsberuhigung in der urbanen Mobilität. Weniger als zehn Mitglieder sind in der Initiative aktiv. Über eine Online-Plattform werden die Buchungen und der Verleih abgewickelt. Das erste Lastenrad „Kasimir" wandert an verschiedenen Standorten durch die Stadt, inzwischen gibt es daneben vier weitere Lastenräder an festen Standorten. Über das Buchungssystem ermittelt die Initiative systematisch Daten zur Nutzung des Lastenrads, die zur Darstellung nach außen und intern für die Planung eingesetzt werden.[4] Unter anderem werden die Transportgründe, die Anzahl gebuchter Tage und deren Verteilung im Jahr sowie der Zeitraum zwischen Buchung und Nutzung erhoben. Die Häufigkeit der Ausleihen des „nomadischen" Lastenrads Kasimir an den verschiedenen temporären Stationen in der Stadt wird dabei in die Planung neuer fester Standorte einbezogen. Darüber hinaus stellt die Initiative Förderanträge bei öffentlichen Institutionen. Die Ergebnisse der Analyse werden dabei genutzt, um die Nachfrage nach Lastenradtransporten gegenüber potentiellen Geldgebern zu dokumentieren.

4.2.2 Solidarische Landwirtschaft Düsseldorf

Die Idee der Solidarischen Landwirtschaft ist es, eine Solidargemeinschaft zwischen Erzeugern und Verbrauchern aufzubauen. Dies ermöglicht letzteren, die Produktionsbedingungen ihrer Lebensmittel kennenzulernen und auf dem Feld mit zu wirken. Der persönliche Bezug zueinander und gegenseitige Verantwortung füreinander sind dabei wichtig.[5] Die SoLawi Düsseldorf wurde im September 2016 von einer Gruppe von Verbraucher/-innen initiiert. Bis zum offiziellen Start im Februar 2017 wurden Jahresplanungen für Anbau und Finanzen erstellt, ein Feld ca. 15 km außerhalb der Stadt gepachtet, ein Gemüsegärtner eingestellt und insgesamt 57 Mitglieder gewonnen, die sich 38 Ernteanteile teilen und dafür jeweils

---

4 Vgl. http://www.wielebenwir.de/projekte/kasimir-dein-lastenrad/kasmir-kennzahlen-2014, zuletzt geprüft am 28.07.2017

5 Vgl. https://www.solidarische-landwirtschaft.org/de/was-ist-solawi/die-idee/, zuletzt geprüft am 28.07.2017

einen monatlichen Beitrag bezahlen. Der Gärtner ist für die Anbauplanung und die wichtigsten Prozesse auf dem Feld zuständig, wird aber bei vielen Arbeiten wie Pflanzen, Jäten und Ernte von den Mitgliedern der SoLawi unterstützt. In den ersten Monaten nach dem Start wurden weitere organisatorische Schritte umgesetzt wie etwa die Bildung von Arbeitsgruppen für Bereiche wie „Logistik", „Rechtsform", „Acker" usw. Für die Feldarbeit wird ein „Ackertagebuch" geführt, in dem die Anzahl der Stunden und die jeweils konkret geleistete Tätigkeit dokumentiert werden. Das Tagebuch soll die Planung der nötigen Arbeitsschritte und zu leistenden Stunden des zweiten Jahres erleichtern. So bietet das Tagebuch Anhaltspunkte, wie viele Arbeitsstunden von jedem Mitglied im Laufe eines Jahres eingebracht werden müssen, um die Arbeit solidarisch zu teilen. Es ist aber nicht vorgesehen, die erhobenen Daten für die Außendarstellung zu nutzen, etwa für die Beantragung von Fördermitteln.

4.3 Vergleich der Beispiele und Funktionen der Selbstevaluation für die Initiativen

Im Vergleich lässt sich als Gemeinsamkeit der Beispiele festhalten, dass es in beiden Initiativen Tätigkeiten gibt, die als „Evaluation im Alltagshandeln" im Sinne von Stockmann (2002) beschrieben werden können. Diese Tätigkeiten werden von den Akteuren weder explizit als Selbstevaluation verstanden, noch orientieren sie sich an professionellen Standards wie etwa denen der DeGEval (2004). Ein Unterschied ist die Ausrichtung der beiden Initiativen: Die Lastenradinitiative ist stärker nach „außen" orientiert, indem sie eine kostenfreie Dienstleistung für ihre Nutzer erbringt und Gelder über Fördermittelanträge akquiriert. Dagegen ist die SoLawi stärker nach „innen" orientiert, indem sie Gemüse für ihre eigenen Mitglieder produziert und sich durch Mitgliedsbeiträge finanziert. Hier greift die Analyse aus Kapitel 3: Die Lastenradinitiative scheint stärker „vergesellschaftet", indem sie Dienstleistungen anbietet und auf öffentliche Fördergelder zurückgreift und im Gegenzug ihre Arbeit dokumentiert und legitimiert. Die SoLawi setzt dagegen stärker auf „Wieder-Vergemeinschaftung", da sie einen begrenzten Kreis von Mitgliedern hat, die die Kernaktivitäten gemeinsam absolvieren und die Ernte teilen. Diese Unterschiede strukturieren schließlich auch die alltagsevaluatorischen Tätigkeiten der Initiativen mit: Für die Lastenradinitiative ist die Dokumentation der Ergebnisse nach außen bedeutsam: zum einen im Sinne des Marketings, um der Zielgruppe zu zeigen, dass hier ein beliebtes Angebot entstanden ist, zum anderen kann Fördermittelgebern nachprüfbar nachgewiesen werden, was mit ihren Geldern realisiert wurde. Die Evaluation erfüllt hier sowohl eine „Erkenntnisfunktion" für die interne Planung als auch eine „Legitimitätsfunktion" nach außen (Stockmann 2002). Eine systematische, datengestützte Vorgehensweise ist für die Lastenradinitiative also sehr hilfreich. Für die SoLawi Düsseldorf erfüllt das „Ackertagebuch" bisher eine reine Erkenntnisfunktion für die interne Planung. Eine Legitimierung der Anbauplanungen und Arbeitsverteilung ist nach außen nicht nötig. Deutlich wird somit, dass je nach Organisationsweise, inhaltlicher Ausrichtung und Zielen der Initiativen unterschiedliche Zwecke durch Evaluation erfüllt werden können.

Über die „Erkenntnis-" und die „Legitimitätsfunktion" hinausgehend kann Evaluation der Kontrolle dienen, etwa „ob alle an einem Programm Beteiligten ihre Aufgaben erfüllen, den eingegangenen Verpflichtungen nachkommen, ihre Qualifikation und Kompetenz ausreicht etc." (Stockmann 2002, S. 4). Kontrolle durch Evaluation trifft in den oft basisdemokratischen Initiativen auf andere Voraussetzungen als in hierarchischen Organisationen. Da eine Kontrolle innerhalb der Initiativen nicht eingefordert werden kann, bestehen höhere Anforderungen an die Konsensbildung über eine Selbstevaluation als im beruflichen Umfeld. Die Beteiligten können nur auf ihre eigene Motivation zurückgreifen (von Spiegel 1993, S. 214). Schließlich ist die „Lernfunktion" der Evaluation hervorzuheben (Bestvater und Beywl 2015, S. 141; Kanatschnig und Schmutz 2000, S. 64), da man über Evaluationsergebnisse in Austausch und Dialog kommen kann (Stockmann 2002, S. 4). Diese Funktion wiederum erscheint als anschlussfähig an die oft sehr stark auf Partizipation angelegten Gruppenstrukturen in den Initiativen. Zu beachten ist schließlich, dass es sich bei beiden hier dargestellten Beispielen um Gruppen mit sehr weit entwickelten Organisationsstrukturen handelt, in denen viele relevante Kompetenzen für eine Evaluation bei den Mitgliedern vorhanden zu sein scheinen. Es ist nicht davon auszugehen, dass sich in allen LoVinK so gute Voraussetzungen für Selbstevaluation finden.

Aus der bisherigen Analyse lässt sich somit abschließend die These entwickeln, dass der Grad, in dem die Initiativen „vergesellschaftet" sind, die Anforderungen an die Selbstevaluation mitbestimmt. Initiativen, die sich erfolgreich an ein äußeres Publikum (Nutzer oder Förderer) richten wollen, dürften einen konkreten Anlass dazu haben, gezielte Selbstevaluation zu betreiben. Für sie könnte Grundlagenliteratur zur Evaluation eine wichtige Inspirationsquelle sein, um bisher oft implizit vollzogene Schritte wie die Definition eines Evaluationsziels oder die Wahl einer Evaluationsmethode explizit und bewusst zu vollziehen (vgl. z. B. Berger und Granzer 2009; Kanatschnig und Schmutz 2000). Für eher „innengerichtete" Initiativen wäre zunächst in einem gemeinschaftlichen Prozess zu klären, welche ausgewählten Fragestellungen beantwortet werden sollen (von Spiegel 1993, S. 212). Ob zur Klärung dieser Fragen die Selbstevaluation ein geeignetes Instrumentarium bietet, können Initiativen mithilfe der von Beywl und Winter (2001/2014) veröffentlichten Checkliste überprüfen. Weitere Schritte wären, den Systematisierungsgrad der Evaluation, die Prozessverantwortlichen und die Ergebnisverwendung gemeinsam festzulegen.

5   Fazit

Dieser Beitrag hat zwei Ziele verfolgt: *Erstens* galt es, das Phänomen lokaler Verbraucherinitiativen für einen nachhaltigeren Konsum soziologisch einzuordnen. Hierbei haben wir gezeigt, dass sich viele Praktiken und Ziele der Initiativen als „Gegenentwürfe" zu Entwicklungstendenzen wie etwa Beschleunigung, Globalisierung etc. verstehen lassen, welche die moderne Gesellschaft laut bedeutender soziologischer Zeitdiagnosen in ihrem Kern prägen. Insbesondere wurde herausgearbeitet, dass der Wunsch vieler Initiativen, den Gemeinschaftsgedanken zu stärken, oft auch an praktische Grenzen stößt, weil die LoVinK tief in die moderne Gesellschaft eingebettet bleiben. *Zweitens* wurde gezeigt, dass in den LoVinK spezielle Ausgangsbedingungen für (Selbst-) Evaluationen bestehen, die zunächst beachtet werden müssen. Dabei wurde die These aufgeworfen und anhand von Beispielen plausibilisiert, dass Evaluation insbesondere für diejenigen Initiativen bedeutsame Funktionen erfüllt, die stärker außengerichtet agieren. Selbstevaluation hilft diesen stärker „vergesellschafteten" Initiativen, ihre Tätigkeiten und Leistungen nach außen hin darzustellen und zu legitimieren, und kann darüber hinaus eine Erkenntnis- und Lernfunktion erfüllen. Für eher nach innen gerichtete, die Gemeinschaft betonende LoVinK kann Selbstevaluation vor allem die letztgenannten Funktionen erfüllen. Zudem ist ein erster wichtiger Schritt für alle LoVinK, grundlegend zu reflektieren, welche konkreten Funktionen Evaluation für ihre Arbeit erfüllen kann, um gegebenenfalls entsprechende Verantwortlichkeiten festzulegen und Prozesse zu planen.

Literatur

Baier, Andrea, Christa Müller, und Karin Werner. 2013. *Stadt der Commonisten. Neue urbane Räume des Do it yourself.* Bielefeld: transcript.
Bauman, Zygmunt. 2009. *Gemeinschaften. Auf der Suche nach Sicherheit in einer bedrohlichen Welt.* Frankfurt am Main: Suhrkamp.
Beck, Ulrich. 1986. *Risikogesellschaft. Auf dem Weg in eine andere Moderne.* Frankfurt am Main: Suhrkamp.

Beck, Ulrich, und Elisabeth Beck-Gernsheim. 1993. „Nicht Autonomie, sondern Bastelbiographie. Anmerkungen zur Individualisierungsdiskussion am Beispiel des Aufsatzes von Günter Burkart." *Zeitschrift für Soziologie* 22 (3): 178–187.

Beck, Ulrich, Anthony Giddens, und Scott Lash. 1996. *Reflexive Modernisierung. Eine Kontroverse*. Frankfurt am Main: Suhrkamp.

Berger, Peter L. 1992. *Die kapitalistische Revolution. Fünfzig Leitsätze über Wohlstand, Gleichheit und Freiheit*. Himberg: Edition Atelier.

Berger, Regine und Granzer, Dietlinde. 2009. *Praxisbuch Selbstevaluation: Anwendung, Umsetzung und Vorlagen*. Weinheim und Basel

Bestvater, Hanne, und Wolfgang Beywl. 2015. „Gelingensbedingungen von Selbstevaluation." In *Methodisch Handeln. Beiträge zu Maja Heiners Impulsen zur Professionalisierung der sozialen Arbeit.*, Hrsg. Eberhard Bolay, Angelika Iser, und Marc Weinhardt, 133–145. Wiesbaden: Springer VS.

Beywl, Wolfgang, und Ellen Schepp-Winter. 2000. „Checkliste zur Entscheidungsfindung bei Selbstevaluation." In *Zielgeführte Evaluation von Programmen. Ein Leitfaden. Materialien zur Qualitätssicherung in der Kinder- und Jugendhilfe. QS 29.*, Hrsg. Bundesministerium für Familie, Senioren, Frauen und Jugend, 35. Berlin. http://www.univation.org/download/CLQ29-Selbstevaluation.pdf. Zugegriffen: 01.08.2017.

Boddenberg, Moritz, Max Heinrich Frauenlob, Lenard Gunkel, Sarah Schmitz, Franziska Vassen und Birgit Blättel-Mink. 2017. Solidarische Landwirtschaft als innovative Praxis – Potenziale für einen sozial-ökologischen Wandel. In *Soziale Innovationen für nachhaltigen Konsum. Wissenschaftliche Perspektiven, Strategien der Förderung und gelebte Praxis.*, Hrsg. Melanie Jaeger-Erben, Jana Rückert-John, und Martina Schäfer. Wiesbaden: Springer VS.

Böttcher, Wolfgang, Christiane Kerlen, Peter Maats, Oliver Schwab, und Sonja Sheikh (DeGEval-Vorstand), Hrsg. 2014. *Evaluation in Deutschland und Österreich. Stand und Entwicklungsperspektiven in den Arbeitsfeldern der DeGEval – Gesellschaft für Evaluation*. Münster: Waxmann.

Bourdieu, Pierre. 1987 [1979]. *Die feinen Unterschiede. Kritik der gesellschaftlichen Urteilskraft*. Frankfurt am Main: Suhrkamp.

Brandsen, Taco, Adalbert Evers, Sandro Cattacin, und Annette Zimmer. 2016. „The Good, the Bad and the Ugly in Social Innovation." In *Social Innovations in the Urban Context.*, Hrsg. Taco Brandsen, Sandro Cattacin, Adalbert Evers, und Annette Zimmer, 303–310. Cham (ZG): Springer International Publishing.

Bundesministerium für Umwelt, Naturschutz, Bau und Reaktorsicherheit, und Umweltbundesamt. 2015. „Umweltbewusstsein in Deutschland 2014. Ergebnisse einer repräsentativen Bevölkerungsumfrage." Berlin, Dessau-Roßlau.

Celata, Filippo, und Cary Yungmee. 2016. „WP 4: Case studies integration and policy recommendations. D4.1: Case Study integration report." TESS Project (Grant Agreement n° 603705). http://www.tess-transition.eu/wp-content/uploads/2016/11/TESS_D4.1_Case-study-integration-report.pdf. Zugegriffen: 28.07.2017.

CO CONCEPT, und USV-Agrar. 2017. „Qualitative Studie zur Evaluation der Initiativenberatung im Projekt MehrWert NRW auf Basis von Befragungen von Engagierten in lokalen Verbraucherintiativen." 1. Zwischenbericht (unveröffentlichtes Manuskript, kann bei den Autoren angefragt werden).

Deutsche Gesellschaft für Evaluation, Hrsg. 2004. *Empfehlungen zur Anwendung der Standards für Evaluation im Handlungsfeld der Selbstevaluation*. Alfter: Deutsche Gesellschaft für Evaluation e. V.

Durkheim, Emile. 1992 [1893]. *Über soziale Arbeitsteilung. Studie über die Organisation höherer Gesellschaften*. Frankfurt am Main: Suhrkamp.

Giddens, Anthony. 1996. *Konsequenzen der Moderne*. Frankfurt am Main: Suhrkamp.

Giel, Susanne, Katharina Klockgether, und Susanne Mäder. 2015. „Evaluationspraxis reflektieren. Einleitung und Überblick." In *Evaluationspraxis. Professionalisierung – Ansätze – Methoden.*, Hrsg. Susanne Giel, Katharina Klockgether, und Susanne Mäder, 7–18. Münster: Waxmann.

Gillwald, Katrin. 2000. „Konzepte sozialer Innovation." Wissenschaftszentrum Berlin für Sozialforschung (WZB) Discussion Paper P 00-519. http://hdl.handle.net/10419/50299. Zugegriffen: 28.07.2017.

Grabs, Janina, Nina Langen, Gesa Maschkowski, und Niko Schäpke. 2016. „Understanding role models for change: a multilevel analysis of success factors of grassroots initiatives for sustainable consumption." *Journal of Cleaner Production* 134 (Special Volume: Transitions to Sustainable Consumption and Production in Cities.): 98–111.

Hasenöhrl, Ute. 2003. „Zivilgesellschaft und Protest. Zur Geschichte der Umweltbewegung in der Bundesrepublik Deutschland zwischen 1945 und 1980 am Beispiel Bayerns." Berlin: Wissenschaftszentrum Berlin für Sozialforschung gGmbH.

Hitzler, Ronald, Anne Honer, und Michaela Pfadenhauer. 2008. „Zur Einleitung: ‚Ärgerliche‘ Gesellungsgebilde?" In *Posttraditionale Gemeinschaften. Theoretische und ethnografische Erkundungen.*, Hrsg. Ronald Hitzler, Anne Honer, und Michaela Pfadenhauer, 9–34. Wiesbaden: VS, Verl. für Sozialwiss.

Hollstein, Bettina. 2017. „Das Ehrenamt. Empirie und Theorie des bürgerschaftlichen Engagements." Hrsg. Bundeszentrale für politische Bildung. *Aus Politik und Zeitgeschichte*, Nr. 14–15/2017: 36–41.

Kanatschnig, Dietmar und Schmutz, Petra. 2000. *Leitfaden zur Selbstevaluation – 20 Arbeitsschritte zur Optimierung der Projektarbeit*. Wien

Kleinhückelkotten, Silke, H.-Peter Neitzke, und Stephanie Moser. 2016. „Repräsentative Erhebung von Pro-Kopf- Verbräuchen natürlicher Ressourcen in Deutschland (nach Bevölkerungsgruppen)." Dessau-Roßlau: Umweltbundesamt.

König, Joachim. 2007. *Einführung in die Selbstevaluation. Ein Leitfaden zur Bewertung der Praxis Sozialer Arbeit*. Freiburg im Breisgau: Lambertus.

Lange, Bastian, Valentin Domann, und Valerie Häfele. 2016. *Wertschöpfung in offenen Werkstätten. Eine empirische Befragung offener Werkstätten in Deutschland*. Berlin: Institut für ökologische Wirtschaftsforschung.

Maschkowski, Gesa, und Matthias Wanner. 2014. „Die Transition-Town-Bewegung – Empowerment für die große Transformation?" *www.planung-neu-denken.de*, Nr. 2/2014: 1–11.

Müller, Christa. 2011. „Urbane Agrikultur und neue Subsistenz." In *Ökosoziale Transformation. Solidarische Ökonomie und die Gestaltung des Gemeinwesens.*, Hrsg. Susanne Elsen, 115–128. Neu-Ulm: AG SPAK Bücher.

Müller, Christa, und Karin Werner. 2015. „Neuer Urbanismus. Die New School grüner politischer Utopie." *INDES. Zeitschrift für Politik und Gesellschaft*, Jg.4, Heft 2: 31–43.

Opielka, Michael. 2006. *Gemeinschaft in Gesellschaft. Soziologie nach Hegel und Parsons*. Wiesbaden: Springer VS.

Polanyi, Karl. 1978 [1944]. *The Great Transformation. Politische und ökonomische Ursprünge von Gesellschaften und Wirtschaftssystemen.* Berlin: Suhrkamp Taschenbuch Verlag.

Prisching, Manfred. 2008. „Paradoxien der Vergemeinschaftung." In *Posttraditionale Gemeinschaften. Theoretische und ethnografische Erkundungen.*, Hrsg. Ronald Hitzler, Anne Honer, und Michaela Pfadenhauer, 35–54. Wiesbaden: VS Verl. für Sozialwiss.

Robertson, Roland (1992): Globalization: Social Theory and Global Culture. London, Sage.

Rosa, Hartmut. 2005. *Beschleunigung. Die Veränderung der Zeitstrukturen in der Moderne.* Frankfurt am Main: Suhrkamp.

Rosa, Hartmut, Lars Gertenbach, Henning Laux, und David Strecker. 2010. *Theorien der Gemeinschaft zur Einführung.* Hamburg: Junius.

Rucht, Dieter. 2002. „Anstöße für den Wandel – Soziale Bewegungen im 21. Jahrhundert." Vortrag, gehalten auf der Gründungsversammlung „Die Bewegungsstiftung – Anstöße für soziale Bewegungen" am 02. März 2002, Berlin. https://www.wzb.eu/sites/default/files/zkd/zcm/rucht02_vortrag_wandel.pdf. Zugegriffen: 01.08.2017.

Rückert-John, Jana, Melanie Jaeger-Erben, Martina Schäfer, Jens Aderhold, und René John. 2013. „Soziale Innovationen für nachhaltigen Konsum. Kriterien zur Analyse und Systematisierung." *Beiträge zur Sozialinnovation,* Nr. 11. Berlin: Institut für Sozialinnovation. https://www.isinova.org/images/literatur/BzS11.pdf. Zugegriffen: 28.07.2017.

Rückert-John, Jana, René John, und Melanie Jaeger-Erben. 2015. „Neue Formen des Konsums aus Sicht der Politik." *Forschungsjournal Soziale Bewegungen* 28 (2): 77–89.

Sekulova, Filka. 2016. „WP 3: Analysis of success factors. D 3.3: Report on qualitative success factors." TESS Project (Grant Agreement n° 603705). http://www.tess-transition.eu/wp-content/uploads/2016/05/04.29.2016-Deliverable3.3_Final-rectified.pdf. Zugegriffen: 28.07.2017.

Seyfang, Gill. 2007. „Growing sustainable consumption communities. The case of local organic food networks." *International Journal of Sociology and Social Policy* 27 (3/4): 120–134.

Simmel, Georg. 1989 [1887–1892]. *Aufsätze 1887 bis 1890. Über soziale Differenzierung (1890). Die Probleme der Geschichtsphilosophie (1892).* Hrsg. Heinz-Jürgen Dahme. Georg Simmel Gesamtausgabe, Bd. 2. Frankfurt am Main: Suhrkamp.

Spiegel, Hiltrud von. 1993. „Aus Erfahrung lernen. Qualifizierung durch Selbstevaluation." Münster: Votum.

Stockmann, Reinhard. 2002. Was ist eine gute Evaluation? CEval-Arbeitspapiere; 9. Saarbrücken: Centrum für Evaluation.

Stockmann, Reinhard. 2007. *Handbuch zur Evaluation. Eine praktische Handlungsanleitung.* Münster/New York/Berlin/München: Waxmann.

Tönnies, Ferdinand. 2012 [1880–1931]. *Studien zu Gemeinschaft und Gesellschaft.* Herausgegeben von Klaus Lichtblau. Wiesbaden: Springer VS.

Urban Gardening Manifest. 2014. http://urbangardeningmanifest.de/. Zugegriffen: 01.08.2017

Weber, Max. 2005 [1921/1922]. *Wirtschaft und Gesellschaft. Grundriss der verstehenden Soziologie.* Frankfurt, M: Zweitausendeins.

Attraktivität und Akzeptanz des stationsunabhängigen Carsharing

Die elektrische Variante im Vergleich mit der konventionellen

Georg Sunderer, Konrad Götz und Wiebke Zimmer

1 Einleitung

Eine soziale Innovation im Mobilitätsbereich, die aktuell in der Öffentlichkeit stark im Fokus steht, ist das Carsharing. Ein Grund hierfür sind die enormen Wachstumszahlen, die das Carsharing in den letzten Jahren verzeichnen konnte. Wie die Statistiken des Bundesverbands CarSharing zeigen (siehe hierzu Abbildung 1), betrifft dies sowohl die Anzahl der NutzerInnen als auch die Anzahl der zur Verfügung stehenden Carsharing-Fahrzeuge. Ein weiterer Grund für die öffentliche Aufmerksamkeit ist, dass es seit einigen Jahren mit dem stationsunabhängigen bzw. flexiblen Carsharing eine neue zusätzliche Form des Carsharing gibt. Anders als beim klassischen, stationsbasierten Carsharing müssen hier die Fahrzeuge nicht mehr am gleichen Ort abgeholt und wieder abgegeben werden. Stattdessen stehen sie innerhalb eines Geschäftsgebietes (meistens bestimmte Teilgebiete einer Stadt) im öffentlichen Straßenraum für die spontane Nutzung bereit und können hier anschließend wieder an einem beliebigen öffentlichen Parkplatz abgestellt werden. Anhand der Daten des Bundesverbands CarSharing wird deutlich, dass beide Carsharing-Formen in den letzten Jahren deutliche Zuwächse erhalten haben. Auffällig ist dabei allerdings, dass die Wachstumszahlen beim flexiblen Carsharing besonders groß waren, sodass diese neue Form schon nach wenigen Jahren das alte, stationsbasierte Carsharing in seiner Anzahl an NutzerInnen deutlich überflügelt hat.

© Springer Fachmedien Wiesbaden GmbH, ein Teil von Springer Nature 2018
H.-W. Franz und C. Kaletka (Hrsg.), *Soziale Innovationen lokal gestalten*,
Sozialwissenschaften und Berufspraxis,
https://doi.org/10.1007/978-3-658-18532-9_6

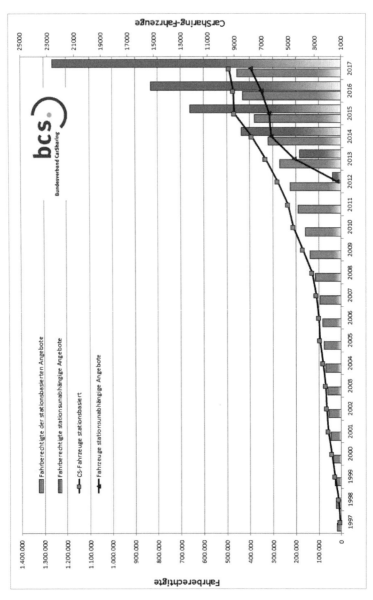

Abb. 1 Entwicklung des Carsharing-Marktes
(Quelle: Bundesverband CarSharing 2017)

Der Beitrag knüpft an diese Entwicklung auf dem Carsharing-Markt an. Es werden empirische Forschungsergebnisse vorgestellt, die zum Verständnis des bisherigen Erfolgs des flexiblen Carsharing beitragen und die darüber hinaus von zentraler Bedeutung sind, wenn man die zukünftigen Potenziale abschätzen möchte. Zum einen wird die Frage behandelt, welche Bevölkerungsgruppen das stationsunabhängige Carsharing nutzen und damit Träger dieser Innovation sind. Aus bisherigen Forschungsergebnissen geht hervor, dass die NutzerInnen des klassischen, stationsbasierten Carsharing sich in starkem Maße auf bestimmte Bevölkerungsgruppen konzentrieren (siehe hierzu Abschnitt 3). Folglich ist zusätzlich von Interesse, ob das flexible Carsharing schwerpunktmäßig von den gleichen Gruppen wie das stationsbasierte genutzt wird oder ob mit dieser neuen Form bestimmte soziale Gruppen besser erreicht werden, die bislang unterproportional oder kaum vertreten waren. Zum anderen werden Ergebnisse zur Attraktivität und Akzeptanz des stationsunabhängigen Carsharing vorgestellt. Im Zentrum steht dabei die Frage nach Gründen und Motiven für die Nutzung. Darüber hinaus wird aber auch darauf eingegangen, inwieweit die NutzerInnen hemmende Faktoren wahrnehmen.

Sowohl bei der Charakterisierung der NutzerInnen als auch bei der Analyse zur Attraktivität und Akzeptanz von flexiblem Carsharing werden jeweils zwei Varianten des flexiblen Carsharing vergleichend betrachtet: zum einen die Variante mit elektrischen Pkw und zum anderen die mit konventionellen Benzinern. Dadurch können neben generellen jeweils auch variantenspezifische Schlussfolgerungen gezogen werden. Außerdem liefern die Analysen auf diese Weise Erkenntnisse zu der Frage, ob das stationsunabhängige Carsharing eine gute Möglichkeit für die Integration der Elektromobilität darstellt.

Für die Analysen werden Daten aus dem Projekt „share – Wissenschaftliche Begleitforschung von car2go mit batterieelektrischen und konventionellen Fahrzeugen" herangezogen, das vom Bundesministerium für Umwelt, Naturschutz, Bau und Reaktorsicherheit gefördert wird. Vor der Auseinandersetzung mit den einzelnen Forschungsfragen wird daher im folgenden Abschnitt zunächst auf das Design dieser Studie eingegangen.

2   Das Forschungsdesign der Studie share

Bei der Studie share kam ein vergleichendes Paneldesign zum Einsatz, in dessen Rahmen NutzerInnen des flexiblen Carsharing viermal in einem Zeitraum von zwei Jahren befragt wurden. Eine zentrale Stärke dieses Designs ist, dass die Attraktivität und Akzeptanz des stationsunabhängigen Carsharing dadurch in seiner zeitlichen Entwicklung betrachtet werden kann. Mit „vergleichend" ist gemeint, dass die beiden Varianten des flexiblen Carsharing, die mit elektrischen Pkw und die mit konventionellen, im Rahmen der Studie vergleichend betrachtet werden. Die Studie wurde vom Öko-Institut e. V. und dem ISOE – Institut für sozial-ökologische Forschung – durchgeführt. Bei den NutzerInnen handelt es sich um Kunden des Praxispartners car2go, einem Anbieter von flexiblem Carsharing. Die Befragungen der Studienteilnehmer erfolgten in Zusammenarbeit mit aproxima Gesellschaft für Markt- und Sozialforschung.

Um die beiden Angebotsvarianten miteinander vergleichen zu können, wurden die car2go-Kunden an zwei Angebotsstandorten mit konventionellen Benzinern und an einem mit Elektroautos rekrutiert. Beim „elektrischen" handelt es sich um die Stadt Stuttgart und bei den beiden „konventionellen" um die Städte Köln und Frankfurt am Main. Als Studienteilnehmer wurden ausschließlich Neukunden zugelassen. Die Rekrutierung erfolgte sowohl über Einladungen per E-Mail kurz nach der Anmeldung bei car2go als auch über einen Projektflyer, den die Kunden bei der Vor-Ort-Anmeldung zum car2go-Angebot erhielten. Die Konzentration auf Neukunden diente dazu, eine valide Erhebung der Vorhersituation zu gewährleisten.[1] Die erste Befragung im Rahmen der Panelerhebung fand dementsprechend bei allen TeilnehmerInnen direkt nach der Anmeldung statt. Die Befragungswellen 2 bis 4 wurden drei Monate, ein Jahr und zwei Jahre nach der Anmeldung durchgeführt, sodass die Bewertung der Angebote sowohl nach den ersten Eindrücken als auch nach einem längeren Zeitraum untersucht werden konnte. Als Erhebungsform kamen bei allen vier Befragungen standardisierte Online-Fragebögen zum Einsatz.

Um genügend Studienteilnehmer zu erhalten, erfolgte die Rekrutierung über einen Zeitraum von zwei Jahren von Juni 2013 bis Mai 2015, sodass die Feldzeit insgesamt bis Mai 2017 dauerte. In dieser Zeit konnten insgesamt 3.096 car2go-Neu-kunden gewonnen werden, die an der ersten Befragungswelle teilnahmen. Etwa zwei Drittel davon entfallen auf den Standort Stuttgart und das restliche Drittel auf die beiden konventionellen Standorte Köln und Frankfurt am Main. Infolge der üblichen Panelmortalität reduzierte sich die Anzahl der TeilnehmerInnen in den weiteren Wellen, sodass für diese 2.237 (Welle 2), 1.757 (Welle 3) bzw. 1.449 Interviews (Welle 4) vorliegen. Im Vergleich zur jeweils vorherigen Welle liegen damit sehr gute Rücklaufquoten von 72 bis 82 Prozent vor.

---

1   Dies war insbesondere mit Blick auf eine Projektfragestellung wichtig, die nicht im Rahmen dieses Beitrages behandelt wird. Dabei handelt es sich um die Frage nach den Veränderungen des Verkehrsverhaltens und der mobilitätsrelevanten Ausstattung, die sich mit der Nutzung des flexiblen Carsharing ergeben.

3   Charakterisierung der NutzerInnen

Bezüglich der Frage nach den charakteristischen Merkmalen der NutzerInnen des flexiblen Carsharing wird im Folgenden auf Soziodemographie, mobilitätsrelevante Ausstattung und Mobilitätsorientierungen eingegangen. Den Ergebnissen werden, soweit vorhanden, jeweils regionale oder bundesdeutsche Vergleichszahlen gegenübergestellt.

3.1   Soziodemographie

Die Studienergebnisse zeigen, dass etwa zwei Drittel der NutzerInnen des flexiblen Carsharing Männer sind und das Durchschnittsalter deutlich niedriger ist als das der erwachsenen Bevölkerung in den Untersuchungsregionen. So sind 37 Prozent der Befragten unter 30 Jahre und weitere 28 Prozent zwischen 30 und 40 Jahren, während in der regionalen Bevölkerung diese beiden Altersgruppen zusammengenommen nur auf einen Anteil von knapp 40 Prozent kommen.[2] Personen über 60 Jahre machen unter den NutzerInnen dagegen nur einen kleinen Anteil aus (3 % versus 28 % in den Untersuchungsregionen). Des Weiteren besitzen die NutzerInnen eine deutlich überdurchschnittliche Bildung. Etwas mehr als 80 Prozent und damit fast doppelt so viele wie in den Untersuchungsregionen haben Abitur. Im Gegensatz dazu sind niedrigere Schulabschlüsse unterdurchschnittlich vertreten. Dies gilt insbesondere für Personen mit Hauptschulabschluss, welche unter den NutzerInnen nur einen geringen Anteil von 3 Prozent einnehmen, in der Vergleichsbevölkerung aber etwa 30 Prozent ausmachen. Bezüglich der vorwiegenden Tätigkeit bezeichnet sich eine überwiegende Mehrheit von 79 Prozent als Berufstätige(r). Außerdem gibt es unter den NutzerInnen einen hohen Anteil an Personen, bei denen Studium, Ausbildung oder Schule die aktuelle Hauptbeschäftigung darstellt (15 %). Im Vergleich zur erwachsenen Bevölkerung in den Regionen sind damit Berufstätige deutlich und Auszubildende/Studierende etwas überrepräsentiert, während insbesondere RentnerInnen, aber auch Arbeitslose und Nicht-Berufstätige unterrepräsentiert sind.[3]

---

2   Für die regionalen Vergleichszahlen wurde bei den Variablen Alter, Geschlecht und Bildung auf die Daten des Zensus 2011 zurückgegriffen (Zensus 2011). Stadt und Umland wurden hierbei entsprechend der Verteilung in den Daten zu den befragten NutzerInnen gewichtet.

3   Bei der Tätigkeit wurden regionale Vergleichszahlen aus der Markt-Media-Studie „best for planning" herangezogen (b4p 2017).

Der Wohnort ist bei drei Vierteln der Befragten eine der drei Untersuchungsstädte und von den übrigen kommen fast alle aus deren Umland.

Die Ergebnisse verdeutlichen somit: Die NutzerInnen des flexiblen Carsharing konzentrieren sich bislang auf bestimmte soziodemographische Gruppen wie Jüngere, höher Gebildete und Männer. Zugleich sticht hervor, dass bestimmte Gruppen fast noch gar nicht erreicht werden. Hierzu gehören Ältere über 60 Jahren (und damit einhergehend RentnerInnen) sowie Personen mit Hauptschulabschluss. Die Befunde zur Soziodemographie stimmen mit Ergebnissen aus anderen Studien zum flexiblen Carsharing überein (WiMobil 2016; Riegler et al. 2016). Darüber hinaus handelt es sich bei den festgestellten Tendenzen weitgehend um solche, wie sie bislang auch für das stationsbasierte Carsharing festgestellt wurden (WiMobil 2016; Loose 2010; Scherf et al. 2013; Lichtenberg und Hanel 2007). Die einzige größere Abweichung besteht dabei für die Schwerpunkte bei den Altersgruppen. Die Studien zum stationsbasierten Carsharing weisen darauf hin, dass hier die jüngste Altersgruppe der 18- bis 29-Jährigen deutlich weniger stark vertreten ist und stattdessen vor allem die mittleren Altersgruppen angesprochen werden (Baum und Pesch 1994; Behrend 2000; Haefeli et al. 2006; WiMobil 2016).

Mit Blick auf die beiden untersuchten Varianten des flexiblen Carsharing, konventionell und elektrisch, stellt sich nun noch die Frage, ob mit den beiden Varianten bestimmte soziodemographische Gruppen stärker oder schwächer angezogen werden. Standortspezifische Auswertungen bzw. solche für die Befragten der beiden Varianten liefern hierfür keine Hinweise. So ist bei den Stuttgarter Befragten zwar der Anteil der Personen aus dem Umland höher als bei den beiden Standorten mit konventionellem Angebot, doch dürfte dies an einer anderen Besonderheit dieses Standortes liegen: In Stuttgart umfasst das Geschäftsgebiet von car2go auch Gebiete der umliegenden Gemeinden Böblingen, Esslingen, Gerlingen und Sindelfingen, während es sich in Köln und Frankfurt fast ausschließlich auf bestimmte Teile der Städte beschränkt. Ansonsten zeigt sich bei den standortspezifischen Auswertungen lediglich, dass unter den Frankfurter NutzerInnen Erwerbstätige und Männer noch stärker repräsentiert sind und an diesem Standort zudem die Altersgruppe der 40- bis 50-Jährigen einen höheren Anteil besitzt. Solche Abweichungen liegen aber nicht für den anderen „konventionellen" Standort (Köln) vor. Stattdessen stimmen hier die Werte sehr stark mit denen von Stuttgart überein. Daraus schließen die Autoren, dass die Abweichungen nicht durch die Angebotsvariante, sondern durch standortspezifische Einflüsse erzeugt werden.[4]

---

4 Einer könnte sein, dass die Rekrutierung von StudienteilnehmerInnen in Frankfurt direkt nach Markteintritt von car2go startete, während an den beiden anderen Standorten das Angebot schon einige Zeit vor Beginn der Rekrutierung bestanden hat.

3.2 Mobilitätsrelevante Ausstattung

Der Anteil der Autolosen ist bei den Befragten überproportional hoch. Dabei gibt es aber deutliche Unterschiede zwischen den drei untersuchten Standorten. Unter den Kölner Befragten ist der Anteil der Autolosen mit 41 Prozent am höchsten und damit doppelt so hoch wie in den repräsentativen Vergleichszahlen.[5] In Frankfurt ist er mit knapp 40 Prozent geringfügig niedriger. Anders als am Standort Köln handelt es sich dabei aber nur um einen leicht überproportionalen Wert, da der Anteil der Autolosen laut den Vergleichszahlen an diesem Standort deutlich höher ist. Im Vergleich zu Köln und Frankfurt liegt für den Standort Stuttgart ein deutlich niedrigerer Wert vor (26 %). Die repräsentativen Vergleichszahlen ähneln hier jedoch denen für den Kölner Standort, sodass es sich trotzdem um einen leicht überrepräsentativen Anteil handelt.

Weiter zeigt sich bezüglich der Ausstattung, dass Besitzer von ÖV-Abos und Bahncard-Inhaber unter den NutzerInnen überproportional häufig vertreten sind. Um die 45 Prozent der NutzerInnen besitzt jeweils ein ÖV-Abo und der Anteil der Bahncard-Inhaber reicht von circa 30 (Stuttgart/Köln) bis 43 Prozent (Frankfurt).[6] Schließlich geht aus den Daten noch hervor, dass ein Großteil der NutzerInnen neue Carsharing-Kunden sind – also vor ihrer Anmeldung noch keine NutzerInnen des klassischen, stationsbasierten Carsharing waren. Dies trifft insbesondere auf die Standorte Stuttgart und Köln zu. Hier waren lediglich 9 bzw. 14 Prozent bereits Kunde beim stationsbasierten Carsharing, während unter den Frankfurter Befragten der Anteil etwas höher ist (27 %).

Für das klassische, stationsbasierte Carsharing zeigen die bisherigen Studien bezüglich der mobilitätsrelevanten Ausstattung die gleichen Tendenzen. Allerdings geht aus den Studien hervor, dass bei dieser Carsharing-Form der Anteil der Autolosen deutlich stärker überrepräsentiert ist. So werden in verschiedenen Studien Anteile um 75 Prozent genannt (Wilke et al. 2007; Loose 2010; WiMoBil 2015). Ähnlich verhält es sich bezogen auf ÖV-Abos und den Besitz einer Bahncard. In Studien werden hierzu Anteilswerte ermittelt, die noch einmal etwas oder deutlich höher sind (Wilke et al. 2007; WiMoBil 2015).

---

5   Im Falle des Autobesitzes stammen die regionalen Vergleichszahlen wieder aus der Markt-Media-Studie „best für planning" (b4p 2017).

6   Laut best for planning liegen die repräsentativen Vergleichszahlen für den Besitz eines ÖV-Abos je nach Region zwischen 18 und 36 Prozent. Bei der Bahncard liegt der Anteil bezogen auf die gesamte Bundesrepublik laut der Deutschen Bahn (2014) bei etwa 7 Prozent.

Das Ergebnis für Stuttgart deutet zudem an, dass durch den Einsatz von Elektroautos die Anziehungskraft auf Autobesitzer noch weiter steigt. Ein solcher Effekt erscheint durchaus plausibel, da Autobesitzer eher an neuen Fahrzeugen und Antriebstechniken interessiert sein dürften und das Carsharing eine gute Möglichkeit darstellt, diese im Falle der Elektromobilität auszuprobieren und zu nutzen. Gegen eine solche Schlussfolgerung spricht allerdings das Ergebnis für Frankfurt, wo ebenfalls nur ein leicht überdurchschnittlicher Anteil an Autolosen vorliegt. Hier könnten allerdings analog zu den Abweichungen bei der Soziodemographie andere standortspezifische Ursachen verantwortlich sein. So liefern weitergehende Analysen Hinweise auf einen „Wohlstandseffekt". Denn nach den Befragungsdaten haben sich in Frankfurt deutlich mehr Personen mit höheren Einkommen angemeldet als in Stuttgart und Köln.

3.3   Umweltbewusstsein und Mobilitätsorientierungen

Mit Mobilitätsorientierungen sind auf Mobilität bezogene Einstellungen gemeint. Verschiedene Studien zeigen, dass die Verkehrsmittelwahl durch solche Orientierungen beeinflusst wird (siehe hierzu Götz et al. 2016). Daher liegt die These nahe, dass auch die NutzerInnen des flexiblen Carsharing spezifische Ausprägungen bei den Mobilitätsorientierungen besitzen. Zur Erfassung von Mobilitätsorientierungen beinhaltete die erste Erhebungswelle zahlreiche Einstellungsitems. Diese wurden mithilfe von Faktorenanalysen zu verschiedenen Mobilitätsorientierungen verdichtet:

- Autoaffinität wegen Freiheit und Flexibilität. Beispielitem: „Nur mit dem Auto fühle ich mich wirklich unabhängig."
- Eigenes Auto als Bedingung für soziale Integration:* „Ohne eigenes Auto ist man in unserer Gesellschaft unten durch."
- Auto als Mittel zur Stilisierung. Beispielitem: „Ich würde niemals ein Auto fahren, das nicht zu mir passt."
- Wohlempfinden im ÖV. Beispielitem: „Es stört mich sehr, dass man im öffentlichen Verkehr oft mit unangenehmen Menschen konfrontiert ist."
- Fahrrad-Affinität. Beispielitem: „Auf kurzen Strecken ist das Fahrrad für mich das ideale Verkehrsmittel."
- Affinität zu Multioptionalität: Beispielitem: „Für mich ist es selbstverständlich – je nach Situation – immer wieder unter mehreren Verkehrsmitteln auszuwählen."

Die mit einem Stern markierte Orientierung basiert auf einem Indikatoritem, das mitaufgeführt ist. Die anderen Orientierungen stützen sich auf zwei oder mehr

Items. In diesen Fällen ist oben jeweils ein Beispielitem angegeben. Zur Berechnung des Gesamtwertes wurde bei diesen Orientierungen ein additiver Index gebildet, in den alle zum Faktor gehörenden Items gleichgewichtet miteinfließen.

Um die Mobilitätsorientierungen der NutzerInnen des flexiblen Carsharing mit denen der allgemeinen Bevölkerung zu vergleichen, werden die Befragungsergebnisse aus share denjenigen aus einer bundesweit repräsentativen ISOE-Studie zu Mobilität und IKT gegenübergestellt. In dieser Erhebung kamen die gleichen Einstellungsitems zum Einsatz, sodass die Ausprägungen der Mobilitätsorientierungen auf Basis identischer Messweisen miteinander verglichen werden können. Für eine gute Vergleichbarkeit der Ergebnisse spricht zudem, dass die Studie parallel zur ersten Welle in share im Spätherbst 2014 stattfand. Die Erhebung erfolgte online in Kombination mit Face-to-Face-Interviews von Nonlinern. Die gewichtete Fallzahl der Studie beträgt 1.088 Personen.[7]

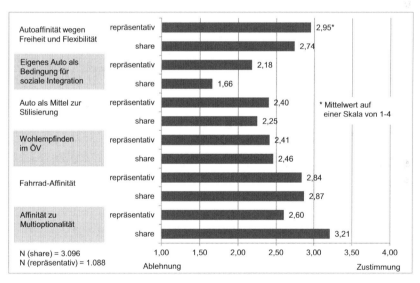

Abb. 2   Die Mobilitätsorientierungen der NutzerInnen im Vergleich zum
bundesdeutschen Durchschnitt (eigene Darstellung)

---

7   Die ungewichtete Fallzahl beträgt 1.389 Personen. Der Unterschied kommt dadurch zustande, dass in der Studie Personen zwischen 18 und 39 Jahren überproportional häufig befragt wurden, damit für diese Generation ausreichend Fälle für die Analysen zur Verfügung stehen. Für Aussagen bezogen auf alle Fälle müssen die Daten daher entsprechend gewichtet werden.

Die Ergebnisse zeigen, dass die NutzerInnen des flexiblen Carsharing im Vergleich zur allgemeinen Bevölkerung eine geringere Autoaffinität besitzen (siehe hierzu Abbildung 2). In Übereinstimmung mit dem Konzept Carsharing wird dabei vor allem die Notwendigkeit eines eigenen Autos für die soziale Integration als weniger bedeutsam eingeschätzt. Für die nicht speziell auf das eigene Auto bezogene Autoaffinität wegen Freiheit und Flexibilität ist die Differenz zum repräsentativen Wert dagegen nicht so groß. Anhand dieses Faktors wird zudem deutlich, dass auch bei den NutzerInnen die Autoaffinität weiterhin hoch ist. So stimmt jeweils eine (teilweise deutliche) Mehrheit den Statements zum Faktor „Autoaffinität wegen Freiheit und Flexibilität" zu.[8] Die Autoaffinität der NutzerInnen ist also geringer, doch heißt dies weder, dass eine breite Ablehnung gegenüber dem Auto im Allgemeinen vorliegt, noch, dass es von den meisten nur widerwillig (weil zum Beispiel notwendig) genutzt wird. Hierzu passt auch das Ergebnis zur Stilisierungsfunktion des Autos. Im öffentlichen Diskurs wird bezogen auf diese Orientierung häufig eine deutlich geringere Ausprägung für die NutzerInnen der neuen Mobilitätsangebote angenommen. Bei den befragten car2go-Kunden ist sie jedoch lediglich etwas geringer. Ein weiteres charakteristisches Merkmal der NutzerInnen ist dagegen, dass sie eine deutlich stärkere Orientierung hin zur Multioptionalität besitzen. Das heißt, sie berücksichtigten bei ihren Mobilitätsentscheidungen in größerem Umfang verschiedene alternative Verkehrsmittel. Wie die Ergebnisse weiter zeigen, scheint diese Eigenschaft allerdings nicht von einer deutlich stärkeren Fahrradaffinität und einem erheblich höherem Wohlempfinden im ÖV getragen zu werden, denn für diese Faktoren liegen im Vergleich zum repräsentativen Sample nur geringfügig höhere Mittelwerte vor.

Der differenzierte Blick entlang der beiden Angebotsvarianten zeigt, dass die Stuttgarter Befragten eine höhere Autoaffinität besitzen. Dies wird bei allen autobezogenen Orientierungen deutlich, wobei die Mittelwerte auch hier jeweils noch niedriger sind verglichen mit den für Deutschland repräsentativen Werten. Analog zum niedrigeren Anteil der Autolosen und der dort genannten Begründung könnte hierfür der Einsatz der Elektroautos ein Grund sein. Das heißt, durch die Elektroautos werden Autoaffine eher angezogen. Klar lässt sich dies aber nicht nachweisen. So könnte die Differenz auch davon herrühren, dass in der Region Stuttgart infolge der starken Präsenz von Automobilkonzernen generell eine höhere

---

8   Die Items wurden mit einer 4er-Skala abgefragt: „trifft voll und ganz zu", „trifft eher zu", „trifft eher nicht zu", „trifft überhaupt nicht zu". Mit Zustimmung sind hier und im Folgenden jeweils die zusammengefassten Anteile für die Kategorien „trifft voll und ganz zu" und „trifft eher zu" gemeint.

Autoorientierung vorliegt. Des Weiteren ist bei den Stuttgarter Befragten noch die Fahrradaffinität niedriger, wofür aber die Topographie verantwortlich sein dürfte.

Die erste Befragungswelle enthielt außerdem Items zur Messung des verkehrsbezogenen und des allgemeinen Umweltbewusstseins. Die Ergebnisse zu den beiden Konstrukten belegen, dass das Umweltbewusstsein der NutzerInnen in etwa auf dem gleichen Niveau wie das der allgemeinen Bevölkerung liegt. Die Vergleichswerte stammen auch in diesem Fall aus der ISOE-Studie zu Mobilität und IKT, da in dieser die gleichen Umweltitems abgefragt wurden. Ansonsten ist auffällig, dass das Umweltbewusstsein der Stuttgarter NutzerInnen bei beiden Skalen etwas niedriger ist als das der Befragten aus Frankfurt und Köln, was gut zur etwas höheren Autoaffinität der Stuttgarter passt.

Konträr zu diesem Ergebnis für das flexible Carsharing wird für die frühen NutzerInnen des stationsbasierten Carsharing oft angenommen, dass sie ein überdurchschnittlich hohes Umweltbewusstsein haben. Bestärkung findet diese These in der Studie von Baum und Pech (1994). In späteren Studien wird jedoch festgestellt, dass für neuere Kunden des stationären Carsharing ökologische Motive nicht mehr an erster Stelle stehen, sondern pragmatische Überlegungen vermehrt in den Vordergrund rücken (Harms und Truffer 1998; Behrendt 2000; Maertins 2006). Anhand einer aktuellen Studie (WiMobil 2016) wird allerdings deutlich, dass trotz dieser Entwicklung ökologische Motive von Seiten der Kunden des stationären Carsharing häufiger gesehen werden. Dies lässt den Schluss zu, dass auch die heutigen NutzerInnen der klassischen Variante gegenüber denjenigen des neuen flexiblen Carsharing über ein höheres Umweltbewusstsein verfügen.

Aus dem Ergebnis zum Umweltbewusstsein darf allerdings nicht geschlossen werden, es gebe unter den Kunden des flexiblen Carsharing kaum Personen mit einem starken Umweltbewusstsein. Dass dies nicht zutreffend ist, verdeutlicht eine Nutzergruppen-Typologie, die auf Basis der Mobilitätsorientierungen und des verkehrsbezogenen Umweltbewusstseins erstellt wurde. Die Typologie umfasst vier Typen, die sich insbesondere in ihrer verkehrsbezogenen Umweltorientierung und in ihrer Autoaffinität unterscheiden (siehe hierzu Abbildung 3). Zwei der Typen, die stark Umweltbewussten und die stark Autofixierten, weisen auf diesen beiden Dimensionen jeweils relativ extreme gegensätzliche Ausprägungen auf – also ein hohes Umweltbewusstsein und eine niedrige Autoaffinität im Falle der stark Umweltbewussten und ein niedriges Umweltbewusstsein und eine hohe Autoaffinität im Falle der stark Autofixierten. Bei den anderen beiden Typen handelt es sich jeweils um „Zwischentypen", die in abgeschwächter Form jeweils die Eigenschaften eines Extremtyps besitzen. Insgesamt wird anhand der Typologie deutlich, dass sich die Kunden des flexiblen Carsharing in zwei Lager einteilen lassen – in das der Umweltorientierten und in das der Autoaffinen, von denen das letztgenannte einen etwas größeren Anteil einnimmt. Schaut man die Verteilungen der Typen zusätzlich stadtspezifisch an, zeigt sich, was anhand der entsprechenden Ergebnisse für die Mobilitätsorientierungen und das Umweltbewusstsein zu erwarten war: Das Lager der Autoaffinen ist im Falle der Stuttgarter Befragten verglichen mit denen aus den anderen beiden Städten größer. So umfasst es unter den Stuttgartern 59 Prozent, während es an den beiden konventionellen Standorten jeweils nur noch eine knappe Minderheit von etwa 45 Prozent einnimmt.

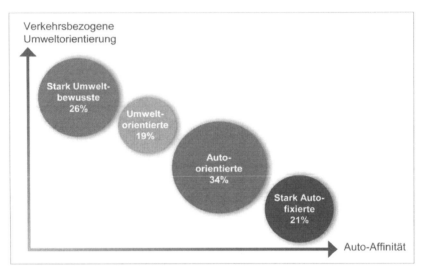

Abb. 3   Nutzertypologie nach Mobilitätsorientierungen und Umweltbewusstsein
             (eigene Darstellung)

4   Akzeptanz und Attraktivität

Mit Blick auf die Akzeptanz und Attraktivität des flexiblen Carsharing ist in einem ersten Schritt von Interesse, warum die Befragten sich bei car2go anmeldeten. Anschließend wird auf Bewertungen nach der Nutzung des flexiblen Carsharing eingegangen.

4.1 Gründe für die Anmeldung

Die Abfrage der Gründe für die Anmeldung bei car2go erfolgte in einer gestützten Form. Dabei waren Mehrfachnennungen möglich. Abbildung 4 liefert einen Überblick über die Ergebnisse der Abfrage. Aus ihnen geht hervor: Von über 90 Prozent der Befragten, und damit am häufigsten, wird als Grund für die Anmeldung angegeben, dass die Flexibilität des Systems praktisch sei. Dies gilt jeweils auch für die beiden Varianten „konventionell" und „elektrisch", wie die in der Abbildung vorgenommene Unterteilung aufzeigt. Zusätzliche offene Nennungen veranschaulichen zudem, dass mit der Flexibilität zum Beispiel die Möglichkeit von „One-Way-Fahrten" gemeint ist. Bei der elektrischen Variante folgt mit einem Zustimmungswert von 66 Prozent das Motiv, ein Elektroauto ausprobieren zu wollen, welches logischerweise nur bei den Befragten dieser Variante aufgeführt wurde. Dass von der Elektromobilität, wie oben bereits vermutet, eine „Anziehungskraft" ausgeht, wird damit deutlich bestätigt.

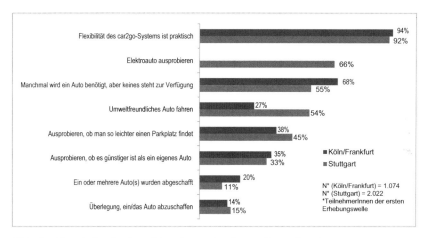

Abb. 4   Gründe für die Anmeldung bei car2go (eigene Darstellung)

Als nächstes folgt ein Grund, der von den Befragten der konventionellen Variante etwas häufiger genannt wird: „Manchmal wird ein Auto benötigt, aber keines steht zur Verfügung". Dass es sich hierbei, wie die Ergebnisse verdeutlichen, unabhängig von der Variante um einen wichtigen Grund handelt, ist wenig überraschend. Interessant an den Antworten ist vielmehr, dass die Zustimmungswerte nicht *noch höher* sind. Tiefergehende Analysen zeigen, dass bei den autolosen Befragten tatsächlich 84 Prozent bei diesem Aspekt zustimmen; bei den Personen mit eigenem Auto ist die Zustimmung dagegen mit knapp unter 50 Prozent deutlich niedriger. Es ist also die Gruppe mit eigenem Auto, die höhere Zustimmungswerte „verhindert". Denn hier gibt es eine große Teilgruppe, bei denen die (temporäre) Nicht-Verfügbarkeit eines eigenen Autos keine Rolle spielt, sondern ausschließlich andere Gründe wie z. B. die bereits oben genannten. Durch die getrennte Betrachtung der Personen mit und ohne eigenes Auto wird zudem ein Grund für den Unterschied zwischen den beiden Varianten ersichtlich. Wie in Abschnitt 3.2 berichtet, ist der Anteil der Autolosen unter den Stuttgarter Befragten niedriger, was sich infolge der unterschiedlichen Verteilungen negativ auf den übergreifenden Zustimmungswert auswirkt.

Das Motiv, ein umweltfreundliches Auto fahren zu wollen, ist ebenfalls ein re-levanter Grund. Dies betrifft insbesondere die elektrische Variante. Trotz teilweise kontroverser Diskussionen in der Öffentlichkeit wird für die Elektroautos also ein Umweltvorteil gesehen. Daneben stimmt bei beiden Varianten aber jeweils auch eine starke Minderheit bei zwei Gründen zu, die spezielle „harte" Nutzenüber-legungen betreffen. So geben jeweils um die 40 Prozent der Befragten an, dass sie ausprobieren wollen, ob sie so leichter einen Parkplatz finden, und jeweils ein Drittel möchte prüfen, ob mit der Nutzung Kostenvorteile gegenüber dem eigenen Auto einhergehen. Schlussendlich wurde auch noch gefragt, ob eine erfolgte oder geplante Autoabschaffung eine Rolle spielt. Hierbei handelt es sich um Aspekte, die insbesondere mit Blick auf mögliche Umwelteffekte des flexiblen Carsharing interessant sind. Der faktische Grund, ein oder mehrere Autos bereits abgeschafft zu haben, wird von 20 Prozent (konventionell) bzw. 11 Prozent (elektrisch) genannt und eine Abschaffung ist jeweils bei etwa 15 Prozent geplant, was bezogen auf alle mit Autobesitz 20 (elektrisch) bzw. 23 Prozent (konventionell) entspricht.

4.2   Die Bewertung des flexiblen Carsharing

Doch wie wird das flexible Carsharing nun bewertet, nachdem es genutzt wurde? Um diese Frage zu untersuchen, wurden zwei unterschiedliche Erhebungsmetho-den in den Befragungswellen 2 bis 4 eingesetzt. Zum einen erhielten die Befragten Statements zu unterschiedlichen inhaltlichen Dimensionen, für die sie auf einer 4er-Skala angeben sollten, inwieweit sie ihrer Ansicht nach zutreffen. Zum anderen wurde in allen drei Wellen ein Polaritätsprofil erhoben, bei dem die Befragten das flexible Carsharing-Angebot von car2go anhand von gegensätzlichen Eigenschafts-paaren bewerten sollten.

Schaut man zunächst auf das Polaritätsprofil aus der zweiten Befragungswelle (siehe links oben in Abbildung 5) wird deutlich, dass drei Monate nach der Anmeldung beide Varianten insgesamt betrachtet positiv bewertet werden. Die Mittelwerte zu den Bewertungen liegen mit einer Ausnahme jeweils in der Hälfte des positiven Pols. Wie die Ergebnisse zu der dritten und vierten Erhebungswelle zeigen, ändert sich an diesem Gesamtbild im Zeitverlauf relativ wenig (siehe hierzu unten in Abbildungen 5). Ein durchgängiges Muster bei beiden Varianten ist allerdings, dass sich bei fast allen Eigenschaftspaaren die Bewertungen etwas verschlechtern. Diesen Effekt könnte man eventuell so interpretieren, dass nach einer gewissen Zeit der „Glanz des Neuen" verschwunden ist und sich demzufolge ein leichter Ernüchterungseffekt einstellt.

Mit besonders guten Bewertungen stechen jeweils über alle Erhebungswellen hinweg die Eigenschaften „flexibel" und „praktisch" hervor, wobei die Mittelwerte bei beiden Varianten nahezu identisch sind. Das entsprechende Anmeldemotiv, das fast alle Befragten als ein Grund für die Anmeldung angaben (siehe hierzu den Abschnitt zu den Anmeldegründen), wurde somit bei beiden Varianten nicht enttäuscht. Das Ergebnis zu diesen Items spiegelt sich zudem in den Antworten der abgefragten Statements wieder. Beispielsweise zeigt sich hier: Die Vorzüge „Zeitgewinn" und „leichtere Parkplatzsuche", welche man der Eigenschaft „praktisch" zuweisen kann, werden bei beiden Varianten und in allen Wellen von einer Mehrheit von 70 bis 80 Prozent gesehen.

Bei der elektrischen Variante gehört zusätzlich die Eigenschaft „umweltfreundlich" jeweils zu denjenigen mit den besten Bewertungen, sodass im Vergleich zur konventionellen bezüglich dieser Eigenschaft über alle Wellen hinweg eine deutlich bessere Bewertung vorliegt. Das Bild gleicht hier also demjenigen, wie es beim Anmeldemotiv „ein umweltfreundliches Auto fahren" bereits zu sehen war.

Des Weiteren wird anhand des Polaritätsprofils deutlich, dass das flexible Angebot auf der symbolisch-emotionalen Ebene als cool, sympathisch und Spaß machend angesehen wird. Dabei hat hier die elektrische Variante zum Zeitpunkt der Welle 2 einen leichten Vorsprung gegenüber der konventionellen, der im Zeitverlauf weiter zunimmt (vergleiche hierfür die beiden oberen Grafiken in Abbildung 5). Bei den abgefragten Statements wurde diese Dimension ebenfalls berücksichtigt. Auch hier zeigt sich eine bessere Bewertung bei den Befragten der elektrischen Variante, wobei die Zustimmungswerte bei beiden Varianten jeweils hoch sind. Exemplarisch sei dies am Item „Die Technik des ganzen car2go-Systems begeistert mich" illustriert. Zum Zeitpunkt der Welle 2 stimmt hier eine deutliche Mehrheit von 75 (konventionell) bzw. 88 Prozent (elektrisch) zu.

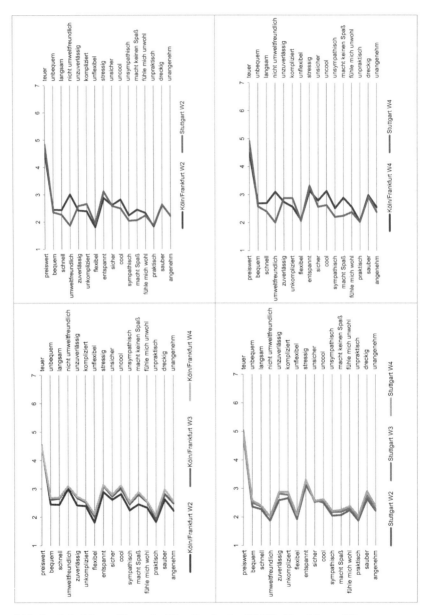

Abb. 5   Polaritätsprofil zum flexiblen Carsharing (N Köln/Frankfurt = 351;
N Stuttgart = 791) (eigene Darstellung)

In weiteren Statements wurden verschiedene Barrieren für die Nutzung des Angebots thematisiert. Aus den Antworten geht hervor, dass in den Bereichen Sauberkeit, Bequemlichkeit der Fahrzeuge und Unkompliziertheit des Mietprozesses nur von relativ wenigen Befragten Probleme gesehen werden. In der zweiten Erhebungswelle sind es jeweils um die 10 Prozent der Befragten, während bis zur Welle 4 die Zustimmung zwar teilweise etwas ansteigt, in keinem Fall aber die 20-Prozent-Marke erreicht. Das Ergebnis zu diesen Statements macht verständlich, warum beim Polaritätsprofil bei beiden Varianten die jeweils korrespondierenden Eigenschaften relativ gut bewertet wurden. Eine deutlich relevantere Barriere stellt allerdings, wie die Statements zeigen, die Verfügbarkeit der Carsharing-Fahrzeuge dar. Etwa 40 (Köln/Frankfurt) bis 50 Prozent (Stuttgart) sehen hier zum Zeitpunkt der Welle 2 Probleme bzw. Verbesserungsbedarf. Diese Zustimmungswerte steigen bis zur Welle 4 für Köln/Frankfurt auf 50 bis 55 Prozent und für Stuttgart auf fast 70 Prozent an. Die langen Ladezeiten der Elektroautos könnten ein Grund dafür sein, dass diese Problematik in Stuttgart noch häufiger gesehen wird. Wie anhand des Polaritätsprofils deutlich wird, sind die Kosten eine weitere relevante Barriere. So ist das Eigenschaftspaar „preiswert/teuer" die oben erwähnte Ausnahme, bei der die Mittelwerte im negativen Bereich liegen. Zusätzlich unterstrichen wird dies anhand der relativ hohen Zustimmungswerte für das Statement „car2go ist mir auf die Dauer zu teuer" (in Stuttgart in den Wellen 2 bis 4 jeweils zwischen 50 bis 60 Prozent und in Köln/Frankfurt jeweils zwischen 40 und 50 Prozent). Anhand eines anderen Statements wird aber deutlich, dass es umgekehrt auch jeweils eine starke Gruppe gibt, die der Ansicht ist, mit der Nutzung von car2go Kosten zu sparen. Diese umfasst für Köln/Frankfurt über die Wellen 2 bis 4 hinweg 50 bis 55 Prozent der Befragten und für Stuttgart jeweils einen geringeren Anteil von etwa 40 Prozent.

Schlussendlich wurden auch Barrieren abgefragt, die speziell die Elektromobilität betreffen und dementsprechend nur den Stuttgarter Befragten vorgelegt wurden. Hier zeigt sich: Die Reichweitenbeschränkung der Elektroautos hält nur eine Minderheit von 15 Prozent im Rahmen dieser Anwendung für problematisch. Rund um das Thema Laden werden dagegen häufiger Barrieren wahrgenommen. Dies betrifft oft zugeparkte Ladesäulen (etwa 45 Prozent Zustimmung in den Wellen 2 bis 4) und die Angabe, dass das Laden als umständlich wahrgenommen wird (zwischen 30 bis 40 Prozent Zustimmung). Letzteres erklärt vermutlich, warum beim Polaritätsprofil der Stuttgarter Befragten für das Eigenschaftspaar „unkompliziert/ kompliziert" eine etwas schlechtere Bewertung vorliegt. Gleichzeitig äußern die Stuttgarter NutzerInnen aber auch eine starke Fahrbegeisterung bezogen auf die eingesetzten Elektroautos. Eine überwiegende Mehrheit von 90 Prozent ist von der guten Beschleunigung der Fahrzeuge und von der leisen Fahrweise begeistert.

5   Fazit

Das flexible Carsharing hat als Parallelangebot zum klassischen, stationsbasierten Carsharing in den letzten Jahren entscheidend zur Verbreitung der geteilten Autonutzung beigetragen. Wie die empirischen Ergebnisse zeigen, betrifft dies nicht nur die bloße Anzahl an NutzerInnen. Es werden durch das flexible Carsharing auch bestimmte Bevölkerungsgruppen besser erreicht. Dabei handelt es sich um junge Erwachsene zwischen 18 und 30 Jahren sowie um Personen, die einen Pkw besitzen. Außerdem liefern die Ergebnisse Hinweise, dass dies auch für Personen mit einem eher geringen Umweltbewusstsein gilt. Bestimmte Bevölkerungsgruppen wie Personen mit niedriger Schulbildung sowie Ältere über 60 Jahre werden aber auch mit dem flexiblen Carsharing bislang kaum erreicht.

Ein Erfolgsfaktor des flexiblen Carsharing ist, dass unterschiedliche Motive angesprochen werden. Denn es wird als praktisch, cool, Spaß machend und umweltfreundlich erlebt. Die Umweltüberlegungen stehen dabei allerdings nicht im Vordergrund, sondern die in verschiedener Hinsicht wahrgenommene Praktikabilität für die Alltagsmobilität. Gleichzeitig zeigt sich, dass diese positiven Bewertungen über die Zeit relativ stabil sind. Außerdem werden lediglich zwei Barrieren in größerem Umfang gesehen: die Kosten und Mängel bei der Verfügbarkeit von Carsharing-Fahrzeugen. Beide stellen aber zentrale Problematiken dar, die den weiteren Erfolg gefährden könnten. So dürften die aktuellen Kosten den potenziellen Kundenstamm deutlich begrenzen, und bei der Verfügbarkeit besteht die Gefahr, dass durch Mängel in diesem Bereich die zentralen Anreize Praktikabilität und Flexibilität untergraben werden.

Mit Blick auf den Vergleich der beiden Antriebsvarianten kann zudem festgehalten werden, dass die elektrische Variante als umweltfreundlicher und als fast genauso praktisch angesehen wird. Abstriche müssen bei letzterem lediglich mit Blick auf das Thema Laden gemacht werden. Ausgeglichen wird dies allerdings durch die hohe Fahrbegeisterung und durch den Vorsprung der elektrischen Variante bei Coolness und Sympathie. Neben dem Motiv, ein Elektroauto ausprobieren zu wollen, sind diese Aspekte vermutlich mitverantwortlich dafür, dass unter den Stuttgarter Befragten Personen mit eigenem Pkw nur geringfügig unterrepräsentiert sind. Die gleiche Tendenz deuten die Ergebnisse für Personen mit eher starker Autoorientierung an. Allerdings liegen in diesem Fall keine regionalen Vergleichszahlen vor, sodass die Beweislage unzureichend ist. Insgesamt geht aus dem Vergleich aber auf jeden Fall hervor, dass der Einsatz von elektrischen Pkw im Rahmen des flexiblen Carsharing eine gute Möglichkeit darstellt, um Personen mit der Elektromobilität vertraut zu machen und um die Elektromobilität ins Verkehrssystem zu integrieren. Die soziale

Innovation Carsharing könnte also eine wichtige Funktion für die Etablierung und Ausbreitung der Innovation Elektromobilität einnehmen.

Literatur

Baum, H. und S. Pesch. 1994. Untersuchung der Eignung von Car-Sharing im Hinblick auf Reduzierung von Stadtverkehrsproblemen. Schlussbericht. Köln: Institut für Verkehrswissenschaft an der Universität zu Köln.

Behrend, Siegfried. 2000. Car-Sharing. Nachhaltige Mobilität durch eigentumslose Pkw-Nutzung? Werkstattbericht Nr. 43. Berlin: Institut für Zukunftsstudien und Technologiebewertung.

Best for Planning (b4p). 2017. Online-Auswertung. http://www.b4p.media/online-auswertung/. Zugegriffen: 31. Juli 2017.

Bundesverband CarSharing (bcs). 2017. Aktuelle Zahlen und Daten zum CarSharing in Deutschland, https://carsharing.de/alles-ueber-carsharing/carsharing-zahlen/aktuelle-zahlen-daten-zum-carsharing-deutschland. Zugegriffen: 31. Juli 2017.

Deutsche Bahn. 2014. Deutsche Bahn/DB Mobility Logistics: Daten & Fakten 2014, http://www1.deutschebahn.com/file/ecm2-db-de/12205938/3Wu_q0poNouRgTH8IThM6c-90Vgk/9067536/data/2014_duf.pdf. Zugegriffen: 31. Juli 2017.

Götz, K., J. Deffner und T. Klinger. 2016. Mobilitätsstile und Mobilitätskulturen – Erklärungspotentiale, Rezeption und Kritik. In *Handbuch Verkehrspolitik*. Hrsg. O. Schöller, W. Canzler und A. Knie. 781–804. Wiesbaden: VS Verlag für Sozialwissenschaften.

Haefeli, U., D. Matti, C. Schreyer und M. Maibach. 2006. Evaluation Car-Sharing. Schlussbericht. Bern: Bundesamt für Energie.

Harms, S. und B. Truffer. 1998. The emergence of a nation-wide carsharing co-operative in Switzerland. A case study for the project "Strategic niche management as a tool for transition to a sustainable transportation system". Report to the European Commission. Dübendorf: Eidgenössische Anstalt für Wasserversorgung, Abwasserreinigung und Gewässerschutz (EAWAG).

Lichtenberg, J. und F. Hanel. 2007. Carsharing und ÖPNV: Nutzen für beide? – Eine Analyse der Situation in Frankfurt am Main. *Der Nahverkehr 11: 37–41*.

Loose, Willi. 2010. Aktueller Stand des CarSharing in Europa. https://carsharing.de/images/stories/pdf_dateien/wp2_endbericht_deutsch_final_4.pdf. Zugegriffen: 31. Juli 2017.

Maertins, Christian. 2006. Die intermodalen Dienste der Bahn: mehr Mobilität und weniger Verkehr? Wirkungen und Potenziale neuer Verkehrsdienstleistungen. *WZB Discussion Paper SP III 2006-101*.

Riegler, S., Juschten, M., Hössinger, R., Gerike, R., Rößger, L., Schlag, B., Manz, W., Rentschler, C., Kopp, J. 2016. CarSharing 2025 – Nische oder Mainstream?. Abschlussbericht Projekt „Neue Nutzungskonzepte für individuelle Mobilität". München: ifmo.

Scherf, C., J. Steiner und F. Wolter. 2013. E-Carsharing: Erfahrungen, Nutzerakzeptanz und Kundenwünsche. *Internationales Verkehrswesen 65: 42–44*.

Wilke, Georg, S. Böhler, D. Bongardt, C. Schäfer-Sparenberg. 2007. Zukunft des Car-Sharing in Deutschland. Schlussbericht. Wuppertal: Wuppertal Institut für Klima, Umwelt, Energie.

WiMobil. 2016. Abschlussbericht zum Projekt „Wirkung von E-Car Sharing Systemen auf Mobilität und Umwelt in urbanen Räumen". http://www.erneuerbar-mobil.de/sites/default/files/2016-10/Abschlussbericht_WiMobil.pdf. Zugegriffen: 31. Juli 2017.

Zensus. 2011. Zensusdaten. https://ergebnisse.zensus2011.de/. Zugegriffen: 31. Juli 2017.

Nutzen statt Besitzen in Leihläden lokal gestalten

Alexandra Jaik

1 Einleitung

Gegenstände des nichttäglichen Bedarfs wie Werkzeuge, Haushaltsgeräte oder Reisezubehör werden seit jeher geteilt.[1] Die gemeinsame Nutzung findet zwischen Nachbarn,[2] Freunden, Familien und Mitgliedern anderer Gemeinschaftsformen (wie z. B. Kommunen) auf informeller Basis oder zwischen Vertragspartnern (zum Beispiel im Rahmen eines Werkzeugverleihs im Baumarkt) auf kommerzieller Ebene statt. Inzwischen ergänzen, oft in den Kontext der sogenannten Sharing Economy gestellt, Onlineplattformen sowohl die eine als auch die andere Form und erweitern dabei Optionen und Radius. Ein weiteres Modell, das Zugang statt Eigentum beziehungsweise Nutzen statt Besitzen (vgl. z. B. Leismann et al. 2012) ermöglicht, ist die Bibliothek der Dinge. Seitdem im Jahr 2012 unabhängig voneinander auf zwei Kontinenten die ersten ihrer Art eröffneten – The Sharing Depot in Toronto und der Berliner Leila (Akronym für Leih-Laden) – haben sich Bibliotheken der Dinge von Malmö bis Bologna und Frome (Großbritannien) bis Ljubljana in neun europäischen Ländern verbreitet. Entstanden sind sie aus den Konzepten der Tool Library, einem Ort, an dem Werkzeuge kostengünstig oder gar kostenlos entliehen werden können, und Umsonstläden[3], die einen Umschlagplatz für ausgediente, aber noch intakte Gegenstände bieten. The Sharing Depot und Leila vereint, dass Mitgliedern Dinge temporär verliehen werden und diese folglich nicht mehr gekauft

---

[1] Eine Urform des institutionalisierten Verleihens stellen Bibliotheken dar. Raclette-Grill und Waffeleisen sind aufgrund ihres gelegentlichen Einsatzes geeigneter als Toaster oder Wasserkocher.

[2] Der Leserlichkeit halber wird im Folgenden die männliche Schreibweise verwendet, die jedoch stellvertretend für alle Geschlechter steht.

[3] Daneben zählen auch Second-Hand-Läden als Vorläufer.

© Springer Fachmedien Wiesbaden GmbH, ein Teil von Springer Nature 2018
H.-W. Franz und C. Kaletka (Hrsg.), *Soziale Innovationen lokal gestalten*,
Sozialwissenschaften und Berufspraxis,
https://doi.org/10.1007/978-3-658-18532-9_7

werden müssen, wodurch sich finanzielle Entlastungen ergeben. Die Leihenden müssen keinen Raum zur Lagerung der ohnehin selten genutzten Gegenstände vorhalten. Mit Blick auf den einzelnen Gegenstand lässt sich eine Intensivierung der Nutzung sowie eine Verlängerung ihrer Dauer feststellen (vgl. z. B. Scholl et al. 2010, S. 9). Bei einer flächendeckenden Verbreitung des Konzepts ist von einer signifikanten Reduktion der nachgefragten (und somit auch produzierten) Gütermenge auszugehen. Vor dem Hintergrund von Klimawandel und drohender Ressourcenknappheit erscheint das Konzept als mögliche Strategie, bestehende Konsumbedürfnisse auch zukünftig befriedigen zu können.

Angesichts einer Anzahl von bereits 25 Dingbibliotheken, die sich in lediglich fünf Jahren gegründet haben, sowie weiterer sich in Gründung befindlicher Initiativen[4], stellt sich die Frage, ob es sich um eine soziale Innovation[5] handelt.[6] Mit Blick auf den aktuellen Forschungsstand lässt sich hierzu zum aktuellen Zeitpunkt noch keine abschließende Einschätzung geben. Obgleich im vorliegenden Beitrag nur die Entwicklung in Europa betrachtet wird (vgl. Abb. 1), wäre die Ausarbeitung ohne den Blick über den Atlantik nicht vollständig[7]. Gleichermaßen steht vorwiegend die Angebotsseite, nicht die Perspektive der Nutzer im Fokus. Nach einem kurzen methodischen Teil liefert der Beitrag neben der Darstellung der räumlichen Verbreitung einen Überblick über unterschiedliche Funktionsweisen sowie einige

---

4   Circa 25 Vorhaben sind bekannt, darunter auch die Unterbringung in klassischen Bibliotheken.

5   Darunter verstehen Howaldt und Schwarz (2010, S. 54): eine „intentionale, zielgerichtete Neukombination sozialer Praktiken (…) mit dem Ziel, Probleme oder Bedürfnisse besser zu lösen bzw. zu befriedigen, als dies auf der Grundlage etablierter Praktiken möglich ist ". Dazu muss erst noch ihr Bedeutungsnachweis erbracht werden.

6   Stand Juli 2017. Tool Libraries sind einberechnet (5). Frappierend ist dabei, dass das Phänomen bislang weder in romanischen Ländern noch Nordeuropa verbreitet ist, wobei sich in Schweden die rasante Verbreitung einer spezialisierten Form, der fritidsbank, beobachten lässt, die seit dem Jahr 2013 auf 37 Filialen angewachsen ist. Wie der Name schon vermuten lässt, können hier Dinge für den Freizeitbedarf, insbesondere Sportgeräte ausgeliehen werden. Gespeist wird der Fundus aus privaten Sachspenden. Hier wird zudem mit Kirchen und Kulturzentren zusammengearbeitet (vgl. Fritidsbank). Eine Kooperation mit Kirchen ist bei den Leihläden hingegen nicht bekannt.

7   Einige Leihläden geben an, Toronto nachgeahmt zu haben. Die „Bewegung" ist in den USA und Kanada etwas größer, wird aber aufgrund unterschiedlicher kultureller Voraussetzungen nicht mit einbezogen (vgl. hierzu auch Howaldt et al. 2014, S 81). Auch aus Israel (Tel Aviv) ist ein Beispiel bekannt sowie, dass in der Sharingcity Seoul, Südkorea, vergleichbare Leihstationen existieren, die jedoch auf Initiative des Bürgermeisters hin eingerichtet wurden (vgl. Hissen 2014).

Eckdaten.[8] Des Weiteren werden Akteurskonstellationen vorgestellt und Einblicke in Beweggründe der Beteiligten gegeben. Da das jeweilige Umfeld relevant erscheint, treten im Anschluss die Netzwerke der Bibliotheken in den Fokus, bevor einzelne Faktoren, die für Entstehen, Verbreitung und Fortbestehen bedeutsam sind, vorgestellt werden. Abschließend wird die Rolle der Sozialwissenschaften mit Blick auf soziale Innovationsprozesse vor Ort reflektiert.

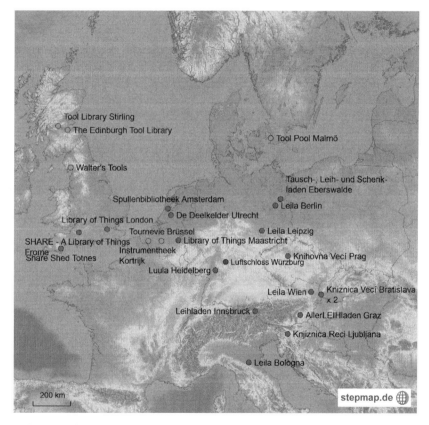

Abb. 1   Verbreitung von Leilas in Europa (Quelle: mit freundlicher Genehmigung von stepmap.de)

---

8   Einsparpotentiale und Lebenszyklusanalysen ermitteln Forschungsprojekte wie das Peersharing-Projekt des Instituts für Ökologische Wirtschaftsforschung (IÖW) oder das TESS-Projekt (Towards European Societal Sustainability).

2   Methodische Vorgehensweise

Die vorliegende Untersuchung der europäischen Leihladenlandschaft ist bisher die erste, die sie in ihrer Gesamtheit und nicht als isolierte Fälle betrachtet. Die Ergebnisse wurden mittels klassischer Methoden der empirischen Sozialforschung in erster Linie qualitativ gewonnen. Dazu zählen Dokumentenanalysen, Feldforschung mit teilnehmenden Beobachtungen sowie leitfadengestützte, persönliche Interviews, die nach ihrer Transkription computergestützt inhaltlich ausgewertet wurden. Weiterhin wurde eine quantitative Online-Umfrage durchgeführt, die aufgrund geringer Rücklaufquoten durch Desk Research ergänzt wurde.

3   Räumliche Diffusion

Ein besonderer Fokus liegt zuerst auf dem räumlichen Aspekt, der eine große Vielschichtigkeit offenbart. Zum einen ist eine globale oder an dieser Stelle zumindest europäische Perspektive von Interesse, um den Verbreitungsprozess nachzuvollziehen. Auffällig ist dabei zum Beispiel, dass sowohl einige Hauptstädte mit Einwohnerzahlen im Millionenbereich als auch kleine Städte Leihläden beherbergen. Die Bibliotheken der Dinge sind nicht nur in Bahnhofs- und/oder Innenstadtnähe, sondern auch zentrumsfern verortet. Auch sind sie keinesfalls ausschließlich in Szenevierteln wie dem Berliner Prenzlauer Berg oder in Leipzig-Plagwitz vorzufinden, sondern ebenso in gewöhnlicheren Nachbarschaften oder gar in Problemvierteln[9]. Mit der Ausnahme des nordenglischen Dorfes Finsthwaite handelt es sich um ein urbanes Phänomen. Gemein ist vielen der Läden, dass sie verkehrstechnisch gut angebunden sind und v. a. mit dem ÖPNV erreichbar sind und Fahrradabstellmöglichkeiten sowie Autoparkplätze vorhanden sind.

Die Wahl des Quartiers und der Lage des Ladenlokals im Viertel gestaltet sich dabei sehr unterschiedlich. Zwar legen viele der Initiativen Kriterien wie Lage, Preis, Größe und Objektzustand bei der Suche an, sehen sich jedoch in der Praxis mit einem kleineren Handlungsspielraum konfrontiert, innerhalb dessen sie das tatsächlich Bezahlbare und Verfügbare wählen und pragmatisch vorgehen müssen. In einem Fall wurde ganz bewusst der Stadtteil ausgewählt, weil die Betreibenden sich mit ihm identifizieren, dort bereits beruflich tätig sind und somit kurze Wege

---

9   Im Amsterdamer Viertel Kolenkitbuurt, 2009 unter den 20 Problemvierteln der Niederlande gelistet (vgl. Kolenkit, wurde im Rahmen des Cascolandprojekts Anfang 2017 ein Leihladen eröffnet (vgl. Cascoland).

haben. Im Gegensatz zu den meisten Fällen war in einem anderen Beispiel der leerstehende Raum der Ausgangspunkt, der erst mit der Realisierung einer Bibliothek der Dinge belebt wurde. Zudem kam es zur Initiierung durch bestehende Geschäfte, die ihre Räume zur Nutzung bereitstellten.

Unterschieden werden muss auch nach temporären und permanenten Standorten. Einige wenige Fälle haben bereits mehrfach ihren Standort gewechselt, waren vorübergehend in der Stadtbibliothek, oder als Pop-up-Store in einem Restaurant, einem Gewölbekeller und einem Kleinlastwagen beherbergt, bevor die aktuelle Räumlichkeit bezogen wurde. Die norditalienische Stadt Bologna sticht an dieser Stelle hervor: Sie verfügt als einzige in Europa neben der Hauptleihstelle bereits über drei zusätzliche dauerhafte Filialen, sogenannte „Corner Leila", in Bars, der Stadtbibliothek und bespielt die Sommermonate über auf Anfrage der Stadt zusätzlich einen Container auf dem Universitätscampus.

Ferner ist die Betrachtung der Leihläden unter lokalen Gesichtspunkten aus folgenden Gründen lohnenswert. Physisch im städtischen Quartier angesiedelt, bergen sie den Vorteil, für eine optische Aufwertung zu sorgen, da Leerstand sinnvoll bespielt werden kann. Zweitens können sie als Begegnungs- und Bildungsort sowie als Anlaufstelle im Quartier dienen und sozialen Mehrwert produzieren. Das reicht von Sprachkursen für Geflüchtete über Weiterbildungsangebote für Erwerbslose bis hin zur Energieberatung für Verbraucher.

Viele Leihläden arbeiten eng mit Reparatur- und/oder Nähcafés zusammen, die zum Teil in denselben Räumlichkeiten stattfinden. Manche beherbergen einen „Foodsharing-Fairteiler" oder beteiligen sich auf andere Weise an der Vermeidung von Lebensmittelverschwendung. Weiterhin dienen mehrere Bibliotheken der Dinge als Tauschbörsen für Saatgut und Kleidung sowie für Fähigkeiten (über schwarze Bretter, Tauschringzeitung etc.). Sie sind Schauplätze für Feiern und Kulturveranstaltungen, gemeinsames Kochen sowie Tanz- und Gemeinschaftsbildungsworkshops. Neben den geplanten Aktionen laden nicht selten Sitzecken mit Kaffee, Tee und „gerettetem" Kuchen zum Verweilen ein und bieten Möglichkeiten des informellen Austauschs zwischen Ladenbesuchern. Dieser wird sogar – in einem Fall – bei einem Stammtisch, der sich eher zufällig etablierte, wöchentlich gepflegt.

4   Die Bibliothek der Dinge in Zahlen und Fakten – Status Quo

Der Ist-Zustand der europäischen Leihladenlandschaft wird nun mittels Zahlen veranschaulicht.[10] Dazu werden im Folgenden einige Durchschnittswerte präsentiert. Geöffnet sind die Läden meist am Nachmittag bzw. frühen Abend unter der Woche oder an Samstagen für knapp 14 Stunden, die sich auf drei Tage in der Woche verteilen (n = 22).[11] Sie erstrecken sich über zwei bis drei Räume auf etwa 60 Quadratmetern (inkl. Lager), meist im Erdgeschoss, Sou- oder Surterrain, und sind damit größtenteils barrierefrei zugänglich. Etwa neun Gruppen teilen sich den Raum mit anderen Nutzern (vgl. dazu Kapitel 5.2). Alle sind über öffentliche Verkehrsmitteln angebunden (n = 17). Jede Initiative, die dazu Angaben gemacht hat (n = 7), verfügt über gute Radabstellmöglichkeiten. Die Frage, ob der Laden auch gut mit dem Auto erreichbar ist, bejahte nur die Hälfte der Antwortenden. Ein Team bietet sogar einen Liefer- bzw. Abholservice mit dem Fahrrad an.

Die Mehrheit der Dingbibliotheken ist als Verein[12] organisiert oder gehört einer Institution an, die als Verein eingetragen ist.[13] In der Regel müssen Interessierte Mitglied (jedoch nicht gleich des Vereins, sondern der Leih-/Nutzergemeinschaft) werden, um leihen zu dürfen. Im Schnitt verfügt jeder Laden über 282 Mitglieder, wobei der kleinste lediglich 34 und der größte mehr als 1000 registriert hat (n= 13). Die Hälfte der Läden, die die Frage beantwortet haben, gibt an, dass die Mehrheit der Nutzer aus der direkten Nachbarschaft kommt (n = 4). Bei den restlichen verteilt

---

10 Bemerkungen zur Erhebung: Stand der Daten ist Juli 2017. Erhoben wurden sie per englischsprachiger Online-Befragung mit Limesurvey im Frühjahr 2017. Per E-Mail angeschrieben wurden dabei zwanzig Läden, Tool Libraries inklusive, wovon acht teilnahmen. Sechs Bibliotheken waren zum Zeitpunkt noch nicht (mit Kontaktdaten) bekannt oder nicht eröffnet. Die Antwortquote der Teilnehmenden fiel sehr unterschiedlich aus. So liegen zu einigen Initiativen sehr detaillierte, zu anderen wiederum keinerlei oder nur unvollständige Angaben vor. Sie wurden daher mit Angaben aus Interviews oder ergänzenden Webrecherchen erweitert bzw. in einem Fall im Interview nachträglich erfragt. Die Ergebnisse können also nicht als repräsentativ gelten und haben eher explorativen Charakter. Daher werden bevorzugt Tendenzen dargestellt. Bei der kleinen Fallzahl verlöre die Prozentzahl schnell ihre Aussagekraft, kämen nur ein oder zwei neue Fälle hinzu.

11 Verzerrend wirkt sich dabei aus, dass ein paar Dingbibliotheken anderen Angeboten angegliedert sind und zu deren ausgedehnten Öffnungszeiten erreichbar sind.

12 Da sich das Vereinsrecht von Land zu Land unterscheidet, variieren die Bedingungen erheblich.

13 Wie bspw. im Falle der beiden Bibliotheken der Dinge, die in den Goethe-Instituten Bratislava und Prag geführt werden.

sich die Mitgliederherkunft über den Stadtteil (1), die gesamte Stadt (3) oder gar die Region (1).[14] Der gestaffelte Mitgliedsbeitrag in Form einer Flatrate liegt, wenn sie nicht wie in wenigen Ausnahmen kostenlos sind, in den meisten Fällen bei zwei bis drei Euro im Monat. Weiterhin sind Jahresbeiträge ab 20 EUR/Britische Pfund im Jahr aufwärts verbreitet. Je nach Wert des Gegenstands wird zusätzlich das Hinterlassen eines Pfandbetrags gefordert. Nur zwei Dingbibliotheken verlangen stattdessen Gebühren pro verliehenem Gegenstand. Neben dem finanziellen Beitrag sind Mitglieder in vielen Fällen angehalten, einen Gegenstand und/oder ihre Arbeitskraft einzubringen und das Angebot mitzugestalten. Ihre Partizipation wird u. a. über regelmäßiges und sporadisches Engagement sowie Mitmachtage organisiert.

Geordnet nach der Häufigkeit der Nennung werden Gegenstände aus folgenden Gruppen[15] angeboten: Werkzeug, Sport, Reise und Outdoor, Elektro und IT, Garten, Küche und Haushalt, Party, Kinder, Spiele, Musik und Entertainment. Das Inventar variiert zwischen 50 und über 1000 Leihgegenständen, wobei der Durchschnitt bei 377 pro Laden liegt (n = 11). Nach Anzahl der Verleihungen zählen zu den beliebtesten drei Objekten Bohrer, Beamer und Kreissäge (n = 11). Mehrheitlich stammen sie aus Haushaltsspenden oder privaten Dauerleihgaben, wohingegen eigens angeschaffte Neugeräte eher eine Ausnahme darstellen.[16] Letzteres trifft eher auf Tool Libraries und die beiden in Goethe-Instituten beheimateten Leihläden zu. Die Zusammensetzung aus neuen und alten Gegenständen variiert je nach Geschäft. Bei der Auswahl geeigneten Inventars werden bestimmte Kriterien angelegt, z. B. Nutzerbedarf, Verleihbarkeit, Transportierbarkeit und Funktionstüchtigkeit. Durchschnittlich werden ca. 33 Gegenstände pro Monat verliehen (n = 12). Die mittlere vorgesehene Leihdauer beträgt dabei etwa 14 Tage (n = 8). Verwaltet werden die Vorgänge sowohl in analoger als auch digitaler Form. Dafür häufig verwendete Programme sind die kostenpflichtige Software myturn aus den USA und die eigens programmierte österreichische Open-Source-Software leila. Die Organisation der Leihvorgänge wird individuell gelöst, so kommen auch Microsoft Excel und Google Drive zum Einsatz. Hier finden sich unterschiedliche Professionalisierungsgrade.

Dies trifft auch auf die Auslagen zu. Außer bei den wenigen Initiativen, die ihre Räumlichkeit kostenlos nutzen dürfen, ist der Hauptkostenposten in der Regel die Kaltmiete, bei der viele Läden vergünstigte Konditionen erhalten. Dieser wird nur in Ausnahmen von Personalkosten überstiegen, die entweder aus staatlichen Mitteln

---

14 Je kleiner die Stadt ist, desto größer scheint das Einzugsgebiet des Leihladens zu sein.

15 Die Kategorien wurden induktiv aus dem Material generiert.

16 In einigen Läden ist es eine essentielle Voraussetzung für den Beitritt, einen Gegenstand in den Leihpool einzubringen, um vorhandene Ressourcen besser zu nutzen. Die anderen argumentieren z. B. mit Sicherheit, hoher Qualität, Langlebigkeit und Effizienz.

für Arbeitslose oder Freiwilligenprogrammen (Freiwilliges Ökologisches Jahr und Bundesfreiwilligendienst), privaten Crowdfunding-Beiträgen oder kommunalen Mitteln gezahlt werden. Alle anderen fußen auf ehrenamtlichem Engagement. Zu weiteren Ausgaben zählen Material- und Betriebskosten, Webhosting, Internetzugang, Versicherungen und sogar Speisen und Getränke. Mit Blick auf unregelmäßigen Cashflow bestehen von Seiten der Initiativen offenbar Schwierigkeiten, jenen zu dokumentieren, sodass er an dieser Stelle keine validen Angaben gemacht werden können.

Die häufigste Austauschform unter den Betreibenden findet persönlich im Rahmen regelmäßiger Treffen statt. Außerdem nutzen sie Telefon, E-Mails, Skype und Programme, die gemeinsames Arbeiten an Dokumenten in Echtzeit sowie die digitalgestützte kollektive Entscheidungsfindung ermöglichen (Google Docs, Etherpads, Loomio). Für die Kommunikation nach außen kommen am häufigsten Website, Newsletter und Facebook zum Einsatz und werden von den Betreibenden selbst auch als am wirkungsvollsten eingeschätzt. Weitere soziale Medien wie Twitter, Youtube und Instagram werden von einer Handvoll Anbieter verwendet. Hinzu kommen neben Erwähnungen in Printmedien Beiträge in Funk, Fernsehen und Web. Alle Initiativen nutzen Veranstaltungen[17], um im persönlichen Kontakt auf sich aufmerksam zu machen. Dies geschieht poster- oder flyerunterstützt, gedruckte Medien werden jedoch seltener als elektronische Medien eingesetzt. Ebenfalls fast alle haben ein eigenes bzw. mit anderen Leihläden geteiltes Logo. Den Berliner Leila-Schriftzug nutzen so auch Wien, Bologna und Leipzig.

Die Schaufenstergestaltung[18] erfolgt, sofern eine Scheibe zur Straße hin vorhanden ist, durchgehend eher dezent. So finden sich teilweise Zettel, auf denen die Initiative Auskunft über sich gibt. Manchmal werden die Fenster als eine Art überdimensioniertes schwarzes Brett genutzt. Unterstützend kommen Aufsteller, Kleiderstangen und Kisten mit Gegenständen (teils aus den integrierten Umsonstbereichen) und vereinzelt Kunstskulpturen zum Einsatz, um Aufmerksamkeit zu erregen. Im Rahmen einer kreativen Werbeaktion vor Eröffnung wurden Gegenstände in der selben Farbe angemalt und im Stadtteil verteilt, z. B. an Laternenpfählen befestigt.

---

17 Events wurden in der Umfrage nicht näher spezifiziert. Damit sind z. B. Vorträge, Stände auf (Floh-)märkten, Messen oder Straßenfesten gemeint. Ein paar Läden sind Station konsumkritischer oder Umweltbildungs-Stadtrundgänge.

18 Die Frage nach der Gestaltung des physischen Raumes kann nur für persönlich besuchte Läden beantwortet werden (n = 9).

5   Akteurskonstellationen

5.1   Betreibende

Überwiegend ging der Gründungsimpuls von Privatpersonen aus, wohingegen vier der Beispiele auf Initiative der lokalen Ökonomie, der Kommunalpolitik und eines Kulturinstituts entstanden. Zum Zeitpunkt der Gründung war die Mehrheit der Betreibenden zwischen 25 und 35 Jahre alt, befand sich teilweise noch in Ausbildung und war kinderlos. Das Geschlechterverhältnis ist relativ ausgeglichen, der Anteil der Gründer mit Migrationsgeschichte sehr gering. Der Bildungsgrad ist hingegen hoch, was die hohe Sensibilisierung für globale Probleme wie Klimawandel, Ressourcenknappheit etc. erklären kann. Fast alle der bis jetzt neun interviewten Engagierten verfügen über einen Studienabschluss; die Fächer decken eine hohe Bandbreite von Soziologie über Umweltwissenschaften bis hin zu technischen Disziplinen ab, wobei gesellschaftswissenschaftliche eher überrepräsentiert sind. Nichtsdestotrotz besteht teilweise eine Diskrepanz zwischen Ausbildung und tatsächlich ausgeübter Erwerbsarbeit. Häufige Tätigkeitsbereiche liegen im Handwerk, der Arbeit in NGOs und der sozialen Arbeit, wobei bei einigen Arbeitsverhältnissen ein sichtbarer Bezug zu Klima- und Umweltschutz vorliegt. Darunter finden sich sowohl Voll- und Teilzeitanstellungen, Selbstständigkeit als auch Erwerbslosigkeit.

Trotz unterschiedlicher Schwerpunktsetzungen und Herangehensweisen lassen sich die Ziele der Graswurzelaktivisten in drei Punkten resümieren, mit denen sich die Mehrheit identifizieren kann: Umwelt-, Klima- und Ressourcenschutz, Nachbarschaftsvernetzung sowie das Bewusstsein für anderen Konsum zu schaffen bzw. eine Konsumalternative bereitzustellen. Daneben führen sie praktische Gründe wie das Platzsparen an. Zusammenfassen lässt sich ihr Engagement unter dem bereits in den 1970er, 1980er Jahren aufgekommenen Motto „Global denken, lokal handeln". Die Motivationslage, die den Zielen zugrunde liegt, ist vielseitig. Es zeigt sich, dass sie neben rationalen Argumenten eng mit biografischen Erfahrungen und Prägungen wie beispielsweise dem Aufwachsen in der DDR oder der Karibik, wo Wasserknappheit herrscht, verknüpft ist.

Gegründet wurden die Läden von einem bis acht Teammitgliedern. Auffällig ist dabei, dass diese Teams meist auf bereits existierenden sozialen Beziehungen basieren. Sie kennen sich entweder als Freunde, Lebenspartner oder Kommilitonen/Kollegen. Nur vereinzelt agieren sie als „One-Man-Show". Die Kernteams werden teilweise von weiteren Freiwilligen unterstützt. Die Pioniere beschreiben positives Feedback, das sie zu ihren Projekten erhalten, und schildern Lernprozesse sowohl für sich persönlich als auch im Team.

5.2   Partner

Die Erwähnung der Innovatoren ohne Einbeziehung ihres Umfelds allein griffe jedoch zu kurz. Sie knüpfen Bande zu anderen zivilgesellschaftlichen Akteuren und zur „Politik" oder kontaktieren Unternehmen und Medien und umgekehrt. Berührungspunkte mit der Wissenschaft entstehen durch Anfragen seitens Hochschulangehörigen, die für (studentische) Forschungsprojekte und Abschlussarbeiten an die Läden herantreten. Leihläden und ihre Stakeholder stehen in unterschiedlichsten Verhältnissen zu- und Abhängigkeiten voneinander. Die erfahrene Unterstützung gliedert sich in der Reihenfolge der häufigsten Nennungen in die Bereitstellung von Material, Räumlichkeiten und finanzieller Mittel, Informationsverbreitung, Teilen von (Erfahrungs-)Wissen, die Vernetzung mit wichtigen Akteuren bis hin zur Verfügungstellung von Personal.

Am intensivsten ist die Zusammenarbeit mit Individuen und anderen Initiativen der Zivilgesellschaft wie NGOs, Vereinen und anderen Leihläden. Inhaltlich decken diese die Themenfelder Umwelt und Garten, Mobilität, (kollaborativer) Konsum, Textil, Kunst und Kultur, Soziales, Bildung und Stadt ab, wobei diese ineinander übergehen. Besonders deutsche und einige britische Beispiele sind eng mit Transition Town-Initiativen verbunden.[19]

Was den Erfahrungs- und Wissensaustausch unter Gleichgesinnten angeht, nennen die meisten den Leila Berlin als ihre Inspiration, wobei für die konkrete Umsetzung auch auf das Vorbild Toronto und auf Erfahrungen und Material anderer bestehender Läden zurückgegriffen wird. Dafür stehen die Initiativen bilateral und häufig in ihren nationalen Kontexten in Verbindung. Besonders gut vernetzt in Europa sind Berlin und Wien, deren Gründer Ende 2016 ein Starter Kit herausgegeben haben und auch mit kanadischen Gleichgesinnten in Kontakt stehen. De Deelkelder Utrecht orientiert sich fast ausschließlich nach Westen (inkl. Belgien). Die Instrumentheek Kortrijk in Belgien ist am wenigsten vernetzt und kannte nicht einmal den Leila Berlin. Leila Bologna hingegen hat einen sehr guten Überblick über die europäische Leihladenszene, während Leila Leipzig von gut der Hälfte der Angebote weiß und der Ableger in Ljubljana vor allem mit der italienischen, den österreichischen und deutschen Initiativen Kontakt hatte. Am unbekanntesten sind die Angebote in Eberswalde, Kortrijk und Bratislava (eines der jüngsten) und

---

19 Mitte der 2000er Jahre wurde die erste Initiative von Rob Hopkins in Großbritannien gegründet (vgl. transitionnetwork.org). In Österreich haben die Läden u. a. Wurzeln in SOL (Menschen für Solidarität, Ökologie, Lebensstil, 1979 gegründet), die der Transition Town-Bewegung thematisch ähnlich ist (vgl. dafür www.nachhaltig.at).

der Tool Pool Malmö, der einen Sonderfall darstellt[20]. Zu weiteren Verbindungen liegen keine Daten vor. Fast alle geben an, sich für die Weiterverbreitung der Idee einzusetzen.[21]

Zu politischen Akteuren besteht überwiegend auf kommunaler oder regionaler Ebene Kontakt. In mindestens fünf Fällen nehmen sie eine fördernde Rolle ein – hinsichtlich der Ladenlokalbereitstellung, der Finanzierung oder Bekanntmachung.[22] Die Kleinstadt Frome gab in Zusammenarbeit mit einer Agentur den Anstoß für die Gründung eines Leihladens. Inzwischen treten Städte in Italien an den italienischen Piloten heran und bekunden Interesse.

Ein paar Gründer suchen den Kontakt zu Baumärkten und großen Werkzeugherstellern; in erster Linie, um Werkzeugspenden zu bekommen. Langfristig ist ihr ambitioniertes Ziel, diese Unternehmen für Nutzen statt Besitzen zu gewinnen und ihr Produktdesign bzw. Produktionsprozesse in Richtung Nachhaltigkeit zu beeinflussen.[23] Ein weiterer Berührungspunkt mit Unternehmen ist die Kollaboration in gemeinsamen Räumlichkeiten.

Wenn nicht in einem gewöhnlichen Ladenlokal ohne weitere Anbindung, sind Bibliotheken der Dinge unterbracht in Nachbarschaftshäusern (3x), im Mehrgenerationenhaus, in Co-Working Spaces (2x), in einer Radverleihstation, im Stadtteilbüro, in Bars (2x), in Goethe-Instituten (2x), in einem Container auf dem Gelände eines Re-use- und Recyclingcenters und auf dem Universitätscampus, auf einem „alternativen" Projektgelände, in einer ehemaligen Polizei-Zelle und im Gästezimmer einer Privatwohnung (Lager). Permanente Co-Nutzer sind die Lebenshilfe, Mietrechtsberatung, Sprachkurse, das „Büro der Nachbarschaften" und ein Tauschring.

---

20 Kostenlose Werkzeugausleihe, die bereits seit 2012 in ein innerstädtisches Eisenwarengeschäft/einen kleinen Baumarkt integriert ist, für jeden ohne Mitgliedschaft. Aus Zeitungsartikeln und einer Masterarbeit ist bekannt, dass die Dienstleistung Marketingzwecken dient.

21 Nach einem ersten Vernetzungstreffen 2015 im Rahmen des Solidarischen Ökonomie-Kongresses in Berlin, an dem jedoch hauptsächlich Vertreter deutschsprachiger Initiativen teilnahmen, besteht unter den Initiativen darüber hinaus schon länger der Wunsch, einen gemeinsamen Workshop mit allen Betreibenden durchzuführen, dessen Umsetzung auch für 2018 von den Wienern geplant ist.

22 Wie diese Verbindungen im Detail zustande kamen, ist noch zu untersuchen: Ob sich auf Ausschreibungen beworben wurde, bestehende Kontakte zurückgegriffen werden konnte usw.

23 Hierbei geht es zunächst um das Outscaling, wobei viele der Betreibenden bereits das Upscaling beabsichtigen (vgl. Westley/Antadze 2010, S. 8-14). Unter Outscaling verstehen diese eine numerische Steigerung, wobei Upscaling weitreichende strukturelle gesellschaftliche Veränderungen meint.

6   Faktoren

An dieser Stelle werden ohne Anspruch auf Vollständigkeit erste Faktoren präsentiert, die für Entstehung und Verbreitung von Bedeutung sind.[24] Ausreichende Ressourcen, nicht nur materiell und finanziell, begünstigen die Gründung und den laufenden Betrieb.[25] Es ist ebenso davon auszugehen, dass reibungslose Abläufe, gepflegte und intakte Geräte sowie eine gute räumliche und zeitliche Erreichbarkeit die Nutzerakzeptanz erhöhen. Nach einer Vorabsichtung des Datenmaterials wurden folgende Aspekte aus den an Grabs et al. (2016) angelehnten Bereichen innovationsspezifische, gesellschaftliche/äußere, gruppenbezogene/intermediäre und individuelle/innere Faktoren ausgewählt.

6.1   Alles roger(s)?

Die Bibliothek der Dinge erfüllt mindestens drei der fünf Charakteristika nach Rogers (1983, S. 15f.), die die Adoption begünstigen. Ihre „Komplexität" ist niedrig. Schon ein Vorschulkind kann das Prinzip verstehen. Der Faktor „Erprobbarkeit" ist sowohl für Betreibende als auch Nutzer ortsabhängig (vgl. auch 2. Commons-Bauprinzip nach Ostrom 2013, S. 119f.). So hatte beispielsweise das Grazer Team leichtes Spiel, da das „Büro der Nachbarschaften" mitgenutzt werden kann. Für Nutzer ist in Orten mit Bibliothek der Dinge ein Basismaß an Sichtbarkeit, Erreichbarkeit, Zugänglichkeit und Erschwinglichkeit, wenn auch teilweise ausbaufähig[26], gegeben, um das Prinzip erproben zu können. Seine ersten beiden Charakteristika „relativer Vorteil" und „Anschlussfähigkeit" sind hingegen vom subjektiven Ermessen abhängig. Offensichtlich messen die Betreibenden insbesondere der Gruppe der Studierenden diese Kriterien bei, da diese häufig als Zielgruppe genannt wurde.[27] Begünstigend auf die Anschlussfähigkeit allgemein kann sich auswirken, dass das Prinzip Nutzen statt Besitzen aus bekannten Praktiken wie der Nutzung von z. B.

---

24   Bislang hat noch kein Vorhaben nach Eröffnung aufgegeben. Lediglich das Luftschloss Würzburg, ein Umsonstladen mit Leihbereich, hat den Leihbetrieb, der nur sein Nebengeschäft war, wieder eingestellt.

25   Als gravierendste Probleme wurde ein Mangel an Zeit und Geld genannt.

26   Tageszeit und Wochentage sind für Berufstätige gut gewählt. Die Öffnungszeiten könnten dennoch ausgebaut werden. Dazu braucht es mehr Freiwillige oder Einnahmen, Mitarbeitende zu zahlen. Die Standorte sind noch nicht final. Manche Läden hegen den Wunsch umzuziehen. Das Minimum scheinen 50 Gegenstände zu sein.

27   Dies deckt sich mit dem Befund, dass fast alle Angebote in einer Stadt mit Universität angesiedelt sind.

Bibliotheken, Carsharing oder Waschsalons bekannt ist. Wie diese individuell erfahren und bewertet wurden und auf dieser Basis ein Leihladen wahrgenommen würde, müsste per Nutzerbefragung erhoben werden. Alles in allem weist die gemeinsame Nutzung geteilter Ressourcen eine hohe Anpassungsfähigkeit auf und befindet sich in der zweiten Phase der „early adopters" (vgl. Rogers 1983, S. 279). Der Faktor „Wahrnehmbarkeit" tritt im Folgenden noch einmal gesondert in den Fokus.

6.2   Sehen und gesehen werden

Um sowohl in sich wachsen als auch an anderen Orten entstehen zu können, ist Sichtbarkeit eine Grundvoraussetzung. Wie die Abfrage der internen und externen Kommunikationskanäle zeigt, sind elektronische Medien nicht wegzudenken. Vor nur zwanzig Jahren wäre die Verbreitung der Bibliotheken der Dinge, so wie sie stattgefunden hat, nicht denkbar gewesen bzw. deutlich anders verlaufen; die Digitalisierung ermöglicht Informationsübermittlung in Echtzeit und beschleunigt damit die Verbreitung (vgl. für *travelling of competences* Shove et al. 2012, S. 48ff.). Kein Gründungsmitglied entdeckte den ersten Leihladen bei einem Spaziergang über die Fehrbelliner Straße in Berlin und beschloss anschließend, die Idee in der Heimat umzusetzen, sondern sie wurden über Beiträge aus Print-, Online- und sozialen Medien auf das Projekt aufmerksam. Zugleich ist die analoge Sichtbarkeit nicht minder wichtig. Zusammen mit gedruckten Blickfängern und Präsenzveranstaltungen dient sie dazu, in erster Linie künftige lokale Nutzer – auch ohne Internetzugang – anzusprechen. Ungeachtet des Kanals variieren Intensität und Qualität der Sichtbarkeitsmaßnahmen mit Kapazitäten und Kompetenzen der Betreibenden, sind jedoch mindestens in Grundzügen vorhanden.

6.3   No Leila is an island

In Kapitel 5.2 wird deutlich, dass die Läden selten ohne Unterstützung Dritter entstehen. So kommt dem Aspekt Vernetzung eine hohe Bedeutung zu. Es besteht Kontakt zu anderen Läden, um von deren Erfahrungen zu profitieren. Es braucht materielle Ressourcen und Kooperation mit anderen Initiativen vor Ort, um Räumlichkeiten zeitlich und finanziell umfassend bespielen zu können. Zu den Synergieeffekten der Kollaboration gehört die Erweiterung der Reichweite und des Bekanntheitsgrads; dies ist insbesondere zur Gewinnung neuer Mitglieder und Förderer hilfreich. Schließlich ist es neben pragmatischen auch unter inhaltlichen Gesichtspunkten sinnvoll, bestimmte Angebote zu kombinieren. Als Beispiel sei die Verbindung aus Leihladen und Repaircafé genannt. Eine Werkstatt, in der die Werkzeuge direkt eingesetzt werden können, ist vonnöten. Zugleich können dort Kompetenzen im Umgang mit den Geräten erlernt und weitergegeben werden, wie es bereits einige Beispiele praktizieren.

6.4   Faktor Mensch

Schließlich kristallisiert sich heraus, dass der wichtigste Faktor immer noch der Mensch bleibt, der sich engagiert, obwohl das Projekt in manchen Fällen (noch) wirtschaftlich unrentabel ist. Die in den allermeisten Leihläden freiwillige, unbezahlte und nebenberuflich geleistete Arbeit weist auf eine hohe intrinsische Motivation hin. Trotz teils widriger Bedingungen investieren viele Betreibende neben ihrer Zeit – in nicht geringem Umfang – private finanzielle Mittel auch über die Startphase des Projekts hinaus. Involvierte erhalten nicht-monetäre „Entgelte": Positives Feedback in Form von Anerkennung, ein Gefühl der Gemeinschaft, Selbstwirksamkeit und Zugehörigkeit oder auch der Sinnhaftigkeit ihres Tuns (vgl. dazu auch Shoves et al. 2012, S. 14). Das Streben nach solchen Erfahrungen lässt sich unter anderem in Rosas Konzept der Resonanz (vgl. 2016) wiederfinden. Die Motivation bestimmt wiederum den Grad der Hingabe, wirkt sich auf die Softskillebene (bspw. Kommunikations- und Teamfähigkeit, etc.) aus und kann überdies zum Erlernen bzw. Erweitern von Hard Skills (z. B. Kenntnisse in Organisation, Buchhaltung, der organisatorischen Datenverwaltung, Öffentlichkeitsarbeit usw.) motivieren.

7   Zusammenfassung, Reflektion und Ausblick

Den Sozialwissenschaften kommt bei der Erforschung des hier vorgestellten Phänomens eine wichtige Rolle zu. Diese besteht zunächst – wenig überraschend – in der Generierung belastbarer empiriebasierter Erkenntnisse zur Entstehung, Verbreitung, Funktionsweise und jene beeinflussender Faktoren von Leihläden. Dazu werden anerkannte, ausentwickelte wissenschaftliche Erhebungs- und Auswertungsverfahren genutzt, die eine intersubjektive Nachvollziehbarkeit und damit eine Einordnung jenseits ideologisch begründeter Bedeutungszuschreibungen ermöglichen. Darüber hinaus ist ein reger Austausch mit Praktikern vonnöten, um ihnen erstens neue Erkenntnisse zeitnah für ihre Projekte zur Verfügung zu stellen und zweitens neue Entwicklungen des noch jungen Konzepts zeitnah zu erfassen und zu erforschen. Im vorliegenden Forschungsvorhaben hat sich ein stetiger Kontakt bewährt, der vor allem in persönlichen Treffen erkenntnisreich verlief. Ergänzend können auch Interviews über neuartige Kommunikationstechnologien wie etwa Internettelefonie bedeutsam sein.

Es bedarf nicht unbedingt der Erfindung neuer Methoden. Vielmehr ist eine – analog zu der Howaldt/Schwarz'schen Definition sozialer Innovationen – Neukonfiguration existierender Praktiken für die eigenen Zwecke zu prüfen. Kurzum umfasst die (sozial-)wissenschaftliche Begleitung neben der Dokumentation und Analyse, für die den „Beforschten" häufig die Zeit fehlt, ebenso ihre Beratung, die auch eingefordert wird. Unter Umständen kann der Forschende durch Bereitstellung von Informationen aus dem Forschungsprozess Vernetzungs- und Schnittstellenfunktionen zwischen den Initiativen übernehmen.

Es ist deutlich geworden, dass Bibliotheken der Dinge hohes Potential bergen, gesellschaftlichen Herausforderungen (vgl. z. B. WBGU 2011), seien sie ökologischer, ökonomischer, sozialer oder auch räumlicher Art, zu begegnen. Zu verfolgen bleibt, ob sich die aktuelle Gründungsdynamik weiterhin fortsetzt und das Phänomen seine Nische verlässt oder ob es sich um einen vorübergehenden Trend handelt, der in Zukunft (und für eine „Große Transformation") nicht von Belang sein wird. Zum jetzigen Arbeitsstand ist es noch nicht möglich, umfassende Aussagen darüber zu treffen, welche Faktoren Up- und Outscaling begünstigen. Aller Voraussicht nach braucht es sowohl strukturelle als auch akteursbezogene Voraussetzungen, um eine Verbreitung von Leihläden sowie die Stabilisierung bestehender zu sichern. Insbesondere wird von Interesse sein, welche Modelle sich warum gegenüber anderen durchsetzen oder ob ein Vorteil der Innovation gerade in ihrer Vielfalt und Anpassungsfähigkeit liegt. Ihre Erforschung hat gerade erst begonnen.

Interessenten, die selbst einen Leihladen zu initiieren gedenken, seien auf folgende Leitfäden und Toolkits verwiesen:

- ShareStarter. 2012. How to Start a Lending Library Guidelines, Frequently Asked Questions, & Sample Documents. https://sharestarter.org. (Nordamerika).
- Leila Wien. 2016. „Library of Things – Starter Kit". http://www.leihladen.at/wp/?page_id=498 (Europa).
- Edventure Frome. 2016. The story of SHARE A library of things. (Erfahrungsbericht aus Großbritannien). Erhältlich unter http://edventurefrome.org/project/set-up-share-a-library-of-things-in-your-community/.

Literatur

Cascoland: http://cascoland.com/#/sharing/spullenbibliotheek-library-of-things/.

David, M. und S. Schönborn. 2016. Energiewende als Bottom-up-Innovation – Wie Pionierprojekte das Energiesystem verändern. Buchreihe *Transformationen*, Bd. 4, Hrsg. Welzer, H., Christ, M. und B. Sommer München: Oekom-Verl.

Feola, G. und R.J. Nunes. 2013. 'Failure and Success of Transition Initiatives: a study of the international replication of the Transition Movement.' *Research Note 4*, Walker Institute for Climate System Research, University of Reading www.walker institute.ac.uk/publications/research_notes/WalkerInResNote4.pdf

Fritidsbanken: https://www.fritidsbanken.se/om-oss-2/.

Hissen, J.D. 2014. Sharing Economy – Fluch oder Segen? https://www.youtube.com/watch?-v=gj_VqM3BfWI.

Howaldt, J. und M. Schwarz. 2010. *„Soziale Innovation" Im Fokus: Skizze eines gesellschaftstheoretisch inspirierten Forschungskonzepts*. Bielefeld: Transcript.

Howaldt, J., Butzin, A., Domanski, D., und C. Kaletka. 2014. Theoretical Approaches to Social Innovation – A Critical Literature Review. A deliverable of the project: 'Social Innovation: Driving Force of Social Change' (SI-DRIVE). Dortmund: Sozialforschungsstelle.

Grabs, J., N. Langen, G. Maschkowski und N. Schäpke. 2016. Understanding role models for change: a multilevel analysis of success factors of grassroot initiatives for sustainable consumption. Journal of Cleaner Production 134: 98–111.

Kolenkitbuurt: https://de.wikipedia.org/wiki/Kolenkitbuurt.

Leismann, K., Schmitt M., Rohn H. und C. Baedeker. 2012. Nutzen statt Besitzen: auf dem Weg zu einer ressourcenschonenden Konsumkultur. Berlin: Heinrich-Böll-Stiftung.

Ostrom, Elinor. 2013. *Die Verfassung der Allmende: jenseits von Staat und Markt*. Tübingen: Mohr Siebeck.

Rogers, Everett M. 1983. *Diffusion of innovations*. New York: Free Pr. u.a..

Rosa, Hartmut. 2016. *Resonanz: Eine Soziologie der Weltbeziehung*. Berlin: Suhrkamp.

Scholl, G., L. Schulz, E. Süßbauer und S. Otto. 2010. 'Nutzen statt Besitzen – Perspektiven für ressourceneffizienten Konsum durch innovative Dienstleistungen'. Paper zu Arbeitspaket 12 'Konsumenten- und kundennahe Ressourcenpolitikoptionen' des Projekts 'Materialeffizienz und Ressourcenschonung» (Ma-Ress): http://ressourcen.wupperinst.org/downloads/MaRess_AP12_4.pdf.

Shove, E., Pantzar, M. und M. Watson. 2012. *The dynamics of social practice: everyday life and how it changes*. Los Angeles: Sage.

WBGU, Wissenschaftlicher Beirat der Bundesregierung Globale Umweltveränderungen, und H.-J. Schellnhuber. 2011. *Welt im Wandel: Gesellschaftsvertrag für eine große Transformation*. Berlin: WBGU.

Westley, F. und N. Antadze. 2010. Making a Difference – Strategies for Scaling Social Innovation for Greater Impact. *The Innovation Journal* 15: article 2.

Falls nicht anders angegeben, gilt der 27.07.2017 als Datum für den letzten Zugriff auf alle Online-Dokumente.

Innovative technische Unterstützungssysteme als Bestandteil einer alterns- und demenzfreundlichen Versorgungsstruktur

Stefanie Wiloth und Johannes Eurich

1 Inhaltliche Kurzdarstellung

Die Verschiebung der Altersstruktur im Zuge des demografischen Wandels bedeutet eine Zunahme an älteren Menschen, die an einer demenziellen Erkrankung leiden und eine besondere Unterstützung und/oder Pflege benötigen. In jedem Fall besteht der Wunsch, so lange wie möglich zu Hause zu leben und auch dort versorgt zu werden. Das Sozial- und Gesundheitswesen wird sich in Zukunft verstärkt mit diesen gesellschaftlichen Entwicklungstrends auseinandersetzen müssen und steht vor zentralen Problemsituationen wie bspw. einem Mangel an Pflegepersonal sowie vor grundlegenden Fragen etwa nach der Stärkung eines Pflege-Mix sowie kommunaler Versorgungs- und Pflegenetzwerke. Technische Unterstützungssysteme (TUS) können sich als ein ergänzendes Mittel zur Unterstützung im Bereich der ambulanten Versorgung von Menschen mit Demenz erweisen und werden in Politik und Forschung aktuell intensiv diskutiert.

TUS können als (Wohn-)Umweltkomponenten verstanden werden, die ein großes Potenzial etwa zur Identifizierung von Risiken und Gefahren, zur gezielten Prävention und Intervention, zur ressourcenorientierten Kommunikation und sozialen Interaktion sowie zur patientenorientierten Pflegeorganisation und Vernetzung aufweisen und dementsprechend vielfältige Funktionen zur Steigerung des subjektiven Wohlbefindens, der Selbstbestimmtheit und damit der Lebensqualität der Betroffenen übernehmen.

In diesem Beitrag werden die innovativen Potenziale, aber auch die Grenzen von TUS als Bestandteil einer Lebensqualität fördernden Umwelt für Menschen mit Demenz anhand eines Referenzbeispiels erörtert. Dabei werden die (sozialen) Nutzungsformen vor allem von computergestützten Applikationen, insbesondere von Tablet-PCs, thematisiert und Fragen nach einer möglichen, ethisch-fundierten Skepsis gegenüber TUS in den Blick genommen. Abschließend wird der Einsatz

© Springer Fachmedien Wiesbaden GmbH, ein Teil von Springer Nature 2018
H.-W. Franz und C. Kaletka (Hrsg.), *Soziale Innovationen lokal gestalten*,
Sozialwissenschaften und Berufspraxis,
https://doi.org/10.1007/978-3-658-18532-9_8

von TUS im Rahmen der aktuellen Diskussion zu Innovationen in sozialen Dienstleistungen diskutiert.

2   Demenzen und deren gesellschaftliche Relevanz

Die Chance, ein sehr hohes Lebensalter zu erreichen, ist heute so gut wie nie zuvor. Mit einem hohen Lebensalter geht allerdings auch ein erhöhtes Risiko einher, an einer Demenz zu erkranken. Durch den exponentiellen Anstieg des Risikos, mit zunehmendem Alter an einer Demenz zu erkranken, nehmen die Prävalenzraten von Demenzerkrankungen im hohen Lebensalter zu. Die Häufigkeit der Demenzerkrankungen ist dementsprechend in hohem Maße altersabhängig (e.g. Doblhammer 2012): In der Altersgruppe der 65- bis 69-Jährigen liegt die Prävalenz bei 1,6 Prozent. In einem Abstand von ca. fünf Jahren verdoppelt sich die Häufung der Demenzraten nahezu. Bei den über 90-Jährigen liegt die Prävalenzrate somit bei ca. 40 Prozent (vertiefend: Bickel 2012a). 70 Prozent der an einer Demenz erkrankten älteren Menschen sind Frauen, was u. a. auf die bei Frauen höhere Lebenserwartung zurückzuführen ist (Bickel 2012a).

Die Demenz ist ein Syndrom, d. h. es handelt sich nicht um eine spezifische Erkrankung, sondern um einen klinischen Begriff für eine Vielzahl unterschiedlicher Krankheitsbilder, die zu spezifischen kognitiven (u. a. Gedächtnis, Sprache, räumliches Denkvermögen, Aufmerksamkeit) und psychischen Symptomen (u. a. Affekt und Emotion, Verhaltensauffälligkeiten) sowie zu einem Verlust motorischer Basisleistungen (z. B. Gehfähigkeit, Transfer) führen, wobei die Alltagskompetenz (z. B. die selbstständige Verrichtung des Haushalts oder Toilettengänge) gemäß den Diagnosekriterien für Demenzen bereits in frühen Stadien der Erkrankung beeinträchtigt ist (vertiefend z. B. Werner et al. 2014). Die häufigsten Ursachen einer Demenz sind neurodegenerative Erkrankungen des Gehirns (ca. 60 %), zu denen u. a. Morbus Alzheimer zählt, gefolgt von so genannten vaskulären Demenzen, die auf Erkrankungen der Blutgefäße im Gehirn zurückzuführen sind (ca. 20 %) sowie Mischformen, bei denen neurodegenerative und vaskuläre Ursachen gemeinsam vorliegen (ca. 10–15 %) (z. B. Förstl und Lang 2011, Deutsche Alzheimer Gesellschaft 2009).

Demenzen verlaufen progredient, wobei man die Ausprägung des Syndroms in unterschiedliche Schweregrade einteilen kann, nämlich in die beginnende, mittelschwere und schwere Demenz. Die unterschiedlichen Krankheitsphasen der Demenz, die fließend ineinander übergehen und individuell unterschiedlich ausfallen können, sind durch typische Symptome charakterisiert. So ist bei beginnender Demenz vor allem das episodische Gedächtnis (Abrufen von neuen Informationen), aber auch die Sprache (geringfügige Wortfindungsstörungen) sowie die zeitliche und räumliche Orientierung beeinträchtigt. Menschen mit beginnender Demenz weisen zudem häufig depressive Symptome und Rückzugstendenzen auf. Im Verlauf nehmen die Gedächtnis- und Sprachdefizite merklich zu. Im mittleren Stadium macht sich zudem eine häufige Reizbarkeit bemerkbar. Bei zunehmenden Schweregrad treten vermehrt psychische Symptome wie Unruhe, Angst, Schlafstörungen oder Rastlosigkeit auf. Auch die Alltagskompetenz nimmt bei zunehmender Schwere der Erkrankung stetig ab; das Risiko für Pflegebedürftigkeit nimmt damit zu (vertiefend z. B. Förstl und Lang 2011; Schmidtke und Otto 2012).

Trotz der krankheitsspezifischen Defizite verfügen Menschen mit Demenz auch über Potenziale, die aufgrund der teilweise schwerwiegenden Beeinträchtigungen v. a. mit Blick auf die Alltagskompetenz häufig unterschätzt werden. Bei Menschen mit Demenz sind etwa auch noch in sehr späten Krankheitsstadien emotionale Erlebensprozesse, die sich in unterschiedlichen mimischen Ausdrucksformen widerspiegeln, zu erkennen. Die Betroffenen sind somit durchaus in der Lage, ihr Befinden wie etwa Freude zu vermitteln, was auf das Vorliegen von (seelischem) Wohlbefinden als eine Dimension von Lebensqualität hinweist (vertiefend Berendonk et al. 2011). Um die Lebensqualität von Menschen mit Demenz trotz der krankheitsspezifischen Defizite zu erhalten, ist es daher wichtig, den Betroffenen Möglichkeiten zu eröffnen, Dinge zu tun, die Freude machen, die positive Erinnerungen aktivieren und die an Erfolgserlebnisses geknüpft sind.

Die Versorgung einer zunehmenden Zahl von Menschen mit Demenz stellt eine gesamtgesellschaftliche, kostenintensive und komplexe Aufgabe dar, die auch die verbliebenen Ressourcen und insbesondere emotionalen Potenziale der Betroffenen sowie die Frage nach geeigneten Maßnahmen und Opportunitätsstrukturen zur Aktivierung und Realisierung dieser Potenziale in den Blick nehmen muss.

Die Ausgestaltung der Umwelt – seien es die stationäre Pflegeeinrichtung oder die eigene Wohnung und das Wohnumfeld – kann für die Erhaltung nicht nur bestehender körperlicher und geistiger Funktionen und Fähigkeiten, sondern auch des seelischen Wohlbefindens von Menschen mit Demenz eine wesentliche Voraussetzung darstellen. Inwieweit Menschen ihre Potenziale und Ressourcen zur Aufrechterhaltung ihres subjektiven Wohlbefindens wahrnehmen und nutzen, wird also von den Umweltbedingungen, die eine Person umgeben, beeinflusst. So kann etwa die Ausstattung der eigenen Wohnung oder das nahe Wohnumfeld einer älteren Person die Nutzung von Ressourcen erleichtern und unterstützen, aber auch erschweren oder gar verhindern (z. B. Lawton 1989).

Im Zuge einer zunehmenden Digitalisierung nimmt insbesondere die Integration von Technik in das Wohnumfeld älterer Menschen mit und ohne kognitive Einschränkung einen immer wichtigeren Stellenwert in der Diskussion um innovative Versorgungskonzepte ein. Im Folgenden wird zunächst auf das Verständnis der Begrifflichkeit „Innovation" im Zusammenhang mit sozialen Dienstleistungen bzw. „soziale Innovationen" eingegangen und anschließend ein Überblick zum Einsatz von Technik zum Erhalt der Lebensqualität bei Menschen mit Demenz gegeben.

3   Soziale Innovationen und soziale Dienstleistungsentwicklung

TUS wie das nachfolgend vorgestellte Referenzbeispiel eines tabletgestützten Alltagsassistenten für Menschen mit und ohne kognitive Beeinträchtigung stellen nur einen spezifischen Ausschnitt der sozialen Dienstleistungsentwicklung in Deutschland und Europa dar, welche für die Entwicklung innovativer Ansätze im Rahmen nationaler und internationaler Sozialstaatsmodelle genutzt werden können, um gesellschaftlichen Herausforderungen wie dem demografischen Wandel, veränderten Familienformen, sinkenden finanziellen Investitionsmöglichkeiten und einer steigenden Lebenserwartung, die einen wachsenden Pflegebedarf insbesondere von Menschen mit Demenz zur Folge hat, zu begegnen.

3.1   Zum Verständnis von Innovation im Zusammenhang mit sozialen Dienstleistungen

Der Begriff „Innovation" bezieht sich auf den Gebrauch neuartiger Entwicklungen, ursprünglich hauptsächlich im Bereich von Wirtschaft und Technik (Rennings 2000). Dabei stand vor allem die Objekt-Dimension (z. B. Produkte oder Eigenschaften neuer Lösungen) im Fokus. Seit einiger Zeit wird der Begriff Innovation auch in nicht-technischen Bereichen angewandt, nämlich dann, wenn neue Strukturen und Prozesse, Regelungen und Normen oder neue Formen sozialer Beziehungen oder Praktiken in den Blick rücken, wie folgende Definition von Zapf anzeigt: „Soziale Innovationen sind neue Wege, Ziele zu erreichen, insbesondere neue Organisationsformen, neue Regulierungen, neue Lebensstile, die die Richtung des sozialen Wandels verändern, Probleme besser lösen als frühere Praktiken, und die deshalb wert sind, nachgeahmt und institutionalisiert zu werden.", (Zapf 1989, S. 177). Damit wurde die soziale Dimension von Innovationen hervorgehoben, welche zu einem breiteren Verständnis des Begriffs Innovation geführt hat. Dieser wurde nun auch in Bezug auf neue Entwicklungen im sozialen Bereich ebenso wie auf

Entwicklungsprozesse neuartiger Organisationsformen etwa im Bereich sozialer Dienste verwandt. Soziale Innovationen umfassen daher nicht nur neue Prinzipien, Organisationsformen, Akteurskonstellationen, Fähigkeiten und Fertigkeiten, sondern können auch neue Technologien wie z. B. TUS einschließen, durch deren Anwendung etwa eine neuartige Entwicklung bezüglich des Bereitstellungsprozesses oder des Inhalts einer sozialen Dienstleistung (Innovation in sozialen Dienstleistungen) bewirkt wird.

Im Allgemeinen wird der Kern einer sozialen Innovation in den drei Aspekten Neuheit, Verbesserung und Nachhaltigkeit gebündelt. Soziale Prozesse, gerade wenn sie neuartig sind, bergen jedoch auch Risiken. So können soziale Innovationen Distinktionsmechanismen sein, denn was für eine Gruppe Vorteile hat, kann für die andere Nachteile bedeuten. Kritisch bei der Sozial-Dimension ist z. B. die Frage, wer die Definitionsmacht darüber hat, was als innovativ gelten kann. Nicht zuletzt im Blick auf die Bewertung einer Neuerung ist dies wichtig, denn Innovationen erheben den Anspruch, besser als bisherige Lösungen zu sein – andernfalls würde die Neuerung keinen Sinn machen. Doch was bedeutet besser? Von welcher normativen Basis aus wird das beurteilt? Und welche Rolle spielt bei einer solchen Bewertung die Perspektive dessen, der eine Innovation bewertet? Es ist offensichtlich, dass die eingenommene Perspektive bestimmte Interessen in die Bewertung von Innovationen einbringt, z. B. im Blick auf Budgetentlastung auf politischer Seite oder im Blick auf eine bessere Befriedigung von Bedürfnissen auf Nutzer-Seite etc. Damit kommen auch institutionelle Verfahren und Aushandlungsprozesse in den Blick, die besonders im Wohlfahrtsbereich soziale Arrangements beeinflussen. Eine sozialpolitische wie ethische Begleitung von Innovationsprozessen ist daher unerlässlich.

3.2 Innovationen durch soziale Dienstleister

Soziale Interventionen im Wohlfahrtsbereich werden häufig durch professionelle Dienstleistungen ausgeführt oder unterstützt. Soziale Dienstleistungen, die durch die sozialstaatliche Rahmung definiert und deren versicherungs- und steuerrechtlich finanzierte Leistungen in den jeweiligen Sozialgesetzbüchern formuliert sind, stellen eine Leistungsart dar, die durch menschliche Interaktion mit den Nutzer/innen an ihrem Lebensort oder stationär erbracht wird. Entsprechend kommen verstärkt Innovationen in sozialen Dienstleistungen in den Blick, welche von sozialen Innovationen unterschieden werden, auch wenn die Abgrenzung nicht durchgängig möglich ist. Von jeher gingen starke Impulse zur Durchsetzung sozialer Innovationen vom sozialen Dienstleistungsbereich aus, nicht nur wegen seiner besonderen Arbeitsplatz- und Wachstumsdynamik, sondern insbesondere, weil es ebenso um die „Neukonfiguration sozialer Arrangements" ging und geht (Howaldt et al. 2008, S. 65).

So werden soziale Dienste im Allgemeinen als „professionell erbrachte personenbezogene soziale Dienste bei spezifischen immateriellen Hilfe- und Bedarfssituationen im Kontext sozialer Risiken und Probleme verstanden, d. h. ‚sozialpolitisch relevante personenbezogene Dienste' (Badura und Gross 1976), zu deren Lösung die ‚Neukonfiguration sozialer Arrangements' und dabei insbesondere die Aushandlung von Verhaltensänderungen via Ko-Produktion geradezu eine ‚Geschäftsgrundlage' für positive Outcomes [bzw. Ergebnisse] bilden." (Heinze und Naegele 2010, S. 298). Angesichts der Dynamik von Entstehung und Differenzierung von immateriellen Bedarfslagen im Kontext sozialer Risiken und Probleme ist es daher nicht überraschend, dass soziale Dienste immer schon nach neuen Ansätzen in der Dienstleistungserstellung gesucht haben, um veränderten Rahmenbedingungen (etwa neue soziale Risiken mit neuen und differenzierteren Bedarfslagen) fachlich angemessen und möglichst nachhaltig begegnen zu können (vgl. ebd.). Daher muss Organisationen des Sozialwesens das Potenzial für soziale Innovationen zuerkannt werden, wobei genauer zwischen Innovationen in der Sozialen Arbeit und Innovationen durch die Soziale Arbeit zu differenzieren ist, was hier jedoch nicht weiter verfolgt werden kann (vgl. dazu Wendt 2005 ; Parpan-Blaser 2011). Im Folgenden soll jedoch am Beispiel eines tabletbasierten, modularen Assistenzsystems aufgezeigt werden, inwiefern TUS heute neue Wege in der Unterstützung und Betreuung pflegebedürftiger Menschen mit und ohne kognitiver Beeinträchtigung ermöglichen können.

4   Der innovative Einsatz von Technik zum Erhalt der Lebensqualität

Technik spielt heutzutage in vielen Bereichen des Alltags eine wichtige Rolle. So ermöglicht etwa die Rolltreppe in einem Kaufhaus gehbehinderten Menschen das Einkaufen oder das E-Mail-Programm mithilfe eines Computers eine schnelle und einfache Kommunikation über weite räumliche Distanzen. Auch das Wohnumfeld älterer Menschen kann mit spezifischen technischen Systemen ausgestattet sein, um ein selbstbestimmtes und selbstständiges Leben in der gewohnten Umgebung zu realisieren. Technik, die speziell für die Bedürfnisse älterer Menschen entwickelt wurde, bietet Möglichkeiten und Lösungen zur Überwindung altersspezifischer Beeinträchtigungen, zur Optimierung bestimmter Fähigkeiten und Fertigkeiten und zur Unterstützung alltäglicher Handlungen bzw. sozialer Interaktion und Kommunikation. Damit können räumlich-technische Umwelten einen bedeutsamen Einfluss auf die Realisierung von Ressourcen und Potenzialen älterer Menschen nehmen und erhalten somit eine besondere Relevanz für ein gutes Altern auch bei kognitiver Beeinträchtigung bzw. Demenz.

Insbesondere im Gesundheits- und Pflegebereich wächst zunehmend das Interesse an technischen Lösungen, die in diesem Kontext mit dem Begriff *ambient assisted living systems*" (technische Unterstützungssysteme [TUS]) oder Gerontechnologien (Claßen et al. 2014) bezeichnet werden. Im Bereich Wohnen und Wohnumfeld kann eine Vielfalt an TUS eingesetzt werden, die unterschiedliche Funktionen erfüllen können (vgl. Mollenkopf 2000). TUS können bspw. zur Steuerung der Wohnungsbeleuchtung eingesetzt werden, zum Erkennen von Gefahrensituationen (Alarm- und Sensorsysteme), zur Unterstützung bei der Verrichtung alltäglicher Aktivitäten (Fahrstuhl, elektronische Aufstehhilfe, Hilferoboter), zur Förderung zwischenmenschlicher Interaktion (internetbasierte Beratungsplattformen, Emotionsroboter) oder zur Aktivierung, Stimulierung und zum Training kognitiver, emotionaler oder gar körperlicher Fähigkeiten, etwa durch den Einsatz so genannter *serious games*". Bei *serious games*" handelt es sich um spezifische computergestützte Trainingsmethoden, die in Spielform angeboten werden, aber im Vergleich zu herkömmlichen Spielen explizit nicht nur der Unterhaltung, sondern implizit auch der Steigerung spezifischer Fähigkeiten und Fertigkeiten dienen (vgl. Splithof 2016; Wattanasoontorn et al. 2013).

TUS sind als ein Ausschnitt der Umwelt zu verstehen (vgl. Lawton und Nahemow 1973), an den – vor allem im Pflegekontext – bestimmte Anforderungen mit Blick auf seinen Nutzen gestellt werden. So sollte der Einsatz von TUS vor allem zum Erhalt zentraler Dimensionen der Lebensqualität (u. a. subjektives Wohlbefinden, körperliche und mentale Gesundheit und soziale Teilhabe) älterer Menschen und Menschen mit Demenz beitragen (WHO 1997). Eine Kernfrage zur Steigerung und zum Erhalt von Lebensqualität im Alter und bei Demenz ist die Frage nach effektiven Interventionsmaßnahmen zur Optimierung der Versorgungs- und Pflegeprozesse im Wohnumfeld. Neben Netzwerkbildung in der ambulanten Pflege stellt der Einsatz von TUS in der Pflege eine ergänzende nützliche Strategie dar, um einerseits eine Entlastung für die Pflegenden und andererseits die sektorenübergreifende Zusammenarbeit verschiedener Akteure für eine effektive Personal- und Prozesssteuerung sowie Quartiersvernetzung zu fördern. Einen besonderen Stellenwert nimmt hier die so genannte „Umgebungsintelligenz" ein (Fachinger et al. 2012), die mehrere miteinander vernetzte technische Systeme wie bspw. Haushaltsgeräte bzw. -technik (z. B. Lüftungssysteme, Rauchmelder, Klingelanlagen, Kamerasysteme), Pflegetechnik bzw. E-Health Systeme (*Electronic Health*": z. B. Notrufsysteme, elektronische Patientenakten) sowie Multimediasysteme (internetbasierte Anwendungen) kennzeichnet. Dieses „vernetzte Wohnen" dient nicht nur der Haushaltsunterstützung durch eine komplexe Wohnraumvernetzung, sondern auch der Förderung sozialer Teilhabe sowie der Optimierung eines Hilfe-Mix durch externe Quartiersvernetzung z. B. mithilfe internetbasierter Kommunikationsplattformen. Seit einigen Jahren befinden sich verschiedene TUS für „vernetztes Wohnen" in der Entwicklung und Erprobung. Das Tablet-gestützte System PAUL („Persönlicher Assistent für Unterstütztes Leben"; Cibek GmbH, www.meinpaul.de) wurde bereits umfassend mit Blick auf seine Funktionalität und Nutzen untersucht und stellt ein sehr gutes Referenzbeispiel für eine gelungene Etablierung von TUS im sozialen Dienstleistungssektor dar.

4.1   Funktionalitäten, Potenziale und pflegerelevanter Nutzen von PAUL

PAUL ist ein tabletbasiertes, modulares Assistenzsystem zur Steuerung unterschiedlicher computer- und sensorgestützter Funktionen. Es können drei große Funktionsbereiche unterschieden werden, die bereits etabliert sind: „Komfort" (Haussteuerung, Serviceportal, Multimedia), „Kommunikation" (Videotelefonie, Schwarzes Brett, Integration im Quartier) und „Sicherheit" (Hilferuftaste, Inaktivitätserkennung, Gefahrenerkennung). PAUL ermöglicht dem Nutzer mit diesen Funktionen eine Hilfestellung bei der Verrichtung alltäglicher Aktivitäten und Selbstversorgung (z. B. durch Erinnerungsfunktionen oder die Aktivierung von Dienstleistungen wie z. B. Essen auf Rädern), Kontakt zu anderen Personen wie etwa Angehörigen oder dem Pflegedienst aufzunehmen (z. B. mithilfe der Kommunikationsplattform) und dient auch als Informationsplattform mit Blick auf kulturelle Angebote im Quartier. Zudem ermöglicht PAUL eine Aktivierung emotionaler und kognitiver Funktionen etwa bei der Nutzung eines integrierten Spiels und Trainingsprogramms zur Steigerung von Gedächtnisleistungen, die vor allem bei Menschen mit beginnender bis mittelgradiger Demenz nützlich sein können.

Der Nutzen von PAUL wurde aus Sicht verschiedener Akteure in verschiedenen wissenschaftlichen Untersuchungen analysiert. Auch wenn einige Funktionen wie das Serviceportal von älteren Menschen kaum genutzt wurden, so erfahren insbesondere die Sicherheits- und Komfortfunktionen (vor allem die Türkamera und die elektronische Rollladensteuerung), aber auch die Unterhaltungsfunktionen wie das Radio, das Spiel und der Internetzugang des Assistenten bei älteren Menschen eine hohe Akzeptanz und wurden sehr positiv bewertet (Meyer et al. 2014; Schelisch 2016). Weiß et al. (2017) stellen in einem Abschlussbericht eines vom Bundesministerium für Gesundheit geförderten Projekts zum Nutzen und zur Finanzierung technischer Assistenzsysteme heraus, dass PAUL für pflegebedürftige Menschen vor allem mit Blick auf die Förderung sozialer Kontakte, Kognition und Kommunikation und bei krankheitsbedingten Belastungen (z. B. durch die Terminierung von Arztbesuchen) einen sehr hohen Nutzen mit sich bringt. Die Studie befragte auch Pflegende zum Nutzen von PAUL für Menschen mit Demenz. Aus Sicht der Pflegenden erhalten die in PAUL integrierten Spiele zur kognitiven und emotionalen Aktivierung eine sehr positive Bewertung. Die in PAUL integrierten Spiele, aber auch die Möglichkeit der Gestaltung eines eigenen Fotoalbums oder der Aufruf des Lieblingsradiosenders aktivieren bei den Betroffenen positive Erinnerungen bzw. Emotionen. Durch PAUL gelingt es damit, das seelische Wohlbefinden als eine bei Menschen mit Demenz bedeutsame Dimension von Lebensqualität (Berendonk et al. 2011) zu fördern. Auch das Serviceportal (z. B. Buchung von Fußpflege, Friseurtermine) sowie die Funktionen zur Förderung der Alltagsstrukturierung bzw. Planung des Tagesablaufs und der sozialen Kontakte werden aus Sicht der Pflegenden für Menschen mit Demenz als äußerst nützlich empfunden.

Sowohl für ältere, kognitiv nicht beeinträchtigte Menschen, als auch für Menschen mit Demenz hat PAUL laut den Studien keinen hinreichenden Nutzen zur Förderung der Mobilität und damit auch nicht zur Steigerung motorischer Schlüsselqualifikationen (z. B. Stuhl-Transfer, Gehen, Treppensteigen) für den Erhalt der bewegungsabhängigen Selbstständigkeit. Auch bleibt weitestgehend unklar, inwiefern PAUL die Versorgungs- und Pflegeprozesse, etwa durch eine sektorenübergreifende Zusammenarbeit von professionellen und informellen Pflegenden mithilfe von Kommunikationsplattformen oder telemedizinischen Funktionen, beeinflussen kann. Zwar konnte bereits nachgewiesen werden, dass Pflegende das System zur Optimierung der pflegerischen Versorgung nutzten und dass bspw. vor allem ambulant Pflegende eine emotionale Entlastung durch die Alarm- bzw. Sicherheitsfunktion sowie eine Entlastung bei der Kommunikation mit den Betroffenen empfinden (Weiß et al. 2017), doch bleibt weitestgehend offen, inwieweit PAUL zu einer direkten Erleichterung der häuslichen Pflegeprozesse führt und wie sich die Patientenversorgung im Quartier durch den Einsatz solcher multifunktionalen digitalen Anwendungen wie PAUL verändert. Inwiefern über PAUL etwa eine Quartiersvernetzung zur Optimierung von Versorgungs- und Pflegeprozessen gelingt, wird derzeit untersucht. Dabei werden weitere Funktionalitäten wie z. B. eine Vernetzung verschiedener Dienstleister sowie Beratungs- und Schulungsangebote erprobt (vgl. vertiefend Kremer-Preiß et al. 2015).

Zukünftige Forschung wird zeigen, inwiefern TUS in der Lage sind, einen Einfluss auf (Vernetzungs-)Prozesse im sozialen Dienstleistungssektor zu nehmen bzw. wie sich Versorgungspraktiken bei Menschen mit Demenz verändern.

4.2   Potenziale und Grenzen technischer Innovationen in der Pflege von Menschen mit Demenz

TUS wie das tabletbasierte System PAUL stellen eine Möglichkeit dar, die Effektivität sozialer Dienstleistungen zu erhöhen. Am Beispiel PAUL wurde sehr deutlich, dass insbesondere Informations- und Kommunikationstechnologien den Zugang zu gesundheitsrelevanten Informationen oder Einrichtungen sowohl für die Betroffenen, als auch für die Pflegenden erleichtern können. Systeme wie PAUL können zudem einen direkten Einfluss auf die Organisationsstruktur und Prozesssteuerung sozialer Dienstleistungen sowie auf die Interaktion und Kommunikation verschiedener professioneller und/oder informeller Akteure eines Versorgungs- und Pflegenetzwerks haben. Insbesondere bei Menschen mit Demenz können TUS wie PAUL zudem eine emotionale und sogar kognitive Aktivierung und Stimulierung der Betroffenen ermöglichen, was zur Steigerung des subjektiven Wohlbefindens führt. Dies wiederum kann einen indirekten Effekt auf den Pflegeprozess haben, da dadurch demenzspezifische Verhaltensstörungen sowie begleitende depressive Symptome vermindert werden und somit zu einer Entlastung der Pflegenden führen können.

Trotz der Potenziale von TUS im Bereich sozialer Dienstleistungen, insbesondere bei der Pflege von Menschen mit Demenz, ist es notwendig, Problematiken mit Blick auf deren Einsatz aufzuzeigen: Auch wenn bereits eine Vielfalt an TUS für den Bereich Pflege existieren, so ist bei Nutzern wie dem Pflegepersonal neben Kostengründen auch aufgrund einer risikovermeidenden Einstellung, einer begrenzten Offenheit für Neues, aber auch aufgrund einer noch nicht überall ausreichend gut entwickelten Infrastruktur für TUS (z. B. Internet) oft eine Zurückhaltung insbesondere gegenüber assistierenden Technologien, die nicht in den Bereich des Aktivitätsmonitoring (z. B. Überwachung der Körperfunktionen) sowie der Haushaltstechnik (z. B. intelligenter Herd oder Lichtsteuerung) fallen, wahrzunehmen (z. B. Eurich 2017). Diese Hürden für eine Implementierung und Etablierung von TUS im Pflegekontext spiegeln ein besonderes Konfliktpotenzial wider.

Der Einsatz von TUS, insbesondere von Sicherheits- und Überwachungssystemen, ist zudem mit Blick auf ethische Fragestellungen kritisch zu reflektieren: Aufgrund der kognitiven Defizite und eines oft damit zusammenhängenden begrenzten Urteilsvermögens im Rahmen einer fortgeschrittenen Demenz, müssen Einschränkungen der Selbstbestimmung durch den Einsatz spezieller TUS, vor allem eben derer, die auf sensible Daten der Person zurückgreifen, thematisiert werden. Vor diesem Hintergrund ist zu fragen, inwieweit Datenschutz bzw. informationelle Selbstbestimmung gewährleistet werden kann. Das Einholen der Einwilligung zur Offenlegung bzw. Verwendung persönlicher Daten ist bei Menschen mit Demenz häufig nicht mehr möglich, sodass Bevollmächtigte bzw. eine gesetzliche Vertretung herangezogen werden müssen. Zudem ist zu fragen, inwiefern der Einsatz von Überwachungs- und Sicherheitssystemen zur Entlastung der Pflegenden zur Einschränkung der Freiheit bzw. Autonomie der Betroffenen führt. Bei dem Einsatz bestimmter TUS ist demnach immer zwischen der Pflicht der Pflegenden, für die Sicherheit und das Wohlergehen der Betroffenen zu sorgen, und der Wahrung von Privatheit und Selbstbestimmtheit abzuwägen (z. B. Auner 2002; Mollenkopf et al. 2002). Neben Fragen zur Autonomie und Datensicherheit sollten auch Fragen zur sozialen Gerechtigkeit mit Blick auf den Einsatz von TUS diskutiert werden. Es besteht die Gefahr eines so genannten *„digital divide"*, d. h. eines mit Blick auf unterschiedliche Bevölkerungsgruppen nicht gerecht verteilten Zugangs zu und Nutzung von innovativen Technologien aufgrund sozioökonomischer Unterschiede (z. B. van Dijk und Hacker 2003). Der Einsatz technischer Innovationen im Bereich der Pflege darf nicht nur denen zugutekommen, die es sich leisten können. Abschließend sei an dieser Stelle darauf hingewiesen, dass TUS nicht als ein Ersatz für zwischenmenschliche Interaktion und Pflegepersonal verstanden werden dürfen. Beim Einsatz von TUS, besonders bei Menschen mit Demenz, darf es nicht zu einer Reduktion der Kontaktzeit kommen. Zwischenmenschliche Beziehungen sind für die Betroffenen von großer Bedeutung und tragen wesentlich zur Aufrechterhaltung der Lebensqualität bei.

Zusammenfassend ist festzuhalten, dass TUS ein großes Potential besitzen, Möglichkeiten und Hilfen für Menschen mit Demenz für einen langfristigen Verbleib im gewohnten Wohnumfeld, aber auch im institutionellen Kontext zu eröffnen und anzubieten. Dennoch müssen technische Innovationen stets weiterentwickelt und an die individuellen Bedürfnisse der Nutzer angepasst werden. Ihre potenzielle Verwendung insbesondere im sozialen Dienstleistungsbereich sollte in jedem einzelnen Fall unter Berücksichtigung ethischer Richtlinien begründet werden.

Referenzen

Auner, S. (2002). Technologieanwendungen bei Demenzerkrankten. Vortrag veröffentlicht anlässlich der Konferenz Gemeinsam handeln. *Referate auf dem 3. Kongress der Deutschen Alzheimer Gesellschaft, Friedrichshafen,* (S. 12.-14).

Badura, B., und Gross, P. (1976). *Sozialpolitische Perspektiven. Eine Einführung in Grundlagen und Probleme sozialer Dienstleistungen.* München: R. Piper und Co Verlag.

Berendonk, C., Stanek, S., Schönit, M., Kaspar, R., Bär, M., und Kruse A. (2011). Biographiearbeit in der stationären Langzeitpflege von Menschen mit Demenz Potenziale des DEMIAN-Pflegekonzepts. *Zeitschrift für Gerontologie und Geriatrie, 44*(1), (S. 13–18).

Bickel, H. (2012a). Die Epidemiologie der Demenz. http://www.deutsche-alzheimer.de/fileadmin/alz/pdf/factsheets/FactSheet01_2012.pdf. Zugegriffen: 19. Juni 2017.

Claßen, K., Oswald, F., Doh, M., und Kleinemas, U. (2014). *Umwelten des Alterns: Wohnen, Mobilität, Technik und Medien*. Stuttgart: Kohlhammer.

Deutsche Alzheimer Gesellschaft e. V. (2009). *Prävention, Therapie und Rehabilitation für Demenzkranke*. Berlin: Deutsche Alzheimer Gesellschaft

Doblhammer, G., Schulz, A., Steinberg, J., und Ziegler, U. (2012). *Demografie der Demenz*. Bern: Hans Huber.

Eurich, J. (2017). Trends sozialer Dienstleistungen in Europa. *Soziologie heute, Februar 2017,* (S. 27–30).

Fachinger, U., Koch, H., Henke, K.D., Troppens, S., Braeseke, G., und Merda, M. (2012). Ökonomische Potenziale altersgerechter Assistenzsysteme. Ergebnisse der „Studie zu Ökonomischen Potenzialen und neuartigen Geschäftsmodellen im Bereich Altersgerechte Assistenzsysteme". In: Universität Vechta (Hrsg.), *Forschungsprojekt im Auftrag des Bundesministeriums für Bildung und Forschung (BMBF)*, Berlin.

Förstl, H., und Lang, C. (2011). Was ist Demenz? In H. Förstl (Hrsg.), *Demenzen in Theorie und Praxis* (S. 93–112). Heidelberg: Springer.

Heinze, R.G., und Naegele, G. (2010). Integration und Vernetzung – Soziale Innovationen im Bereich sozialer Dienste. In: J. Howaldt und H. Jacobsen (Hrsg.), *Soziale Innovation. Auf dem Weg zu einem postindustriellen Innovationsparadigma* (S. 297–313). Wiesbaden: VS Verlag für Sozialwissenschaften.

Howaldt, J., Kopp, R., Schwarz, M. (2008). Innovationen (forschend) gestalten – Zur neuen Rolle der Sozialwissenschaften, *WSI-Mitteilungen, 2,* (S. 63–69).

Kremer-Preiß, U., Lincke, H.J., und Westerheide, P. (2012). Zukunft Quartier – Chancen und Wirkungen von Quartierskonzepten. In: Deutscher Städte und Gemeindebund, Netzwerk Soziales Neu Gestalten/Kuratorium Deutsche Altenhilfe (Hrsg.), *Lebensräume zum Älterwerden*. Berlin: DSTGB

Lawton, M.P., und Nahemow, L. (1973). Ecology and the aging process. In C. Eisdorfer und M. P. Lawton (Hrsg.). *The psychology of adult development and aging* (S. 619–674). Washington DC: American Psychological Association.

Lawton, M.P. (1989). Environmental proactivity in older people. In V. L. Bengtson und K. W. Schaie (Hrgs.),*The Course of Later Life* (S. 15–23). New York: Springer.

Meyer, S., Heinze, R., und Wedemeier, C. (2014). Technische Assistenzsysteme für ältere Menschen – eine Zukunftsstrategie für die Bau- und Wohnungswirtschaft, Wohnen für ein langes Leben/AAL. *Endbericht des GdW Bundesverbands deutscher Wohnungs- und Immobilienunternehmen*, Berlin.

Mollenkopf, H. (2000) Technik und Design. In: H.-W. Wahl und C. Tesch-Römer (Hrgs.), *Angewandte Gerontologie in Schlüsselbegriffen* (S. 224–232). Stuttgart: Kohlhammer.

Parpan-Blaser, A. (2011). *Innovation in der Sozialen Arbeit – Zur theoretischen und empirischen Grundlegung eines Konzeptes*. Wiesbaden: VS Verlag für Sozialwissenschaften / Springer Fachmedien.

Rennings, K. (2000). Redefining innovation — eco-innovation research and the contribution from ecological economics. *Ecological Economics, 32*(2), (S. 319–332).

Schelisch, L. (2016). *Technisch unterstütztes Wohnen im Quartier – Potenziale, Akzeptanz und Nutzung eines Assistenzsystems für ältere Menschen.* Wiesbaden: Springer-Verlag.

Schmidtke, K., und Otto, M. (2012). Alzheimer-Demenz. In C.W. Wallesch und H. Förstl (Hrsg.) *Demenzen* (S. 203–227). Stuttgart: Thieme.

Splithof, R. (2016). *The effects of exergaming on elderly with dementia in a Dutch Nursing Home – a pilot study.* Veröffentlichte Masterarbeit http://edepot.wur.nl/388333. (Zugegriffen: 24. Juni 2017).

Van Dijk, J., und Hacker, K. (2003). The Digital Divide as a Complex and Dynamic Phenomenon. *The Information Society, 19*(4), (S. 315–326).

Wattanasoontorn, V., Boada, I., García, R., und Sbert M. (2013) Serious games for health. *Entertainment Computing, 4*(4), (S. 231–247).

Weiß, C., Lutze, M., Gissendanner, S. S., und Peters, V. (2017). Nutzen und Finanzierung technischer Assistenzsysteme aus Sicht der Pflegeversicherung und weiterer Akteure der Verantwortungsgemeinschaft am Beispiel der Quartiersvernetzung. *Abschlussbericht des Instituts für Innovation und Technik in der VDI/VDE-IT und des Instituts für Europäische Gesundheits- und Sozialwirtschaft GmbH*, Berlin.

Wendt, W. R. (2005). Dimensionen sozialer Innovation. In W. R. Wendt (Hrsg.). *Innovationen in der Sozialen Praxis*, (S. 13–48). Baden-Baden: Nomos.

Werner, C., Dutzi, I., und Hauer, K. (2014). Theoretische Grundlagen demenzieller Erkrankungen. In: Baden-Württemberg Stiftung gGmbH (Hrsg.) *Therapie bei Demenz – Körperliches Training bei Demenz* (S. 15–63). Stuttgart.

WHO (1997). *The World Health Report: Conquering, suffering, enriching humanity.* Genf: WHO.

Zapf, W. (1989). Über soziale Innovation, *Soziale Welt* 1/2, (S. 170–183).

Wege aus der Einsamkeit, soziale Interaktion innovativ denken
(Pflege)Roboter als Interaktionspartner älterer Menschen

Claudia Obermeier

1 Soziale Innovation durch technische Innovation

Eine soziale Innovation bedeutet, in eine stark komprimierte Form gegossen, dass Viele etwas anders machen[1], einen neuen Weg beschreiten, sich in ihren Handlungen abheben von bisher da Gewesenem. Aus einer sozialen Innovation entspringt eine neue, gelebte Praxis (vgl. Howaldt et al. 2014, S. 42), die ausgehend von einem initiativ agierenden Teil der Gesellschaft diffundiert oder aber zumindest innovative Handlungsoptionen sichtbar macht. Differenziert werden kann der Terminus Innovation in Bezug auf die *Entstehung* einer sozialen Innovation und des Weiteren bezüglich des genuin identifizierbaren Gegenstandsbereichs (vgl. Gillwald 2000, S. 1). Darüber hinaus gilt es verschiedene Innovationstypen voneinander zu unterscheiden und abzugrenzen (ebd.). Diesem Kriterium immanent ist das Anheimstellen des *Sozialen*, was das Bestreben zum Ausdruck bringt, den Fokus wegzubewegen von den technisch initiierten Innovationen und das soziale Moment einer Innovation zu betonen. Dennoch lohnt es sich, technische und soziale Innovationen zusammenzudenken[2]. Reckwitz (2003) betont, dass „regelmäßig auch ganz bestimmte Artefakte […] vorhanden sein müssen, damit eine Praxis

---

1   In Anlehnung an die Tagung für Angewandte Sozialwissenschaften in 2015 in Frankfurt am Main (fungiert dieser Claim als immerwährende Referenz für den gemeinsamen Nenner der sozialen Innovation und dient als knackiges Label. In Eingangs- und Abschlussplädoyers wurde immer wieder auf diese prägnante Formulierung zurückgegriffen – dies vor allem auch in der Anschlusstagung Soziale Innovationen lokal gestalten (TAS 2017 in Dortmund) (vgl. BDS 2017, www.soz-bds.de).

2   Das Verhältnis von sozialer und technischer Innovation ist eine viel verhandelte Fragestellung des wissenschaftlichen Diskurses. „In der Folge kreist die Debatte vor allem um die Frage, ob soziale Innovationen Voraussetzungen oder Begleiterscheinungen technischer Innovationen sind oder ihnen folgen" (Howaldt et al. 2014, S. 17).

© Springer Fachmedien Wiesbaden GmbH, ein Teil von Springer Nature 2018
H.-W. Franz und C. Kaletka (Hrsg.), *Soziale Innovationen lokal gestalten*,
Sozialwissenschaften und Berufspraxis,
https://doi.org/10.1007/978-3-658-18532-9_9

entstehen konnte und damit vollzogen und reproduziert werden kann" (ebd., S. 291). Soziale Praktiken wohnt auch eine gewisse Materialität inne (vgl. Howaldt et al 2014, S. 43): Wenn es durch Technikinnovation gelingt, eine als unbefriedigend bewertete Gegebenheit emotionaler Art in eine als annehmbar angesehene Situation zu wenden, dann kann dies als soziale Innovation durch Technik angesehen werden, mehr noch: als das Zusammenfallen von zwei Innovationstypen. In diesem Fall werden beispielsweise die von Gillwald (2000) aufgerufenen Merkmale einer sozialen Innovation insofern aufgeweicht, dass sich eine klare Abgrenzung hinsichtlich der Entstehung der sozialen Innovation (ebd., S. 15) von dem anderen Innovationstypus (technische Innovation) nicht in Gänze aufrechterhalten lässt. Dieses postulierte Ineinandergreifen von technischer und sozialer Innovation kann im Kontext der neuen Formen der Robotik im Alltag von Privatpersonen beobachtet werden. Dennoch soll die Roboter-Mensch-Interaktion hier als ein Beispiel einer sozialen Innovation begriffen werden und nicht die Debatte um das Abgrenzen und das Ineinandergreifen technischer und sozialer Innovationen nachzeichnen[3].

Die Entwicklung der Robotertechnik, die den Roboter dem Menschen ähnlich gemacht hat, ist neben der Krönung der Ingenieurskunst, die Science Fiction salonfähig hat werden lassen, auch vermeintliche eine Lösung für die Probleme, die aus dem demografischen Wandel entstehen: Überalterung der Gesellschaft und Fachkräftemangel in der qualifizierten Seniorenpflege. Damit ist umrissen, was zentrales Untersuchungsfeld dieses Beitrags ist: Es geht um den Einsatz von (Pflege)Robotern im Alltag älterer Menschen vor dem Hintergrund der sozialen Innovation. Aufgrund der bislang wenig systematischen Auseinandersetzung mit diesem neuen sozialwissenschaftlichen Forschungsfeld, werden die Überlegungen und Ausführungen dieses Beitrages rein konzeptioneller Art sein. Es wird weniger der Versuch unternommen werden, die emotionale Hinwendung zu einem Roboter als Substitut zwischenmenschlicher Interaktion als soziale Innovation *zu postulieren*. Vielmehr soll aufgezeigt werden, dass es sich als lohnend erweisen kann, diese Thematik im Kontext der sozialen Innovationen zu beleuchten, denn womöglich ergeben sich in Zukunft Fragen neuer gesellschaftlicher Ordnungen, in denen Roboter eingebunden und mitgedacht werden müssen. Dass diese These nicht allzu fern der möglichen gesellschaftlichen Realität ist, zeigen die Forderungen, neue

---

3 Howaldt, Kopp und Schwarz (2014) beleben diese Unterscheidung im Zuge der Bestrebungen, den Begriff der sozialen Innovation im Kontext der Evolution gesellschaftlicher Entwicklungen in der Tradition von Tardes zu verorten (vgl. ebd., S. 40ff.). Deutlich wird, dass auch bei Tarde die Differenzierung der begrifflichen Dichotomie unscharf bleibt (vgl. ebd.). Dies vergegenwärtigt die noch immer nicht zu einer konzeptionell trennscharfen Abgrenzung gelangten Bemühungen der diskursiven Auseinandersetzung mit den Begrifflichkeiten.

ethische Fragen zu verhandeln, etwa, welche Rolle der Roboter spielen wird, kann und darf und was in Interaktion mit dem Roboter erlaubt sein soll. All diese Fragen weisen darauf hin, dass der (humanoide) Roboter im Alltag der Menschen längst den Status eines reinen Assistenzsystems hinter sich gelassen hat und die Rolle des Sozialpartners oder aber zumindest eines Dienstsystems bestimmter Qualität erreicht hat. Dass es sich bei der Akzeptanz des Roboters als Interaktionspartner um ein soziales Phänomen[4] handelt, insbesondere aus dem Grund, dass die technologischen Entwicklungen noch recht jung sind, ist sicher unbestritten. Dass darin aber auch eine soziale Innovation liegen *kann*, soll im Folgenden betrachtet werden, indem die vermeintliche Notwendigkeit der neuen Praxis herausgestellt wird. Der Fokus liegt also nicht auf dem Phänomen an sich, sondern auf dem Moment der Entstehung und der mitschwingenden Motivation, in der eine soziale Innovation ihren Anfang nimmt. Ausgehend von dieser Problemskizze formiert sich eine für das Unterfangen leitende Fragestellung: *Wie lässt sich am Beispiel der Akzeptanz von Robotern als Interaktionspartner im Alltag älterer Menschen der Prozess einer sozialen Innovation nachzeichnen?*

Die Herausarbeitung dessen, was eine soziale Innovation begrifflich im Kern umreißt, kann und soll im Zuge dieser Textseiten nicht umfassend erörtert werden. Diesem Unterfangen haben sich bereits eingehend Vertreterinnen und Vertreter dieses Forschungskonzepts verschrieben (vgl. u. a. Howaldt und Schwarz 2010; Howaldt et al. 2014; Rammert et al. 2016; Blättel-Mink 2006). Das *Entstehen* einer sozialen Innovation ist eng verknüpft mit einer Reflexion bestehender Zustände (vgl. Hutter et al. 2016, S. 18). Wo also sind Triebfedern für soziale Innovationen zu finden und wo nehmen innovativ gelebte Praktiken ihren Anfang, woraus ziehen sie ihre Motivation? Ursachen für ein über Individualhandeln hinausgehend beobachtbar neues Verhalten gibt es mannigfaltige. In der Hauptsache liegen sie in einer Unzufriedenheit mit vorgefundenen Lebensumständen oder etablierten Praktiken. Die Veränderung von Gegebenem und Gelebtem kann verschiedene Intentionen haben (vgl. Gillwald 2000, S. 1). Neben dem Aspekt, eine Situation ändern zu wollen, steht in *einigen* Fällen auch der, gewisse Umstände *verbessern* zu wollen[5]. Dem Wunsch einer Verbesserung geht in aller Regel eine Unzufriedenheit mit der etablierten Situation voraus (vgl. Zapf 1989, S. 177). Als verbesserungswürdig

---

4   Folgt man Passoth und Rammert (2016), ist eine dezidierte Reflexion dessen, was als Innovation bezeichnet wird, unumgänglich, da insbesondere im Zuge der Auseinandersetzung mit dem Themenfeld der (sozialen) Innovation allzu schnell jedwedes Phänomen als eine Innovation etikettiert wird (vgl. Passoth und Rammert 2016, S. 50).

5   Soziale Innovationen sind nicht per se positiv konnotiert und somit vorteilhaft oder gut (vgl. Franz 2015, S. 155).

gelten aus einer individuellen Deutung heraus Lebensumstände einzelner Individuen, deren Problemlage sich dann jedoch auch für die betreffende soziale Lage identifizieren lässt (vgl. Passoth und Rammert 2016, S. 46). Schlussendlich braucht es, um eine soziale Innovation etablieren zu können, Bevölkerungsteile, die von den innovativen Praktiken profitieren und dadurch Innovationen sozial reproduzieren.

2   Der demografische Wandel als Herausforderung

Eine Ursache für sozial innovatives Handeln ist in den immer stärker wahrnehmbaren Folgen des demografischen Wandelns zu suchen, welcher insbesondere für die Älteren zu einer individuell stark identifizierbaren Belastung wird. Dies betrifft vor allem alleinlebende Seniorinnen und Senioren, aber auch pflegebedürftige Ältere in stationären Pflegeeinrichtungen (vgl. Kruse 2013, S. 16f.). Aufgrund des Strukturwandels familialer Bande[6] und individueller Lebensentwürfe (vgl. Beck 1986, S. 164), die mithin Ursache, aber auch Wirkung des demografischen Wandels sind, sind Phänomene prägnant eruierbar, welche im Kern eine Vereinsamung älterer, zunehmend weniger mobiler und auf Hilfe angewiesener Menschen bedeuten. So manifestiert sich der als Singularisierung beschriebene Umstand insbesondere für Frauen im Alter von rund 80 Jahren. Während 71 Prozent der 80- bis 85-jährigen Männer in einer Partnerschaft und in einem gemeinsamen Haushalt leben, sind es bei den 80- bis 85-jährigen Frauen lediglich 30 Prozent (vgl. Köcher und Bruttel 2012, S. 185); 64 Prozent der Seniorinnen in diesem Alter sind verwitwet (vgl. ebd., S. 186). Dass Singularisierung in diesem Kontext nicht bloß als Vereinzelung von Individuen verstanden werden darf, beweist die Datenlage: Knapp die Hälfte der alleinstehenden Senior*innen fühlen sich manchmal oder häufig *einsam* (vgl. ebd., S. 179). Aufgrund der Tatsache, dass Frauen prozentual häufiger ohne Partner leben, ist die Zahl derjenigen, die von Einsamkeit betroffen sind, statistisch gesehen höher. Das Alter als Lebensphase ist, zumindest für die Gruppe der Hochbetagten (ab

---

6   Die Familie als Struktureinheit macht seit den 1960er Jahren einen umfangreichen Wandlungsprozess durch (vgl. Peuckert 1996, S. 9). Peuckert betont, dass dieser Wandlungsprozess des Aufweichens der Familie als Versorgungs- und Unterstützungseinheit bereits deutlich früher stattgefunden hat. Die Identifikation dieses Wandels erscheint auch deswegen so frappierend, „weil der Zustand vorher ungewöhnlich homogen war" (Peuckert 1996, S. 9). So resümiert Peuckert: „Das moderne Ehe- und Familienmodell – die moderne Kleinfamilie als selbständige Haushaltsgemeinschaft eines Ehepaares mit seinen minderjährigen Kindern – hatte sich faktisch und normativ (als unhinterfragtes Leitbild) nahezu universell durchgesetzt" (ebd., S. 9).

80 Lebensjahre), weiblich und geprägt von einem alleinstehend geführten Alltag. Die besonderen Herausforderungen, mit denen sich Personen ab 80 Jahren konfrontiert sehen (vgl. Kruse 2012, S. 64), zeigen sich im Kontext der Bewertung des eigenen Gesundheitszustandes, welchen die Befragten zwischen 80 und 85 Jahren mehrheitlich als eher nicht besonders gut bis schlecht beschreiben (vgl. Köcher und Bruttel 2012, S. 179). Neben den körperlichen Gebrechen, die immer stärker in das Bewusstsein der Seniorinnen und Senioren treten, spielt die emotionale Belastung durch das erlebte Gefühl der Einsamkeit eine tragende Rolle im Alltagserleben. Im Rahmen der Generali-Altersstudie geführte Tiefeninterviews bringen zu Tage, dass Ablenkung dabei die beste Möglichkeit sei, dem als sehr unangenehm beschriebenen Gefühl zu entfliehen. Deutlich wird, dass Ablenkung in großen Teilen an (selbstbestimmte) Bewegung und Aktivität geknüpft ist. Aufgrund der Tatsache, dass mit zunehmendem Alter der Aktionsradius der Senior*innen kleiner wird, die Zahl der Alleinstehenden zunimmt und altersbedingt der Freundes- und Bekanntenkreis zunehmend dezimiert ist, sind Senioren und Seniorinnen eher im höheren Alter von Einsamkeit betroffen (Köcher und Bruttel 2012, S. 173). Hier besteht, das lässt sich den Ergebnissen der Generali-Altersstudie entnehmen, ein Zusammenhang: Insbesondere pflegebedürftige Ältere, die zudem alleine leben, sind unzufrieden mit den sozialen Kontakten und eher von Einsamkeit bedroht[7] (vgl. Köcher und Bruttel 2012, S. 168f.). Mit einem schlechten Gesundheitszustand wächst „das Risiko von sozialer Isolation" (ebd, S. 169). Diese Isolation führt zu der Unzufriedenheit mit den sozialen Kontakten und dem Gefühl der Einsamkeit. Für die beschriebene Gruppe ergeben sich also zwei Problemlagen: 1) die Zunahme körperlicher Gebrechen, die den Aktivitätsradius verringern (Pflegebedarf entsteht) und damit zu einer Reduktion der Qualität sozialer Kontakte führt, und 2) die wachsende Isolation und die Konfrontation mit einer als bedrückend erlebten Einsamkeit.

Die Singularisierung im Alter ist eine Konsequenz der sich auflösenden Familienbande, die eine Zersplitterung übergenerationaler Fürsorge durch die Zweigenerationen-, aber auch durch die Dreigenerationenfamilie[8] bedeutet (vgl. Peuckert

---

7 Festhalten muss man, dass kein eindimensionales Bild der Generation ab 65 Jahren gezeichnet werden darf. Die Senior*innen gehen sehr positiv durch ihre dritte Lebensphase (vgl. Köcher und Bruttel, S. 167). Jedoch zeigt sich, dass diese positiven Attribute, die der Lebensphase zugeschrieben werden, stark abhängig sind von dem gesundheitlichen Zustand.

8 Es zeigt sich, dass die romantische Vorstellung von den sich gegenseitig versorgenden Generationen in einem gemeinsamen Haushalt in der postulierten Form nicht der Realität entsprach. So werden heute familiale Strukturen an einem überhöhten Modell des Mehrgenerationenhaushalts gemessen (vgl. Peuckert 1996, S. 241 ff.). Trotzdem zeigt sich, dass übergenerationale Unterstützung sehr wohl wichtig war und wichtig ist. Diese

1996, S. 242f.). Diese Fragmentierungsprozesse werden verstärkt durch die Entwicklungen, die dem demografischen Wandel immanent sind. Das sind im Kern die Überalterung der Gesellschaft, die steigende Lebenserwartung und die geringe Geburtenrate. Diese hier lediglich überblickshaft dargestellten Begleiterscheinungen gesellschaftlicher Fragmentierungsprozesse führen zu der Problemlage des Mangels an (pflegerischer und unterstützender) Fürsorge und sozialer Interaktion für ältere Menschen. Aufgrund der schwindenden oder nicht vorhandenen familialen Netzwerke obliegt die Übernahme dieser fürsorglichen Pflichten staatlich oder privatwirtschaftlich initiierten Institutionen der Altenpflege. Doch auch hier schlagen die Folgen des demografischen Wandels zu: Das bestehende System muss eine wachsende Zahl an Pflegebedürftigen bewältigen und sieht sich darüber hinaus mit einer sinkenden Zahl an Pflegefachpersonal konfrontiert. Aufgrund dieser Entwicklung und aufgrund der Tatsache, dass Seniorinnen und Senioren möglichst (lange) in der eigenen Häuslichkeit bleiben wollen (vgl. Köcher und Bruttel 2012, S. 251), gilt durch politische Maßnahmen für den Pflegesektor das Credo: ambulant vor stationär. Der wachsenden Zahl an Pflegebedürftigen muss – vor allem auch vor dem Hintergrund der nicht vorhandenen Äquivalenz an stationären Betreuungsplätzen – mit einer Forcierung des Verbleibs der Pflegebedürftigen in der eigenen Häuslichkeit begegnet werden (vgl. Köcher und Bruttel 2012, S. 294). Pointiert kann man sagen: Menschliche Zuwendung und Fürsorge fehlen im familiären Umfeld der Senior*innen *und* im professionellen Pflegealltag (sowohl stationär als auch ambulant). Bereits an dieser Stelle lässt sich feststellen: Aus einer Verquickung gesellschaftlicher Wandlungs- und Fragmentierungsprozesse (vgl. Beck 1986; vgl. Elias 1976) sind Lücken in zwischenmenschlichen Versorgungs- und Fürsorgesystemen entstanden, die (weitreichende) Konsequenzen für verschiedene Akteur*innen dieses Systems haben. Beck hat im Zuge der Formulierung seiner Individualisierungsthese umfangreich darauf hingewiesen, dass die Herauslösung des Individuums aus traditionellen Strukturen (insbesondere traditionellen Versorgungsbezügen durch die Familie) zu einer Freisetzung führt, welche das Individuum auf sich selbst zurückwirft und zur Geisel der Freiheit werden lässt (vgl. Beck 1986; vgl. Beck 1995). Generationen stehen vor den Herausforderungen, die

---

gegenseitige Unterstützung bezieht sich im Kern auf die Organisation des Alltags, auf die Kinderbetreuung etc. Die Pflege ist nach aktueller Datenlage nur partiell in diesem Funktionssystem inkludiert. Empirisch eruierbar ist, dass die strukturell bedingten Veränderungen (Überalterung der Gesellschaft, Steigen der Lebenserwartung, Kinderlosigkeit und Fachkräftemangel) zu Engpässen im pflegerischen Versorgungssystem führen.

Reaktionen und Konsequenzen aus Individualisierungsentwicklungen[9] kreativ und *innovativ* zu lösen. Das bedeutet, dass anhand unterschiedlicher Ansätze der Versuch unternommen wird, die oben skizzierte Situation des Mangels an zwischenmenschlicher Interaktion und Fürsorge zu kompensieren und Alternativen aufzuspüren und aufzuzeigen.

3   Die Relevanz einer Auseinandersetzung: Interaktion mit (Pflege)Robotern im Kontext sozialer Innovationen

Ein Ansatz, dem Interaktionsdefizit auf der einen und den Betreuungsengpässen auf der anderen Seite eine Lösung entgegenzuhalten, ist der, (Pflege)Roboter im Alltag älterer Menschen zu etablieren. Der Einsatz von Robotern im Kontext der Betreuung von Seniorinnen und Senioren eröffnet gleich mehrere vielversprechende und wissenschaftlich äußerst interessante Zugänge. Weitergehende Forschungsbemühungen sind geradezu notwendig, weil sich sozialwissenschaftliche Auseinandersetzungen mit diesem neuen Phänomen eher zaghaft verbreiten. Ansetzen können Forschungen zu dem Themenfeld der Mensch-Roboter-Interaktion an den Bezugsgrößen, die zum einen durch die Fachpflegekräfte markiert und zum anderen durch die Senior*innen benannt sind. Neben der Differenzierung auf Akteur*innenebene ist das Framing für den Einsatz der Roboter entscheidend: Somit werden an einen Servicerobotor, der im häuslichen Umfeld der Senior*innen zum Einsatz kommt, andere Anforderungen gestellt als an einen Roboter in einer Pflegeeinrichtung (vgl. Rajner 2010). In diesem Beitrag soll es zentral um das innovative Moment gehen, das der Mensch-Roboter-Interaktion als Problemlösestrategie innewohnt. Somit wird primär eine Fokussierung auf Seniorinnen und Senioren in der *eigenen Häuslichkeit* vorgenommen, welche durch die für das Alter charakteristische Faktoren der Singularisierung und reduzierten Mobilität vereinnahmt sind. Im Zentrum der Betrachtungen stehen humanoide Roboter, die in der eigenen Häuslichkeit der Senior*innen zum Zwecke der Interaktion mit dem Ziel der Reduktion des Isolations- und Vereinsamungsempfindens zum Einsatz kommen und überdies Unterstützung bei einfachen pflegerischen Aufgaben leisten können.

---

9   Zur Darlegung des „Grundprozess(es) der Individualisierung" (ebd., S. 8) verweise ich auf Kohn und Horácek (2009).

3.1   Wer sind die Roboter, die wir riefen?

Roboter als Begriff wird auf der Grundlage verschiedener Funktionsarten definiert. Ein Roboter im Allgemeinen ist betitelt als eine technische, programmierbare Apparatur oder Maschine, welche unterstützende Tätigkeiten für den Menschen ausführt (vgl. Robot Institute of America 1979). Roboter dienen dem Menschen und agieren dabei entweder ortsfest oder mobil. Die ihnen gesetzten Aufgaben bewältigen Roboter auf der Grundlage eines festen Programmablaufs ohne menschliche Intervention, so dass sie halb- oder vollautomatisch arbeiten (vgl. VDI Richtlinie 2860 1990). Roboter sind vielgestaltig und blicken auf eine Evolution zurück, die den Roboter aus einem Quasi-Amphibienstatus erhob und ihm Arme, Beine und ein Gesicht gab. Die Roboterevolution hat eine Ordnung hervorgebracht, die aus der Position des wertenden Menschen eine Einteilung vornimmt in solche Maschinen, die wir der Sphäre des Haushalts zuordnen (Servicroboter; vgl. Maier 2016, S. 31), in solche, die Haustiere ersetzen, weil sie pflegeleichter und reinlicher sind (Beispiel Roboterrobbe Paro ; vgl. Alzheimer Forschung Initiative e. V. 2011), und in solche, die als dem Menschen ähnlich wahrgenommen werden. *Humaniode* Roboter nähern sich der Gestalt eines Menschen hinsichtlich des spezifischen Körperbaus an, reagieren intelligent und autonom (vgl. Maier 2016, S. 43f.). Androiden gehen ein Stück weiter: Sie[10] stellen eine täuschend ähnliche Kopie eines Menschen dar.

Der Umstand, dass Roboter nahezu jeden Funktionsbereich des menschlichen Lebens erobert haben, der Mensch der Maschine mit höchstem Zutrauen komplexe Tätigkeiten überlässt und sie sogar den Sprung in unsere Wohnzimmer geschafft haben (Assistenzroboter; vgl. Maier 2016, S. 31 f.) ist Grund genug, die Mensch-Roboter-Interaktion als soziale Praktik in den Mittelpunkt sozialwissenschaftlicher Betrachtungen zu stellen. Doch das, was im Falle des Roboters als *Interaktionspartner* skizziert wurde, geht bei weitem über das hinaus, was bislang als selbstverständlich hingenommen wurde. Elementar ist der veränderte Anspruch, der an humanoide Roboter gestellt wird. Während Roboter bislang die Aufgabe hatten, dem Menschen zu dienen, werden Service- oder Pflegeroboter mit dem Zweck gebaut, den Menschen zu entlasten, indem sie dem Menschen immanente Fertigkeiten nachahmen können. Roboter für den Einsatz in der Pflege werden mit dem Ziel gebaut, Menschliches zu imitieren. Mehr noch, das Ziel ist, den Roboter dem Menschen so ähnlich zu machen, dass er als ein Ersatzwesen fungieren kann,

---

10 Insbesondere die Gestalt des Roboters ruft Irritationen hervor, weshalb humanoide Roboter für den Einsatz im Pflegekontext eher nicht zu menschenähnlich gestaltet werden. In anderen Funktionsbereichen sind Androiden, also beinahe menschengleiche Roboter, ausdrücklich erwünscht (bspw. im Kontext sexueller Dienstleistungen).

welches spezifische Attribute wie Sprechen, Antworten, Reagieren, Mitfühlen etc. bewerkstelligt (vgl. Boblan 2017, VDI-Blog). Dieses Bestreben, eine systematische Kollaboration zwischen Mensch und Maschine zu etablieren, erhält eine grundlegend andere Konnotation, als dies bisher der Fall war. Roboter kommen insbesondere dort zum Einsatz, wo Menschen entlastet und ersetzt werden sollen (vgl. Bengler 2012, S. 12ff.); das betrifft Bereiche wie die industrielle Fertigung, Militäreinsätze und medizinische Szenarien. Geleitet sind derlei Robotereinsätze von der Idee der technischen/maschinellen Assistenz. Im Kontext der Entwicklungen der Pflegeroboter scheint diese Mensch-Roboter-Ordnung einer neuen Definition unterworfen zu sein. „Der Mensch und sein Roboter" (Bengler 2012) bewegen sich von der Ebene der Assistenz auf die Ebene der Kooperation (vgl. Bengeler 2012, S. 1). Kooperation impliziert eine gänzliche andere Qualität der Auseinandersetzung mit einem Roboter und macht überdies deutlich, dass der Mensch mit neuen Herausforderungen konfrontiert wird. Untersuchungen zeigen, dass humanoide Roboter aufgrund ihrer Ähnlichkeit zum Menschen mit Werten und Normen bedacht werden, die per se an eine (menschlichen) Person gebunden sind (vgl. Li und Chignell 2010; Li et al. 2016). Es ist also ein Versuch wahrzunehmen und zu verorten, was das Gerät in Menschengestalt ist. Um diese Beziehung wissenschaftlich adäquat benennen zu können, hat das Karlsruher Institut für Technikfolgenabschätzung (KIT)[11] einen neuen Begriff etabliert: Anthropomatik.

3.2 Roboter als sozialer Interaktionspartner am Beispiel von *Alice*

Ein Beispiel für einen humanoiden Roboter ist *Alice* (vgl. Hoorn et al. 2015). Die niederländische Forschergruppe um Hoorn untersucht den Einsatz von Robotern in der ambulanten Pflege und konzentriert sich auf die Mensch-Roboter-Interaktion in der häuslichen Umgebung der älteren Menschen. Dabei wird neben den Fähigkeiten, die Alice im Kontext des Hörens, Verstehens und Reagierens mitbringt, auch untersucht, wie ein Roboter aussehen muss, um von den Senior*innen akzeptiert zu werden, überdies wird dezidiert betrachtet, wie die Seniorinnen auf Alice reagieren. Aus dieser Untersuchung ist von Sander Burger ein Dokumentarfilm mit dem Titel „Ik ben Alice" (Kneydocs.nl 2015) entstanden, der auf eindrucksvolle Weise den Alltag der Seniorinnen mit Alice einfängt. Alle an der Untersuchung partizipierenden Seniorinnen weisen die Merkmale auf, die weiter oben skizziert

---

11 Forschung am KIT zu humanoiden Robotern: Humanoids and Intelligence Systems Lab – Institut für Anthropomatik und Robotik.

wurden: Sie leben alleine in ihrem eigenen Haushalt, sind in ihrer Mobilität eingeschränkt und zudem auf ambulante pflegerische Unterstützung angewiesen. Die Kinder leben weit entfernt und kommen nur gelegentlich zu Besuch. In diesem Setting wird der Einsatz von Alice getestet. Wenngleich sich die konzeptionellen Überlegungen dieses Beitrages auf nur sehr wenige empirische Daten dieser Art stützen können, kann der Roboter Alice als wertvolles Beispiel herangezogen werden. Was der Dokumentarfilm zeigt, ist, dass die Seniorinnen Alice durchaus in ihren Alltag integrieren und trotz teilweise sehr großer Skepsis in eine Interaktion eintauchen. Sie kommunizieren dergestalt mit Alice, dass Sie ihr Fragen stellen und auf Antworten warten. Sie leisten Vorschlägen und Anweisungen, die von Alice unterbreitet werden, Folge und lassen sie an ihrem Leben teilnehmen, indem sie Alice Kontakten aus dem sozialen Umfeld vorstellen. Die Einblicke, die der Film offenbart, sind äußerst disparat: Auf der einen Seite erlebt man Senioren, die tatsächlich in einen Dialog mit Alice eintauchen, sie sozial verorten, indem sie sie als Freundin bezeichnen, auf Mitteilungen von Alice reagieren und Traurigkeit bekunden, wenn Alice wieder ausziehen muss. Im Gegenzug wird deutlich, dass die Seniorinnen trotz oder gerade aufgrund der Anwesenheit von Alice ihre Einsamkeit deutlich wahrnehmen. So positiv die Reaktion auf Alice ausfällt, so negativ konnotiert sind die Reflexionen des eigenen Lebens, die die Seniorinnen mit der Anwesenheit des Roboters verbinden. So wird anhand der Äußerungen der Seniorinnen deutlich, dass der Roboter nicht auflösen kann, dass sie sich grundsätzlich in einer Situation der Isolation befinden. Alice leistet zwar Gesellschaft, das grundlegende Gefühl der Einsamkeit scheint sich durch den Roboter nicht aufheben zu lassen[12]. Mehr noch, es wird durch die Älteren negativ wahrgenommen, dass ein Roboter anwesend sein *muss*, um Gesellschaft zu leisten, weil dies nicht durch Menschen gewährleistet wird. Von Akzeptanz eines Roboters im eigenen Wohnzimmer kann insofern gesprochen werden, als dass die Seniorinnen tatsächlich Gespräche mit Alice führen. Sie begeben sich also in die Situation, mit einem humanoiden Roboter zu interagieren und ihn in ihren Alltag einzubinden. Inwiefern Roboter als vollwertige Sozialpartner akzeptiert werden, müssen langfristige Untersuchungen zeigen. Das Beispiel Alice aber vergegenwärtigt, dass Menschen sich auf eine per se sozial konnotierte Situation mit einem Roboter einlassen. Hier lässt sich erneut an die Ergebnisse der Forschergruppe um Li anknüpfen, aus denen hervorgeht, dass Roboter in menschenähnlicher Gestalt mit Werten belegt werden, die einer menschlichen Person zugeschrieben werden. Humanoide Roboter sind in Japan bereits fester Bestandteil des Pflegealltags. Es zeigt sich, dass die Japaner*innen einen anderen Umgang mit Technik pflegen; Roboter werden als Hilfe angesehen

---

12 Diesen Aspekt bestätigt Turkel (2011) in ihrer Publikation *alone together*.

und nicht als Bedrohung wahrgenommen (vgl. Kirchner 2015). Die Integration von Technik(en) in den Alltag ist somit immerzu in Abhängigkeit des jeweiligen Kulturkreises zu sehen (vgl. Poser 2016, S. 21f.). Für Deutschland zeigt sich, dass sowohl die Forschung zum Thema Robotik als auch die Akzeptanz in der Bevölkerung im internationalen Vergleich hinterherhinkt. Somit ist insbesondere die Robotik ein neues Feld. Obschon die technischen Möglichkeiten so ausgereift sind, dass Roboter im Pflegealltag zum Einsatz kommen können, muss sich der Mensch erst noch an die Maschine gewöhnen – und vor allem die Scheu vor ihr verlieren. Insbesondere vor dem Hintergrund des neuen Feldes der Robotik zeigt sich, dass die Hinwendung zu einem humanoiden Roboter, um mit ihm einen Dialog zu praktizieren und mit ihm zu interagieren, etwas Neues ist, was erprobt werden will, in dessen Rahmen der Mensch nach einer klärenden Position sucht, die bedeutet, den Roboter in die (soziale) Ordnung zu integrieren.

4   Roboterinteraktion als soziale Innovation

Pflegeroboter kommen gezielt da zum Einsatz, wo Menschen ihre Grenzen erreichen oder nicht genügend Ressourcen bereitstellen können. Technik fungiert schon seit Menschengedenken als Ausgleich für einen Mangel (vgl. Poser 2016, S. 102f.). Erlebt wird ein Mangel auf Seiten der älteren Menschen auf der emotionalen Ebene, die das Bedürfnis nach menschlicher Nähe, aber zumindest nach sozialer Interaktion umfasst. Die Tatsache, dass es mittlerweile Roboter gibt, die entworfen wurden, um *Gesellschaft zu leisten* und den Mangel an zwischenmenschlichen Kontakt abzufedern, lässt den Schluss zu, dass der Kontakt mit dem Roboter ein Akt *sozialer* Auseinandersetzung und, mehr noch, sozialer *Interaktion* sein kann. Dass Roboter dem Menschen ähnlich geformt werden, dass Menschliches imitiert wird, macht deutlich, dass diese humanoiden Roboter genau das tun sollen: sich in die Lücke einfügen, die der Mensch selbst nicht schafft in adäquater Form zu füllen. Damit wird die Ordnung derjenigen Sozialpartner, die für eine Interaktion legitimiert werden, neu verhandelt. Im Zuge der Erwartungen, die im Kontext einer Interaktion an den Roboter gestellt werden, wird antizipiert, dass derselbe sich menschenähnlich verhält, dass er also antwortet bzw. in angemessener Form reagiert. Der Adressat der Interaktion wird neu gedacht und eine neue soziale Praktik ausgelotet, die bedeutet, dass neben Menschen und Tieren *Roboter* als Interaktionspartner angesehen werden können. Der Tatsache, dass Ingenieure Roboter als technische Innovation kreieren, um älteren Menschen Gesellschaft zu leisten, bietet den Nährboden für eine innovative soziale Praktik, die ihren Ursprung jedoch nicht motivational in der Gruppe der Betroffenen findet. Vielmehr ermöglicht die technische Innovation der sprechenden, zuhörenden und antwortenden humanoiden Roboter erst den Gedanken daran, dass ein Roboter als Interaktionspartner fungieren kann. Im Kontext der Betrachtung sozialer Interaktionen ist die Intention, die der innovativ gelebten Praxis innewohnt, entscheidend. Mit der Roboterinteraktion können von Seiten der Senior*innen gezielte Erwartungen verknüpft sein, mit denen dann wiederum spezifische Normen-, Werte-, und Merkmalsattributionen einhergehen. Von einem Tier wird nicht erwartet, dass es sich menschenähnlich verhält. Ebenso wird ein Tier mit vermeintlich anderen Wertezuschreibungen bedacht, als dies nun für humanoide Roboter verhandelt wird. Wenn der Roboter eine Attribution menschenähnlicher Werte und Normen erhält, liegt die Konsequenz nahe, diesen als Person zu klassifizieren.

Der Moment, der offenlegt, dass Roboterinteraktion als ein Äquivalent für Zwischenmenschliches angesehen wird, vergegenwärtigt den Leidens- und Problemdruck, der von dieser Mangelsituation ausgeht. Roboter werden proaktiv als Lösungsstrategien für verschiedene Sachverhalte angepriesen. Der Leidensdruck besteht auf Seiten spezifischer Personengruppen wie etwa dem Pflegepersonal und den Älteren. Jedoch reagieren diese betroffenen Personengruppen eher zögerlich auf die industriell gefertigten Lösungen im Robotergehäuse. Dies ist eine Diskrepanz, die sich immer wieder zeigt: Von der Industrie und der Forschung werden Pflegeroboter insbesondere in der stationären Pflege als Unterstützung propagiert und als Zukunft der Seniorenbetreuung ausgerufen. Pflegepersonal und zu Pflegende reagieren eher zurückhaltend auf diese Glorifizierung des Robotereinsatzes (vgl. Becker et al. 2013, S. 184ff.). Wenn man so will: Die Theorie formuliert Thesen, die die Praxis nicht anerkennen möchte. Insofern passiert eine Hinwendung zum (Pflege) Roboter durch die benannten betroffenen Personengruppen nicht aufgrund einer intrinsischen Motivation. Vielmehr ist es so, dass Wissenschaft und Forschung die Robotik als den nächsten, konsequenten Schritt in der Entwicklung der präzisen Maschine propagieren (vgl. Köhler und Goldmann 2010). Der Innovationsdruck geht für die Interaktion mit (Pflege)Robotern erst auf der zweiten Ebene von den Adressaten dieser neuen Technologien aus. Aufgrund dessen ist die soziale Innovation mit dem Zusatz *durch Technik* zu versehen. Individualisierungsprozesse und der demografische Wandel erzeugen neue Herausforderungen, die neue soziale Praktiken notwendig machen. Demografische Entwicklungen führen dazu, dass nach dem Funktionsverlust familialer Versorgungssysteme auch das institutionalisierte Versorgungssystem droht, instabil zu werden. Nachdem die Versorgung und Pflege älterer Menschen staatlichen und privatwirtschaftlichen Organisationen übergeben wurde (vgl. Becker et al. 2013, S. 3f.), muss eingedenk des Innovationsdrucks darüber nachdacht werden, ob Technik in Form von Robotern einen neuen Mangel der

Menschengeschichte ausgleichen muss. Die Vielfältigkeit der Bereiche, in denen mittlerweile Roboter zum Einsatz kommen, vergegenwärtigt, dass ein auf die Zukunft ausgelegtes Denken und Handeln vom Roboter als sozialem Interaktionspartner ausgehen muss. In jedem Falle stellt dies im kulturellen Kontext eine neue Form der sozialen Praktik dar, die den Zweck hat, eine als unbefriedigend empfundene Situation zu verändern. Insbesondere die mit der Mensch-Roboter-Interaktion verflochtenen ethischen Fragestellungen sind weitreichend (vgl. ebd., S. 184f.). Eingangs wurde aufgezeigt, dass eine soziale Innovation *nicht per se positiv* konnotiert sein muss. Wie sich dies für die Interaktion mit Pflegerobotern bewerten lässt, kann erst in den nächsten Jahren eruiert werden.

Literatur

Becker, Heidrun, M. Scheermesser, M. Früh, Y. Treusch, H. Auerbach, R. A. Hüppi und F. Meier. 2013. *Robotik in Betreuung und Gesundheitsversorgung.* Zürich: vdf Hochschulverlag AG.

Beck, Ulrich. 1995. Die „Individualisierungsdebatte". In *Soziologie in Deutschland. Entwicklung, Institutionalisierung und Berufsfelder. Theoretische Kontroversen,* Hrsg. B. Schäfers, 185–197, Opladen: Leske + Budrich.

Beck, Ulrich. 1986. *Risikogesellschaft. Auf dem Weg in eine andere Moderne.* Frankfurt am Main: Suhrkamp.

Bengler, Klaus. 2012. Der Mensch und sein Roboter. Von der Assistenz zur Kooperation. https://www.uni-muenchen.de/studium/studienangebot/lehrangebote/ringvorlesung/rv_11_12/bengler.pdf. Zugegriffen: 02. August 2017.

Blättel-Mink, Birgit. 2006. Kompendium der Innovationsforschung. Wiesbaden: VS Verlag für Sozialwissenschaften.

Franz, Hans-Werner. 2015. Editorial. In *Sozialwissenschaften und Berufspraxis 2/15,* Hrsg. Berufsverband Deutscher Soziologinnen und Soziologen e. V., 155–157. Stuttgart: Lucius & Lucius.

Gillwald, Kathrin. 2000. Konzepte sozialer Innovation. *WZB paper:* Querschnittsgruppe Arbeit und Ökologie. Berlin. http://bibliothek.wzb.eu/pdf/200/p00-519.pdf. Zugegriffen: 30. Juli 2017.

Hoorn, J. F., E. A. Konijn, D. M. Germans, S. Burger und A. Munneke. 2015. The in-between machine: The unique value proposition of a robot or why we are modelling the wrong things. In Proceeding of the 7th International Conference on Agents and Artifical Intelligence (ICAART) Jan. 10–12, 2015. Lisbon, Portugal, Hrsg. S. Loiseau, J. Filipe, B. Duval und J. van den Herik, 464–469, Lisbon: ScitePress.

Howaldt, Jürgen, R. Kopp, und M. Schwarz. 2014. *Zur Theorie sozialer Innovationen. Tardes vernachlässigter Beitrag zur Entwicklung einer soziologischen Innovationstheorie.* Weinheim: Beltz Juventa.

Howaldt, Jürgen, und M. Schwarz. 2010. *„Soziale Innovation" im Fokus: Skizze eines gesellschaftstheoretisch inspirierten Forschungskonzepts.* Bielefeld: transcript.

Hutter, M., H. Knoblauch, W. Rammert, und A. Windeler. 2016. Die reflexive Herstellung des Neuen. In *Innovationsgesellschaft heute. Perspektiven. Felder und Fälle*, Hrsg. W. Rammert, A. Windeler, H. Knoblauch und M. Hutter, 15–35. Wiesbaden: Springer VS.

Köhler, K., und M. Goldmann. 2010. Soziale Innovation in der Pflege – Vernetzung und Transfer im Fokus einer Zukunftsbranche. In *Soziale Innovation. Auf dem Weg zu einem postindustriellen Innovationsparadigma*, Hrsg. J. Howaldt und H. Jacobsen, 253–270. Wiesbaden: VS Verlag für Sozialwissenschaften.

Kron, Thomas und M. Horàcek. 2009. *Individualisierung*. Bielefeld: transcript.

Kruse, Andreas. 2012. Zum Hintergrund und der Bedeutung der Generali Altersstudie. In *Generali Altersstudie 2013. Wie ältere Menschen leben, denken und sich engagieren*, Hrsg. Generali Zukunftsfonds und Institut für Demoskopie Allensbach, 15–29, Frankfurt am Main: Fischer Taschenbuch Verlag.

Kruse, Andreas. 2012. Lebenszufriedenheit aus psychologischer und gerontologischer Perspektive. In *Generali Altersstudie 2013. Wie ältere Menschen leben, denken und sich engagieren*, Hrsg. Generali Zukunftsfonds und Institut für Demoskopie Allensbach, 62–72, Frankfurt am Main: Fischer Taschenbuch Verlag.

Li, J., W. Ju und B. Reeves. 2016. Touching an Mechanical Body: Tactile Contact With Intimate Parts of a Human-Shaped Robot is Physiologically Arousing. https://convention2. allacademic.com/one/ica/ica16/index.php?cmd=Online+Program+View+Paper&selected_paper_id=1108290&PHPSESSID=9cnle64c37ucqnuo105rf0ggk4. Zugegriffen: 02. August 2017.

Li, J. und M. Chignell. 2010. ´Communication of Emotion in Social Robots through Simple Head and Arm Movements´. *Springer Science & Business Media BV*. doi: 10.1007/ s12369-010-0071-x.

Maier, Helmut. 2016. *Grundlagen der Robotik*. Berlin: VDE Verlag GmbH.

Passoth, J. und W. Rammert. 2016. Fragmentale Differenzierung und die Praxis der Innovation. In *Innovationsgesellschaft heute. Perspektiven. Felder und Fälle*, Hrsg. W. Rammert, A. Windeler, H. Knoblauch und M. Hutter, 39–67. Wiesbaden: Springer VS.

Peuckert, Rüdiger. 1996. *Familienformen im sozialen Wandel*. Wiesbaden: Springer.

Poser, Hans. 2016. *Homo Creator. Technik als philosophische Herausforderung*. Wiesbaden: Springer.

Rajner, Nadine. 2010. *Autonome Pflegeroboter in der Geriatrie – Ein Fluch oder Segen? Technologien und Wirtschaftlichkeit im Vergleich*. Saarbrücken: VDM Verlag Dr. Müller.

Rammert, Werner, A. Windeler, H. Knoblauch, und M. Hutter, Hrsg. 2016. *Innovationsgesellschaft heute. Perspektiven, Felder und Fälle*. Wiesbaden: Springer VS.

Reckwitz, A. 2003. Grundelemente einer Theorie sozialer Praktiken. Eine sozialtheoretische Perspektive. *Zeitschrift für Soziologie* 32 (4): 282–300.

Turkle, Sherry. 2011. Alone together. Why we expect more from technology and less from each other. New York: Basic Books.

Verein Deutscher Ingenieure. 1990. *VDI Richtlinie 2860. Montage und Handhabungstechnik. Handhabungsfunktionen, Handhabungseinrichtungen; Begriffe, Definitionen, Symbole*. Düsseldorf: Verein Deutscher Ingenieure.

Zapf, W. 1989. Über soziale Innovationen. *Soziale Welt* 40 (1/2): 170–183.

Internetquellen

http://bds-soz.de/?page_id=2528. Zugegriffen: 04. August 2017.

https://www.robotics.org/Robotic-Resources. Zugegriffen: 01.August 2017.

http://www.ikbenalice.nl/. Zugegriffen: 01. August 2017.

https://www.alzheimer-forschung.de/alzheimer-krankheit/aktuelles.htm?showid=3288. Zugegriffen: 05. August 2017.

https://blog.vdi.de/2016/06/wie-integrieren-wir-roboter-in-die-gesellschaft/. Zugegriffen: 01. August 2017.

https://his.anthropomatik.kit.edu/65.php. Zugegriffen am 04. August 2017.

https://www.uni-oldenburg.de/news/art/roboter-seelenlose-psychopathen-oder-nuetzliche-helfer-1949/. Zugegriffen: 04. August 2017.

Männer und Gleichstellungspolitik
Der Weg zur Institutionalisierung sich neu formierender gesellschaftlicher Prozesse[1]

Laura Tahnee Rademacher

1 Einleitung

Gleichstellungsarbeit und Männer – zwei Themen, die zunächst komplementär erscheinen und einander doch nicht ausschließen. Aktuelle Entwicklungen zeigen, dass sich langsam, aber sicher auch ein männlicher Gleichstellungsbedarf formiert, der als solcher erkannt und gefördert werden soll. Dieser Beitrag zeigt, wie es gelingen kann, einen solchen Prozess voran zu bringen und zu institutionalisieren. Am Beispiel der Stadt Münster wird skizziert, wie im Zusammenspiel von öffentlicher Verwaltung und freien Trägern dieser Bedarf ermittelt und (politisch) legitimiert wird.

Nach einem kurzen Umriss des Feldes der Männerbewegungen und der Gleichstellungspolitik wird der Weg der Institutionalisierung der Männerarbeit in Münster beschrieben. Hierbei steht das Projekt „Frauen. Männer. Münster = Fair.“ im Zentrum der Betrachtung. Anhand dieses Projektes wird gezeigt, wie sich soziologisches Wissen in der gleichstellungspolitischen Praxis anwenden lässt und welchen Nutzen der so genannte soziologische Blick bringt. Hierbei stehen die Koordinierung der verschiedenen Akteure als auch die theoretische Analyse der Bedarfsentwicklung im Vordergrund. Gleichstellung (-sarbeit) ist ein komplexes Querschnittsthema, das viele Bereiche der Gesellschaft betrifft; aus diesem Grund wird abschließend diskutiert, wie der Brückenschlag zwischen soziologischer Theorie und angewandter Praxis gelingen kann und welchen Mehrwert die Implementierung sozialwissenschaftlichen Wissens in solchen Prozessen generiert. Zudem wird ein Ausblick auf die institutionalisierte Männerarbeit und die Möglichkeiten

---

1 Dieser Beitrag basiert größtenteils auf der unveröffentlichten Bachelorarbeit: Rademacher, Laura 2015. Bewegte Männer. Über (neue) Männlichkeiten und Gleichstellung in einer individualisierten Gesellschaft. Westfälische Wilhelms-Universität Münster.

von Sozialwissenschaftlerinnen und Sozialwissenschaftlern in Arbeitsfeldern der kommunalen Verwaltung und Politik gegeben.

2 Männerbewegung(en) und Gleichstellungspolitik

Ein Überblick über die Entwicklung der Männerbewegungen und -arbeit erlaubt einen besseren Nachvollzug, wie der Prozess der Institutionalisierung entstanden ist und sich weiterentwickelt. Männer und Männerbewegungen sind in der sozialwissenschaftlichen Forschung kein gänzlich neues Phänomen, auch wenn die Themen Geschlecht und Gleichstellung meist mit Frauen assoziiert werden (Lehner 2012, S. 79). Werden Männer öffentlich thematisiert, dann oftmals als „Problemgruppe": als Straftäter, Bildungsverlierer, als Risikofaktoren für sich und andere (Schölper 2008, S. 2). Doch auch darüber hinaus hat sich analog zur Frauenforschung eine Männerforschung etabliert, die zwar weniger präsent, aber auch im politischen Gleichstellungskontext relevant ist. Wichtig zu bemerken ist jedoch die Tatsache, dass die Männerbewegung ebenso wie die Forschung nicht ohne die der Frauen zu denken ist. Erst die „feministische Kritik am Mann führte zu einer ‚Diskursivierung' von Männlichkeit als ein Reflexivwerden von Selbstverständlichkeiten" (Schölper 2008, S. 3). Ohne Frauenbewegung keine Männerbewegung. Durch den von den Frauen vollzogenen Wandel waren die Männer zwangsläufig mit betroffen, „denn die Geschlechtergruppen sind eng aufeinander verwiesen, so dass Bewegung und Änderung in der einen Gruppe Bewegung und Änderung in der anderen Gruppe zur Folge haben muss" (Lehner 2012, S. 81). Die Reflexion über Männlichkeit ist demnach die logische Konsequenz der Frauenbewegung. So sind die ersten Männerbewegungen (men's movement) zunächst in den USA und dann in Deutschland entstanden (Schölper 2008, S. 6) und lassen sich unterschiedlichen Strömungen zuordnen. Das klassische Mann-Sein und stereotype Rollenbilder wurden durch die feministische Kritik am patriarchalen System in Frage gestellt und von den ersten Männergruppen überdacht im Ansinnen, ein neues Selbstbild zu schaffen (Connel 2015, S. 71). Seit den 1970er Jahren lassen sich so die ersten Männerbewegungen verzeichnen, die jedoch im Vergleich zur Frauenbewegung wenig bis gar nicht politisch aktiv waren (Kemper 2011, S. 19). Diese (profeministischen) Strömungen sind außerdem zu unterscheiden von der Schwulenbewegung, die politisch und gesellschaftlich gesonderte Ziele verfolgte.

In Deutschland lassen sich fünf verschiedene Phasen der Männerbewegung verzeichnen:

„1. 1973: Beginn der Männergruppenszene in der linksradikalen Subkultur
2. Anfang der 1980er Jahre: Etablierung der bürgerlichen Männergruppenszene
3. Mitte der 1980er Jahre: Ausdifferenzierung, Entstehung der autonomen Männergruppenszene und der „Neue-Mann-Bewegung"
4. 1993: Spaltung der bürgerlichen und der autonomen Männergruppenszene
5. Anfang 2000: Marginalisierung der bürgerlichen Männergruppenszene, Ende der autonomen Männergruppenszene, zunehmende Etablierung der Männerrechtler/ Maskulisten" (Kemper 2011: 21)

Eine kritische Betrachtung wäre besonders für die maskulistische Männer- und Väterrechtsbewegung angebracht, die sich offen gegen Feminismus positioniert und nicht im Sinne einer geschlechtergerechten Gleichstellungsarbeit agiert, kann im Rahmen dieses Beitrages jedoch nicht geleistet werden. Der Fokus verbleibt auf jenen Bewegungen, die sich der Reflexion des Männlichkeitsideals annehmen und auf denen sowohl die Männergruppenarbeit als auch die institutionelle Männerarbeit basieren. Denn mit der männlichen Selbsterfahrungsszene entstanden auch die ersten Männergruppen, die sich auf Therapie und Austausch spezialisiert haben. Diese Gruppen legen ihren Schwerpunkt auf das Hinterfragen von Rollenbildern und indizieren einen ersten Bedarf an (öffentlicher) Unterstützung, verblieben zumeist im Privaten und auf das Innenleben konzentriert und agierten wenig politisch (Kemper 2011, S. 25). Die Entwicklungen in der Männerszene spannen sich also von einer Konzentration auf Selbstverwirklichung bis zu politischen Ansätzen. Vielerlei Interessen wurden in unterschiedlichen Rahmungen verfolgt und erschwerten so bis heute die Etablierung der institutionalisierten Männerarbeit. Erst in den 1990er Jahren entstand in Berlin das erste Männerbüro (Papert 1994, S. 49), das sich männerspezifischen Fragen und Themen annahm. Die institutionelle Männerarbeit kämpft jedoch bis heute mit mangelnden Ressourcen und einer adäquaten Infrastruktur, einer der Gründe, warum das im Folgenden vorgestellte Projekt in der Stadt Münster entwickelt wurde. Es soll „Männerarbeit" präsenter machen und öffentlich fördern, ohne die Frauenförderung zu beeinträchtigen. Wenn Gleichstellungspolitik Geschlechtergerechtigkeit anstrebt, darf Männerförderung nicht gleichgesetzt werden mit Täterarbeit, sondern muss auch Beratungsbedarf abseits der Gewaltprävention decken. Auf diesen Umstand wird im weiteren Verlauf noch näher eingegangen.

Ein Blick auf die sozialwissenschaftliche Forschung über Männer generiert (neue) Blickweisen und verdeutlicht, wie Forschung in außeruniversitäre Handlungsfelder integriert und für die Praxis fruchtbar gemacht werden kann. Ergebnisse soziologischer Studien können z. B. im politischen Diskurs und zu Legitimationszwecken des sich neuformierenden männlichen Gleichstellungsbedarfs eingesetzt werden.

In den 1980er Jahren wurden die ersten angelsächsischen men's studies ins Deutsche übersetzt (Schölper 2008, S. 6), so wurde in der BRD eine männerorientierte Forschung etabliert, die sich nicht nur im Bezug zur Frauenforschung verstand, sondern die Auseinandersetzung mit der männlichen Rolle fokussiert sowie die Entstehung von Männlichkeit (und Weiblichkeit) erforscht (Connel 2015, S. 76). In den sich entwickelnden Gender Studies entstanden verschiedene Geschlechtertheorien und diverse Geschlechtsrollenkonzepte, die als Grundlage geschlechtergerechter Gleichstellungsarbeit dienen. Neben der Geschlechterforschung emanzipierte sich die Männerforschung zum eigenständigen Forschungsfeld. So gründete sich 1994 der Arbeitskreis „kritische Männerforschung" (Schölper 2008, S. 12) mit folgender Begründung: „Wenn das Patriarchat als weltweit herrschende Ideologie betrachtet wird, ist kritische Männerforschung im besten Sinne ideologiekritisch. Wegen der hohen politischen und emotionalen ‚Ladung' der skizzierten Themenkreise ist es dringend erforderlich, daß der laufende gesellschaftliche Diskurs von seriöser Forschung flankiert wird" (Parpat 1994, S. 55). Beflügelt wurde Männerforschung durch die im Jahr 1998 im deutschen Raum veröffentlichte Arbeit Connels „Der gemachte Mann" (1998/2015), der das Konzept der hegemonialen Männlichkeit in den Diskurs brachte, sowie durch die repräsentative Männer-Studie von Zulehner und Volz „Männer im Aufbruch" (1998). Ihre Daten und Erkenntnisse werden bis heute in der gleichstellungspolitischen Arbeit mit Blick auf den männlichen Beratungsbedarf genutzt, denn „für eine moderne Gleichstellungspolitik sind geschlechtsspezifische Teilpolitiken (Frauenpolitik, Männerpolitik) ebenso legitim und notwendig wie der verbindende Geschlechterdialog resp. geschlechterübergreifende Maßnahmen" (Theunert 2012, S. 29).

Auch wenn die Männerbewegung(en) wenig präsent sind, lässt sich in den letzten Jahren doch die Tendenz hin zu einer männerorientierten Gleichstellungspolitik verzeichnen. Diese befindet sich in Deutschland neben der politischen und institutionellen Frauenarbeit noch in den Anfängen, doch „die Kosten traditioneller Männlichkeit(en) werden langsam sichtbar" (Theunert 2012, S. 21), und die Politik beginnt sich dieser Folgen allmählich anzunehmen, da eine tatsächliche Gleichstellung der Geschlechter noch nicht erreicht ist. Artikel 3, Absatz 2 des deutschen Grundgesetzes erklärt die Gleichberechtigung von Frau und Mann als Grundrecht. Dieser Auftrag legt das Augenmerk völlig zu Recht auf die Frauenförderung, für die sich viele Institutionen des Bundes, der Länder und der Kommunen einsetzen. Hier entsteht jedoch eine paradoxe Situation, die eher selten in den Fokus der Aufmerksamkeit rückt: Durch Gleichstellungsarbeit werden Ungleichheiten gefestigt – eine ungewollte Nebenfolge der politischen Maßnahmen. Sozialwissenschaftliche Studien zeigen z. B., dass durch die gute Mädchenförderung in Schulen Jungen mittlerweile oft als Bildungsverlierer gelten. Das wird in der Öffentlichkeit zur Kenntnis genommen und kritisiert, hat aber nicht dazu geführt, dass dieser Umstand in den Fokus der Gleichstellungspolitik gerückt wurde. Wenn diese mehr leisten will als Diskriminierungsverbote und Frauenförderung (Zulehner und Volz 1998, S. 13), erfordert Gleichstellung ein Miteinander und kein Gegeneinander; was auch bedeutet, dass eine notwendig gewordene Jungenförderung nicht zu Lasten der Mädchen gehen darf. Der Ruf nach männerpolitischen Maßnahmen richtet sich nicht auf eine Reduktion der Frauenarbeit, doch solange nur einseitig Politik betrieben und gefördert wird, stagniert der Gleichstellungsprozess (Zulehner und Volz 1998, S. 14). Wenn gesellschaftliche Rollenbilder sich transformieren sollen, gehört dazu auch eine Reflexion des Männerbildes. Hierfür bedarf es einer Männerpolitik im Rahmen der Gleichstellungspolitik, wobei zu beachten ist, dass Gleichberechtigung mehr als nur die Gleichverteilung von Ressourcen bedeutet (Theunert 2012, S. 25), sondern die spezifische Annahme und Bewältigung differenzierter Problemlagen, die nicht mathematisch gegeneinander aufgerechnet werden können und erst recht keinen Verteilungskampf beschwören sollen.

Das Problem des Themas Männerpolitik ist die teilweise politische und diskursive Brisanz. So können solche Ansätze schnell eine Plattform für rechtsgerichtete maskulistische (s. o.) Positionen bieten. Zudem wird durch eine geschlechtsspezifische Politik das „dichotome[n] und heteronormative[n] Geschlechterverhältnis" (Geppert und Scheele 2013, S. 124) gestärkt und Differenzen hervorgehoben. Somit bleiben Geschlechternormen weiterhin bestehen. Allerdings lassen sich, so meine These, Geschlechterunterschiede auch nicht ohne spezifische Förderung einfach umgehen, so dass solche Maßnahmen der Bewusstwerdung und der Reflexion eben jener vorhandenen Differenzen zuträglich sind, um darauf aufbauend langfristig paritätische Verhältnisse zu schaffen, in denen das Geschlecht keine Rolle mehr spielt. An dieser Stelle sei vermerkt, dass die Politik sich vorrangig an heteronormativen Standards ausrichtet und eine queere Geschlechtspolitik ebenfalls nicht außer Acht gelassen werden darf (vgl. u. a. Engel 2001). Doch Ausführungen zum Thema Diversity würden den Rahmen des Beitrags an dieser Stelle sprengen.

Mit Blick zurück auf die, wenngleich heteronormative, jedoch standardisierte Gleichstellungspolitik lässt sich postulieren, dass „moderne Gleichstellungspolitik […] auf dem Einverständnis einer grundlegenden Gleichwertigkeit der Geschlechter" (Theunert 2012, S. 28) aufbauen und sich um Abgrenzung „gegenüber Polarisierung und Abwertung" (ebd.) bemühen muss.

Männliche Probleme und Bedürfnisse sind jedoch noch nicht gänzlich als Gegenstand einer solchen modernen Gleichstellungspolitik anerkannt. Laut Lehner werden die Männer unsichtbar, nicht aufgrund von Unterdrückung, wie es bei den Frauen der Fall war, „die Unsichtbarkeit von Männern als Geschlechtswesen [ist] Folge eines männlichen Dominanzanspruches, der Männlichkeit mit Menschsein gleichsetzt(e)" (2012, S. 81f.). Angeregt durch die Frauenbewegung wurde dieses Bild erstmals von Männern hinterfragt, mit der Erkenntnis, „dass männliches Denken, Fühlen und Handeln nicht die allgemein gültige Norm des Menschseins darstellt […]. Eine von Männern dominierte, aber für Männlichkeit ‚blinde' Politik prolongiert traditionelle männliche Macht und Dominanz – und ignoriert gleichzeitig männliche Problemlagen" (Lehner 2012, S. 82). Somit ist die erste Forderung an die Politik, ihr Selbstbild zu verändern.

> „Der Staat beispielsweise ist eine männliche Institution. Damit ist nicht unbedingt gemeint, dass die Persönlichkeiten der Männer in Führungspositionen auf die Institutionen abfärben. Es geht um etwas Gravierenderes: die Praktiken staatlicher Organisation strukturieren sich mit Bezug zum Reproduktionsbereich. Die überwiegende Mehrzahl der Führungspositionen sind mit Männern besetzt, weil Einstellung und Beförderung geschlechtsbezogen vorgenommen werden, weil auch die interne Arbeitsteilung und die Kontrollsysteme nicht geschlechtsunabhängig organisiert sind, ebenso wenig die routinemäßigen Handlungsabläufe oder die Konsensbildung." (Connel 2015, S. 126)

Wenn Mann-Sein nicht mehr als Norm verstanden werden soll, müssen Männer in ihrer Verschiedenheit sichtbar gemacht werden, nicht mehr nur in ihrer dominanten Rolle, sondern auch im Erleben dieser Macht und den damit verbundenen Widersprüchlichkeiten (Lehner 2012: 83). Hierbei wird deutlich, dass die damit einhergehenden Krisen und Probleme nicht vergleichbar sind mit denen der Frauen. Bei ihnen lässt sich die Ausgangslage auf die systematische Unterdrückung zurückführen, wohingegen die der Männer eine andere ist – sie leiden unter den Kosten der Macht, unter den selbst geschaffenen Strukturen (ebd.).

Es bedarf also einer (Gleichstellungs-) Politik, die diese Probleme auffängt und sie gleichzeitig an der Wurzel bekämpft. So lange Institutionen patriarchal strukturiert sind, erweist sich der Kampf gegen dadurch entstehende Ungleichheiten, auf weiblicher und männlicher Seite, als Kampf gegen Windmühlen. Das System kann keine Probleme lösen, dessen Ursache es selbst ist; oder wie Ullrich Beck schreibt: „Die Gleichstellung von Männern und Frauen ist nicht in institutionellen Strukturen zu schaffen, die die Ungleichstellung von Männern und Frauen voraussetzen" (1986, S. 181). Eine solche Feststellung verdeutlicht die Wichtigkeit der Soziologie als Reflexionswissenschaft in außerwissenschaftlichen Kontexten, die, wenngleich teilweise kritisch betrachtet (vgl. u. a. Kühl 2003), durch ihre Fremdbeschreibungen Prozesse kritisch beleuchten und für Umdenken sorgen kann.

Ein solches Umdenken ist in der (Gleichstellungs-) Politik ebenso von Nöten wie eine Umwälzung etablierter Geschlechterrollen. So ist es beispielsweise nicht ausreichend, Frauen einen leichteren Zugang zur Erwerbsarbeit zu erschließen, wenn Männer weiterhin keinen Zugang zur Haus- und Familienarbeit finden. So führt dies eher zur Auslagerung solcher Pflichten oder zur doppelten Belastung der Frauen als zur tatsächlichen Gleichstellung (Theunert 2012, S. 32). Das Problem bei der Umsetzung solcher Forderungen ist meist bei den Männern selbst angesiedelt, viele von ihnen fühlen sich durch diese Problematiken nicht angesprochen, zudem würden Veränderungen in diesem Bereich zum Verlust der nach wie vor bestehenden männlichen Privilegien führen (Lehner 2012, S. 85). Die Durchsetzung einer Männerpolitik erweist sich also aus verschiedenen Gründen als schwierig. Zum einen ergründet sich vielen Männern nicht, warum sie eine für sie vorteilhafte Situation grundsätzlich verändern sollten. Zum anderen ist die Ausrichtung, anders als bei den Frauen, eher unklar. Klar ist nur, Männerpolitik soll die Vormachtstellung des einen Geschlechts nicht noch weiter festigen und das durch feministische Bemühungen der letzten Jahrzehnte Erreichte nicht schmälern. Sie soll die Weichen stellen für ein gleichberechtigtes Miteinander von Frauen und Männern. Gleichzeitig soll sie aber auch die Männer in den Fokus rücken, mit ihren Problemen und Bedürfnissen, die zuvor nicht beachtet wurden, da aufgrund traditioneller Männlichkeit auch kein Bestreben zu verzeichnen war, diese zu thematisieren. Ziel einer modernen Gleichstellungspolitik sollte also ein Geschlechterdialog auf Augenhöhe sein, der eine „Kultur des wertschätzenden Annehmens der Beiträge des je anderen Geschlechts als Ausgangslage für eine kooperative und solidarische Neugestaltung der Geschlechterverhältnisse" etabliert (Theunert 2012, S. 35 f.).

Wie eine solche Etablierung unter Einbezug des hier angerissenen soziologischen Wissens über Geschlechterpolitik, insbesondere mit Perspektive auf die Männer, gelingen kann, soll im Folgenden am Beispiel der Stadt Münster gezeigt werden. Dafür wird zunächst der politische Kontext erläutert, in dessen Rahmen sich die Institutionalisierung der Männerarbeit vollzieht. Des Weiteren wird exemplarisch nachgezeichnet, auf welchen Ebenen und in welchen Zusammenhängen soziologische Expertise in einem solchen Prozess von Bedeutung ist.

3 Männer. Frauen. Münster = Fair.

Im Jahr 2009 ist die Stadt Münster der *Europäischen Charta für die Gleichstellung von Männern und Frauen auf lokaler Ebene* beigetreten. Dies ist eine „Charta für die Lokal- und Regionalregierungen Europas zur Förderung des Einsatzes ihrer Kompetenzen und Partnerschaften mit dem Ziel der Schaffung von mehr Gleichheit für ihre Bevölkerung". Sie wurde in den Jahren 2005 und 2006 vom Rat der Gemeinden und Regionen Europas (RGRE) erarbeitet. Die Charta beinhaltet 30

Artikel die Themen und Felder betreffen, in denen Gleichstellungsarbeit für und von Männern und Frauen erforderlich ist, basierend auf sechs Grundsätzen:

1. „Gleichstellung von Frauen und Männern ist ein Grundrecht
2. Vielfältige Diskriminierungen und Benachteiligungen müssen bekämpft werden, um die Gleichstellung von Frauen und Männern zu garantieren
3. Die ausgewogene Mitwirkung von Frauen und Männern an Entscheidungsprozessen ist eine der Grundbedingungen einer demokratischen Gesellschaft
4. Die Beseitigung von Geschlechterstereotypen ist von grundlegender Bedeutung für die Gleichstellung von Frauen und Männern
5. Die Einbeziehung der Geschlechterperspektive in alle Aktivitäten von Lokal- und Regionalregierungen ist für die Gleichstellung von Frauen und Männern erforderlich
6. Entsprechend dotierte Aktionspläne und Programme sind notwendige Instrumente zur Förderung der Gleichstellung von Männern und Frauen" (RGRE 2006, S. 8f.)

Die 30 Artikel der Charta umfassen die folgenden Teilbereiche: demokratische Verantwortung, politische Rolle, allgemeine Verpflichtungen, Rolle als Arbeitgeber, öffentliches Beschaffungs- und Vertragswesen, Rolle als Dienstleistungserbringer, Planung und nachhaltige Entwicklung, Rolle als Regulierungsbehörde sowie Städtepartnerschaften und internationale Kooperationen.

Artikel 6 beispielsweise bezeichnet den Kampf gegen Stereotype als eine grundlegende Voraussetzung für eine geschlechtergerechte Gesellschaft: „Die Unterzeichnerin/der Unterzeichner verpflichtet sich, Vorurteile, Praktiken und sprachliche Wendungen sowie Bilder zu bekämpfen und so weit wie möglich zu verhindern, welche auf der Vorstellung der Über- oder Unterlegenheit eines Geschlechts oder auf stereotypen Geschlechterrollen für Frauen oder Männer beruhen" (RGRE 2006, S. 14). Dies zum Beispiel impliziert einen gendergerechten Sprachgebrauch in der Öffentlichkeit, der allmählich Verbreitung findet. Es zeigt sich, dass insbesondere beim Sprachgebrauch, aber auch in anderen Bereichen, zunächst die Förderung von Frauen im Vordergrund steht. Aber der Abbau von Rollenstereotypen kommt auch den Männern zu Gute.

Dieses Verhältnis zeigt sich auch in weiteren Artikeln der Charta. Vorrangig ausgelegt, um die Benachteiligung von Frauen zu bekämpfen, finden sich in vielen Punkten auch Aspekte von männlichen Förderbedarfen. So zum Beispiel im Bereich Gesundheit (Artikel 14) und im Bereich Kinderbetreuung (Artikel 16), der maßgeblich auf eine bessere Vereinbarkeit von Familie und Beruf verweist sowie auf das Auflösen der traditionalen Arbeitsteilung und der damit verbundenen Geschlechtsrollenzuweisungen.

Die Stadt Münster hat nun im Jahr 2014 schon ihren zweiten Aktionsplan hervorgebracht. Nachdem der erste unter anderem den Aspekt der geschlechtergerechten Sprache beinhaltete, werden nun neue Themen in den Fokus genommen. So verpflichtet sich die Stadt weiterhin zum Abbau von Geschlechterstereotypen, zu einer geschlechterdifferenzierten Datenerfassung und -verarbeitung, zur geschlechtergerechten Sprache und zum Gender Budgeting (Stadt Münster 2014, S. 5). Ein besonderer Schwerpunkt des zweiten Aktionsplans ist das Thema Männer und Jungen in der Gleichstellung, so heißt es:

> „Die fachliche Notwendigkeit und die strukturellen und inhaltlichen Möglichkeiten, männer- und jungenbezogene Aufgaben und Ziele bedarfsorientiert abgesichert und systematisch in die Gleichstellungsarbeit einzubinden, werden geprüft. Es werden eine Aufgabenbeschreibung und mögliche organisatorische und personelle Lösungsvorschläge für eine zielgerichtete Männer- und Jungenarbeit im Rahmen Querschnittsaufgabe Gleichstellung entwickelt.
> Verantwortlich: Frauenbüro in Zusammenarbeit mit AG 1 Gender und MännerNetzwerk Münster" (Stadt Münster 2014, S. 6).

In diesem Rahmen steht auch das Thema Männergesundheit mit auf der Agenda (Stadt Münster 2014, S. 13).

Neben der Frauenförderung, die in Münster schon seit den 1980er Jahren institutionell durch das Frauenbüro verankert ist, rücken nun auch die Männer in den Fokus des Interesses. So wurde schon im Rahmen des ersten Aktionsplans das *männernetzwerk münster* gegründet. Dieses Netzwerk besteht aktuell aus zehn verschiedenen Männerorganisationen, wird von der Stadt gefördert und agiert ähnlich wie das Bundesforum Männer, nur eben auf kommunaler Ebene. Das *männernetzwerk* leistet Netzwerkarbeit und richtet einen männerspezifischen Blick auf Themen wie Arbeit und Beruf, Gesundheit, Partnerschaft, Vaterrolle, Sexualität und Gewalt. Zudem fungiert es als vermittelnde Instanz zwischen Politik und zivilgesellschaftlichem Engagement. Dies ist der erste Schritt in Richtung institutionalisierter Männerarbeit in Münster. Doch die Forderungen gehen weiter, aus dem Frauenbüro soll letztlich ein geschlechtergerechtes Gleichstellungsbüro werden. Aus diesem Grund wurde im März 2015 erstmals gemeinsam von Frauenbüro und *männernetzwerk münster* zu einem Werkstattgespräch aufgerufen, denn „mit dem Beitritt zur Europäischen Charta zur Gleichstellung von Männern und Frauen auf lokaler Ebene, hat die Stadtverwaltung auch das Ziel verfolgt, die Gleichstellungsarbeit weiter auszudifferenzieren und den Aspekt ‚Männerarbeit‘ in den Blick zu nehmen" (Stadt Münster 2015, S. 1). Das Thema Männer ist im Grunde genommen „von Beginn an da, wenn es um Chancengleichheit geht, denn Ungleichheit ist schließlich nur im Vergleich zu beschreiben" (Stadt Münster 2015, S. 4). Doch zeitgleich fühlen sich viele Männer nicht in der Verantwortung, wenn es um Chancengleichheit geht. Sie selbst sehen sich selten in einer förderungsbedürftigen Position, doch mehr und mehr wird deutlich, dass ein Prozess beginnt, in dem dennoch die eigenen Rollenzuschreibungen hinterfragt werden. Dem *männernetzwerk* gehe es darum, „die nach wie vor gängigen Klischees und Geschlechterrollenstereotype zu hinterfragen. [Es will] Männern, die mit den an sie gerichteten Rollenzuschreibungen nicht (mehr) zufrieden sind, Alternativen bieten. […] eine gesellschaftliche Akzeptanz für alternative Rollenmodelle fördern und […] Männern Mut machen, ihre Bedürfnisse zu äußern" (Stadt Münster 2015, S. 7). Gefordert sind also geschlechtsspezifische Betrachtungs- und Arbeitsweisen. In Münster befindet sich dies schon auf dem Weg, die Jungenarbeit zum Beispiel besteht schon seit Ende der 1990er Jahre in Form des Jungenarbeitskreises. Dieser hat im Jahr 2006 den nun jährlich stattfindenden Münsteraner Jungentag ins Leben gerufen, an dem Schüler der Jahrgangsstufe 6 sich mit ihrer Sexualität und Rollenbildern auseinandersetzen (Stadt Münster 2015, S. 40). Zudem ist in Münster neben dem ‚Girls' Day', einem Berufsorientierungstag für Mädchen, die frauenuntypische Berufe kennen lernen können, auch das Pendant ‚Boys' Day' etabliert (ebd.).

Neben der Jungenarbeit soll nun auch die Männerarbeit weiter konstituiert werden. Deutlich wird die zunehmende Nachfrage nach männerspezifischen Beratungsangeboten, die schon im kleinen Rahmen bestehen, deren Auftritt jedoch neu überdacht und institutionalisiert werden soll. Für Männer ist es nicht so selbstverständlich, sich externe Hilfe zu holen – dies soll verändert werden (Stadt Münster 2015, S. 42). Mit eigenen Ansprachen und geschlechtsspezifischen Konzeptionen soll das Tabuthema „hilfesuchende Männer" aus seinem Schattendasein geholt werden und gesellschaftliche Akzeptanz erfahren. Dies bedarf eines öffentlichen Diskurses und der Veränderung von Rollenstereotypen. Deswegen hat sich im Anschluss an das Werkstattgespräch die Projektgruppe „Männer. Frauen. Münster = Fair" gegründet, bestehend aus Politik, Verwaltung sowie Fachmännern und -frauen der freien Träger. Die Projektgruppe arbeitet an Themen, Umsetzungsplänen, Handlungsleitfäden und Finanzierungsmöglichkeiten für eine geschlechtergerechte Gleichstellungsarbeit, die männerspezifische Themen politisch und institutionell einschließt.

Es zeigt sich, wie ein gesellschaftlicher Bedarf seitens der kommunalen Verwaltung und Politik aufgegriffen und bearbeitet werden kann. Im Folgenden soll nun herausgestellt werden, welche Bedeutung soziologischer Expertise bei solchen Prozessen zukommen kann.

4 Theorie und Praxis

Der praktische Wert der Soziologie wird durchaus kritisch betrachtet, so kritisiert beispielsweise Badura (1978) den Mangel praktischer Folgen soziologischer Erkenntnis. Auch Kühl bemerkt in einem Beitrag mit Bezug auf Bonß und Beck eine „Verwässerung der Soziologie in der Praxisverwendung" und meint: „Die unterschiedlichen Regeln, Strukturen und Prozesse dieser zwei Systeme führen dazu, dass weder Wissen aus der Wissenschaft in die Praxis überführt noch das Wissen in der Praxis eins zu eins in die Wissenschaft übernommen werden kann. Es findet in beide Richtungen jeweils ein Reinterpretationsprozess statt, in dem die Wissensbestände verändert werden" (Kühl 2003, S. 13).

Wie kann eine solche Reinterpretation, man kann auch von Übersetzung sprechen (vgl. Bosch et al. 201), gelingen? Dabei „kann nicht von einer direkten Anwendung sozialwissenschaftlichen Wissens in der Praxis gesprochen werden, sondern im Gegenteil nimmt die gesellschaftliche Rezeption dieses Wissensverschlungene und das Wissen transformierende Pfade und entfernt sich zum Teil sehr weit von dem wissenschaftlichen Entstehungskontext" (Bosch et al. 2001, S. 201). Derart eingepasst kann es sinnvoll sein, sich der theoretischen Grundlagen der Soziologie auch in der Praxis zu bedienen. Diese können, wenngleich in übersetzter Form, Erkenntnis bringend sein und vor allem im politischen Feld als Legitimationsgrundlage dienen. Zudem kann der so genannte „soziologische Blick" in Aushandlungsprozessen die Koordination der Akteure erleichtern. Zwecks Veranschaulichung dieser Annahmen soll im Folgenden auf zwei Aspekte eingegangen werden: zum einen auf den der sozialwissenschaftlichen *soft skills* bzw. des soziologischen Blicks, und zum zweiten auf die theoretische Untermauerung des Bedarfs zur Legitimierung vor der Politik. Als *soft skills* oder soziologischer Blick sollen unter anderem die in der Soziologie erworbenen Fähigkeiten zur Problemanalyse verstanden werden. d. h. das Erfassen komplexer Sachverhalte und Beziehungen, konzeptionelles, ziel- und lösungsorientiertes Arbeiten sowie kritisches Hinterfragen der Ist-Zustände (vgl. Kromrey 2007).

Am Beispiel der Projektgruppe, in der ich als Organisatorin involviert und u. a. für die Moderationen und das Festhalten sowie Aufbereiten der Ergebnisse zuständig war, zeigt sich, inwiefern diese genannten Kompetenzen einem solchen Prozess zuträglich sind.

Bei der Gruppe treffen viele unterschiedliche Akteure mit unterschiedlichen Intentionen und Zielen aufeinander. Zum einen sind da die Mitwirkenden der Träger, also der Beratungsstellen und Interessenverbände, zum anderen Mitglieder der Verwaltung, Politikerinnen und Politiker sowie interessierte Bürgerinnen und Bürger. Hier gilt es, alle Interessen zu koordinieren, das heißt vor allem, einen

Mittelweg zu finden zwischen dem leidigen Thema der Finanzierung (vor allem seitens der Politik), dem Personal und der aufgebrachten Zeit, dessen Einbindung eben nicht zu Lasten der Frauenförderung gehen darf, und der vordringlichen Eruierung des tatsächlichen Bedarfs.

Hierzu war es in diesem Rahmen wichtig, die für die einzelnen Akteure wichtigen Vorstellungen und Ziele zu sammeln. Auf Grundlage des Aktionsplans bestand der große Vorteil, dass nicht mehr grundsätzlich nach einer Legitimierung gesucht werden musste, da diese ja bereits festgeschrieben wurde. Nichtsdestotrotz muss aus der Idee eine konkrete Richtung und schließlich ein handfester Entwurf werden. Welche Strukturen und Ressourcen sind erforderlich? Wie lassen sich diese umsetzen?

Vor dem Hintergrund einer solchen heterogenen Arbeitsgruppe hat man als „objektive" oder zumindest weniger eingebundene und betroffene Soziologin den Vorteil, die Interessen der Beteiligten differenzierter zu betrachten und vor ihrem milieuspezifischen Hintergrund leichter einordnen zu können. Dies ermöglicht eine übersichtlichere Arbeitsweise und vermeidet das Sich-um-sich-selbst-drehen beziehungsweise das Festfahren in den Diskussionen. Die Gespräche lassen sich leichter zielbringend führen und Stolpersteine besser identifizieren. Zudem erleichtert der so genannte soziologische Blick, also nach meiner Auffassung das Hinterfragen und Durchschauen von gewissen Strukturen und Abläufen, die Koordinierung der Akteure und fördert die Reflexion – über die eigene Haltung, über die der anderen und über den Verlauf des Projektes.

Außerdem dient das Einbringen sozialwissenschaftlichen Wissens, also von theoretischen Bezügen und empirischen Befunden, der Strukturierung einer solchen Diskussionsrunde. So kann leichter ein roter Faden geschaffen werden, der einen Rückbezug ermöglicht, sobald die Diskussionen zu sehr abschweifen oder zu persönlich werden. Im Rahmen dieses Projektes habe ich unter anderem mit der Individualisierungsthese von Ullrich Beck analysiert, warum dieser männliche Gleichstellungsbedarf nun überhaupt und mittlerweile vermehrt zum Tragen kommt. Wie im Exkurs zu den Männerbewegungen festgestellt werden konnte, gehen diese mit der durch die Frauenbewegung hervorgebrachten Hinterfragung der Geschlechterrollen einher. Was macht das Mann-Sein heutzutage noch aus, wenn er nicht mehr der einzige Ernährer und das unangefochtene Familienoberhaupt darstellt, selbst in den Chefetagen nicht mehr ausschließlich das Sagen hat und zugleich gepflegt, sensibel und trotzdem „männlich" sein soll? Durch solche (vermeintlich) widersprüchlichen Anforderungen, seitens der Öffentlichkeit und vor allem der Werbung, kommt es zu Irritationen und zum Teil zu Orientierungslosigkeit. Dabei wird kein neues Selbstbewusstsein geschaffen, sondern zunehmend Druck aufgebaut (Parpat 1994, S. 43). Die Herausforderungen an das neue Männerbild sind also vielfältig, krisenreich und vor allem widersprüchlich.

Im Sinne von Beck kann die Freisetzung aus den traditionellen sozialen Formen besonders für Männer den Verlust von Sicherheit und Orientierung bedeuten. Für die Männer hat Gleichstellung in diesem Kontext nämlich eine andere Bedeutung als für Frauen; für sie bedeutet sie nicht „wie für die Frauen – *mehr* Bildung, *bessere* Berufschancen, *weniger* Hausarbeit, sondern komplementär: *mehr Konkurrenz, Verzicht auf Karriere, mehr Hausarbeit*" (Beck 1986, S. 173). Der Individualisierungsprozess der Frauen birgt demnach für die Männer ungeahnte Schattenseiten. Durch die Freisetzung der Frau gerät das gesamte familiale Bindungs- und Versorgungsgefüge unter Individualisierungsdruck (Beck 1986, S. 208). Deutlich wird, dass durch den Individualisierungsprozess männliche Krisen und Probleme entstehen, die zum einen in der vorherigen Zeit nicht in dieser Deutlichkeit zu erkennen oder gar existent waren und die zum anderen auf neu entstehende Bedürfnisse verweisen, die es institutionell aufzufangen und zu verarbeiten gilt.

Diese Ausführungen sind natürlich nicht vollständig, aber sie sollen grob verdeutlichen, wie sich theoretisches Wissen in der Praxis fruchtbar einbringen lässt. Eine solche wissenschaftliche Begründung kann dazu dienen und hat im Fall des vorgestellten Projekts dazu gedient, auf der politischen Ebene Argumente zu liefern, die die nötigen finanziellen Mittel für einen solchen neuen Bedarf zu rechtfertigen.

Solche Erkenntnisse können als Grundlage für Beschlussvorlagen fungieren, im Zusammenhang mit empirischen Daten die nötige Diskussionsgrundlage schaffen und den notwendigen Bedarf untermauern. Sozialwissenschaftliches Wissen kann insbesondere bei solchen sozialen Prozessen das nötige Bindeglied zwischen Alltagsgeschehen und Politik bilden.

5 Fazit

In diesem Beitrag sollte deutlich werden, wie sich soziologisches Wissen in der Praxis anwenden lässt und welchen Mehrwert es bei Prozessen der Institutionalisierung gesellschaftlicher Innovationen und Umbrüche generieren kann. Am Beispiel der Männerarbeit in der Stadt Münster wurde gezeigt, wie ein neu aufkommender Bedarf von der kommunalen Verwaltung und Politik aufgegriffen und umgesetzt werden kann. Dabei wurde herausgestellt, dass sozialwissenschaftliches Wissen und theoretische Analysen vor allem in Legitimierungsstrategien zum Tragen kommen kann, auch wenn es sich hierbei nicht um Eins-zu-eins-Übersetzungen handelt. Ohne sich von dem Diskurs der „Entsoziologisierung soziologischen Wissens in der Praxis" (vgl. u. a. Kühl 2003) beirren zu lassen, kann festgehalten werden, dass soziologisches Hintergrundwissen nicht nur in der institutionalisierten Gleichstellungsarbeit Anwendung findet (vgl. Geithner-Simbine 2016), sondern sich auch auf andere Bereiche der öffentlichen Verwaltung und der Politik übertragen lässt. So beschränkt sich die Anwendbarkeit nicht nur auf Erkenntnisse der Gender Studies, sondern auf weite Bereiche der Soziologie, wie die Nachhaltigkeits-, Migrations- und Ungleichheitsforschung, um nur einige zu nennen. Die soziologische Analyse eines solchen Prozesses wie der Etablierung der Männerarbeit, kann wichtige Grundlagen für die politische Legitimation liefern. Der so genannte soziologische Blick hilft bei der Koordination von heterogenen Gruppen und kann konstruktiv in Aushandlungsprozessen wirken, da reflexive und kritische Perspektiven leichter eingenommen werden können. Im Falle der Männerarbeit in Münster hat dies letztlich zum Beschluss einer Männerprojektstelle durch den Rat beigetragen. Der politische Kontext beeinflusst den Verlauf eines solchen Prozesses maßgeblich. In diesem Fall waren die politischen Weichen schon gestellt, dies bedeutet jedoch nicht, dass eine soziologische Expertise auch nur unter diesen Umständen ertragreich ist. Vielmehr soll dieser Beitrag einen Anreiz schaffen, die Möglichkeiten und das Potenzial sozialwissenschaftlichen Wissens in der Praxis zu nutzen und für die Institutionalisierung sozialer Innovationen auszuschöpfen.

Literatur

Beck, Ullrich. 1986. *Risikogesellschaft. Auf dem Weg in eine andere Moderne.* Frankfurt a. M.: Suhrkamp.

Beck, Ulrich und Wolfgang Bonß, Hrsg. 1989. *Weder Sozialtechnologie noch Aufklärung?* Frankfurt a. M.: Suhrkamp.

Bosch, Aida, Clemens Kraetsch, Joachim Renn. 2001. Paradoxien des Wissenstransfers. Die ‚Neue Liaison‘ zwischen sozialwissenschaftlichem Wissen und sozialer Praxis durch pragmatische Öffnung und Grenzerhaltung. *Soziale Welt 52,* 199–218.

Connel, Raewyn. 2015. *Der gemachte Mann. Konstruktion und Krise von Männlichkeit,* 4. Aufl. Wiesbaden: Springer.

Engel, Antke 2001: Die VerUneindeutigung der Geschlechter – eine queere Strategie zur Veränderung gesellschaftlicher Machtverhältnisse? In *Jenseits der Geschlechtergrenzen, Sexualitäten, Identitäten und Körper in Perspektiven von Queer Studies,* Hrsg. Ulf Heidel, 346–364. Hamburg: MännerschwarmSkript-Verlag.

Geithner-Simbine, Mandy. 2016. Die kommunale Gleichstellungsbeauftragte. Institutionalisierung der Gleichstellung. In *Handbuch sozialwissenschaftliche Berufsbilder. Modelle zur Unterstützung beruflicher Orientierungsprozesse,* Hrsg. Wolfram Breger, Katrin Späte und Paula Wiesemann, 133–142. Wiesbaden: Springer VS.

Geppert, Jochen und Sebastian Scheele. 2013. Agenten des Wandels – Männer und Gender Mainstreaming. In: *Männer. Frauen. Zukunft. Ein Genderhandbuch. Sonderausgabe für die Landeszentralen für politische Bildung*, Hrsg. Mechtild Jansen, Angelika Röming und Marianne Rohde, 119–142. München: Olzog.

Kemper, Andreas. 2011. *[r]echte Kerle. Zur Kumpanei der Männerrechtsbewegung*. Münster: Unrast.

Kromrey, Helmut. 2007. Schlüsselqualifikationen von Soziologinnen und Soziologen. In *Was werden mit Soziologie. Berufe für Soziologinnen*, Hrsg. Wolfram Breger und Sabrina Böhmer, 3–10. Stuttgart: Lucius & Lucius.

Kühl, Stefan. 2003. Das Theorie-Praxis-Problem in der Soziologie. *Soziologie 32*, 4: 7–19.

Lehner, Erich. 2012. Männer und Gleichstellung – eine spannungsreiche Beziehung. In *Männerpolitik. Was Jungen, Männer und Väter stark macht*, Hrsg. Markus Theunert, 79–95. Wiesbaden: Springer VS.

Parpat, Joachim. 1994. *Männlicher Lebenswandel durch langfristige Gruppenarbeit. Zur Überwindung des patriarchalischen Syndroms*. Dissertation, Freie Universität Berlin.

RGRE. 2006. *Europäische Charta für die Gleichstellung von Frauen und Männern auf lokaler Ebene. Eine Charta für die Lokal- und Regionalregierungen Europas zur Förderung des Einsatzes ihrer Kompetenzen und Partnerschaften mit dem Ziel der Schaffung von mehr Gleichheit für ihre Bevölkerung*. Rat der Gemeinden und Regionen Europas.

Schölper, Dag. 2008. Männer- und Männlichkeitsforschung – ein Überblick. In *Gender Politik Online*, FU Berlin. http://www.fu-berlin.de/sites/gpo/soz_eth/Frauen-_M__nner-forschung/index.html. Zugegriffen: 30.07.17.

Stadt Münster. 2014. *Aktionsplan Europäische Charta Gleichstellung. Münster. Fair. Zweiter Aktionsplan 2013–2015, Beschluss des Rates*. Stadt Münster, Frauenbüro.

Stadt Münster. 2015. *Männer. Frauen. Münster = FAIR! Ein Werkstattgespräch. Dokumentation*. Stadt Münster – Frauenbüro.

Theunert, Markus. 2012. Männerpolitik(en): ein Rahmenkonzept. In *Männerpolitik. Was Jungen, Männer und Väter stark macht*, Hrsg. Markus Theunert, 13–56. Wiesbaden: Springer VS.

Zulehner, Paul M. und Rainer Volz. 1998. *Männer im Aufbruch. Wie Deutschlands Männer sich selbst und wie Frauen sie sehen. Ein Forschungsbericht*. Ostfildern: Schwabenverlag.

Soziale Innovation durch Bricolage: Der „Geist des Tüftelns" im ländlichen Raum

Peter Biniok und Stefan Selke

1 Soziale Bricolage vor dem Hintergrund regionaler Disparitäten und lokaler Engagementkulturen

Unser Beitrag hebt die Möglichkeit alternativer Gestaltungsmodi für lokale Innovationen hervor. Diese Alternative umschreiben wir heuristisch mit „sozialer Bricolage". Soziale Bricolage[1] versteht sich als methodisches Konzept für gesellschaftliche Veränderungen, wobei die Akteure vor Ort selbst als Werkzeuge[2] der Veränderung angesehenen werden und deren Potenziale im Mittelpunkt stehen. Unsere Erfahrungen mit sozialer Bricolage erläutern wir an einem Fallbeispiel praktischer Sozialforschung im Kontext der korrespondierenden Projekte „SONIA"[3] und „Digitales ‚Wälderleben'"[4]. Sie verdeutlichen exemplarisch die enge Verknüpfung von sozialen Innovationen und praktischem Forschungshandeln vor Ort.

---

1 Mit dem Zusatz „sozial" wollen wir eine wesentliche Eigenschaft von Bricolage im Kontext lokaler sozialer Innovationen hervorheben: die *handlungsleitende und interaktionenstrukturierende Prozesshaftigkeit* im Gegensatz zu einer eher handwerklichen und artefaktorientierten Bricolage.

2 Hier wird der erweiterte Werkzeugbegriff von Ivan Illich (Illich 2009) im Kontext seiner Programmatik der Lebensdienlichkeit zugrunde gelegt.

3 Das Projekt „SONIA – Soziale Inklusion durch technikgestützte Kommunikationsangebote im Stadt-Land-Vergleich" (2013–2016) wurde gefördert vom Ministerium für Arbeit und Sozialordnung, Familie, Frauen und Senioren BW (http://www.verbundprojekt-sonia.de).

4 Das Projekt „Internet kennt kein Alter: Digitales ‚Wälderleben'. Kompetenzorientierter Verbraucherschutz für SeniorInnen in ländlichen Regionen" (2016–2017) wurde gefördert vom Ministerium für Ländlichen Raum und Verbraucherschutz BW (https://www. verbraucherportal-bw.de/,Lde/Startseite/Forschung/Digitales+Waelderleben).

© Springer Fachmedien Wiesbaden GmbH, ein Teil von Springer Nature 2018
H.-W. Franz und C. Kaletka (Hrsg.), *Soziale Innovationen lokal gestalten*,
Sozialwissenschaften und Berufspraxis,
https://doi.org/10.1007/978-3-658-18532-9_11

1.1   Transformative Wissenschaft und Praxisforschung als Orientierungsrahmen

Soziale Bricolage ist eine Form transformativer Wissenschaft. Deren Orientierung sind kontextualisierte Formen der Wissensproduktion sowie die Erzeugung sozial robusten und gesellschaftlich relevanten Wissens (Nowotny et al. 2004). Damit einher geht zunehmend auch der Einbezug außerwissenschaftlicher Akteure mit dem Ziel einer gesteigerten gesellschaftlichen Rückkopplung von Wissenschaft und Forschung (Unzicker und Hessler 2012; Unger 2013). Durch die Relevanzsetzungen außerwissenschaftlicher Akteure wird Praxisforschung kooperativ, Laien werden als Experten ihres Lebensalltags in den Forschungsprozess eingebunden.[5] Transformative Wissenschaft erzeugt nicht nur Systemwissen, sondern mit Akteuren vor Ort auch Ziel- und Veränderungswissen, das in konkreten Kontexten lösungsorientiert umgesetzt wird. Transformative Wissenschaft wirkt so als Katalysator für gesellschaftliche Veränderungsprozesse (Schneidewind und Singer-Brodowski 2014). Soziale Gestaltung löst sich derart von top down-Prinzipien der Governance und wendet sich bottom up-Modellen zu, die lokale und regionale Gegebenheiten berücksichtigen.

1.2   Praxisforschung im Südschwarzwald

Region und lokale Gegebenheiten stehen in Wechselwirkung mit angewandter Forschung vor Ort. Die hier vorgestellten Projekte „SONIA" und „Digitales Wälderleben" wurden in Furtwangen, einer Kleinstadt im Schwarzwald, durchgeführt. Auch wenn wir soziale Bricolage als reproduzierbaren Gestaltungsmodus fassen, liegen in diesem Fall besondere Bedingungen vor.

Furtwangen ist Standort einer stark technisch ausgerichteten Hochschule und Zentrum einer Industrieregion. Wahrscheinlich gibt es wenige Orte in Deutschland, in denen die Lebens- und vor allem die Arbeitsqualität trotz der Herausforderungen des ländlichen Raums so hoch sind, dass Gerhard Schröder in seiner Amtszeit als Bundeskanzler gar vom „Modell Furtwangen"[6] sprach, wobei er den

---

5   Wir verzichten im Text auf eine geschlechtsneutrale Differenzierung. Entsprechende Begriffe gelten im Sinne der Gleichbehandlung grundsätzlich für beide Geschlechter.

6   Schröder am 25. April 2005 auf dem Berliner Forum Wissenschaft und Innovation der Friedrich-Ebert-Stiftung: „Das enge Tal im Schwarzwald [ist] buchstäblich vollgestopft mit dem, was wir ‚Hidden Champions' nennen, die in vielen Branchen Weltklasse anbieten, von der Steuerungstechnik bis zur Feinmechanik. Viele dieser Unternehmen sind übrigens Ausgründungen von Studenten der Fachhochschule Furtwangen (…) In

„Geist des fleißigen Tüftelns" besonders betonte. *Dennoch*: Die „Stadt ohne Not" und das „Paradies in der Einöde" werden vom demographischen Wandel nicht verschont. Für den Südschwarzwald sind die Stagnation der Bevölkerungszahl sowie ein steigendes Durchschnittsalter prägend. Verstärkt wird dieser Prozess durch ungünstige Siedlungsstrukturen und schwierige Klimabedingungen. Die Topographie des Raumes lässt zunächst (ohne Gegensteuern) eine Verschlechterung der Infrastruktur und Lebensbedingungen erwarten.[7]

Den hier (nur angedeuteten) regionalen Disparitäten steht in Furtwangen traditionell ein *praktischer Bürgersinn* gegenüber. Dieser war bereits Mitte des 19. Jahrhunderts das Erfolgsrezept des Liberalen Robert Gerwig, der die Groß-herzoglich-Badische Uhrmacherschule aufbaute, aus der die heutige Hochschule erwuchs. Im 21. Jahrhundert geht es mehr denn je darum, aus einem geografischen Standortnachteil einen Innovationsvorteil zu machen. Die Hochschule Furtwangen (HFU) und ihr Umfeld (Stadt, Unternehmen, Zivilgesellschaft) sind traditionell in einer vitalen und überlebenssichernden Wechselwirkung miteinander verbunden. Wenn sich also Furtwangen tatsächlich durch einen besonderen „Geist des fleißigen Tüftelns" und eine „Mentalität der Standfestigkeit" auszeichnet, dann stellt sich die Frage, ob sich diese Elemente auch außerhalb unternehmerischer Kontexte finden, aktivieren und stabilisieren lassen. Eine Möglichkeit, destabilisierenden Entwicklungen mit bürgerschaftlichem Engagement entgegenzuwirken, ist die Steigerung digitaler und damit sozialer Teilhabe. Unsere Digitalisierungsprojekte gehören zur Gruppe der Weiterbildungs- und Qualifizierungsprogramme für ältere Bürger und konkretisieren die Nachhaltigkeitsstrategie der HFU, die sich als öffentliche Hochschule versteht, gesellschaftliche Verantwortung übernimmt und sich regional engagiert (Selke 2017b).

Furtwangen lebt bis heute also jener Geist des fleißigen Tüftelns, herrscht eine Mentalität der Standfestigkeit und existiert ein Glaube an die eigene Wettbewerbsfähigkeit. Genau das sind die Haltungen, von denen ich denke, dass wir sie ganz verstärkt wieder brauchen.".

7   Folgende Beschreibung fängt die Lebenssituation der rund 10.000 Einwohner recht an-gemessen ein (Käppner 2010): „Es gibt hier oben, zwischen 850 und 1150 Metern Höhe, kein Kino und kein Theater, keinen Baumarkt und kein Hallenbad. Das Krankenhaus hat der Landkreis vor kurzem dichtgemacht, und auch die Bahn fährt schon lange nicht mehr, 1979 wurde die Strecke stillgelegt, von ihr blieb nichts als der Lokschuppen. Busse ins Tal brauchen über eine Stunde, in den Schulferien ist der Fahrplan eingeschränkt. Der Herbst ist klamm, im Winter liegt meterhoch Schnee, und das so lange, dass zur Kaiserzeit der Uhrmacher und Heimatpoet Anton Weißer den hübschen Satz schrieb: ,Hier ruht unter Blütenschnee / Lebensglück und Menschenweh'.‟

1.3   Engagementkulturen und Bricolage

Unsere Praxisforschung macht deutlich, dass nicht allein (großangelegte, teure) politische Infrastrukturmaßnahmen zur Verbesserung von Lebensbedingungen in ländlichen Räumen beitragen, sondern ebenso die Stärkung *lokaler Engagementkulturen* im Sinne von Ermöglichungsgefügen. In der *semi-strukturierten Selbstorganisation* dieser Prozesse liegt das eigentliche Potential sozialer Innovationsfähigkeit. Bricolage ist also gerade kein defizitärer Ansatz. Vielmehr nimmt Bricolage die vorhandenen Potenziale, Kräfte und Motivationen ernst und integriert diese als stabilisierendes Element in das Forschungshandeln. Unsere Fallbeispiele verdeutlichen in Ausschnitten, wie lokales Engagement, lokales Wissen und lokale Bricolage als Treiber zivilgesellschaftlicher Transformationen und sozialer Innovationen nutzbar gemacht werden können.

2   Lokale Praxisforschung: Soziale Teilhabe und Computerpraxis

Der Erfolg sozialer Innovationen setzt ein förderliches Umfeld voraus. In unserem Fall existierten zwar regionale Vorzüge wie ein praktischer Bürgersinn – es galt dennoch, die vorhandenen Ressourcen vor Ort in Wert zu setzen. Sozialwissenschaften nahmen eine zentrale Rolle ein, indem sie „konstruktiv-strategisch" Forschungsprozesse anleiteten *und* sich gleichwohl von diesen Prozessen leiten ließen.[8] Unsere Forschungsaktivitäten fokussierten die partizipative Untersuchung und praktische Stärkung digitaler Teilhabe von Senioren durch Computertechnik unter den Gesichtspunkten Medienkompetenz und Verbraucherschutz.

Das Projekt „SONIA" hatte zum Ziel, die Teilhabe älterer Menschen auf dem Land durch den Einsatz von Computertechnik zu erhöhen. Tablet-PCs sollten dabei unterstützen, mit Personen in Kontakt zu bleiben, Hilfestellung zu erhalten und über das Geschehen in der Region Bescheid zu wissen. Der wissenschaftspolitische Anspruch an SONIA war die Erarbeitung und Erprobung eines „Piloten" zur Übertragung auf andere Regionen. Mit dem komplementären Projekt „Digitales Wälderleben" gingen wir einen Schritt weiter. Ziel war es, den souveränen Umgang mit neuer Computertechnik zu fördern, dahinterliegende Zusammenhänge

---

8   Leider ist für die Sozialwissenschaften in vielen Fällen, besonders in Technisierungsprojekten, statt der zentralen Rolle lediglich die Rolle der *Begleitforschung* zu beobachten. Das war (bislang) an der Hochschule Furtwangen nicht anders.

zu verstehen und einen kompetenzbasierten Verbraucherschutz zu erreichen. Das Projekt war im Sinne der Verbraucherpolitik gerahmt und mit entsprechenden Erwartungen an generalisierbare Forschungsergebnisse verbunden.

Im Lauf *beider* Projekte entwickelten die Senioren neue Nutzungsformen von Tablet-PC, Computer und Internet. Es gelang zudem, eine entsprechende realräumliche Lernumgebung zu etablieren und personell zu betreuen. Als transformativer Eingriff in den regionalen Alltag führte unsere Forschung zur Herausbildung neuer sozialer Praktiken und Routinen. In einem ersten Schritt bedeutete das zunächst individuelle Verhaltensänderungen der älteren Menschen (E-Mails schreiben und/oder Messengerdienste nutzen). In einem zweiten Schritt führte dies auch bei anderen Beteiligten, wie der Familie, zur Adaptation von Handlungsweisen in Bezug auf die ältere Bevölkerung („Chatten mit Oma/Opa"). Daraus wiederum resultierten in einem dritten Schritt kollektive Überlegungen der beteiligten Akteure zu umfassenderen lokalen Strukturierungsprozessen, wie öffentliches WLAN im Ort oder Einbezug benachteiligter Personen in die neue Lernumgebung.

Am Forschungsprozess waren diverse Akteure beteiligt, die das Ergebnis mitbestimmten – teils in Abweichung vom eigentlich geplanten Forschungshandeln. Neben verschiedenen Landesministerien in Baden-Württemberg als Geldgebern und den Verbundpartnern aus Wissenschaft und Wirtschaft wurden vor allem zivilgesellschaftliche Akteure eingebunden.[9]

2.1   Von sozialer Teilhabe in „SONIA" …

Mittels öffentlicher Veranstaltungen und Pressemitteilungen machten wir auf „SONIA" aufmerksam und rekrutierten lokale Teilnehmer und Unterstützer. Es bildete sich eine „Orchestratoren"-Gruppe aus Wissenschaftlern der Hochschule und ehrenamtlich aktiven Bürgern, die projektspezifische Aufgaben übernahmen. Als Orchestratoren verstehen wir in Anlehnung an ein Orchester diejenigen Personen, die das Forschungsensemble vor Ort managen.[10]

Vor allen anderen Maßnahmen wurden die Bedürfnisse der Senioren identifiziert. Dazu werteten wir 26 leitfadengestützte Interviews mit narrativen Anteilen zum Thema „Alt werden auf dem Land" aus. Unter Steigerung sozialer Teilhabe verstanden die Projektteilnehmer beispielsweise die Förderung von Nachbarschaftsnetzen, das Knüpfen neuer Kontakte oder den Austausch von Hilfsangeboten.

---

9   Für detaillierte Ausführungen zu den Forschungsprozessen, Arbeitsschritten und Ergebnissen vgl. Biniok und Menke 2015; Biniok und Selke 2015; Biniok et al. 2016.

10   Damit grenzen wir uns vom Dirigenten (Wissenschaftler) als zentraler Leitfigur ab.

Zusammenfassend zeigte die Bedarfsanalyse, dass sich ältere Menschen für ein gutes Leben im Alter mehr *Miteinander, Begegnung und Information* wünschen und durchaus offen dafür sind, diese Formen sozialer Teilhabe mittels technikgestützter Kommunikationsangebote zu etablieren und zu pflegen.

Daraus wurde die Idee einer virtuellen Plattform abgeleitet, die den Namen „Raum des Austauschs" erhielt. Die Plattform sollte ein Hilfsmittel sein, durch das die Senioren untereinander und mit anderen Personen *an realen Orten* in Kontakt treten. In gemeinsamen Workshops wurde ein passendes Kommunikationskonzept entwickelt, d. h., die Bedarfe wurden in technisch umsetzbare Anwendungen überführt. Kurzweilige Sozialkontakte wurden über Software wie „Skype" bedient, Vereinsaktivitäten in einem Online-Kalender angezeigt, und zur persönlichen Unterstützung im Alltag gab es ein „Schwarzes Brett". Da derzeit, wie im Projekt geplant, keine technische Lösung auf dem Markt zur Verfügung stand, wurde ein taugliches System adaptiert und in Abstimmung mit den Senioren implementiert.

In einem *Praxistest* wurde erprobt, inwiefern Senioren mit dem Raum des Austauschs umzugehen vermögen und in welchem Maß Teilhabe gefördert wird. Dabei stellte sich schnell heraus, dass (im Projektantrag nicht vorgesehene) umfangreiche Schulungsmaßnahmen im Umgang mit Tablet-PC und Internet nötig waren. Insbesondere bei den Schulungen erhielten wir wichtige Unterstützung von Bürgern, die freiwillig zusammen mit uns die Kurse durchführten und den Senioren auch sonst als Ansprechpartner zur Verfügung standen. An diesem Punkt wurde die Kooperation mit der Volkshochschule Oberes Bregtal e. V. (VHS) als zentraler Bildungseinrichtung initiiert, die im späteren Verlauf intensiviert wurde. Die VHS stellte während des Praxistests Räumlichkeiten zur Verfügung, um Schulungssitzungen durchzuführen. Diese gestalteten sich primär als Gruppenarbeit, was neben dem Erwerb notwendiger Medienkompetenz auch zu einem ausgeprägten sozialen Zusammenhalt in der Gruppe führte.

Die Auswertung des Praxistests deutete auf verschiedene *Strukturbildungsprozesse* hin. Die Projektteilnehmer hatten sich kennengelernt, vernetzt und interagierten regelmäßig mittels der virtuellen Plattform und darüber hinaus. Neben neuen Fahrgemeinschaften oder dem gemeinsamen Besuch von Sport- und Sprachkursen wurde von den Senioren ein Sommerfest organisiert und durchgeführt. Das Projekt regte Aktivitäten und Interaktionen im Alltag an und die VHS etablierte sich als Treffpunkt für Senioren, die Interesse an Computertechnik und geselligem Austausch haben.

2.2   ... zum digitalen Verbraucherschutz im „Digitalen ‚Wälderleben'"

Nicht zuletzt die inzwischen vergemeinschafteten Senioren „forderten" immer wieder eine Weiterführung der Forschung vor Ort. Die erkennbare Strukturbildung sollte daher durch die Beantragung neuer Projektmittel gestützt werden. Im Kontext des schließlich genehmigten Projekts „Digitales ‚Wälderleben'" entstand an der VHS eine *Lernumgebung für Computer und Internet* inkl. eines Kurssystems und wurde erprobt. Die hierfür notwendigen technischen Arbeitsmittel (Laptops, Tablet-PCs, Peripheriegeräte) wurden vom Projekt zur Verfügung gestellt.

Ausgangspunkt der Entwicklung des Kurssystems und der Bestimmung einzelner Verbraucherschutzaspekte war eine erneute Bedarfsanalyse. Als Ergebnis wurden zentrale Themen wie Begriffe des Internets, Risiken des Surfens oder Datenschutz benannt. Die konkrete Kursausgestaltung beruhte auch auf den Erfahrungen und Angeboten des „Silver Surfer"-Projekts[11] und dem daraus entstandenen Lehrbuch (vgl. Eiermann et al.2015). Aus diesen Komponenten entwickelten wir einen spezifischen Kurs, bestehend aus aufeinander abgestimmten *Vorträgen und Werkstätten*[12]. In der Vortragsreihe referierten alle zwei Wochen Dozenten verschiedener wissenschaftlicher und nicht-wissenschaftlicher Organisationen zu einem einzelnen Verbraucherschutzthema, das mit den Teilnehmern diskutiert wurde. Das in den Vorträgen erworbene theoretische Wissen wurde in den Werkstätten praktisch angewandt und eingeübt.

Mittels einer Evaluation der Kurse konnten Verbesserungen bezüglich Inhalt und Ablauf vorgenommen werden. Gleichwohl erwies sich die grundsätzliche Idee der Lernumgebung als erfolgreich, was sich auch daran zeigte, dass die Unterrichtseinheiten in das Kursprogramm der VHS aufgenommen wurden. Damit wird erneut deutlich, dass sich die VHS als zentraler Lern-Ort etablierte. Andererseits beobachteten wir, dass die Grenzziehung zwischen wissenschaftlichem Forschungshandeln und sozialer Praxis vor Ort nicht mehr klar gezogen werden konnten – worin aber alle Beteiligten eher einen Vor- als einen Nachteil sahen.

---

11 „Silver Surfer" ist eine durch die Landesregierung Rheinland-Pfalz geförderte Initiative, die zum Ziel hat, Senioren im Umgang mit Computer und Internet zu schulen und so einen selbstbewussten und sicheren Umgang mit dem World Wide Web zu ermöglichen (http://www.silversurfer-rlp.de).

12 Wir bevorzugten den Begriff Werkstatt (statt Workshop), da die praktische Erprobung im Mittelpunkt des Unterrichts steht.

2.3   Forschung und Pragmatismus: Vom Projekt zum Kurs

Praxisforschung verläuft selten wie geplant. Daher ist der formale Projektplan als Rahmen anzusehen, der situativ und an den aktuellen Entwicklungen auszurichten ist. Dieser pragmatische Umgang mit dem, was Sozialforscher in einem Lebensraum vorfinden, ist kein Ärgernis, sondern ein adäquater Ansatz, um überraschende Entdeckungen zu machen und auf konkrete Problemlagen einzugehen. Wechselnde Akteurskonstellationen und Prioritäten erfordern sogar eine Flexibilität, bei der nicht nur Projektverläufe kollektiv ausgehandelt werden, sondern darüber hinaus Bedarfe an und Akzeptanz von Technik (Biniok 2016). In unserem Fall sicherte die Beteiligung der Sozialraumakteure dem Projekt Zuspruch und förderte eine spätere Strukturbildung und damit die (geforderte) Nachhaltigkeit der Forschung. So gelang im vorliegenden Fall die Transformation von einem Projekt zu einem VHS-Kurssystem. Daran zeigt sich, dass soziale Innovationen nicht auf Einzelleistungen beruhen, die planerisch einem arbeitsteiligen Prozess entspringen, sondern das synergetische Resultat kollektiver Handlungen sind.

3   Transformative Praxisforschung: Bricolage und soziale Dynamisierung

Die von uns durchgeführte praktische Sozialforschung verstehen wir als Konkretisierung eines veränderten Wissenschaftsverständnisses. Vor allem in Anlehnung an die Prinzipien transformativer Wissenschaft war es uns wichtig und möglich, eine gesellschaftlich relevante Fragestellung zu bearbeiten. Interessanterweise eröffnete sich darüber hinaus die Gelegenheit, im scheinbar wenig strukturierten Forschungsprozess bzw. unterhalb der eigentlich intendierten Projektperspektive eine „neue Strukturlogik" zu identifizieren. Genauer gesagt, erlaubte erst die rückblickende Einschätzung des Projekts die Entdeckung *sozialer Dynamisierung*.[13] Soziale Dynamisierung begreifen wir als einen Prozess der stetigen/steigenden Aktivierung und Partizipation von Akteuren und der fortschreitenden Konsolidierung von Handlungsschemata: Soziale Dynamisierung führt zu Strukturbildung. In der praktischen Forschungsarbeit waren dazu kontinuierliche Aushandlungen über das Projekt selbst notwendig, die sich am ehesten mit sozialer Bricolage beschreiben lassen.

---

13 Wir stellen hierbei die sozialwissenschaftliche Sichtweise der beiden Projekte dar und nicht die Verbundperspektiven.

Bricolage ist eine besondere Form lokaler, kollektiver Aushandlungen, basierend auf dem kreativen Umgang mit vorhandenen Ressourcen (Biniok 2013). Bricolage wird dem vorher geplanten Vorgehen eines Ingenieurs mit spezifischen festgelegten Mitteln und Werkzeugen gegenübergestellt (Lévi-Strauss 1968). Planung und Akkumulation von Ressourcen treten in den Hintergrund, und aktiver Opportunismus sowie die Nutzung vorfindbarer Ressourcen werden primär handlungsleitend. Der Bricoleur arbeitet mit den Mitteln, die ihm gerade zur Hand sind, und richtet sein Vorhaben im Tun danach aus. Das Ergebnis steht zwar grundsätzlich fest, ist jedoch gleichzeitig kontingent. Bricolage zeichnet sich durch ein pragmatisches „making do" aus und ermöglicht Lernen durch Benutzen, Ausprobieren und Uminterpretieren. Die kreative Re-Kombination von Ressourcen und die Etablierung von Netzwerken stehen im Zentrum des Handelns – Bricolage ist ein kollektiver Prozess.

Aushandlungen zum Ressourceneinsatz und zur Beteiligung von Akteuren vollzogen sich während unserer Forschung entlang verschiedener „Konfliktlinien", die wir schematisch anhand von drei idealtypischen Dimensionen sozialer Dynamisierung nachzeichnen: *Einsteigen*, *Erleben* und *Erschaffen*. Mit jeder dieser Dimension waren andere Akteurskonstellationen und andere Impulse für die Forschungsarbeit verbunden.

3.1   Einsteigen: Subjektorientierung und Opportunitätsblick

Sozialwissenschaftler waren beim Einstieg in das Projekt vor allem Definitoren und Operatoren, die den Zugang zur Forschung regelten. Wir legten fest, mit welcher „Brille" die Individuen in den Blick genommen werden, und bestimmten ein Set an Vorgehensweisen (durch u. a. Forschungsversprechen, Kooperationsanforderungen, Auftreten und Haltung), um eine Beziehung zu eben jenen Individuen aufzubauen. Die Konstruktion des Feldzugangs war bereits ein Gestaltungselement des Forschungsprozesses, das den Fortgang im Projekt beeinflusste. „Einsteigen" in das Projekt bezog sich einerseits auf die Partizipation zivilgesellschaftlicher Akteure und deren Ansprache und Gewinnung als Projektteilnehmer. Damit verbunden waren andererseits projektinterne Abstimmungen, welche Personen unter welchen Prämissen zu welchen spezifischen Themen befragt und involviert werden. Eine *disziplinenübergreifende* Aushandlungsarena konstituierte sich zwischen Sozial- und Technikwissenschaftlern sowie wirtschaftlichen Akteuren. Die Aushandlungen bezogen sich auf Planung und Arbeitsteilung. Zwei miteinander verwobene Fragestellungen waren dabei besonders relevant. Wie tief dringen wir in die Lebenswelt der Individuen vor, und was sind die relevanten Informationen für den Forschungsprozess? Welche Methoden setzen wir ein und wie lange dauern bestimmte Projektphasen? Der zentrale Aspekt in diesen Aushandlungen, der sich erheblich auf das transformative Moment der Forschung und die Reichweite sozialer Innovation auswirkt, war die Sichtweise auf die Senioren als *Nutzer* oder als *Subjekte*. Werden die Individuen primär als Nutzer von Technik aufgefasst, stehen Bedienpraktiken einer Technik und die zeitnahe Verfügbarkeit des Produkts im Vordergrund. Steht hingegen das Subjekt im Mittelpunkt, wird auf Bedarfslagen an und Passungsverhältnisse von Technik fokussiert. Eine subjektorientierte Forschungsweise geht in die Tiefe (Lebensführung) und in die Breite (Lebenslage) und schafft so ein Verständnis für soziale Transformationsprozesse. Letztere Position setzte sich im Verbund durch und fand praktische Umsetzung in einer umfassenden Bedarfsanalyse zur Lebenssituation älterer Menschen im ländlichen Raum.[14] Daraus wurden dezidierte Wünsche und Bedürfnisse abgeleitet und als Ausgangspunkt für die Implementierung der Computerplattform im Projekt „SONIA" und zur Ausgestaltung des Kurssystems im Projekt „Digitales ‚Wälderleben'" genutzt.

Parallel dazu wurde eine *zivilgesellschaftliche* Aushandlungsarena konstituiert, durch die projektexterne Akteure einbezogen wurden. Uns als Wissenschaftlern ging es darum, Interesse zu wecken und Verbündete für die Forschungszusammenarbeit zu finden. Dabei nahmen wir eine opportunistische Sichtweise ein und beschränkten uns zunächst nicht auf spezifische Personen und Personengruppen. Da sich außerwissenschaftliche Akteure vor allem für Zweck und Nutzen der Forschung interessierten, war es bereits in der Ansprache zwingend, die *Korrelationen zwischen Forschung und Verbesserung der Lebenswelt* aufzuzeigen und publikumsadäquat zu präsentieren. Beim Einstieg wurden keine konkreten Arbeitsschritte und Aufgaben ausgehandelt, vielmehr wurde ein projektförderlicher Rahmen geschaffen: Die Versprechen der Wissenschaft korrespondierten mit dem Vertrauensvorschuss durch die Zivilgemeinschaft.

3.2   Erleben: (Selbst-)Verpflichtung und Konvergenz

Als Sozialwissenschaftler waren wir beim Erleben die „Anstifter" und gaben Handlungsorientierung. Wir versammelten die Teilnehmenden um uns bzw. um das Forschungsvorhaben. Durch diesen Prozess der „network bricolage" (Baker et al. 2003) wurden Sozialkontakte mit und unter den Senioren initiiert, Möglich-

---

14 Bei der disziplinären Arbeitsteilung in grenzüberschreitenden Kooperationen stellt sich immer, wenn auch oft latent und unausgesprochen, die Frage der *Leitdisziplin*. Die Projektleitung ist insofern immer in der Pflicht, eine objektive Einschätzung der Forschungsarbeit vorzunehmen und kompetenz- statt fachgebietsorientiert zu entscheiden.

keiten zur Geselligkeit geschaffen und soziale Wirklichkeit durch Rhetorik und Empathie konstruiert.

Die ersten Gruppendiskussionen, Interviews und Beobachtungen gaben den Senioren ein Gefühl des Dabeiseins im Forschungsprozess. Erneute Aushandlungen in der *zivilgesellschaftlichen* Arena zogen eine verstärkte Einbindung der Akteure nach sich. Unsere Befragungen etwa stimulierten die Senioren, über ihr Leben nachzudenken und sich Verbesserungsmöglichkeiten vorzustellen. Durch die Teilnahme am Projekt verpflichteten sie sich uns gegenüber. Gleichzeitig wurden wir als Sozialwissenschaftler in die Verantwortung genommen und, teils vehement, bspw. ein regelmäßiger Kontakt eingefordert. In gewisser Weise wurden die Senioren sich selbst gewahr und reflektierten ihr Handeln (bspw. als Personen, die mit Computern umgehen können). Sie nutzten das Projekt für ihre Zwecke, etwa als Distinktionsmerkmal im lokalen Umfeld. Und offensichtlich war es für viele eine Chance, sich näher (oder überhaupt) mit Computertechnik zu beschäftigen. Insofern verhielten sich die Teilnehmenden forschungsadäquat *und* ließen sich durch die Wissenschaftler disziplinieren.

Seitens der Sozialwissenschaftler wurde im Sinne des Projektplans agiert, um mit den verfügbaren Mitteln und Vorgaben erfolgreiche Forschung zu betreiben. Zu Projektbeginn war unklar, welche Ressourcen im Sozialraum selbst zur Verfügung stehen würden und wie diese aktiviert werden könnten. Daher erfolgte eine stete Re-Kalibrierung, und neuen Erfordernissen wurde durch den Einsatz lokaler Ressourcen begegnet. Dazu gehörten die Schulungsmaßnahmen als zusätzlicher Projektbestandteil, der wiederum von engagierten Senioren und der VHS unterstützt wurde. Während also die Teilnehmenden an das Projekt angepasst wurden, veränderten sie gleichzeitig auch den Projektverlauf durch eigene Relevanzsetzungen – Forschungsaspekte ließen sich sozialstrukturell in den Lebensalltag integrieren.

Veränderungen im Projektverlauf und damit die Verwendung von Geldern mussten mit den Ministerien in einer *soziopolitischen* Aushandlungsarena abgestimmt werden. Dabei fand eine Neuinterpretation der generellen Forschungsziele statt, denn oftmals sind die Wege zur Zielerreichung sekundär, solange ein nachweisbares Ergebnis vorliegt. Aufgrund fehlender Technik am Markt formte sich ein neuer Weg durch das gemeinsame „Basteln" der Plattform aus Computertechnik, die zur Hand war, und der Entwicklung einer adäquaten Lösung.

3.3   Erschaffen: Kollektivierung und Strukturierung

Sozialwissenschaftler sind beim „Erschaffen" primär (Re-)Präsentatoren und Disseminatoren. Die Verbreitung und wiederholte Vorstellung verliehen der Forschung

Sichtbarkeit und gaben Akteuren die Chance, sich am erfolgreichen Unterfangen zu beteiligen und wiederum eigene Interessen zu artikulieren. Bereits *während* des Forschungsprozesses – und nicht erst als Ergebnis am Ende – konnten wir eine Stärkung und Revitalisierung sozialer Beziehungen vor Ort feststellen: Die Teilnehmenden arbeiteten mit uns und lernten sich kennen.

Zur Verstetigung dieser angestoßenen Strukturbildungsprozesse gab es einerseits erneut Aushandlungen in der *politischen* Arena mit Ministerien. Es mussten zusätzliche Mittel akquiriert werden, um die Forschung (nach „SONIA") überhaupt weiterführen zu können. Hier ergab sich die Möglichkeit, die Interessen der Projektleitung und des Ministeriums für ländlichen Raum und Verbraucherschutz (MLR) in Einklang zu bringen. Der Aufbau einer Lernumgebung wurde als unterstützenswert angesehen, wenn nicht nur eine Computerausbildung stattfinde, sondern auch darüberhinausgehende Verbraucherforschung betrieben werde. Es gelang uns, die externen finanziellen Ressourcen in den lokalen Kontext zu überführen und dort nutzbar zu machen (vgl. Merz/Biniok 2016).

Zeitgleich verhandelten wir mit *zivilgesellschaftlichen* Akteuren, um die neuen Interaktionen und Praktiken in regelhafte Strukturen zu überführen. Die frühe Partizipation der VHS und die stete Kommunikation zwischen VHS-Verantwortlichen und der Projektleitung führten schließlich zu einer Kooperation („Digitales ‚Wälderleben'"), bei der sich die Interessenslagen beider Parteien vereinbaren ließen: Wir suchten einen Kristallisationspunkt für die Aktivitäten der Senioren, und die VHS war am Kurssystem interessiert. Solche Strukturierungsprozesse waren das Ergebnis von Bricolage. Am deutlichsten wurde soziale Bricolage jedoch, als sich die Teilnehmer sogar selbst als „*SONIA-ner*" bezeichneten. Dieses Label verweist einerseits auf eine nach außen erkennbare, sozial distinktiv wirksame und andererseits auf eine nach innen erkennbare stabilisierend wirkende Identität. Die „SONIA-ner" führen nun weiterhin eigenständig zwei Mal im Monat Treffen an der VHS durch.

3.4 Zusammenfassung: Soziale Dynamisierung als Aushandlungskette

Die Praxisforschung in Furtwangen veränderte den digitalen Lebensalltag der beteiligten Senioren nachhaltig. Wie sich diese Transformation gestalten würde, war zu Beginn der Forschung unklar. Erst die gemeinsamen Aktivitäten vor Ort schufen die heutige Lernplattform an der VHS und die eigenständigen Lerngemeinschaften. Die primäre Aushandlungsarena dafür konstituierte sich – für uns zunächst wenig sichtbar – zwischen den Projektinitiatoren, hier: den Sozialwissenschaftlern, und den Projektteilnehmenden. Dabei wurden eine formale *Arbeitswelt*perspektive und eine informelle *Lebenswelt*perspektive bis zu einem gewissen Grad in Einklang gebracht. Besonders hier wurde entschieden, inwiefern sich eine soziale Innovation entwickelt, denn ohne positive Resonanz der Zielgruppe wären Veränderungen kaum möglich gewesen. Die Bevölkerung wurde ernst genommen, an Entscheidungen beteiligt, in die Schulungsmaßnahmen und Kurskonzepte integriert und befähigt, eigene Wege auszuprobieren. Durch situative Aushandlungen und die Nutzung lokaler Ressourcen entfalteten sich Strukturierungsprozesse, und möglichst viele Interessen der beteiligten Akteure wurden in Einklang gebracht; der Projektverlauf etwa orientiert sich sowohl an wissenschaftlichen Kriterien als auch an Relevanzsetzungen außerwissenschaftlicher Akteure.

Deutlich wurde, dass Sozialwissenschaftler Teil lokaler Strukturierungsprozesse sind, in denen soziale Innovationen entstehen. Daraus lässt sich die These ableiten, dass nur gemeinsam ausgehandelte Innovationen *in situ* zu Transformationen führen. Die Rolle der Sozialwissenschaften ist im Beitrag vermutlich überbetont. Damit soll keineswegs verschwiegen werden, dass andere Akteure ebenfalls zum Forschungserfolg beigetragen haben. Allerdings ging es uns darum zu zeigen, dass Sozialwissenschaftler eben nicht einfach Forscher sind, die unabhängig und ohne Einfluss auf das Feld agieren. Im Gegenteil zeigt unser Fallbeispiel, dass Sozialforscher sehr wohl das Feld mitgestalten *und* dies mitunter von ihnen erwartet wird.

4 Sozialwissenschaftler als aktive Gestalter im Reallabor

Gegenwärtig finden innerhalb des „Labors Gesellschaft" zahlreiche Versuche kollaborativer und experimenteller, bürgernaher Wissenschaft statt, die zu neuen gesellschaftlichen Wertschöpfungsketten von Wissen führen (Schneidewind 2016). Wir beziehen uns nicht allein auf den Begriff des Reallabors bzw. Realexperiments (Groß et al. 2005), sondern assoziieren unsere Projekte mit dem Paradigma der Öffentlichen Universitäten bzw. Öffentlichen Hochschulen. Deren „soziale Mission" (Kerr 2001) besteht u. a. darin, regionale Disparitäten abzubauen und einen institutionellen Rahmen für Dialoge und Kooperationsformen mit außerwissenschaftlichen Akteuren zu bieten. In diesem Kontext ist Praxisforschung eine Form (lokaler) Mikropolitik, bei der aus Dialogen zwischen Wissenschaft und Zivilgesellschaft sowohl ethische Beteiligung und moralische Verantwortung als auch ein erweiterter Validierungsradius von Wissen resultieren. Innerhalb dieses Rahmens können Formate transformativer Wissenschaft experimentell erprobt werden (Selke 2016; Selke 2017a), die deutlich vom üblichen asymmetrischen Forschungsstil abweichen.

Der dabei erzielte symmetrische Forschungskontakt entspricht dem Ideal einer nicht-autoritativen Wissenschaft, die den inneren Zusammenhang von Erfahren, Erforschen und Erkennen (auch für Wissenschaftler) betont.

Das Modell von Praxisforschung als *soziale Bricolage* orientierte sich an der Idee der reziproken Konsultation zwischen inner- und außerwissenschaftlichen Akteuren: Statt ein System von außen zu beobachten, ergab sich die Notwendigkeit (und Möglichkeit), Akteure und deren Vorstellungen miteinzubeziehen, um nachhaltige Lösungen zu entwerfen. Kerngedanke war die praxisnahe Umsetzung von Handlungsmöglichkeiten in Aktionsfeldern, die einerseits politisch-normativ definiert sind, andererseits aber auch klar erkennbaren lokalen Bedarfen folgen. Wir vertreten die Auffassung, dass Real-Interventionen (im Gegensatz zu bspw. experimentellen Laborsettings) das eigentliche Potential haben, reale Effekte hervorzurufen und zu verstetigen. Unsere Praxisforschung zeigte gleichsam, dass eine Passung zwischen Projekt und Lebenswelt gegeben sein bzw. dass diese Passung deutlich in der Forschung herausgearbeitet werden muss. Erst durch das „Commitment" der Bevölkerung können Verbesserungen durch Forschung erreicht werden. Diese Effekte entfalten sich nicht erst nach der Publikation von (Fach-)Ergebnissen, sondern im praktischen Tun. Das Gelingen eines Projekts entscheidet sich in der Interaktion und durch kontinuierliche Aushandlungen. Der Begriff soziale Bricolage beschreibt diesen Prozess und seine Potenziale.

Soziale Innovationen sind stets kooperative Unterfangen heterogener Akteure. *Sozialwissenschaftler* sind Teil dieser Strukturierungsprozesse und rufen beabsichtigt und/oder kaum intendiert Veränderungen hervor. Sozialwissenschaftler treten als Moderatoren, Orchestratoren und Netzwerker auf und begleiten Prozesse der Aneignung neuer Routinen und Techniken, statt eine Gewöhnung an selbige zu fordern. Sie sind in den Augen zivilgesellschaftlicher Akteure eine Autorität, wenn es um die Transformation und Verbesserung der Lebenswelt geht. Der Sozialraum als Forschungsfeld verschränkt die Lebenswelt der Menschen und die Arbeitswelt der Forscher. Sozialwissenschaftler erfahren dann eine lokale Beteiligung statt einer distanzierten Beobachtung (Brewer 2013). Dieser Wechsel vom soziologischen Irritationsagenten zum engagierten Irritationsrezipienten bedarf eines Wandels im Selbstbild der Forscher und mithin einer ernsthaften Reflexion der eigenen Erfahrungen.

Unser Fallbeispiel zur sozialen Bricolage mag als ein gelungenes Beispiel für die aktive Mitgestaltung lokaler Innovationsprozesse aufgefasst werden. Gleichzeitig verweist gerade dieser Erfolg auf die *Zerbrechlichkeit lokaler Potenziale*. Die Projektergebnisse wurden von Mitgliedern fördernder Ministerien kritisch gesehen. Aus „Sicht der Forschenden" seien die Resultate zwar interessant, aber im politischen Raum kaum verwertbar. Soziale Bricolage wurde mit Eklektizismus gleichgesetzt. Das wissenschaftliche und das politische System und erst recht die teilnehmenden Bricoleure setzen jeweils andere Erfolgskriterien. Das kann zu einer Gefahr für lokale Innovationen werden: Wenn das eigentlich Wirkungsvolle nicht sichtbar ist, gilt es als nicht verwertbar. So paradox es klingen mag: Uns wurde erst vollständig klar, dass wir einen dynamischen sozialen Prozess vor Ort angestoßen hatten, als wir auf diese Skepsis durch die politisch Verantwortlichen stießen. Der „Geist des Tüftelns" mag Politikern vielleicht dort imponiert haben, wo es sich um technische Artefakte handelte, ihn aber auch in sozialen Prozessen erkennen zu können, setzt vielleicht noch eine andere Stufe der Sensibilisierung für das „Labor Gesellschaft" voraus.

Literatur

Baker, T., A. S. Miner und D. T. Eesley. 2003. Improvising firms: bricolage, account giving and improvisational competencies in the founding process. *Research Policy* 32: 255–276.

Biniok, P. 2013. *Wissenschaft als Bricolage*. Transcript.

Biniok, P. 2016. Soziotechnische Assistenzensembles. In *Zweite Transdisziplinäre Konferenz „Technische Unterstützungssysteme, die die Menschen wirklich wollen"*, Hrsg. Weidner, Robert, 269–283. Hamburg.

Biniok, P. und I. Menke. 2015. Societal Participation of the Elderly: Information and Communication Technologies as a „Social Junction". *Anthropology & Aging* 36: 164–181.

Biniok, P. und S. Selke. 2015. Forschungsprojekt SONIA: Gesellschaftliche Teilhabe Älterer durch Technik und Soziales. *Ländlicher Raum* 66: 74–77.

Biniok, P., I. Menke, und S. Selke. 2016. Social Inclusion of Elderly People in Rural Areas by Social and Technological Mechanisms. In *Ageing and Technology: Perspectives from the Social Sciences*, Hrsg. E. Domínguez-Rué und L. Nierling, 93–117. Bielefeld: transcript.

Brewer, J. 2013. *The Public Value of Social Sciences*. London: Bloomsbury.

Eiermann, H., C. Gollner, F. Preßmar, B. Steinhöfel, C. Wedel und J. Wein. 2015. *Silver Surfer – Sicher online im Alter*. Lernbuch für aktive Internetnutzer. Ludwigshafen: Landeszentrale für Medien und Kommunikation (LMK) Rheinland-Pfalz.

Groß, M., H. Hoffmann-Riem und W. Krohn. 2005. *Realexperimente. Ökologische Gestaltungsprozesse in der Wissensgesellschaft*. Bielefeld: Transcript.

Illich, I. 2009. *Tools for Conviviality*. London: Boyars Publishers.

Käppner, J. 2010. Die Insel im Schwarzwald. Süddeutsche Zeitung Online. http://www.sueddeutsche.de/politik/ein-ort-in-dem-es-kaum-arbeitslose-gibt-die-insel-im-schwarzwald-1.883289 Zugegriffen: 5. Juli 2017.

Kerr, C. 2001. *The Uses of the University*. Cambridge, MA: Harvard University Press.

Lévi-Strauss, C. 1968. *Das wilde Denken*. Frankfurt am Main: Suhrkamp.

Merz, M. und P. Biniok. 2016. The Local Articulation of Contextual Resources: From Metallic Glasses to Nanoscale Research. In *The Local Configuration of New Research Fields*.

On Regional and National Diversity, Hrsg. M. Merz und P. Sormani, 99–116. Dordrecht, Heidelberg, London, New York: Springer.

Nowotny, H., P. Scott und M. Gibbons. 2001. *Re-Thinking Science: Knowledge and the Public in an Age of Uncertainty*. London: Polity Press with Blackwell Publishers.

Schneidewind, U. 2016. Gestaltende Hochschulen. Beiträge und Entwicklungen der Third Mission. In *Die Hochschule. Journal für Wissenschaft und Bildung* 1: 14–21.

Schneidewind, U. und M. 2014. *Transformative Wissenschaft*. Marburg: Metropolis.

Selke, S. 2016. Experimentelle Wende oder: die Lust am Ausprobieren. Öffentliche Wissenschaft und konsultative Forschung im Reallabor „Kompetenzzentrum für Nachhaltigkeit Südschwarzwald". *Humane Wirtschaft* 5: 17–19.

Selke, S. 2017a. Konsultative Öffentliche Soziologie. In *Experimentelle Gesellschaft – das Experiment als wissensgesellschaftliches Dispositiv?* Hrsg. S. Böschen, M. Groß und W. Krohn. Frankfurt a. M.: Campus.

Selke, S. 2017b. Betriebsamkeit statt Gelehrsamkeit. Öffentliche Hochschulen als ‚Werkzeuge‘ konvivialer Gesellschaften. In *Öffentliche Gesellschaftswissenschaften*. Hrsg. S. Selke und A. Treibel, 245–277. Wiesbaden: Springer VS.

Unger von, H. 2014. *Partizipative Forschung*. Wiesbaden: Springer VS.

Unzicker, K. und G. Hessler, Hrsg. 2012. *Öffentliche Sozialforschung und Verantwortung für die Praxis*. Wiesbaden: Springer VS.

Performative Soziologie als öffentliche Aktionsforschung
Andeutungen einer Ästhetik des Sozialen

Robert Jende

1   Fenster zum Anderen

> *„… eine Kunst, die der Entwicklung des Lebens einer*
> *Gemeinschaft ähnelt; die Kunst aufgerufen dazu,*
> *in der Zukunft identisch mit der Produktion*
> *neuer Formen des Lebens zu sein.“*
> (Rancière 2008a, S. 49)

Mit dem *performative turn* (siehe Mersch 2002, S. 157–244) haben nicht nur in der Kunst, den Kultur- und Theaterwissenschaften neue Bewegungen Einzug erhalten. Sukzessive stellt sich eine sehr feine, an Bewegungen der Körper, Requisiten, Masken, am Pulsieren der Geräusche oder allgemein an wirklichkeitskonstituierenden Inszenierungsweisen orientierte Betrachtungsweise auf Kultur, Gesellschaft und Transformation ein, welche bisweilen in der Bezeichnung einer *performativen Kultur* (Volbers 2014) gipfelte. Damit eröffnet sich eine Perspektive auf Gesellschaft, die die „öffentliche Logik der Strukturierung im Vollzug" (ebd., S. 32) in den Blick nimmt und sich die Frage stellt, *„wie Neues entsteht"* (ebd., S. 77). Mit einer performativitätstheoretischen Sicht wird es möglich, soziale Praxis – wie auch jegliche andere menschliche Praxis[1] – einerseits als einen ästhetischen Vollzug zu begreifen.

---

[1]   Dem tierischen Handeln ist die *Grazie* der Bewegungen inhärent. So beschreibt Kleist im *Marionettenspiel* einen Fechtkampf mit einem Bären, der *immer schon* alle Angriffe und Finten seines Gegners pariert. Dadurch, dass er nicht nachdenkt und sich dem Fluss der Situation vollends hergibt, geraten seine Bewegungsabläufe nicht ins Stocken. Dem anmutigen, grazilen menschlichen Handeln scheint allerdings ein Paradox zugrunde zu liegen: Im ästhetischen Handeln darf es keine Reflexion geben und um in diesen Zustand des Nicht-Bewusstseins zu geraten, bedarf es einer dauerhaften Reflexionsanstrengung, um jenen kulturellen Ballast abzustreifen, der die Bewegungen ins Stocken bringt.

© Springer Fachmedien Wiesbaden GmbH, ein Teil von Springer Nature 2018
H.-W. Franz und C. Kaletka (Hrsg.), *Soziale Innovationen lokal gestalten*,
Sozialwissenschaften und Berufspraxis,
https://doi.org/10.1007/978-3-658-18532-9_12

Dadurch gerät das, was man tut, immer in die eigene Reflexion darüber, *wie* man es tut. „Jeder Zusammenhang, der eine Praxis ausmacht, kann ästhetisch werden, wenn er sich selbst reflektiert und dadurch bewegt, belebt wird" (Menke 2017, S. 84). Andererseits entsteht durch Performativität als *wirklichkeitskonstituierende Kraft* die Möglichkeit, „neue, unvorhersehbare Realitäten" (Goppelsröder 2015, S. 63) hervorzubringen. Das, was gesehen werden kann, wird immer erst gemacht.

Diese Einstellung des Blicks auf die Dimension des Performativen soll auf die Soziologie selbst angewendet werden, wobei vor allem ästhetische Kategorien für die Beobachtung gesellschaftlicher Zusammenhänge zur Anwendung kommen. Zum einen wird Soziologie zu einem öffentlichen Ereignis, d. h., sie wird sichtbar, indem Forscherinnen und Forscher zu Mitgestaltenden innerhalb lokaler Umwelten werden. Zum anderen trägt Soziologie mit den Instrumenten der Performativität zur Ästhetisierung sozialer Praxis bei und damit zum Abrücken von formierten Bestimmtheiten, die in Praktiken zum Ausdruck kommen. Eine Ästhetisierung setzt die Reflexion praktischer Vollzüge in Gang, welche wiederum Veränderungen im Verhalten und in Interaktionen nach sich ziehen können.

Den Schwerpunkt des Beitrags bildet allerdings die Verortung performativer Soziologie als eine öffentliche Aktionsforschung. Zentral ist dabei einerseits die *partizipative* Ausrichtung der Durchführung von Aktionen, andererseits der *transgressive* Charakter öffentlicher Interventionen: Gemeinsam werden Grenzen überschritten, um neue Räume des Handelns zu erschließen, die als Basis für *soziale Innovationen* dienen. Das Erkenntnisinteresse liegt darin, soziale *Transformationen im Vollzug* und die Bedingungen und das Entstehen sozialer Innovationen zu verstehen. Ziel ist es, für eine öffentliche Aktionsforschung neue Räume demokratischen Experimentierens zu erschließen, Öffentlichkeiten aktiv herzustellen und den Forschenden Mittel und Wege für transformierende Interventionen an die Hand zu geben. Öffentlichkeit soll dabei nicht als Sprachraum, etwa als eine kommunikative Sphäre der Konsensbildung, verstanden werden, sondern als *Versammlung* der Leiber an einem Ort.

In sechs weiteren Schritten soll dieses Vorhaben entwickelt werden. Im folgenden Abschnitt wird zunächst eine Einordnung und weitere Spezifizierung performativer Soziologie als öffentlicher Aktionsforschung vorgenommen. Die Teilhabe an öffentlichen Schaffensprozessen geht einher mit direkter Aktion (Graeber 2009). Im dritten Abschnitt wird eine ästhetisch begründete Überschreitung disziplinärer als auch systemspezifischer Grenzen dargelegt. In Abschnitt vier folgt ein Exkurs zur Praxis des Cornerns – das Cornern, aus dem Englischen ‚an der Ecke stehen', ist eine unter jungen Leuten beliebte Freizeitbeschäftigung vor allem in größeren Städten – als beispielhaftes Phänomen der öffentlichen Versammlung und Massebildung. Der darauffolgende Abschnitt veranschlagt die Straße als *Spielraum*, in dem sich die Inszenierungen urbaner Öffentlichkeiten vollziehen. Der sechste Abschnitt fasst die bis dahin gesammelten Einsichten in der Konzeption eines *Experimentalsystems Öffentlichkeit* zusammen und plädiert für einen performativen Zugang politischer Gestaltung. Der letzte Teil formuliert in der Tradition der Aktionsforschung sieben Postulate für eine weiterführende Diskussion sowie Forschungs- und Transformationspraxis.

2   Teilhabe und Aktion

> *„Wer sieht, so scheint die Regel zu lauten, der kämpft nicht, und wer kämpft, der sieht nicht. Und doch wäre ein sehendes Kämpfen und ein kämpferisches Sehen an der Zeit – vor allem deswegen, weil kaum jemand noch weiß oder wissen kann, auf welcher Seite der Schlacht er oder sie eigentlich angeworben wurde."*
>
> (Sloterdijk 2010, S. 24)

Performative Soziologie begreift sich als entgrenzende Sozialforschung im öffentlichen Raum, die gemeinsam mit Ko-Agenten, präparierten Materialien, Medien, umgebenen Architekturen und Sozialstrukturen Ereignisse schafft. Ein *Ereignis*, im emphatischen Sinne, lässt sich als einen erschütternden Einbruch von etwas Überraschendem begreifen, das den Kontext, in welchem das Ereignis stattfindet, auf den Prüfstand stellt und einer Transformation[2] zugänglich macht. „In seiner grundlegendsten Definition ist ein Ereignis nicht etwas, das innerhalb der Welt geschieht, sondern es ist *eine Veränderung des Rahmens, durch den wir die Welt wahrnehmen und uns in ihr bewegen.*" (Žižek 2016, S. 16) Die Schaffung von ergreifenden Ereignissen wird zu einem Instrument der Ermöglichung sozialer Innovationen im starken Sinne. Ihre Wirksamkeit zieht performative Soziologie aus der *Teilhabe anderer an einer Aktion.* Es ist allerdings eher so, dass Soziologinnen und Soziologen an der Schaffung eines Ereignisses teilhaben und ohnehin – wenn überhaupt – nur zum Teil Urheber dessen sein können. Das, was geschieht, vollzieht sich eigenlogisch.[3]

---

2   Das bedeutet zugleich aber auch ein gewaltsames Eindringen in einen unvorbereiteten Kontext: *„keine Transformation ohne Deformation, keine Verwandlung ohne Entstellung"* (Mersch 2002, S. 277).

3   In den meisten Ansätzen der Aktionsforschung spielen Zieldefinition und Planung eine wesentliche Rolle. In diesem Falle sind diese Maßnahmen sekundär und einer jeweiligen

Mit partizipativer Forschung teilt performative Soziologie den Grundsatz „soziale Wirklichkeit nicht nur zu verstehen, sondern auch zu verändern" (von Unger 2014, S. 46). Das Verstehen der sozialen Wirklichkeit ergibt sich dabei aus dem interventionistischen Vollzug selbst: ein *werdendes Verstehen der Veränderung*, die im partizipativen Forschungsprozess ausgelöst und mitvollzogen wird. Mit anderen Worten zielt das Erkenntnisinteresse auf das *Erforschen von Transformation in ihrem Vollzug*. Wissen entsteht demnach in Ko-Produktion als *Praxis*wissen, welches im Modus *performativen Lernens* die Herausbildung einer *Transformationskompetenz* (Düllo 2011, S. 544f.) zur Folge hat. Für die Umsetzung Ereignis stiftender Forschung, nähert sich performative Soziologie mit einigen Wendungen Ansätzen der *Aktionsforschung*, welche entscheidende Momente transformativer Wissenschaft enthalten: in einer gemeinsamen Aktion mit Akteuren innerhalb eines lokalen Kontexts Wissen schaffen. Entgegen den zahlreichen ausdifferenzierten Ansätzen partizipativer Forschung mit jeweils unterschiedlichen methodologischen, forschungspraktischen und ideellen Schwerpunkten (vgl. Unger 2014), wurde im speziellen ein *action research*-Ansatz gewählt, weil er eine *Apotheose der Aktion als vollziehendes Mitgestalten sozialer Umwelt* in sich trägt. In der Forschungspraxis heißt das dann, die Distanz zu seinem Gegenstand teilweise und zeitweise aufzugeben und sich in unmittelbare Kontexte eingespielter Handlungsvollzüge hineinzubegeben (vgl. Klüver und Krüger 1972). So könne das verbreitete Klischee überwunden werden, dass sehendes Kämpfen und kämpferisches Sehen nicht möglich wären.

Wie bereits angedeutet, verfolgt performative Soziologie eine Praxis der Entgrenzung und „Entunterwerfung" (Foucault). Eine Einteilung in unterschiedliche Intentionalitäten und Zugangsweisen, welche von verschiedenen Ansätzen der Aktionsforschung eingenommen werden, haben Cassell und Johnson (2006) vorgenommen (siehe Unger 2014, S. 20f.): 1) *Experimental Action Research Practices*, die von einer gegebenen Realität ausgehen, welche wissenschaftlich erfasst werden könne; 2) *Inductive Action Research Practices*, die eine induktive Theoriebildung zur Beeinflussung der Wirklichkeit vertreten; 3) *Participatory Action Research*, die organisationsintern in Kooperation vor allem mit leitenden Angestellten auf die Beratungsfunktion der WissenschaftlerInnen setzt; 4) *Participatory Research Practices*, die auf der Einbeziehung und Übernahme der Perspektive marginalisierter Gruppen beruhen, um in gesellschaftskritischer Absicht die Position der Subalternen zu verbessern; und 5) *Deconstructive Action Research Practices*, deren Ziele darin liegen, „dominante diskursive Praktiken zu erschüttern, Alternativen

---

Situation anzupassen. Der ereignishafte Charakter widerspricht einem strukturierten Vorgehen. Vielmehr kommt es darauf an, ein Geschehen gut einzuschätzen und sich bietende Gelegenheiten zu ergreifen, um einen Coup zu landen (vgl. Certeau 1988, S. 90).

aufzuzeigen und Vielstimmigkeit und Mehrperspektivität herzustellen" (ebd., S. 21). Performative Soziologie versucht die letzten beiden Ansätze zu verbinden, ohne allerdings der Meta-Erzählung der Abgehängten und Schwachen Folge zu leisten, denn diese setzte eine Anerkennung des dominanten Diskurses und historisch etablierter Herrschaftsstrukturen voraus.

Es soll ein dekonstruierender Ansatz einer überraschenden Schaffung von Räumen, die belebt und angeeignet werden können, verfolgt werden. Daher bietet sich die *direct action* (Graeber 2009) als Methode öffentlicher Intervention an, denn ohne ein In-Aktion-Treten ist Aktionsforschung nicht denkbar. Im Anschluss an eine dekonstruierende Haltung ist die direkte Aktion „the insistence, when faced with structures of unjust authority, on acting as if one is already free" (ebd., S. 203). Interessanterweise trifft sich diese Strategie des *Als Ob* mit der Auffassung von Charles Wright Mills über die Rolle der Sozialwissenschaften, wenn er davon ausgeht, in einer nicht vollends verwirklichten Demokratie zu leben: „Aber wir handeln, als ob wir uns in einer ganz und gar demokratischen Gesellschaft befänden, und versuchen genau dadurch das ‚Als ob' aus dem Weg zu räumen. Wir bemühen uns in dieser Rolle, die Gesellschaft demokratischer zu machen. Diese Rolle ist, so behaupte ich, die einzige, in der wir uns als Sozialwissenschaftler um die Demokratisierung der Gesellschaft bemühen können" (Mills 2016, S. 281). Mit direkten Aktionen wird davon abgesehen, welche Institutionen und Organisationen aus soziologisch äußerst verwickelten Gründen dazu legitimiert sind, etwas zu tun. Die Selbstermächtigung verbleibt damit nicht in Subalternität, sondern trotzt den Umständen und sagt: „Was der Papst darf, darf ich schon lange."[4] Die Macht repressiver Institutionen wie Regierungen, Polizei, das Leistungsprinzip etc. werden nicht anerkannt und Ideale wie Selbstgestaltung, Solidarität oder Freundschaft performativ verwirklicht und damit konstitutiv gesetzt. Die Energie[5] richtet sich also nicht gegen etwas, sondern auf die *Herstellung von etwas anderem*. Das entspricht der Strategie performativer Soziologie als öffentlicher Aktionsforschung: In der Zusammenkunft im öffentlichen Raum wird eingespielt, wie es wäre, wenn wir unsere lokalen Räume selbst gestalten würden und wie wir neue Gemeinschaften in ihrem Vollzug leben können. Da wir dies *tun*, wird es, zumindest temporär, zu einer *Tat-Sache*. Das Ereignis steht als Bild im öffentlichen Raum, sofern durch Medien kommunikative Anschlüsse

---

4 Diese Äußerung bezieht sich auf die Aktion *Flüchtlinge fressen* des *Zentrums für politische Schönheit* (ZPS) aus dem Jahre 2016. Nachdem die Aktionist*innen erfahren haben, dass Papst Franziskus im April 2016 drei syrische Familien – die 12 Apostel? – von der Insel Lesbos evakuierte, entschieden sie sich, es ihm gleich zu tun. Über die neuste Aktion des ZPS *Scholl 2017* wird an anderer Stelle ausführlich berichtet.

5 Im Sinne des altgriechischen *enérgeia*, verstanden als Akt und Wirksamkeit des Realisierens einer Möglichkeit.

hergestellt werden, und fordert eine Antwort. Das Spiel der Subalternität beginnt zu oszillieren. Der Witz dieser Form der Aktionsforschung besteht somit darin, an *performativen Utopien*[6] teilzuhaben, die in der *leiblichen Erfahrung der Möglichkeit eines anderen Zusammenlebens* gipfeln.

3   Überschreitung

> *„… es geht ebensosehr um die Zerstörung dessen, was wir sind, und um die Schöpfung von etwas ganz anderem, einer völligen Innovation."*
>
> (Foucault 1996, S. 84)

Die inklusive Aktion ist damit eine Praxis des Überschreitens, performative Soziologie verfährt *transgressiv* (lateinisch *trans*, über, und *gressus*, geschritten). Gemeint sind hier sowohl Systemgrenzen einer funktional differenzierten Gesellschaft (von der Kunst zur Politik, zum Alltag, zum Recht etc.), als auch Disziplinengrenzen der Wissenschaften.[7] Für die Überschreitung ist vor allem an Bataille zu denken, der wie kaum ein anderer dem Ruf des *Unmöglichen* folgte, um die Grenzen des Subjekts zu sprengen. „Durch rituelle Tabuverletzungen würden die moralischen Schranken der organisierten Gesellschaft, d. h. Achtung der Hierarchie, Scham, sexuelle Verbote, durchbrochen" (Böhme 2008, S. 108). Souverän wird der Mensch da, wo er den Begrenzungen der Arbeit und der gesellschaftlichen Konventionen entflieht und „sich in ungebundener Verschwendung an das gegenwärtige Dasein verliert" (ebd.). Nicht in der gesellschaftlichen Ordnung aufzugehen, ist Zeichen menschlicher Freiheit. Die Grenzen, die performative Soziologie überschreitet, sind also immer die Grenzen des generalisierten Anderen, der große Andere, der dem einzelnen seinen Namen und Platz zuweist[8], um Risse, Möglichkeitssinn und

---

6   Die Theaterwissenschaftlerin Jill Dolan (2005) beschreibt *utopian performatives* als eine begrenzte Erfahrung der Verzauberung im Theater, die auch über den geschützten Raum hinaus zu einem öffentlichen Engagement führen kann. Mittels performativer Ereignisse erscheint die Möglichkeit eines intensiveren, besseren, anderen Mitseins. Aus den Erlebnissen einer anderen Gemeinschaft kann der Wille erwachsen, eine solche auch im alltäglichen Leben zu verwirklichen.

7   Zur Thematik der Transdisziplinarität als wissenschaftliche Praxis siehe Jende 2017.

8   „Die Gesellschaft hat uns unsere Namen gegeben, um uns vor dem Nichts zu schützen. Sie hat eine Welt für uns gebaut, in der wir leben können und uns sicher fühlen vor dem Chaos, das uns von allen Seiten umgibt. Sie hat uns eine Sprache verliehen und alle die Bedeutungen, durch die die Welt glaubhaft wird" (Berger 1984, S. 163).

Überschuss zu erzeugen. Es darf allerdings nicht unerwähnt bleiben, dass sich spät- oder postmoderne Gesellschaften bereits an Tabubrüche so sehr gewöhnt haben, dass sie eher zur Normalität gehören, als eine Ausnahme bilden, und durch ihre Innovationskraft neue Impulse zur profitablen Verwertung bieten (vgl. Rauterberg 2015, S. 150ff. sowie Boltanski und Chiapello 2003).

Die Praxis des Überschreitens beinhaltet immer das Überschreiten des eigenen Selbst als einem Individuum in Gesellschaft, welches Verhaltensvorschriften und die ihn kontrollierende Moral internalisiert hat. Das bedeutet, „sich, sein Selbst, *gegen* den sozialen Teilnehmer, der man bereits ist, hervorzubringen" (Menke 2017, S. 124). Damit ist also die unmögliche Forderung verbunden, dasjenige zu verweigern, was einem seine Identität verliehen hat. Das setzt die Zurückweisung von Moral im Sinne von zu erfüllenden Verhaltensregeln und gemeinsamen Normen voraus und könnte daher auf eine breite Ablehnung stoßen. In der Dimension des Performativen drückt sich jedoch eine diffizile Ethik aus, die sich selbst setzt und deshalb weder gut noch böse sein kann. Eine Handlung kann nicht richtig oder falsch sein; sie kann unter bestimmten Gesichtspunkten glücken oder missglücken. Die Ethik, die jeder einzelne aus dem intelligiblen Vollzug des eigenen Lebens destilliert, ist der „Effekt alltäglicher *performance*" (Goppelsröder 2015, S. 65). Die eigene Erfahrung, die in ihrem Ereignischarakter unsagbar bleibt, bildet den Hintergrund einer nicht restriktiven äußeren Moral. Doch dazu muss man sich auf diesen Sprung in *das Andere* der Erfahrung einlassen. „Der Mensch ist ein Erfahrungstier: Er tritt ständig in einen Prozess ein, der ihn als Objekt konstituiert und ihn dabei gleichzeitig verschiebt, verformt, verwandelt – und der ihn als Subjekt umgestaltet" (Foucault 1996, S. 85). Aus einer Perspektive des Performativen gestalten Subjekte selbst das, was sie konstituiert; sie versuchen auf jenen Kontext einzuwirken, der ihre Subjektivierung bedingt. Über den Umweg der Öffentlichkeit machen sich Subjekte selbst zum Objekt, um über den eindringlichen Weg der Erfahrung das zu verlassen, was sie selbst sind. Indem Subjekte den öffentlichen Raum selbst schaffen, der sie zumindest zu einem gewichtigen Teil überhaupt erst ermöglicht, können sie ihre Konstitutionsbedingungen verstehen und kollaborativ auf sich selbst einwirken. In diesem *Erscheinungsraum* (Arendt 2002, S. 251–269) entsteht die politische Macht der Masse.

4   Exkurs: Die Street Corner Society

> *„Wenige Wölfe haben sich bis jetzt an viele Schafe*
> *gehalten. Nun ist es Zeit für die vielen Schafe,*
> *sich gegen die wenigen Wölfe zu wenden."*
>
> (Canetti 1996, S. 65)

Im Jahre 1943 veröffentlichte William Foote Whyte eine Studie über seine Feldforschungen in einem Bostoner Italienerviertel. Hier tauchte zum ersten Mal der Begriff der *corner boys* auf, der in seiner geschlechterkategorischen Nivellierung auf einen aktuellen Trend der Jugendkultur in deutschen Großstädten verweist. „Die *corner boys*, die Eckensteher, sind Gruppen von jungen Männern, deren gesellschaftliche Aktivitäten sich an bestimmten Straßenecken konzentrieren, die nächstgelegenen Friseurläden, Imbissstuben, Billardsalons oder Clubs eingeschlossen" (Whyte 1996, S. 4). Heute werden vor allem Orte um *Spätis* (Spätkauf, Kiosk) aufgesucht.[9] Die Praxis des „Cornerns" erreichte erstmals im Rahmen des G20-Spektakels in Hamburg mit der Schlagzeile *Hedonistisches Massencornern gegen G20!* eine breitere Öffentlichkeit, auch über Hamburg und Berlin hinaus.[10] Damit wird die Eroberung des öffentlichen Raumes vorgeführt, indem sich Menschen auf der Straße versammeln und gegen die hohen Barpreise und steigenden Mieten möglichst unter Begleitung von Musik günstiges Bier trinken.

Für die Konzeption einer öffentlichen Aktionsforschung ist diese Praxis äußerst aufschlussreich, da sich dabei spontane Versammlungen bis hin zur Entstehung einer Masse bilden. Elias Canetti gibt in seinem Buch *Masse und Macht* detaillierte Einblicke ins Innenleben unterschiedlicher Formen der Masse. Beim Cornern handelt es sich um eine *offene Masse*, sie will und muss unaufhörlich wachsen: „Wer immer wie ein Mensch gestaltet ist, kann zu ihr stoßen" (Canetti 1996, S. 14). Wenn

---

9   Alle derzeit „offiziellen" Cornerplätze Deutschlands sind hier zu finden: www.cornern. com. Bei dieser rasanten Verbreitung und Nachahmung kann von einer sozialen Innovation ausgegangen werden, die unter günstigen Umständen über die Produktion medialer Unterhaltungsprosa hinausgeht. Ein Ärgernis für einige Anwohner der Plätze ist sie allemal: http://www.abendblatt.de/hamburg/article207750469/Cornern-Wenn-Trinken-auf-der-Strasse-zum-Problem-wird.html. In diesem Beitrag soll allerdings kein Urteil gefällt werden, sondern das Cornern als Praxis zivilen Ungehorsams rekonstruiert werden, welches in seiner Ausbreitung auch Verwandlungen durchmachen und ganz neue Formen öffentlicher Kommunikation annehmen kann. „Nachahmung beinhaltet auch immer Variation und insofern bringen Nachahmungen auch stets Neuerungen in die Strukturen und sozialen Gebilde." (Howaldt, Kopp und Schwarz 2014, S. 85)

10   https://www.g20hamburg.org/de/content/hamburg-hedonistisches-massencornern-gegen-g20

sie aufhört zu wachsen, löst sie sich wieder auf. Das Cornern kann als eine zeitlich äußerst begrenzte Massenbildung betrachtet werden. Anfangs werden es immer mehr, ab einem gewissen Punkt ist der Peak erreicht und die Leute treten nach und nach den Heimweg an. Dieses gemeinsame Treffen an einem Platz ist so offen und attraktiv, da es vordergründig hedonistisch und unpolitisch daherkommt. So wird die Versammlung zu einem Magneten unter jungen Leuten, was ihrem Wachstum kaum Grenzen setzt.[11] In Einzelfällen wurde das Cornern auch als Protestform eingesetzt, so wie im Falle von G20 oder gegen die Räumung eines besetzten Hauses in München – „Cornern gegen Leerstand"[12] –, dessen fünfjährige Brachlegung in einen Tauschladen umfunktioniert werden sollte. Das zeigt, dass sich ein spontanes Treffen im öffentlichen Raum auch für alle erdenklichen (politischen) Anliegen, wie Raumaneignung und -nutzung, ausrufen lässt; z. B. Cornern für den Bau von Obdachlosenunterkünften, öffentliche Bücherschränke oder ein Spiegelkabinett für schlecht gelaunte Großverdiener auf dem X-Platz, bei dem die Anwesenden gleich alle selbst anpacken. Dieses „urbane Spacing" (Düllo 2009, S. 217) ist Teil wilder Stadtgestaltung und Raumaneignung vorwiegend Jugendlicher. Mit Hilfe sozialer Medien und anderer Kommunikationskanäle können Anlässe einer gestaltenden Versammlung ausgerufen und die entsprechende Materialbeschaffung in der Logik des Gabentauschs organisiert werden.

Da es sich beim Cornern nur um zeitlich begrenzte Ausflüge in den Stadtraum handelt, kann kaum von einem Ereignis gesprochen werden. Im Falle einer dauerhaften Installation eines Artefakts – wie dem Bücherschrank – oder gleich der Masse selbst, die sich weigert, einen Platz zu verlassen (bspw. am Gezi-Park oder Tahrir-Platz), ändert sich allerdings der Rahmen, in welchem sich eine lokale Öffentlichkeit bewegt. So stellt etwa Judith Butler in ihrer *performativen Theorie der Versammlung* fest: „Manchmal entsteht eine Revolution, weil alle sich weigern, nach Hause zu gehen, und auf der Straße als dem Ort ihrer konvergenten und

---

11 Außer der der eigentumslogischen Evolution: Die Eroberung des öffentlichen Raumes in Form eines hedonistischen Massencornerns kann in ihr Gegenteil umschlagen und zu Gentrifizierung führen, weil die rauschhafte Belebung von Plätzen die Attraktivität eines Wohnviertels bekunden kann. Der Gärtnerplatz in München könnte bspw. als ein Inbegriff dafür gelten, dass an einem Ort, an dem sich viele junge Leute versammeln, qua Wiederholung der Präsenz das Angesagte entsteht. Es spricht sich herum, der Platz wird zu einem Magneten. Das bleibt freilich auch dem Immobilienmarkt nicht verborgen. Das Ende der Geschichte ist die endgültige Auflösung der Versammlung durch wiederholtes Anrücken der Ordnungskräfte, die aufgrund von Anwohnerbeschwerden der Zugezogenen allabendlich einen Platzverweis aussprechen – ein performativer Akt in Reinform.

12 http://www.mucbook.de/2017/07/24/wir-wollen-schnitzel-wir-wollen-haus-spontan-cornern-gegen-leerstand/

temporären Kohabitation ausharren" (Butler 2016: 132). Zu einem Ereignis wird
die Corner-Crowd, wenn sie bleibt oder etwas Bleibendes hinterlässt und damit
in die Rahmung öffentlicher Ströme eingreift. Im überdehntesten Sinne lässt
sich die Versammlung an der Ecke als *Umkehrungsmasse* (Canetti 1996, S. 65ff..)
rekonstruieren. Eine solche setzt laut Canetti eine spürbare Ungleichheit in der
Sozialstruktur voraus, die sich dann entlädt, wenn sie sich der Abhängigkeit von
„höheren Gruppen" zu entledigen versucht. Was jedoch häufiger der Fall ist, ist das
Phänomen des „Tretens nach unten" – was stets einher geht mit einem „Buckeln
nach oben". Gruppen, Schichten, Milieus und andere Betroffenheitsgemeinschaften
geben das an „Schwächere" weiter, was ihnen selbst widerfahren ist.

Es besteht allerdings auch die Möglichkeit, sich zu einer Masse zusammenzu-
schließen, um *private troubles* als *public issues* (Mills 2016) zu inszenieren und die
gesellschaftlichen Verhältnisse durch körperliche Anwesenheit anzuprangern.
Wenn Gentrifizierung das Problem steigender Mieten ist, wäre zu untersuchen,
ob eine „Besetzung" eines gentrifizierten Raumes einen umgekehrten Trend ein-
leiten würde. Eine öffentliche Aktionsforschung, die sich der sozialstrukturellen
Zusammensetzung einer Stadt gewahr ist, könnte beispielsweise die Peripherie zum
Cornern ins Zentrum einladen. Für München hieße das, Jugendliche, Familien und
andere Personen aus Milbertshofen oder dem Hasenbergl zum Cornern in der/die
Maxvorstadt zu bewegen. Als *performative Mietpreisbremse* lassen sich politische
Forderungen in direkter Aktion umsetzen. Das Versammeln in seiner Diversität,
Solidarität und Offenheit erzeugt gleichsam jene leibliche Erfahrung eines anderen
Zusammenseins – sowohl für die Versammelten, als auch für die Verschanzten.

5   Die Straße als Spielraum

> *„Die Spiele der Schritte sind Gestaltungen von Räumen.*
> *Sie weben die Grundstruktur von Orten. (…) Sie können*
> *nicht lokalisiert werden, denn sie schaffen erst den Raum."*
> (Certeau 1988, S. 188)

Das Forschungs- und Transformationsfeld, welches hier erschlossen werden soll,
ist im weitesten Sinne das, was unter dem schillernden Begriff der Öffentlichkeit
firmiert. Diese ist freilich nur im Plural zu haben, weshalb der Blick auf lokale

Räume der Stadt[13], und noch spezifischer, die Straße[14] als einem „Denkbild gelungener, aber bedrohter Verschränkung von Individualisierung und Gemeinsinn" einerseits, andererseits als „Ort des Improvisierens und Experimentierens" (Düllo 2011, S. 153) fokussiert werden soll – denn genau in diesem dreckigen Labyrinth, diesem Dschungel, dem ‚unsicheren Terrain', findet performative Soziologie ihren Wirkungsbereich. In ihren Straßen inszenieren Städte ihren Livestyle, hier wird der Beobachter des „*Aufführungscharakter(s) sozialer Begegnungen*" (Volbers 2014, S. 78) gewahr. Das bedeutet nicht, dass die Straße als Theater eines *anything goes* zu charakterisieren sei. Im Gegenteil: Die Straße ist seit der Urbanisierung zu einer Metapher lebensweltlicher Härte und des Ausbruchs von Kriminalität und Gewalt geworden. Dennoch ist es hilfreich – mit der Härte brechend, sich in sie einmischend und sie zerstreuend – die ästhetische Dimension des *Spiels* einzuführen. Letztlich ist jeder Zusammenstoß zweier Gangs, ein Raubüberfall oder die Zerstörung von Gegenständen eine theatralische Inszenierung – eben genau des Lebens, welches sich vor unser aller Augen vollzieht – mit einem spielerischen Charakter, der sich nur allzu leicht in einem tragischen Ernst verfängt.

In der direkten Aktion nimmt David Graeber Bezug auf das Spiel zwischen Kontrahenten, zumeist der Polizei als Hüterin der Ordnung und einer Versammlung, welche die öffentliche Ordnung vermeintlich zu stören trachtet (Graeber 2009, S. 195). In diesem regelhaften und regelmäßigen Zusammenstoß wird wirklichkeitskonstitutiv eine Inszenierung dargeboten, welche die Machtverhältnisse bloß- und sicherstellt. Gadamer (1977) und Huizinga (1958) sahen im Spiel die Voraussetzung von Kultur. Gadamer stellt fest, dass das Spiel der Wiederholung bedarf, um als solches gelten zu können. Außerdem benötigt es *Spielraum*. Warum das Spiel aus dem Alltag und der Wandlung zivilisatorischer Abläufe weitestgehend verschwunden ist, kann in der Verengung der Spielräume – also in der *Rationalisierung* – seine Ursache haben. Ohne die Dimension des Spiels ist es allerdings schwer vorstellbar, neue Praktikenkonstellationen auf Dauer einzustellen. *Je kleiner die Spielräume, desto geringer die Chancen auf soziale Innovationen.*

Spätestens mit Schiller hat sich die ästhetische Dimension des Lebensvollzugs im Spiel herumgesprochen. „Das Spiel erscheint nun als eine Selbstbewegung, die

---

13 Birgit Althans (2001) rekonstruiert in einer kollaborativen Studie die Stadt als performativen Raum, der sich aus den fließenden Vollzügen seiner Bewohner*innen erst konstituiert und diese wiederum durch seine Atmosphäre, die sich aus unterschiedlichen Komponenten wie Architektur, Grünflächen, Schulen, Straßenzüge, etc., beeinflussen. „Städte formen sich – performativ – nach dem unterschiedlichen Gebrauch, den Menschen von ihnen machen" (S. 20).

14 Zur Straße als *politischer Arena* und Raum von Massenbewegungen und Kanälen revolutionärer Versammlungen siehe Sittler 2009.

durch ihre Bewegung nicht Zwecke und Ziele anstrebt, sondern die Bewegung als Bewegung, die sozusagen ein Phänomen des Überschusses, der Selbstdarstellung des Lebendigseins, meint" (Gadamer 1977, S. 30). In dieser Freiheit des Überschusses kann der Mensch sich selbst Zwecke setzen; die Praxis des Bestimmens und Bestimmt-Werdens reißt ab zugunsten einer Ästhetisierung der eigenen Existenz (vgl. Menke 2017). Ungeachtet einer elitären Verkürzung, dass man es sich erst leisten können müsse zu spielen, kommt es viel mehr auf die *Volition der Transgression* eigener Subjektivierungsumwelten an, um *sich selbst aufs Spiel zu setzen* (Moder und Strätling 2016) – und das machen gerade die, die es sich leisten können, nicht. Gespielt kann dort werden, wo es um nichts geht, und das heißt, wo mich die positive Ordnung nichts angeht – das gilt auch im Modus des *Als Ob*. Ein Spiel lässt sich darüber hinaus immer spielen, denn es bezieht sich nur auf sich selbst. So spielen die zwei Gangs seit Generationen das gleiche Spiel und könnten unter Umständen jederzeit ein neues Spiel beginnen. Für performativ Forschende im Außendienst wird es hilfreich sein, sich in den Gepflogenheiten, der Sprache und den Spielen einer Straße auszukennen, sowie eine „Straßenkompetenz als Lese- und Artikulationskompetenz" (Düllo 2009, S. 221) zu entwickeln. Für die Sensibilisierung des Blickes und Leibes eines öffentlichen Aktionsforschers wäre ethnografische Vorarbeit zu leisten (siehe Dellwing und Prus 2012; Certeau 1988).

5 Experimentalsystem Öffentlichkeit

> „Gib mir ein Ding von Belang, und ich zeige dir
> Erde und Himmel, die versammelt werden müssen,
> um das Ding an seinem Platz zu halten."
>
> (Latour 2007, S. 55)

Der Beitrag stellte sich zur Aufgabe, für eine öffentliche Aktionsforschung neue Räume demokratischen Experimentierens zu erschließen. Der Wissenschaftsforscher Hans-Jörg Rheinberger (2006) beschreibt die Entstehung von Experimentalsystemen anhand der Anordnung verschiedener Instrumente und Akteure um ein *epistemisches Ding*, welches genau in dieser Konstellation einer spezifischen *epistemischen Gemeinschaft* erst hervorgebracht wird – und wiederum in Wechselwirkung die Instrumente, Methoden, das Wissen, die Umgebung und die beteiligten Subjekte konstituiert und verändert. Um Öffentlichkeit als ein epistemisches Objekt hervorzubringen, bedarf es einer *Experimentiergemeinschaft*, die sich performativ an ihrer Herstellung beteiligt.

Mit der Ritualtheorie (Turner 2005) wissen wir, dass „Gemeinschaften durch den gemeinsamen Vollzug von Ritualen hervorgebracht werden" (Fischer-Lichte 2004, S. 86). Eine Gemeinschaft, die sich öffentlich der Gestaltung der Öffentlichkeit widmet, um sich in An- und Selbstverwandlung zu üben, müsste gemeinsame Rituale ausbilden, die Kontinuität gewährleisten. Eigenes und Fremdes versammelt sich auf den Straßen und Plätzen zu einer „Einübung in Gemeinsames" und erschafft durch ein wechselseitiges sich Einspielen *performative Gemeinsamkeit* (Waldenfels 2015, S. 95). „Die Gemeinsamkeit, die jedem expliziten Wechselbezug vorausgeht, resultiert aus einem wechselseitigen *Mitmachen*" (ebd., S. 104). Wenn es also zu neuen Praktikenkonstellationen zur Lösung konkreter, kollektiv verbindlicher Probleme kommen soll, was eine stabile Verhaltensänderung mit einschließt, braucht es einen Anlass, ein gemeinsames Widerfahrnis (*Pathos*), auf welches Personen als Ko-Subjekte gemeinsam reagieren (*Response*), um eine performative Gemeinsamkeit zu *erleben*.[15] Anlässe ergeben sich aus den geschaffenen Ereignissen, die den öffentlichen Raum als einen gestaltbaren und veränderbaren sichtbar werden lassen. „Die Frage, wem der öffentliche Raum gehört, ist nicht nur ungelöst, es lässt sich von allen Seiten auch eine gewisse beharrende Unreflektiertheit der eigenen Position gegenüber beobachten. Womöglich, weil der öffentliche Raum nicht von seiner vielseitigen Benutzung her gedacht wird und nicht als ein Feld, das sich durch die sich wandelnde Nutzung erst konstituiert. Seine Funktionen als Ort der Symbolik und der Kritik, als öffentlich zu verwaltendes Gut, als Ort zur allgemeinen Verfügung werden gewissermaßen gegeneinander ausgespielt und nicht zueinander in Beziehung gesetzt" (van den Berg 2007, S. 226).

Als Experimentalsystem und Erkenntnisgegenstand öffentlicher Aktionsforschung bieten lokale öffentliche Räume einen idealen, noch wenig beanspruchten Spielraum zur Erprobung sozialer Innovationen. Die kreative Dimension gemeinsamen Handelns zur Begegnung aktueller und zukünftiger Probleme liegt in der *Konkreation* als einem Akt der Mitschöpfung, „dass die Umgestaltung einer Ord-

---

15 Diese Argumentation ließe sich durch eine *demokratische Experimentiergemeinschaft* bei John Dewey (1997, S. 129) fortsetzen: „Wo immer es eine vereinte Tätigkeit gibt, deren Folgen von allen einzelnen an ihr teilnehmenden Personen für gut befunden werden, und wo die Verwirklichung des Guten von der Art ist, dass sie ein tatkräftiges Verlangen und Bemühen hervorruft, es zu erhalten, weil es ein von allen geteiltes Gut ist, da gibt es insofern eine Gemeinschaft." Siehe auch *Die Konstruktion des Guten* (in Dewey 2001) oder die Rehabilitierung der *Erfahrung* aus dem Vollzug eines Lebens, welches sich als ein ästhetisches begreift (Dewey 1988), sowie den Band *Demokratischer Experimentalismus* (Brunkhorst 1998). Aus Platzgründen konnte diese vielversprechende Linie nicht weiterverfolgt werden. Der Pioniergeist bleibt immer noch einer, der für künftige Demokratisierungsprozesse erst noch eingeholt werden müsste.

nung gemeinsam vonstatten geht" (Waldenfels 2015, S. 290). Für die performative Soziologie als öffentliche Aktionsforschung gilt es also, Anlässe zu schaffen, die Risse und Brüche in die soziale Wirklichkeit einführen, in denen sich Menschen und Dinge um neue Formen des Miteinanders versammeln können. Das kann in den Keimzellen von *Komplizenschaften*[16] (Ziemer 2013) beginnen – bspw. zwischen Sozialforschern, Anwälten, Stadträten, Unternehmern, Senioren, Bibliothekaren, Studierenden, Schülern, Ärztinnen, Einheimischen, Zugezogenen usf. – und als wachsende und offene Masse eine breitere Öffentlichkeit an sich ziehen. „So beginnt im Idealfall eine Allianz damit, die Gesellschaftsordnung zu inszenieren, die sie durchsetzen will, indem sie ihre eigenen Formen der Soziabilität etabliert." (Butler 2016: 114) An diesen Orten *performativer Utopien* können Menschen die *leibliche Erfahrung* machen, dass eine andere Form des Zusammenlebens nur einen kleinen Schritt weit entfernt liegt.

6   Sieben Postulate öffentlicher Aktionsforschung

Wie es für die Abgrenzung der Aktionsforschung zur „Normalwissenschaft" traditionell üblich ist, sollen abschließend und zur Diskussion anregend auch für die performative Soziologie als öffentliche Aktionsforschung einige Postulate aufgestellt werden. Diese orientieren sich an den sechs Punkten des FB Sozialpädagogik der früheren Pädagogischen Hochschule Berlin aus dem Jahr 1972 (siehe Unger 2014, S. 15) und den sieben Kennzeichen bei Kramer et al. (1979). Ohne diese im Einzelnen hier nachzeichnen zu können, werden Forderungen teilweise übernommen, andere in verwandelter oder in umgekehrter Weise wiedergegeben, wieder andere entfallen und neue kommen hinzu.

1. Performative Soziologie schafft öffentliche Ereignisse und erzeugt damit selbst Öffentlichkeiten.
2. Die Problemdefinition ergibt sich aus den günstigen Gelegenheiten, Coups zu landen (vgl. Certeau 1988), welche die gesellschaftliche Ordnung durch Irrita-

---

16 „Komplizenschaft heißt *Mittäterschaft* und definiert sich aus dem Strafrecht heraus als Dreischritt von Entschlussfassung, Planung und Durchführung einer Tat" (Ziemer 2013, S. 10). Es ist allerdings möglich, das Prinzip der Komplizenschaft aus dem Kontext der Illegalität herauszulösen und dennoch seine inhärenten Vorteile nutzbar zu machen. Z. B., dass sich Öffentlichkeiten aus diesem Verhältnis generieren lassen: „Eine Komplizenschaft erzeugt durch die Tat eine Öffentlichkeit" (ebd., S. 173).

tion oder Konfusion herausfordert oder andere Bilder von Gemeinschaft in den öffentlichen Raum stellt.

3. Das Forschungsziel orientiert sich am Verstehen von Veränderung in ihrem Vollzug „als Beitrag zu praktischer gesellschaftlicher Veränderung, als Beitrag zur Demokratisierung" (Kramer et al. 1979, S. 27).

4. Demokratisierung bedeutet die partizipative Versammlung von Personen im öffentlichen Raum, die sich diesen in ihrer symbolischen Macht als Masse der Leiber anverwandelt und ihn transformiert.

5. Der öffentliche Raum wird zu einem Ort der Inszenierung außerordentlicher Soziabilität (Butler 2016). In der Differenz von hervorgebrachter Inszenierung und lokaler Umgebung liegt die produktive Kraft politischer Innovationsfähigkeit.

6. Die beobachtende Forscherin begibt sich in Form einer „bewusst einflussnehmenden Haltung, die von teilnehmender Beobachtung bis zu aktiver Interaktion mit den Beteiligten reicht" (von Unger 2014, S. 15), mitten hinein in das Geschehen.

7. So wie Kunst ihre politisch intendierte Wirkung nicht vorwegnehmen kann (vgl. Rancière 2008b), kann auch die performative Soziologie als öffentliche Sozialforschung ihre Wirkungen nicht vorwegnehmen (vgl. Beck und Bonß 1989). Es wird somit grundsätzlich davon ausgegangen, dass die wechselwirkende Herstellung performativer Gemeinsamkeiten zu Pfadänderungen führen kann, es jedoch nicht möglich ist, zuvor gesetzte Ziele umzusetzen. Zurück zu Punkt 1.

Literatur

Althans, Birgit. 2001. Die Stadt als performativer Raum. In *Das Soziale als Ritual. Zur performativen Bildung von Gemeinschaften*, Hrsg. C. Wulf, 19–36. Opladen: Leske + Budrich.
Arendt, Hannah. 2002. *Vita Activa oder vom tätigen Leben*. München/Berlin: Piper.
Beck, Ulrich, W. Bonß. 1989. *Weder Sozialtechnologie noch Aufklärung? Analysen zur Verwendung sozialwissenschaftlichen Wissens*. Frankfurt am Main: Suhrkamp.
Berger, Peter L. 1984. *Einladung zur Soziologie. Eine humanistische Perspektive*. München: dtv.
Böhme, Gernot. 2008. *Ethik leiblicher Existenz*. Frankfurt am Main: Suhrkamp.
Boltanski, Luc und E. Chiapello. 2003. *Der neue Geist des Kapitalismus*. Konstanz: UVK
Butler, Judith. 2016. *Anmerkungen zu einer performativen Soziologie der Versammlung*. Berlin: Suhrkamp.
Brunkhorst, Hauke, Hrsg. 1998. *Demokratischer Experimentalismus. Politik in der komplexen Gesellschaft*. Frankfurt am Main: Suhrkamp.
Canetti, Elias. 1996. *Masse und Macht*. Frankfurt am Main: Fischer.
Cassell, C., und P. Johnson. 2006. Action research: Explaining the diversity. *Human Relations* 59: 783–814.
Certeau, Michel de. 1988. *Kunst des Handelns*. Berlin: Merve.

Dewey, John. 1997. *Die Öffentlichkeit und ihre Probleme*. Bodenheim: Philosophischer Verlag.

Dewey, John. 1988. *Kunst als Erfahrung*. Frankfurt am Main: Suhrkamp.

Dewey, John. 2001. *Die Suche nach Gewißheit*. Frankfurt am Main: Suhrkamp.

Dolan, Jill. 2005. *Utopia in Performance. Finding Hope at the Theatre*. Ann Arbor: University of Michigan Press.

Düllo, Thomas. 2009. Schwellenzauber und Aufmerksamkeitsstrategie. Das Versprechen der Straße. In *Straße als kultureller Aktionsraum. Interdisziplinäre Betrachtungen des Straßenraumes an der Schnittstelle zwischen Theorie und Praxis*, Hrsg. S. M. Geschke, 111–140. Wiesbaden: Springer VS.

Düllo, Thomas. 2011. *Kultur als Transformation. Eine Kulturwissenschaft des Performativen und des Crossover*. Bielefeld: transcript.

Fischer-Lichte, Erika. 2004. Ästhetik des Performativen. Frankfurt am Main: Suhrkamp.

Foucault, Michel. 1996. *Der Mensch ist ein Erfahrungstier. Gespräch mit Ducio Trombadori*. Frankfurt am Main: Suhrkamp.

Gadamer, Hans-Georg. 1977. *Die Aktualität des Schönen*. Stuttgart: Reclam.

Goppelsröder, Fabian. 2015. Ethik der Performativität. In *Kraft der Alterität. Ethische und aisthetische Perspektiven des Performativen*, Hrsg. J. Sternagel, D. Mersch und L. Stertz, 51–66. Bielefeld: transcript.

Graeber, David. 2009. *Direct Action. An Ethnography*. Edinburgh [u. a.]: AK Press.

Howaldt, Jürgen, R. Kopp und M. Schwarz. 2014. *Zur Theorie sozialer Innovationen. Tardes vernachlässigter Beitrag zur Entwicklung einer soziologischen Innovationstheorie*. Weinheim/Basel: Beltz Juventa.

Huizinga, Johan. 1958. *Homo Ludens. Vom Ursprung der Kultur im Spiel*. Hamburg: Rowohlt.

Jende, Robert. 2017. Über die Produktivität transdisziplinärer Forschung bei der Gestaltung sozialer Umwelten. In *Gestaltungsorientierte Forschung – Basis für soziale Innovationen. Erprobte Ansätze im Zusammenwirken von Wissenschaft und Praxis*, Hrsg. D. Schemme und H. Novak, 417–431. Bonn: Bundesinstitut für Berufsbildung.

Klüver, J., und H. Krüger. 1972. Aktionsforschung und soziologische Theorien: Wissenschaftstheoretische Überlegungen zum Erkenntnisinteresse in der Aktionsforschung. In *Aktionsforschung: Forschungsstrategien, Forschungsfelder und Forschungspläne*, Hrsg. F. Haag, H. Krüger, W. Schwärzel und J. Wildt, 76–99. München: Juventa.

Kramer, D., H. Kramer und S. Lehmann. 1979. Aktionsforschung: Sozialforschung und gesellschaftliche Wirklichkeit. In *Aktionsforschung: Balanceakt ohne Netz? Methodische Kommentare*, Hrsg. Klaus Horn, 21–40. Frankfurt am Main: Syndikat.

Latour, Bruno. 2007. *Elend der Kritik. Vom Krieg um Fakten zu Dingen von Belang*. Zürich/Berlin: diaphanes.

Menke, Christoph. 2017. *Kraft. Ein Grundbegriff ästhetischer Anthropologie*. Berlin: Suhrkamp.

Mersch, Dieter. 2002. *Ereignis und Aura. Untersuchungen zu einer Ästhetik des Performativen*. Frankfurt am Main: Suhrkamp.

Mills, Charles Wright. 2016. *Soziologische Phantasie*. Wiesbaden: Springer VS.

Moder, Christian und R. Strätling. 2016. *Sich selbst aufs Spiel setzen. Spiel als Technik und Medium von Subjektivierung*. Paderborn: Wilhelm Fink.

Prus, Robert, und M. Dellwing. 2012. *Einführung in die interaktionistische Ethnografie. Soziologie im Außendienst*. Wiesbaden: Springer VS.

Rancière, Jacques. 2008a. *Ist Kunst widerständig?* Berlin: Merve.

Rancière, Jacques. 2008b. Die Paradoxa der politischen Kunst. In *Der emanzipierte Zuschauer*, ders., 63–99. Wien: Passagen-Verlag.

Rauterberg, Hanno. 2015. *Die Kunst und das gute Leben. Über die Ethik der Ästhetik.* Berlin: Suhrkamp.

Rheinberger, Hans-Jörg. 2006. *Experimentalsysteme und epistemische Dinge. Eine Geschichte der Proteinsynthese im Reagenzglas.* Frankfurt am Main: Suhrkamp.

Sittler, David. 2009. Die Straße als politische Arena und Medium der Masse. St. Petersburg 1870–1917. In *Straße als kultureller Aktionsraum. Interdisziplinäre Betrachtungen des Straßenraumes an der Schnittstelle zwischen Theorie und Praxis,* Hrsg. S. M. Geschke, 111–140. Wiesbaden: Springer VS.

Sloterdijk, Peter. 2010: Das Zeug zur Macht. In *Der Welt über die Straße helfen. Designstudien im Anschluss an eine philosophische Überlegung,* Hrsg. P. Sloterdijk und S. Voelker, 7–25. München: Wilhelm Fink.

Turner, Victor. 2005. *Das Ritual. Struktur und Anti-Struktur.* Frankfurt am Main/New York: Campus.

Van den Berg, Karen. 2007. Der öffentliche Raum gehört den anderen. Postheroische Orte, Kaugummis und künstlerische Praxis als Wunschproduktion. In *Die Zukunft des Öffentlichen. Multidisziplinäre Perspektiven für eine Öffnung der Diskussion über das Öffentliche,* Hrsg. S. A. Jansen, B. P. Priddat und N. Stehr, 211–242. Wiesbaden: Springer VS.

Volbers, Jörg. 2014. *Performative Kultur. Eine Einführung.* Wiesbaden: Springer VS.

Von Unger, Hella. 2014. *Partizipative Forschung. Einführung in die Forschungspraxis.* Wiesbaden: Springer VS.

Waldenfels, Bernhard. 2015. *Sozialität und Alterität. Modi sozialer Erfahrung.* Berlin: Suhrkamp.

Whyte, William Foote. 1996. *Die Street Corner Society. Die Sozialstruktur eines Italienerviertels.* Berlin/New York: de Gruyter.

Ziemer, Gesa. 2013. *Komplizenschaft. Neue Perspektiven auf Kollektivität.* Bielefeld: transcript.

Žižek, Slavoj. 2016. *Was ist ein Ereignis?* Frankfurt am Main: Fischer.

Einflüsse von Pionieren auf gesellschaftliche Transformationsprozesse im Handlungsfeld Energie

Toya Engel, Katharina Klindworth und Jörg Knieling

1 Soziale Innovation und gesellschaftliche Transformation zur Nachhaltigkeit

Der Wissenschaftliche Beirat der Bundesregierung Globale Umweltveränderungen (WBGU) hat seit seiner Gründung 1992 einen ganzheitlichen Ansatz und Zielvorgaben für einen globalen Wandel hin zu einer nachhaltigen Entwicklung formuliert und weiterentwickelt. Diese basieren auf der Annahme, dass ein inkrementeller Wandel nicht ausreichend sein wird, um eine Entwicklung innerhalb planetarer Leitplanken zu erreichen (WBGU 2011). Vielmehr wird eine gesamtgesellschaftliche Transformation gefordert, welche durch einen fundamentalen Wandel auch Wirtschaftsweisen und Konsumverhalten, Lebensstile, Governance-Strukturen und gesellschaftliche Werte hinterfragt (WBGU 2011; 2016).

In urbanen Räumen konzentrieren sich Institutionen und Akteure, die Veränderungsprozesse zur Nachhaltigkeit gemeinsam gestalten können (Bulkeley et al. 2011; Geels 2011; Smith 2011). Diese bieten besondere Potenziale für die Beförderung der angestrebten Transformation zur Nachhaltigkeit (Gibbs und O'Neill 2014; WBGU 2011; 2016). Die räumliche Nähe von Akteuren und Akteursnetzwerken erleichtert innovative Aktivitäten (Raven et al. 2012) und somit auch die Entwicklung von Akteuren und Akteursgruppen aus der Zivilgesellschaft, die als potenzielle Pioniere für die Transformation wirken (Seyfang und Haxeltine 2012).

Unter dem Begriff der sozialen Innovation geraten in den letzten Jahren eine Vielzahl von Initiativen, informelle Gruppen und Organisationen in den Blick, die innovative Herstellungs-, Konsum- sowie Tausch- und Teilpraktiken anwenden und das Potenzial besitzen, Treiber der Transformation zu sein (UBA 2014). Dabei handelt es sich um Personen, die ihren Lebensstil bereits am Klimaschutz ausrichten oder entsprechende neue Ideen und Ansätze entwickelt haben und damit als Vorreiter für die Transformation gelten können.

© Springer Fachmedien Wiesbaden GmbH, ein Teil von Springer Nature 2018
H.-W. Franz und C. Kaletka (Hrsg.), *Soziale Innovationen lokal gestalten*,
Sozialwissenschaften und Berufspraxis,
https://doi.org/10.1007/978-3-658-18532-9_13

Dieser Beitrag bezieht sich auf das Konzept des Transformationspioniers als möglichen Träger sozialer Innovation – hier verstanden als „intentionale Neukonfiguration sozialer Praktiken" (Howaldt et al. 2014: S. 12) – für die gesamtgesellschaftliche Transformation. Dafür wird auf Arbeiten der Transition Theory (z. B. Grin et al. 2010), von Kristof (2010) und aus Sozial-, und Raumwissenschaften (Gailing und Ibert 2016; Hjerpe und Storbjörk 2016; Kilper 2016; Kilper und Christmann 2016; Knieling und Klindworth 2017) zurückgegriffen (Kap. 2). Zunächst wird eine Heuristik zur Identifikation von Transformationspionieren entwickelt (Kap. 3), die anschließend in einer Fallstudie angewendet wird. Verarbeitet werden Zwischenergebnisse des BMBF-Forschungsprojektes „Climate Smart City Hamburg|Lokstedt" (ClimSmartLok). Das Projekt zielt darauf ab, strategische Ansätze, Governance-Instrumente und Lösungen für die integrierte Gestaltung von Klimaschutz und Stadtentwicklung in Bestandsquartieren zu entwickeln und zu erproben. Im Rahmen eines Reallabor-Ansatzes erfolgt dies für die Handlungsfelder Energie, Mobilität und Abfall in dem Hamburger Stadtteil Lokstedt. Es werden lokale Vorreiter des Klimaschutzes im Handlungsfeld Energie identifiziert und analysiert (Kap. 4). Im Zuge der Analyse erfolgt eine Typenbildung auf der Grundlage der Beiträge der Pionieraktivitäten zu den verschiedenen Pfaden der Energiewende und ihrem Organisationsgrad. Die zentrale Fragestellung des Beitrags lautet: Welche Typen der Transformationspioniere lassen sich im Handlungsfeld Energie in Hamburg finden und inwieweit können diese als Träger soziale Innovation verstanden werden? Der Beitrag gibt Aufschluss über ihre Typen, Aktivitäten sowie persönlichen Motive und Handlungsziele.

Methodisch basiert der Beitrag auf einer qualitativen Fallstudienanalyse. Auf der Grundlage einer Literaturauswertung relevanter theoretischer und empirischer Vorarbeiten wurden Suchkriterien für die Identifikation von Pionieren einer Transformation im Energiesektor definiert. Mittels einer Desktoprecherche und in Experteninterviews wurden entsprechende Initiativen und Personen in Hamburg identifiziert, mit denen leitfadengestützte Interviews geführt wurden. Die Interviews wurden transkribiert, codiert, qualitativ analysiert und interpretiert (Mayring 1993). Die empirischen Ergebnisse werden abschließend reflektiert und weiterführende Forschungsbedarfe aufgezeigt (Kap. 5).

2   Pioniere der gesamtgesellschaftlichen Transformation

Gesellschaftliche Veränderungsprozesse sind das Ergebnis von komplexen, ineinander verwobenen Strukturen und Prozessen auf verschiedenen Ebenen, die nicht alleine von Einzelnen (Staaten, Organisationen, Individuen) geplant oder gesteuert werden können (Lawhon und Murphy 2011). Nichtsdestotrotz stellt sich die Frage, inwieweit ein gesamtgesellschaftlicher Wandel zur Nachhaltigkeit von Individuen beeinflusst und gestaltet werden kann. Für den hier dargestellten Forschungsansatz werden das Verständnis der Transition Theory (u. a. Grin et al. 2010) und Konzepte zu federführenden und prägenden Akteuren in Veränderungsprozessen (Gailing und Ibert 2016; Hjerpe und Storbjörk 2016; Kilper 2016; Kilper und Christmann 2016; Knieling und Klindworth 2017; Kristof 2010; WBGU 2011) aufgegriffen.

2.1   Einflüsse von Individuen auf gesellschaftliche Transformationsprozesse

Die Transition Theory (u. a. Grin et al. 2010) liefert Erklärungsansätze für komplexe gesellschaftliche Veränderungsprozesse hin zur Nachhaltigkeit und beschreibt die Transformation als umfassende Veränderung eines sozio-technischen Systems (Geels 2005). Die Transformation ist als ein tiefgreifender gesellschaftlicher Wandel zu verstehen, der über technische Innovationen hinausgeht und auch institutionelle Reformen, Verhaltensänderungen und einen Wandel von Werten und Normen bzw. kulturelle Veränderungen einbezieht (O'Brien 2012).

Die Multi-Level Perspective (MLP) der Transition Theory definiert drei analytische und heuristische Ebenen der Landschaft, des Regimes und der Nische, die ineinander eingebettet sind und in einer Wechselbeziehung zueinander stehen (Geels 2005). Die MLP verfolgt einen „focus on technology-in-context and emphasises co-evolution of technology and society" (Geels 2005, S. 682) und beschreibt Systeminnovationen, die in ihrer Summe zu einer Transformation führen können. Der Transformationsprozess kann durch Veränderungsdruck, ausgehend von Nischen- oder Landschaftsebene oder innerhalb des Regimes selbst, ausgelöst werden (Geels 2005). Herausforderung für die Nischenakteure ist es, über gemeinschaftliche Aktivitäten eine kritische Masse zu erreichen, um „windows of opportunity" (Geels und Schot 2007, S. 400) gezielt zu nutzen, so dass es zu neuen Regelsetzungen und zu einer breiten Annahme neuer Handlungsmuster kommt. In Schnittstellen zwischen Regime und Nische vermitteln Intermediäre zwischen Akteuren, Gruppen und Organisationen der Ebenen (Gailing und Ibert 2016; Knieling und Klindworth 2017) und können auf die Transformation befördernd oder verhindernd wirken.

Individuen können eine herausragende und maßgebliche Rolle für Veränderungen spielen und entscheidende Wirkung auf Prozesse des gesellschaftlichen Wandels entfalten (Kilper 2016). Allerdings werden die Ansätze der Transition Theory für die fehlende Berücksichtigung von individueller Kreativität, sozialen Lernprozessen und persönlichen Fähigkeiten kritisiert, so dass eine stärkere Beachtung der Bedeutung von individuellem und kollektivem Verhalten für gesellschaftliche Veränderungsprozesse postuliert wird.

Der Ansatz des „Pioniers des Wandels" (WBGU 2011, S. 256ff.) verknüpft das Systemverständnis der Transition Theory mit der Schlüsselrolle von Individuen und Gruppen, die als Innovatoren auf gesellschaftliche Veränderungsprozesse wirken können. Im Mittelpunkt stehen dabei die persönlichen Eigenschaften dieser Individuen (siehe Kap. 2.2). Eine Grundlage bilden Arbeiten von Kristof (2010), in deren Verständnis gesellschaftliche Veränderungsprozesse von Menschen initiiert und getrieben, interaktiv und diskursiv sind. Demnach können Individuen oder kleine Gruppen als Träger des Veränderungsprozesses wirken (Kristof 2010), indem sie z. B. alternative Denk- und Handlungsmuster entwickeln, erproben und verstetigen, die im Widerspruch zu etablierten Regimestrukturen und Handlungsmustern stehen (Geels und Schot 2007).

Auf der Grundlage dieser theoretischen und empirischen Vorarbeiten kann die Annahme formuliert werden, dass Einzelpersonen mit ihren individuellen Eigenschaften, Fähigkeiten und Handlungsweisen in Gruppen oder alleine als Träger und Beförderer sozialer Innovation auf die gesamtgesellschaftliche Transformation Einfluss nehmen können. In dem komplexen Zusammenspiel von Prozessen und Strukturen auf Regime- und Landschaftsebene mit Ideen und Aktivitäten Einzelner und von Gruppen auf Nischenebene bieten sich Ansatzpunkte, um einen Wandel hin zur Nachhaltigkeit zu befördern.

2.2 Transformationspioniere als Vorreiter des Klimaschutzes

Der vorliegende Beitrag befasst sich mit Akteuren – Individuen oder Organisationen –, die als Vorreiter des Klimaschutzes wirken. Diese werden als Transformationspioniere definiert. Darunter werden Individuen verstanden, die ihren Lebensstil bereits am Klimaschutz ausrichten und/oder entsprechende neue Ideen und Ansätze entwickelt haben und umsetzen, die damit auf die Transformation wirken. Die Pioniereigenschaften ergeben sich aus einem Mix aus persönlichen

Eigenschaften und der inhaltlichen Ausrichtung ihrer Aktivitäten (siehe Abb. 1). Transformationspioniere werden als Vorreiter für die Transformation und mögliche Träger sozialer Innovation verstanden.

TRANSFORMATIONSPIONIER		
PERSÖNLICHE DIMENSION	**INHALTLICHE DIMENSION**	
Individuelle Eigenschaften	Klimaschutzziel	Transformative Eigenschaften
visionär		
zielgerichtet	Reduktion der	„Bottom up" aus der
herausfordernd	Treibhausgas-emissionen	Zivilgesellschaft
herausragend		Beitrag zur Veränderung von Lebensstilen (u. a. Konsum-verhalten) und von Werten und Normen
mitreißend, überzeugend	Förderung des Einsatzes regenerativer Energien	
(an)führend		
wirkmächtig		Experimenteller Charakter
kollaborativ		

Abb. 1   Persönliche Eigenschaften von Transformationspionieren und inhaltliche Ausrichtung ihrer Aktivitäten (Quelle: eigene Abb.)

In Bezug auf ihre individuellen Eigenschaften werden Transformationspionieren, aufbauend auf Gailing und Ibert (2016); Kilper und Christmann (2016); Kristof (2010) und WBGU (2011), folgende Eigenschaften und Kompetenzen zugeschrieben: Sie handeln visionär und zielgerichtet und verfügen über eine präzise Vorstellung einer zukünftigen Gesellschaft. An dieser richten sie ihr Handeln aus und streben diese an (Kristof 2010). Ihre Vision und ihr Handeln fordern bestehende Werte, Normen und Handlungsweisen heraus, so dass eine Abkehr von einer „Weiter-so-wie-bis-her"-Mentalität erkennbar ist (WBGU 2011). Weiterhin werden die Transformationspioniere von Akteuren aus demselben Themenfeld als „herausragend" anerkannt. Sie stechen als Person und mit ihren Aktivitäten heraus. In ihren Projekten kann es ihre Begeisterungsfähigkeit, ihr fachspezifisches Wissen oder die führende Rolle sein, die sie zu „herausragenden" Persönlichkeiten macht (Gailing und Ibert 2016). Durch ihr Handeln schaffen sie es, Einfluss auf Personen in ihrem Umfeld, deren individuelle Lebensstile und Ansichten zu nehmen (Kilper und Christmann 2016).

Die Pioniere müssen nicht über all die genannten Eigenschaften verfügen, zeichnen sich aber über ihre individuelle Kombination dieser Eigenschaften aus. Auch die Zusammenarbeit in Gruppen bzw. in Netzwerken trägt zu ihrer Arbeit und ihrem Wirken als Vorreiter bei (Kilper und Christmann 2016; Hjerpe und Storbjörk 2016).

Darüber hinaus müssen die Aktivitäten der Pioniere, d. h., ihre Projekte, Initiativen und Ansätze, eine tiefgreifende Transformation und nicht nur einen inkrementellen Wandel unterstützen. Diese Qualitätsanforderung an die inhaltliche Ausrichtung ihrer Klimaschutzaktivitäten gelten dann als erfüllt, wenn diese zum Erreichen übergeordneter Klimaschutzziele (Reduktion der Treibhausgasemission bzw. stärkerer Einsatz von regenerativen Energieträgern) dadurch beitragen, dass sie 1) Veränderungen von Lebensstilen (u. a. Konsumverhalten) bzw. eine Verschiebung von Werte und kulturellen Normen anstreben (O'Brien 2012), 2) einen experimentellen Charakter aufweisen (Linz 2015) und 3) „bottom up" aus der Zivilgesellschaft entwickelt werden (Egermann und Hutter 2014).

3 Identifikation und Analyse von Transformationspionieren im Handlungsfeld Energie in Hamburg

Die hier dargestellte Heuristik zielt darauf ab, Individuen in Hamburg zu identifizieren und zu analysieren, die besondere Wirkung in Richtung einer gesamtgesellschaftlichen Transformation zur Nachhaltigkeit im Handlungsfeld Energie entfalten. Um für die Suche von Transformationspionieren operationalisierbar zu sein, wird die inhaltliche Dimension der Pionier-Konzeption für das spezifische Handlungsfeld Energie differenziert und konkretisiert. Darauf aufbauend wird die Konzeption der inhaltlichen Analyse der Transformationspioniere und ihrer Aktivitäten dargestellt. Eine Differenzierung für das Handlungsfeld Energie erfolgt auf der Grundlage der Beiträge der Pioniere im jeweiligen Pfad zur Erreichung der Energiewende (siehe Tab. 1). Der erste Pfad – die Energie-Suffizienz – umfasst Aktivitäten, die über eine Lebensstiländerung zu einer Reduktion des Energiebedarfs führen. Der Pfad klimaschonende Energieerzeugung beschreibt die Erzeugung und Versorgung aus erneuerbaren Energiequellen. Die Energie-Effizienz beinhaltet technologische sowie bauliche Veränderungen hin zu einem geringeren Energiebedarf in der Strom- und Wärmeversorgung. Der vierte Pfad bezieht sich auf eine Sektorenkopplung (BDEW 2017), also die Verzahnung der Sektoren Strom, Wärme, Abfall bzw. Verkehr zur Optimierung der Energiewirtschaft. Für die Realisierung der Energiewende ist die gleichzeitige Reduktion des Energiebedarfs, die Steigerung der Energieerzeugung aus erneuerbaren Quellen und die Intensivierung der Sektorenkopplung erforderlich (Agora Energiewende 2017).

Tab. 1 Identifikation transformativer Ideen, Projekte, Ansätze, Initiativen im Handlungsfeld Energie (Quelle: eigene Abb.)

Klimaschutzziel	Transformative Eigenschaften	Pfade zur Erreichung der Klimaschutzziele (in Prioritäten)
Reduktion der Treibhausgasemissionen	„Bottom up" aus der Zivilgesellschaft	1) Energie-Suffizienz/Reduktion des Energieverbrauches (Strom, Wärme) mittels Lebensstiländerung
Förderung des Einsatzes regenerativer Energien	Beitrag zur Veränderung von Lebensstilen (u. a. Konsumverhalten) und von Werten und Normen Experimenteller Charakter	2) Umsetzung einer klimaschonenden Energieerzeugung (Strom, Wärme) durch neue Kooperations- und Organisationsformen
		3) Energie-Effizienz/Umsetzung von Energieeffizienzmaßnahmen (Strom, Wärme) durch neue Kooperations- und Organisationsformen
		4) Sektorenkopplung/Verzahnung der Sektoren Strom, Wärme, Abfall und Verkehr zur Optimierung des Energiesystems

Um Individuen, die als mögliche Transformationspioniere im Handlungsfeld Energie in Hamburg wirken, identifizieren zu können, wurden zunächst „transformative" Klimaschutzaktivitäten (Projekte, Initiativen und Ansätze etc.) in diesem Bereich und Raum recherchiert. Diese mussten zur Erreichung der Klimaschutzziele in den in Tab. 1 dargestellten Pfaden beitragen. Innerhalb der identifizierten Projekte und Initiativen wurden in einem weiteren Schritt federführende Individuen identifiziert, die diese entwickelt und vorangetrieben haben. Diese Transformationspioniere wurden in leitfadengestützten Experteninterviews befragt. Auch wenn Gruppen als Pioniere identifiziert wurden, erfolgte die Analyse auf individueller Ebene, d. h., es wurden treibende Einzelpersonen innerhalb der Gruppe identifiziert und interviewt. Bei der Analyse wurden persönliche Eigenschaften und das individuelle und gemeinschaftliche Handeln der Transformationspioniere in ihrem räumlichen und institutionellen Kontext untersucht (siehe Abb. 2).

Individuelle Ebene	**EIGENSCHAFTEN** (individuell)	**HANDELN** (individuell, in Gruppen)
	- Sichtweisen, Motive, Interessen, Wissen - Entwicklungsprozess	- Entwicklung und Umsetzung von Ideen - Strategien, praktische Ansätze, Allianzen

Kontextuelle Ebene	**RAUMBEDEUTUNG**	**KONTEXT**
	- Möglichkeitsräume - Einfluss auf den städtischen Raum bzw. auf Stadtentwicklungsprozesse	- Kooperationsbezüge - Kontextuelle Konflikte - Nutzung öffentlicher Programme

Abb. 2 Struktur der Analyse in vier Clustern auf individueller und kontextueller Ebene der Transformationspioniere (Quelle: eigene Abb.)

Auf der individuellen Ebene stehen die persönlichen Eigenschaften und das individuelle und gemeinschaftliche Handeln der Pioniere im Vordergrund. Die individuellen Eigenschaften werden mit dem Ziel untersucht, Aussagen zu Motivation und Entwicklung von Transformationspionieren zu ermöglichen. Zentrale Fragen sind hier: Warum und wie werden Individuen zu Pionieren? Welche Rolle spielen individuelle Ressourcen und Eigenschaften? Das individuelle und gemeinschaftliche Handeln der Transformationspioniere wird mit dem Ziel betrachtet, Aussagen zu ihrer/ihren Rolle/n im Transformationsprozess zu beschreiben. Dazu tragen die folgenden Fragen bei: Welches sind Projekte und Handlungsansätze von Pionieren? Wie werden diese entwickelt und umgesetzt?

Aussagen zur Raumbedeutung der Pioniere und ihren Aktivitäten in Bezug auf urbane Möglichkeitsräume und ihren Einfluss auf Stadtentwicklungsprozesse werden im Zusammenhang mit ihren Eigenschaften und Handlungen thematisiert, wenn sich diese aus den Interviewaussagen ergeben. Auch die Aussagen zur Zusammenarbeit, Interaktion und Einbindung in institutionelle Strukturen und Prozesse werden aus den Interviews abgeleitet und vor dem Hintergrund der MLP der Transition Theory interpretiert. Durch eine ergänzende Analyse dieser beiden Elemente mit anderen methodischen Zugängen (siehe Diskussion in Kap. 5), können tiefergehende Erkenntnisse zur Wirkung der Transformationspioniere auf räumlicher und institutioneller Ebene erlangt werden.

4   Typen und Eigenschaften von Transformationspionieren

Dieses Kapitel gibt einen Einblick in die empirischen Ergebnisse der qualitativen, leitfadengestützten Interviews mit potentiellen Transformationspionieren im Handlungsfeld Energie in Hamburg. Zum Zeitpunkt der Erstellung dieses Beitrags waren sieben Interviews geführt, einige wenige standen noch aus. Insgesamt wurden 26 Energie-Pioniere im Stadtgebiet Hamburgs identifiziert. Die folgende Darstellung konzentriert sich auf die inhaltliche Ausrichtung der Energiepioniere und nimmt eine vorläufige und exemplarische Typisierung der Pioniere vor. Darüber hinaus werden Aussagen zu Motivation, Entstehungszusammenhang und Handlungskontext getroffen.

4.1   Aktivitäten und Typen der Transformationspioniere

Tabelle 3 ordnet die identifizierten Pioniere nach ihrem Beitrag zur Energiewende und dem Grad ihrer Formalisierung zu. Die Ergebnisse zeigen, dass die im Stadtgebiet Hamburgs identifizierten Energiepioniere überwiegend in den Pfaden der Energieerzeugung aus erneuerbaren Quellen und der Energie-Effizienz vertreten sind. Die Pfade Energie-Suffizienz und Sektoren-Kopplung werden hingegen nur selten beschritten. Darüber hinaus wird die erneuerbare Energieerzeugung überwiegend im Strom-, aber weniger häufig im Wärmebedarf umgesetzt. Insgesamt deckt sich dies mit dem derzeitigen Umsetzungsstand der Energiewende, bei der die Wärmewende noch am Anfang steht und die Energieeffizienzziele im Gebäudebestand nicht erreicht werden (Fraunhofer IWES und IBP 2017). Einige Pioniere sind mit ihren Aktivitäten in mehrere Pfade einzuordnen. Daher sind in dieser Typisierung Mehrfachnennungen möglich.

Im Pfad Energie-Suffizienz sind Akteure aktiv, die der Bevölkerung das Thema eines energiereduktiven Lebensstils über kurzzeitige (unternehmerisch organisierte) Veranstaltungen, individuelle Beratungsleistungen (Engagement von Einzelpersonen) oder experimentelle Angebote näherbringen. Im Bereich der klimaschonenden Energieerzeugung aus erneuerbaren Energiequellen wurden Pioniere gesucht, die durch neue Organisations- und Kooperationsformen zur Zielerreichung beitragen. Dabei handelt es sich z. B. um Akteure, die Solar- und PV-Anlagen vermieten, um diese zur Ausrichtung von klimaneutralen Festivals oder Veranstaltungen einzusetzen. Die Pioniere sind im Pfad der Energieerzeugung vorrangig im Strom- und weniger im Wärmebereich aktiv.

Im Pfad Energie-Effizienz wurden Akteure gesucht, die nicht allein die technischen Möglichkeiten anwenden, sondern diese in innovativer Art und Weise kombinieren und einsetzen. Hier kann beispielweise die energetische Sanierung eines Mehrfamilienhauses angeführt werden, welche über eine Sanierungsgemeinschaft realisiert wurde. Die Mitglieder der Initiative haben die Sanierung, teils in Eigenleistung, gemeinsam vorgenommen und planen nun, über das (bürgerschaftlich finanzierte) Mietshäuser Syndikat (Mietshäuser Syndikat 2017a) zwei Mehrfamilienhäuser zu erwerben. Darüber hinaus wird auch baulich-räumlich ein gemeinschaftliches Zusammenleben der Bewohnerinnen und Bewohner umgesetzt. Das transformative Wirken dieses Beispiels zeigt sich u. a. durch die gemeinschaftlichen Eigentumsverhältnisse. Diese machen Mieterinnen und Mieter zu Miteigentümerinnen und -eigentümern und ermöglichen damit die gemeinschaftliche energetische Sanierung, auch in Eigenleistung. Darüber hinaus wird der Anspruch formuliert, die Gebäude dem Immobilienmarkt zu entziehen und als eine Art Commons (Kühne 2015), d. h. Gemeinschaftseigentum, zu betreiben. Dieser gesellschaftliche Anspruch hebt das Projekt von anderen Sanierungsvorhaben ab.

Tab. 2 Aktivitätsfeld bzw. Energiewende-Pfad und Formalisierungsgrad der Pioniere. Ergebnisse der Analyse von Transformationspionieren im Bereich Energie in Hamburg, Stand 04.08.2017 (absolute Zahl 26; Mehrfachnennungen möglich)

Energiewende-Pfad		Energie-Suffizienz	Klima-schonende Energie-erzeugung	Energie-Effizienz	Sektoren-Kopplung	Summe
Formalisierungsgrad	Absolute Anzahl					
Innovative Einzelperson	2	1	2	/	/	3
Temporäre Gruppierung	3	1	2	2	/	5
Initiative	2	/	1	1	/	2
Verein	3	/	3	/	1	4
Genossenschaft	4	/	4	/	/	4
Unternehmen	12	1	4	9	3	16
Summe	26	3	16	12	4	/

Das Thema Sektorenkopplung wurde auf Basis der Fallauswahl bislang nur durch drei Unternehmen und einen Verein angegangen, einerseits über Forschungsvorhaben und konkrete Konzepterstellung und andererseits über die thematische Ausrichtung der Unternehmen auf die Nutzung von Wärmerückgewinnungsanlagen. Der Verein engagiert sich im Bereich Energieerzeugung und Verbindung von Strom und Wärmeenergieerzeugung.

Neben ihrem Beitrag zur Energiewende, erfolgt eine weitere Typisierung der Pioniere über ihren Grad an Formalisierung bzw. ihre Organisationsform. Die Verteilung der identifizierten Pioniere (Tab. 3) zeigt mit insgesamt 16 Pionieren eine hohe Präsenz im formalisierten Unternehmens- und Genossenschaftsbereich, dagegen nur wenige im informellen Bereich (sieben Pioniere). Auch zeigen drei Pioniere die Organisationsform eines Vereins. Der Grad der Formalisierung kann herangezogen werden, um die Entwicklungsstufen der Transformationspioniere aufzuzeigen: Innovative Einzelpersonen, temporäre Gruppierungen und Initiativen sind als erste „Keimzellen" von Nischeninnovationen zu verstehen. Die Organisation über einen Verein zielt in Richtung Formalisierung und verändert die Handlungsorientierung der Akteure, da Mitgliedsbeiträge und Spenden eingenommen, aber auch gemeinschaftliche Entscheidungsprozesse organisiert werden müssen. Dies kann als erster Schritt der Verstetigung und als eine Annäherung an das Regime interpretiert werden. Die Gründung von Genossenschaften oder Unternehmen dient der weiteren Festigung und Verstetigung der Aktivitäten und ermöglicht es, höhere Finanzierungsbeträge einzuwerben (beispielsweise durch Bankdarlehen) und das Risiko zu verringern (Trennung von Privat- und Geschäftsvermögen) (Zdk, o. J.). Damit repräsentieren diese Organisationsformen einen Übergang bzw. die Ankunft der Nischen-Idee im Mainstream – also den Übergang und die Etablierung auf der Regime-Ebene. Wenn eine Pionieraktivität auf dem Markt der Dienstleistungen und Produkte etabliert werden kann, also eine Nachfrage nach transformativen, klimaschützenden Lösungen und Dienstleistungen besteht, kann dies auch als erstes Anzeichen hin zu einem Wandel auf der Regimeebene interpretiert werden. Hier stellt sich allerdings die Frage, inwiefern ein Unternehmen oder eine Genossenschaft noch als Pionier beschrieben werden kann, wenn dieser Grad der Formalisierung den Schritt in den Mainstream darstellt. Allerdings können Unternehmen und Genossenschaften auch scheitern. Dieser Formalisierungsgrad bedeutet somit nicht unbedingt eine breite Diffusion und feste Etablierung des Pioniers auf der Mainstreamebene. Darüber hinaus ist auch bei diesen Organisationsformen häufig ein hohes ehrenamtliches Engagement notwendig.

4.2 Individuelle Eigenschaften von Transformationspionieren: Motivation und Handlungskontext

In Bezug auf die individuellen Eigenschaften der Transformationspioniere interessieren vor allem zwei Fragenkomplexe: a) Welchen Handlungshintergrund haben die Pioniere, d. h. welche Impulse haben das Handeln der Pioniere ausgelöst oder zumindest dazu beigetragen und welche Motive spielten zu Beginn der Aktivität eine Rolle? b) Welches konkrete Handlungsziel verfolgen die Pioniere? Die letztere Frage zielt auf die oben beschriebene Zuordnung der Pionier-Aktivitäten zu Energiewende-Pfaden und spezifiziert zudem die Interessen und Sichtweisen der Pioniere im Hinblick auf ihren Beitrag zur Energietransformation.

Die Impulse für die Initiative der Pioniere sind überwiegend aus dem privaten Umfeld heraus entstanden. Einige Pioniere engagierten sich vor Beginn ihrer Aktivitäten bereits für den Umweltschutz. Bei zwei Pionieren waren es konkrete externe Ereignisse, die zu ihrem Engagement führten: einmal die Reaktorkatastrophe von Tschernobyl und einmal die Planungen einer Großinfrastruktur. Die Reaktorkatastrophe von Tschernobyl ist vor dem Hintergrund der Transition Theory als ein punktuelles Schock-Ereignis auf der Landschaftsebene zu verstehen, das den Druck auf die Nischen- und Regime-Ebene erhöhte und so zu veränderten Handlungen und ggf. Strukturen führte. Die Planung einer Großinfrastruktur ist ein top-down-Impuls von der Regime-Ebene und führte bei dem Pionier zu Widerstand und der Suche nach Alternativen. In diesem Fall wurde bewusst gegen den Mainstream und gegen die Aktivitäten der Regime-Ebene gearbeitet mit dem Ziel, Alternativen zu entwickeln. Bei beiden Ereignissen fühlten sich die Pioniere persönlich betroffen, was zu einer veränderten Wahrnehmung (erhöhte Sensibilität) wie auch zu einem erhöhten Engagement geführt hat: Sie entwickelten eine Motivation, im Bereich Umweltschutz und Energiewende aktiv zu werden bzw. etwas für die Allgemeinheit zu leisten, und wollten zeigen, dass es auch alternative und bessere Lösungen gibt. Ein weiteres Motiv der Pioniere war, einen konkreten Beitrag zur Energiewende zu leisten.

Überwiegend sind die interviewten Pioniere im Bereich der Energieerzeugung tätig, leisten aber zugleich auch einen Beitrag in einem anderen Energiewende-Pfad und beziehen sich somit nicht allein auf ein Handlungsfeld. Dies deutet einen weiteren Aspekt des transformativen Charakters der Pioniere an, da die Energiewende nur über gleichzeitige Aktivitäten in allen vier Pfaden zu erreichen ist. Im Bereich der Energieerzeugung besteht der Anspruch, mit dem jeweiligen Projekt einen Beitrag zur Umsetzung der Energiewende zu leisten. Oft ist mit diesen Aktivitäten auch ein Vermittlungsanspruch für Belange der Energiewende nach außen verbunden, der darauf zielt, die Bewusstseinsbildung zu unterstützen und die Sensibilität zu erhöhen. Damit zeigt sich eine Verbindung zum Pfad der Energie-Suffizienz.

Bei drei Pionieren stand das Thema der Sektorenkopplung im Vordergrund. Dieses wurde nicht explizit so benannt, aber durch die realisierten oder geplanten regenerativen Energieanlagen in Bezug auf Strom und Wärme indirekt angesprochen. Auch bei zwei weiteren Pionieren im Bereich Energieerzeugung war die Verbindung zwischen Strom und Wärme gegeben, doch auf Grund fehlender Realisierungsmöglichkeiten in Form verfügbarer Flächen konnte es noch nicht umgesetzt werden.

Sechs der sieben Pioniere sind über das Ehrenamt aktiv und auf weiteres ehrenamtliches Engagement angewiesen. Vier Pioniere berichteten, dass sie relativ schnell und unkompliziert weitere temporäre, ehrenamtliche Unterstützung aus ihrem Umfeld erhalten hätten, ohne dass aufwendige Werbung nötig gewesen wäre. Nur zwei Pioniere beschreiben die Einwerbung weiteren ehrenamtlichen Engagements als schwierig, die Bereitschaft, mit finanziellen Mitteln zu unterstützen, war hingegen sehr groß (E:KEE[1], E:KEL). In drei Fällen wurden staatliche Förderprogramme für die Umsetzung in Anspruch genommen. Der damit verbundene Aufwand bei der Antragstellung wie auch der Abrechnung wurde jedoch von allen drei Pionieren als zu hoch bewertet, so dass der Bedarf an externer Beratung sowie an einer festen Mitarbeiterstelle formuliert wurde (E:KEE, E:KEB, E:WEW). Die beantragten Mittel wurden zu 100 Prozent in die technische Umsetzung der Projekte sowie in externe Expertise investiert. Drei Pioniere merkten an, dass bei deren Entwicklungsprozess wie auch beim derzeitigen Stand dauerhafte administrative Unterstützung sowie professionelle Öffentlichkeitsarbeit notwendig, für diese beiden Posten allerdings kaum eine Finanzierung möglich sei (E:KEB, E:WEW, E:KEL).

Alle interviewten Pioniere sind aus einer bottom-up-Bewegung heraus entstanden. Lediglich ein Pionier war bereits vorher fest etabliert und änderte dann, u. a. auf Grund eines externen Schockereignisses, seine Ausrichtung und wurde Vorreiter in seinem Bereich. Sechs Pioniere konnten innerhalb der ersten drei Jahre weitere Personen von ihren Ideen überzeugen, Verbündete finden und sich institutionell festigen und verankern. Die innovativen Einzelpersonen unter den Pionieren brachten ihre Überzeugungen, Ideen und Aktivitäten vor allem in ihren jeweiligen hauptberuflichen Kontext ein und nehmen über ihre Tätigkeiten Einfluss auf Werte und kulturelle Normen.

---

1   Leitfaden-gestützte Interviews werden mit E:KEB; E:KEE; E:KEH; E:KEL; E:WEB; E:WES; E:WEW zitiert.

5   Schlussfolgerungen und weiterer Forschungsbedarf

Der Beitrag zeigt auf, in welchen unterschiedlichen Bereichen der Energietransformation die identifizierten Pioniere Einfluss nehmen. Das transformative Potential der Pioniere lässt sich anhand der nachfolgenden drei Beispiele veranschaulichen und in Bezug auf den Innovationsprozess einordnen.

Erstens: Der Zusammenschluss zivilgesellschaftlicher Akteure zu Bürgerenergiegenossenschaften geht mit kooperativen Handlungen einher, eigenes Kapital in regenerative Energieprojekte zu investieren. Dies zeugt von veränderten Wertevorstellungen und kulturellen Normen. Bürgerenergiegenossenschaften (aktuell ca. 850) gibt es seit den 1970er Jahren (DGRV o. J.). Sie sind inzwischen weit verbreitet, so dass von einer Diffusion in den Mainstream gesprochen werden kann.

Zweitens: Eine Sanierungsgemeinschaft, organisiert über das Mietshäuser-Syndikat, repräsentiert Veränderungen in den Wertvorstellungen und kulturellen Normen der Beteiligten, da sich die Gemeinschaft einerseits eine gesonderte Organisationsform gewählt hat mit dem Ziel, Wohnen als Common umzusetzen, und andererseits ein gemeinschaftliches Zusammenleben anstrebt. Diese Kombination kann als eine Pionieraktivität im frühen Stadium verstanden werden, da Wohnprojekte und Mietshäuser-Syndikate noch nicht allzu verbreitet sind (125 Hausprojekte sind insgesamt angemeldet, Mietshäuser Syndikat o. J.).

Drittens: Vereine, die sich im Bereich Energieerzeugung und Sektorenkopplung (hier im Bereich Strom und Wärme) engagieren, verbinden diese Themen mit kulturellen oder anders gelagerten Aktivitäten. Die spezifische Mischung der Themen, das Engagement von Mitgliedern und Nichtmitgliedern sowie das Ziel, aus der Gemeinschaft heraus etwas für die Gemeinschaft zu schaffen, zeigt veränderte Wertvorstellungen und Haltungen gegenüber gemeinschaftlichem Handeln. Diese Form der Pionieraktivität steht für einen experimentellen Charakter.

Die individuelle Kombination der Pioniere nach ihrem Beitrag im Energiewende-Pfad und Formalisierungsgrad kann ein Ansatzpunkt für weitere Forschung sein mit der Fragestellung, welcher Formalisierungsgrad und welche Organisationsformen den Pionieren welchen Handlungsspielraum und Einfluss auf die Transformation ermöglichen? Auch ist die Frage nach Schnittstellen zwischen Nischenaktivitäten und dem Übergang in die Regime-Ebene relevant, welche mit der Ordnung der Pioniere nach ihrem Formalisierungsgrad in dem vorliegenden Beitrag ansatzweise behandelt wurde.

Bei den persönlichen Motiven und Handlungszielen der Pioniere konnte festgestellt werden, dass die Pioniere verschiedene Facetten einer Sensibilität für Nachhaltigkeits- und Umweltthemen zeigen. Das Bewusstsein für diese Themen wurde entweder im persönlichen Umfeld oder auf Grund externer Ereignisse geprägt. Weiterer Forschungsbedarf zeigt sich hier im Bereich vertiefter biografischer Analysen der Pioniere sowie der Verzahnung des Konzepts der Transformationspioniere mit weiteren disziplinären Zugängen zu Innovation und Transformation – insbesondere zur sozialen Innovation.

Abschließend lässt sich festhalten, dass die Energiepioniere in Nischen der Stadtgesellschaft alternative Denk- und Handlungsmuster entwickeln und erproben (Geels und Schot 2007): z. b. kooperative Sanierungsgemeinschaften zur energetischen Gebäudesanierung, aber auch spezifische, technische Lösungen für Probleme werden erprobt (z. B. Abwärmenutzung in Produktionsprozessen). Viele der identifizierten Energie-Pioniere kritisieren die Energie- und Ressourcenverschwendung und gehen dagegen pro-aktiv voran, um mit neuen Lösungen Druck auf das Regime zu erzeugen sich zu wandeln. Für Städte ergibt sich hier die Fragestellung, wie sie diesen Druck „von unten" mit bestehenden Regime-Strukturen in eine produktive Beziehung setzen können, um diesen aus der Nischen heraus neue Praktiken einer „nachhaltigen Normalität" zu generieren (Loske 2013) bzw. – allgemeiner gefasst – welche unterschiedlichen Formen des Wechselverhältnisses zwischen Regime und Nische denkbar sind und wie diese sich zur Zielsetzung der Transformation verhalten.

Literatur

Agora Energiewende. 2017. *Energiewende 2030: The Big Picture. Megatrends, Ziele, Strategien und ein 10-Punkte-Agenda für die zweite Phase der Energiewende.* Berlin.

BDEW Bundesverband der Energie- und Wasserwirtschaft e. V. 2017. Positionspapier. 10 Thesen zur Sektorkopplung. Berlin. https://www.bdew.de/internet.nsf/id/3cc78be7f576b-f4ec1258110004b1212/$file/bdew%20positionspapier_10%20thesen%20zur%20sektorkopplung_o%20a.pdf. Zugegriffen: 31. Juli 2017.

Bulkeley, H., V. Castán Broto und A. Maassen. 2011. Governing urban low carbon transitions. In *Cities and Low Carbon Transitions*, Hrsg. H. Bulkeley, V. Castán Broto, M. Hodson und S. Marvin, 29–53. Oxon: Routledge.

DGRV (Deutscher Genossenschafts- und Raiffeisenverband eV.). o. J. Energiegenossenschaften. https://www.dgrv.de/de/dienstleistungen/energiegenossenschaften.html. Zugegriffen: 04. August 2017.

Egermann, M., und G. Hutter. 2014. Perspektiven für die Annäherung der Raum- und Transitionsforschung – am Beispiel des EU-Projekts ARTS. *pnd|online* 3: 1–9.

Fraunhofer IWES & IBP (Institut für Windenergie und Energiesystemtechnik & Informationszentrum für Raum und Bau). 2017. *Wärmewende 2030. Schlüsseltechnologien zur Erreichung der mittel- und langfristigen Klimaschutzziele im Gebäudesektor. Studie im Auftrag von Agora Energiewende.* Kassel.

Gailing, L., und O. Ibert. 2016. Schlüsselfiguren: Raum als Gegenstand und Ressource des Wandels. *Raumforschung und Raumordnung* 74 Nr. 5 (2016): 391–403.

Geels, Frank W. 2011. The role of cities in technological transitions, Analytical clarifications and historical examples. In *Cities and Low Carbon Transitions*, Hrsg. H. Bulkeley, V. Castán Broto, M. Hodson und S. Marvin, 13–28. Oxon: Routledge.

Geels, Frank W. 2005. Processes and patterns in transitions and system innovations: Refining the co-evolutionary multi-level perspective. *Technological Forecasting & Social Change* 72 (6): 681–696.

Geels, F. W., und J. Schot. 2007. Typology of sociotechnical transition pathways. *Research Policy* 36 (3): 399–417.

Gibbs, D., und K. O'Neill. 2014. The green economy, sustainability transitions and transition regions: a case study of Boston. *Geografiska Annaler: Series B. Human Geography* 96 (3): 201–216.

Grin, John, J. Rotmans, und J. Schot. 2010. *Transitions to Sustainable Development, New Directions in the Study of Long Term Transformative Change*. New York, London: Routledge.

Hjerpe, M,. und S. Storbjörk. 2016. Climate adaptation and the significance of different modes of local political leadership: views of Swedisch local political leaders. In *Climate Adaptation Governance in Cities and Regions. Theoretical Fundamentals and Practical Evidence*, Hrsg. J. Knieling, 131–151. Chichester: Wiley Blackwell.

Hoffman, Jesse. 2013. Theorizing power in transition studies: the role of creativity and novel practices in structural change. *Policy Sciences*. 46 (3): 257–275.

Howaldt, Jürgen, R. Kopp, und M. Schwarz. 2014. *Zur Theorie sozialer Innovationen – Tardes vernachlässigter Beitrag zur Entwicklung einer soziologischen Innovationstheorie*. Weinheim, Basel: Beltz Verlag.

IPCC. 2014. *Climate Change (2014), Impacts, Adaptation, and Vulnerability, Part A: Global and Sectoral Aspects, Working Group II Contribution to the Fifth Assessment Report of the Intergovernmental Panel on Climate Change*. Cambridge und New York: Cambridge University Press.

IPCC. 2012. *Managing the Risks of Extreme Events and Disasters to Advance Climate Change Adaptation, Special Report of the Intergovernmental Panel on Climate Change*. Cambridge und New York: Cambridge University Press.

Kilper, H., und G. B. Christmann. 2016. Schlüsselfiguren als Triebkräfte in der Raumentwicklung – konzeptionelle Überlegungen für ein analytisches Modell. *IRS AKTUELL* 87: 5–7.

Knieling, J., und K. Klindworth. 2017. The self-conception of German planners as pioneers for sustainability transition. In *From planning student to urban planner: Young practitioners' reflections on contemporary ethical challenges*, Hrsg. T. Kook und M. Oranje. New York: Taylor & Francis/Routledge.

Kristof, Kora. 2010. *Models of Change. Einführung und Verbreitung sozialer Innovationen und gesellschaftlicher Veränderungen in transdisziplinärer Perspektive*. Zürich: vdf Hochschulverlag AG.

Kühne, Jannis. 2015. Urban Commons. Ein Streifzug durch Projekte der Stadtverbesserung. In *Die Welt der Commons. Muster gemeinsamen Handelns*, Hrsg. S. Helfrich, D. Bollier und Heinrich-Böll-Stiftung, 103–106. Bielefeld: transcript.

Loske, Reinhard. 2013. Die Rolle der Kommune – Eine Wirkmächtige Förderin der Veränderung. *Politische Ökologie* 113: 94–101.

Lawhon, M., und J.T. Murphy. 2011. Socio-technical regimes and sustainability transitions: Insights from political ecology. *Progress in Human Geography* 36 (3): 354–378.

Linz, Manfred. 2015. Suffizienz als politische Praxis. Ein Katalog. In *Wuppertal Spezial* 49, Hrsg. Wuppertal Institut für Klima, Umwelt, Energie GmbH. Wuppertal.

Mayring, Philipp. 1993. *Qualitative Inhaltsanalyse, Grundlagen und Techniken* (4. erweiterte Auflage 1993). Weinheim: Deutscher Studien Verlag.

Mietshäuser Syndikat. 2017a. Finanzierung. https://www.syndikat.org/de/syndikat/finanzierung/. Zugegriffen: 31. Juli 2017.

Mietshäuser Syndikat. 2017b. Projekte. https://www.syndikat.org/de/projekte/. Zugegriffen: 31. Juli 2017.

Mietshäuser Syndikat. o. J. Der Projektverbund. https://www.syndikat.org/de/unternehmensverbund/. Zugegriffen: 04. August 2017.

Nelson, Donald Robert. 2010. Conclusions: transforming the world. In *Adapting to Climate Change, Thresholds, Values, Governance*. Hrsg. W.N. Adger, I. Lorenzoni und K. O'Brian, 491–500. New York: Cambridge University Press.

O'Brien, Karen. 2012. Global environmental change II: From adaptation to deliberate transformation, Progress. *Human Geography* 36 (5): 667–676.

Raven, R., J. Schot, und F. Berkhout. 2012. Space and scale in socio-technical transitions. *Environmental Innovation and Societal Transitions* 4: 63–78.

Pahl-Wostl, Claudia. 2015. *Water Governance in the Face of Global Change. From Understanding to Transformation*. Cham, Heidelberg, New York, Dordrecht, London: Springer.

Seyfang, G., und A. Haxeltine. 2012. Growing grassroots innovations: exploring the role of community-based initiatives in governing sustainable energy transitions. *Environment and Planning C: Government and Policy* 30: 381–400.

Smith, Amanda. 2011. Community-led urban transitions and resilience: performing Transition Towns in a city. In *Cities and Low Carbon Transitions*, Hrsg. H. Bulkeley, V. Castán Broto, M. Hodson und S. Marvin, 159–177. Oxon: Routledge.

Statistisches Bundesamt. 2017. *Umweltökonomische Gesamtrechnungen; Direkte und indirekte CO2-Emissionen in Deutschland 2005–2013*. Berlin.

Thürling, Marleen. 2014. Genossenschaften im Dritten Sektor: Situation, Potentiale und Grenzen. Im Spannungsverhältnis zwischen Wirtschaftlichkeit und sozialer Zielsetzung. *WZB Discussion Paper*: 22. Berlin.

UBA (Umweltbundesamt). 2014. *Soziale Innovationen im Aufwind. Ein Leitfaden zur Förderung sozialer Innovationen für nachhaltigen Konsum.*

WBGU (Wissenschaftlicher Beirat der Bundesregierung Globale Umweltveränderungen). 2011. *Welt im Wandel, Gesellschaftsvertrag für eine Große Transformation, Hauptgutachten*. Berlin.

WBGU (Wissenschaftlicher Beirat der Bundesregierung Globale Umweltveränderungen). 2016. *Der Umzug der Menschheit: Die transformative Kraft der Städte, Hauptgutachten*. Berlin.

Wohnen als soziale Innovationen deuten?
Gemeinschaftlich-kooperative Wohnformen in der Deutschschweiz[1]

Dietmar J. Wetzel und Sanna Frischknecht

1 Einleitung

Seit den 1990er Jahren finden sich im Zuge einer Re-Politisierung in ganz Europa sowie Nordamerika vermehrt (wieder) gemeinschaftlich angelegte Projekte und Initiativen, die auf die „multiplen Krisen" (Leggewie und Welzer 2009) der Gegenwart eine Antwort zu formulieren suchen. Gemeinschaftliche Wohnprojekte, Urban Gardening, solidarische Landwirtschaftsprojekte und Makerspaces entstehen aller Orten und zeugen von dem Willen, Bestehendes zu kritisieren und Veränderungen herbeizuführen. Charakteristisch für diese Projekte ist eine gemeinschaftlich-kooperative Orientierung bei der Organisationsstruktur, in der Planung und Erstellung der Projekte und schließlich auch im gelebten Alltag, weshalb die Projekte häufig unter dem Begriff der intentionalen Gemeinschaft (vgl. Rosa et al. 2010; Kunze 2013) bzw. unter dem Begriff der Ökonomie des Teilens/Sharing Economy (Theurl et al. 2015; Wetzel 2016) verhandelt werden. Diese Projekte werden wahlweise als innovative, zukunftsfähige oder nachhaltige Lebensweisen gepriesen, da sie mit alternativen Praktiken experimentieren, die durchaus normativ gesprochen eine ‚bessere' Lebensweise versprechen, die im Sinne von Lösungsansätzen für multiple soziale, ökologische und ökonomische Krisen bereitgestellt werden.

Mit Blick in das Feld der Wohnprojekte lässt sich dabei aber feststellen, dass sich unter dem Label ‚gemeinschaftliche Wohnformen' ganz unterschiedliche Projekte und Konzepte versammeln wie beispielsweise Wohnen und Arbeiten, Familienwohnprojekte, Generationenwohnen, kollektive oder ökologische Wohnformen, Wohnformen für Menschen mit Einschränkungen sowie eine ganze Anzahl an

---

1 Dieser Beitrag entstand im Rahmen des vom schweizerischen Nationalfonds geförderten Projekts „Transformative Gemeinschaften als innovative Lebensformen" (Nr. 162889). Wir danken Moritz Maurer für die Kommentierung früherer Fassungen dieses Textes.

Mischformen. Auch formieren sie sich häufig als Haus- oder Baugemeinschaften, als Ökodörfer, als Kommunen, als ‚neue' Nachbarschaften oder im Hinblick auf ihre politisch-ideologische Verortung als syndikalistische Wohnprojekte. In der Schweiz sind diese vor allem auch als ‚alternative' oder ‚junge wilde' Genossenschaften konzipiert und bekannt geworden. Diesen widmet sich unser Beitrag, der damit auf ein Desiderat der Forschung reagiert, denn seit einiger Zeit wird in den kritischen Sozialwissenschaften wiederholt (und sozialtheoretisch untermauert) gefordert, etwa im Kontext der Auseinandersetzung mit „Postwachstumsgesellschaften" (Wetzel 2015) oder mit dem „Konvivialismus" (Adloff und Heins 2015), gesellschaftlichen Problemlagen mit relativ dezentral und demokratisch geführten Produktionsverbänden zu begegnen. Gleichzeitig erfolgt die empirische Erforschung dieser Initiativen und der damit verbundenen Gruppen allerdings noch eher unsystematisch, vor allem im Hinblick auf ihre gesellschaftliche Bedeutung. In diesem Zusammenhang ist weiterhin fraglich, wie gruppeninterne Prozesse und die Wechselwirkung zwischen den Gruppen und der Gesellschaft gedeutet werden können. Um auf diese und weitere Fragen Antworten zu geben, loten wir in diesem Beitrag aus, inwiefern sich die in letzter Zeit vielfach diskutierten Überlegungen zu ‚sozialen Innovationen' (Howaldt und Schwarz 2015; Blättel-Mink 2015) dazu eignen, die Verbreitung neuer Kooperativen zu analysieren und zu interpretieren. Im Speziellen beschäftigen wir uns mit Innovationstheorien, die ihren Ausgang bei Gabriel Tarde und dessen „Gesetze[n] der Nachahmung" (dt. 2009) nehmen und die von Jürgen Howaldt, Ralf Kopp und Michael Schwarz (2014) für die Innovationsdebatte fruchtbar gemacht wurden. Wir sind der Auffassung, dass die Überlegungen zu sozialen Innovationen um eine praxeologische Innovationsvorstellung erweitert werden müssten, die aus einer Verzahnung von Theorie und Empirie resultiert.

Wir werden uns im Folgenden zunächst aus einer theoretisch-konzeptionellen Perspektive genauer dem Begriff der sozialen Innovationen widmen und dabei unseren ‚praxeologischen Innovationsbegriff' erläutern (Abschnitt 2). Anschließend führen wir in den Untersuchungsgegenstand ein und analysieren, inwiefern sich die Praxis der alternativen Wohnbaugenossenschaften mit Hilfe eines praxeologischen Innovationsverständnisses deuten lässt. Dazu beziehen wir uns auf Beispiele aus dem empirischen Material von einem der Teilprojekte (Abschnitt 3). Abschließend argumentieren wir, dass gerade die von Birgit Blättel-Mink vertretene Auffassung bezüglich Diffusion, die als Verknüpfung von sozialen Innovationen zum sozialen Wandel von größter Bedeutung ist, für die von uns betrachteten Projekte (noch) nicht abschließend geklärt werden kann, womit die grundlegende Problematik deutlich wird, die sich bei der Betrachtung von jüngeren gemeinschaftlich-kooperativen Wohnformen als soziale Innovationen zeigt.

2   Dimensionen von und Kritik an Theorien sozialer Innovation

Wie der Soziologe Cornelius Schubert vor kurzem gezeigt hat, wurden soziale Innovationen „im Zuge der Moderne zuerst zu einem dominanten Modus sozialen Wandels" und entwickelten „sich in der Folge zu einem reflexiven Steuerungsinstrument desselben" (Schubert 2016, S. 404). Unter sozialem Wandel verstehen wir nicht vorhersehbare, zukunftsoffene Veränderungen, wohingegen Innovationen den Versuch eines zielgerichteten Eingriffs auf der Makro-, Meso- und der Mikroebene darstellen (vgl. dazu Hutter et al. 2011). Soziale Innovationen, die sich unseres Erachtens nicht so leicht von technischen Innovationen trennen lassen, weil sozio-technische Einrichtungen und Errungenschaften soziale Innovationen häufig erst ermöglichen, werden in der Politik, in den Medien, aber auch in den wissenschaftlichen Debatten häufig normativ überhöht. Dabei suggerieren sie häufig eine Veränderung, die bereits mit der Etikettierung als ‚soziale Innovation' erschöpfend erklärt zu sein scheint (Gerometta et al. 2005; Howaldt et al. 2014).

Ganz grundlegend lassen sich im Anschluss an Michel Crozier und Erhard Friedberg *soziale Innovationen* definieren als „ein Prozess kollektiver Schöpfung, in dessen Verlauf die Mitglieder einer bestimmten Gesamtheit neue Spielwiesen für das soziale Spiel der Zusammenarbeit und des Konflikts, mit einem Wort eine neue soziale Praxis erlernen, d. h. erfinden und festlegen, und in dessen Verlauf sie sich die dafür notwendigen kognitiven, relationalen und organisatorischen Fähigkeiten aneignen" (Howaldt und Schwarz 2010, S. 55). Mit dem französischen Klassiker der Soziologie Gabriel Tarde und dessen „Gesetze der Nachahmung" (dt. 2009) weisen zudem wiederum die Innovationsforscher Howaldt et al. (2014) nicht nur auf eine notwendige Mikrofundierung des sozialen Wandels hin, sondern auch darauf, dass soziale Innovationen weniger als emphatische Erfindungen betrachtet werden sollten. Wir favorisieren hier einen ‚praxeologischen Innovationsbegriff', dem es gerade darum geht, die Dynamik der Verbreitung sozialer und diskursiver Praktiken zu analysieren. Wir argumentieren somit, durchaus in Übereinstimmung mit Howaldt et al. (2014), dass soziale Innovationen besser als ein komplexes Zusammenspiel erfasst und operationalisiert werden können, das sich als Re- und Neukombinationen von sozialen Praktiken, der Nachahmung beziehungsweise der Imitation und der Diffusion beschreiben lässt. Insofern gehen wir gerade nicht von einer modernisierungstheoretisch-instrumentell oft verkürzt angenommenen Implementierung sozialer Innovationen aus, die zudem meistens auf der deklamatorischen Ebene verharrt (Zapf 1989, kritisch Schubert 2016, S. 405).

1. *Re- und Neukombination sozialer Praktiken*: Mit dem Hinweis auf Re- und Neukombination machen Howaldt et al. (2014) deutlich, dass es sich sowohl um eine Rückbesinnung auf bereits früher bekannte, womöglich in Vergessenheit geratene soziale Praktiken handeln kann, die wiederaufgenommen und vor dem Hintergrund aktueller Entwicklungen neu kombiniert werden. So werden beispielsweise bereits bekannte soziale Praktiken, etwa solche der demokratischen Entscheidungsfindung, der Umsetzung partizipatorischer Ideen im Alltag oder der Architektur der kooperativen Wohngemeinschaften, aus den Beständen älterer Genossenschaften aufgegriffen und vor dem Hintergrund aktueller Entwicklungen neugestaltet. Diese Praktiken sind Know-how abhängige Verhaltensroutinen, deren Wissen sich in die Körper der Subjekte in der Ausführung von Tätigkeiten einschreibt (vgl. Reckwitz 2003, S. 289). Mit dem Prüfen und dem Anwenden neuer oder alternativer Wissensformen ändern sich dementsprechend auch die Verhaltensroutinen und die Habitualisierungsformen der an ihr beteiligten Mitglieder. Um diesen Vorgang zu verstehen, ist für die beteiligten Akteure die Einnahme einer relationalen Sichtweise sinnvoll: „Die Reaktion auf eine Situation ist dabei einerseits immer ein kreativer Akt, aber auch vorgeformt durch die spezifischen Handlungsfähigkeiten und -dispositionen, Konventionen und Institutionen andererseits" (Hofbauer 2016, S. 3).

2. *Nachahmung und Imitation*: Von einer sozialen Innovation lässt sich Howaldt und Schwarz zufolge erst dann sprechen, „wenn bestimmte Erfindungen, Ideen und Initiativen, Überzeugungen, Bedürfnisse und Motive nachgeahmt werden und kontextspezifisch angepasst werden" (2010, S. 169). Dadurch führen sie „zu einem Wandel bzw. einer Transformation sozialer Praktiken in oder zwischen spezifischen gesellschaftlichen Teilbereichen bis hin zu deren Institutionalisierung und Routinisierung" (ebd.). Das meint wiederum, dass soziale Praktiken durch ihr Aufgreifen und Verbreiten in verschiedenen Kontexten immer auch eine Veränderung erfahren (können). Auch wenn sich die Wohnbaugenossenschaften mit ihren jeweiligen Projekten aufeinander beziehen, gehen mit der Entwicklung der Projekte und den spezifischen räumlich-zeitlichen Gegebenheiten auch Anpassungsleistungen und Institutionalisierungsprozesse einher, die sich in ihren Modellen und Praktiken widerspiegeln. Hier sind wiederum Innovationen weniger als Ergebnis zielgerichteten Handelns zu begreifen mit der Absicht, etwas Neues zu generieren, sondern als ein praktisches Lernen durch Anschauung und Nachahmung.

3. *Diffusion*: Wie technische Innovationen müssen auch soziale Innovationen diffundieren, um als solche zu gelten (vgl. Blättel-Mink 2015, S. 187). Für diesen Zusammenhang hat Tarde, der von Howaldt et al. (2014) mehrfach aufgegriffen wird, bereits wichtige Einsichten geliefert: Ihm zufolge muss jegliches Verständ-

nis von Prozessen sozialer Veränderung an den vielen kleinen Handlungen der Nachahmung sowie den Erfindungen und kollektiven Lernprozessen, die sie tragen, ansetzen und gleichermaßen ‚von unten' entwickelt werden. In einer gerade nicht normativen Weise werden soziale Innovationen als intentionale Neukonfiguration sozialer Praktiken gefasst, wobei danach gefragt wird, „ob und wie sie sich durch Nachahmung verbreiten und dabei zugleich verändern und auf diese Weise soziale Innovationen in die Welt bringen, die sich im Rahmen eines emergenten Prozesses zu immer komplexeren Gebilden verbinden und damit soziale Entwicklung und transformativen sozialen Wandel erzeugen […]" (Howaldt et al. 2014, S. 92).

Dass die von uns untersuchten Initiativen auch von der wohnungspolitischen Bewegung selbst als Innovationsmotoren für normativ gesprochen ‚bessere' zukünftige Lebensweisen inszeniert werden, macht dabei auch die Doppeldeutigkeit und die damit einhergehende Schwierigkeit des Innovationsbegriffs deutlich, die sich aus seiner analytischen und zugleich normativen Verwendung ergibt. Schubert betont dabei „eine normative Aufladung des Begriffs" (2016, S. 413f.), die sowohl die Politik, die Medien als auch Teile der Wissenschaft und der NGO-Akteure erfasst habe. Dabei geht es bei unserer Untersuchung von alternativen Lebensformen weniger darum, den Innovationsbegriff aus seiner Doppeldeutigkeit herauszulösen (vgl. Gerometta et al. 2005, S. 2007). Vielmehr soll es darum gehen, den Praktiken der Projekte nachzuspüren und sie in ihren „implizite[n] Wissensordnungen und ihre[r] materiale[n] Verankerung" (Reckwitz 2016, S. 35) zu untersuchen.

Hierfür erachten wir eine *praxeologische Fundierung* des Innovationsbegriffs als hilfreich. Ein solches ‚praxeologisches Innovationsverständnis' setzt insofern auf der Ebene der Praktiken und Diskurse an, als es darum geht, den innovativen Charakter sowohl sozialer Praktiken als auch von Diskursen (in Form von Narrativen in Erzählungen, Leitbildern und anderen Dokumenten) analytisch zugänglich zu machen, ohne vorab zu entscheiden, ob es sich wirklich um soziale Innovationen handelt. Dies ist auch deshalb von Bedeutung, weil – wie Georg Krücken (2006) deutlich macht –, die Konstruktion von (sozialen) Innovationen eben gerade nicht nur auf der Ebene der materiellen Praxis, sondern durch ihre diskursive Konstruktion zum Tragen kommt: „Während auf der Vorderbühne Neuheit, Innovation und Einzigartigkeit gespielt werden, finden auf der Hinterbühne primär Kopier-, Imitations- und Strukturangleichungsprozesse statt" (Krücken 2006, S. 11). So ist die Anregung dahingehend zu verstehen, die unterschiedlichen Ebenen von Praktiken zu beleuchten und den Blick nicht nur auf die konkreten Praktiken in ihrer zeitlichen und räumlichen Strukturierung (Berger und Luckmann 1990 [1980]) zu untersuchen, sondern die Perspektive gerade auch auf die Narrative, d. h. auf die diskursiven Praktiken zu erweitern, mit denen sich die Projekte präsentieren. Für die Untersuchung der hier fokussierten gemeinschaftlich-kooperativen Wohnformen heißt dies, den Blick nicht isoliert auf die konkreten Praktiken, die Wohnformen, Ideen und Modelle des Zusammenlebens in den jüngsten Projekten zu richten. Vielmehr soll gerade auch danach gefragt werden, wie die konkreten Praktiken in Narrativen integriert werden und dadurch diskursiv zum Tragen kommen.

Mit dem Fokus auf die Verschränkung von diskursiver Ebene und sozialer Praktik, argumentieren wir im Folgenden, dass die jüngste Generation der Schweizer Wohnbaugenossenschaften gerade dadurch, dass sie mit ihren Projekten an bewährte und etablierte Strukturen und Organisationsformen öffentlichkeitswirksam anknüpfen, nicht nur zur Wiederbelebung der Genossenschaftsbewegung, sondern auch zu deren Wahrnehmung als innovative Akteure auf dem Wohnungsmarkt beiträgt.

3   Praktiken ‚alternativer' Schweizer Wohnbaukooperativen als soziale Innovationen

In der Schweiz handelt es sich bei der jüngsten Welle gemeinschaftlicher Wohnformen vor allem um solche, die in der Form gemeinnütziger[2] Wohnbaugenossenschaften organisiert sind. Für sie gibt es keine einheitliche Begrifflichkeit, und die Projekte werden daher wahlweise als „Wohngenossenschaft, Baugenossenschaft, Bau- und Wohngenossenschaft, Mieterbaugenossenschaft, Siedlungsgenossenschaft" (Schmid 2005, S. 302) bezeichnet, die als Rechtsform im Obligationenrecht des Schweizerischen Gesellschaftsrechts (Art. 828ff. OR) verankert ist.

Die jüngste Generation der Projekte gemeinschaftlichen Wohnungsbaus in der Schweiz lassen sich dabei als Wohnbaugenossenschaften in eine Geschichte einordnen, die mit der Industrialisierung und der Urbanisierung und dem damit verbundenen Wandel der Lebensformen begonnen hat (vgl. Purterscht und Becarelli 2005; Schmid 2005). Die neugegründeten Genossenschaften orientieren sich dabei an einer Tradition im Wohnungsbau, die mit ihren konkreten Projekten die Art und Weise jeweils zeitgenössischer Wohnformen nicht nur grundlegend hinterfragen, sondern in deren Projekten sich ihre Kritik am Wohnungsmarkt und

---

2   Der Begriff der Gemeinnützigkeit ist für Wohnbaugenossenschaften in der Schweiz im Bundesgesetz über die Förderung von preisgünstigem Wohnraum (Wohnraumförderungsgesetz, WFG) und in der dazugehörigen Verordnung (Wohnraumförderungsverordnung, WFV) definiert und besagt, dass eine Tätigkeit „[a]ls gemeinnützig gilt […], welche nicht gewinnstrebig ist und der Deckung des Bedarfs an preisgünstigem Wohnraum dient." (Art. 4. Abs. 3 WFG).

seiner Orientierung am Kapital anstatt an den Bedürfnissen der Bewohner*innen spiegelt (vgl. Stahel 2006; Martignoni 2017).

3.1 Re- bzw. Neukombination von Praktiken des Wohnens und die Konzeption als alternative Wohnformen

Für eine praxeologische Perspektive ist es besonders interessant, danach zu fragen, welche Lebensbereiche in den alternativen Wohnformen vergemeinschaftet und welche im Privaten belassen werden. Geplant und umgesetzt werden so in den jüngsten Projekten unterschiedliche Wohnungstypen für unterschiedliche Haushaltstypen und Bedürfnisse. Die Rede ist von der Singlewohnung, der Wohngemeinschaft, wahlweise als ‚Sparta' oder mit Kind und Kegel bezeichnet, oder den Wohnformen im ‚Grand Hotel', die meist als Cluster- oder Satellitenwohnung bezeichnet werden. Während Sparta für einen moderaten Ausbaustandard und relativ wenig privaten Raum für die Einzelnen steht, versprechen die Clusterwohneinheiten, deren Zimmer mehr Studios gleichen und die meist über eine eigene Dusche und eine Teeküche verfügen, mehr Privatsphäre. Dabei setzen die Projekte nicht nur aus finanziellen, sondern auch aus ökologischen und sozialen Überlegungen auf eine Einschränkung der individuellen Wohnfläche – in der Schweiz durchschnittlich 45m^2 – auf 30–35m^2 (BFS 2017, S. 16) pro Person und auf Gemeinschaftsräume sowie allgemein auf eine Architektur und Gestaltung der Wohnhäuser, die Kontakte zwischen Nachbar*innen fördern sollen. Eine attraktive Raumgestaltung, die zum Verweilen einlädt, ist dabei ein viel rezipiertes Konzept, ebenso wie die Wiederentdeckung von Tätigkeiten, die mit zunehmender Individualisierung und wachsendem Wohlstand in die privaten Wohnbereiche verlegt wurden und nun unter dem Primat einer Kultur des Teilens und der Ressourcenschonung wieder zurück in die öffentlichen oder halböffentlichen Bereiche der Hausprojekte verschoben werden. Teilen wird nicht nur als ökologisch bessere Variante gepriesen, sondern durch die gemeinsame Nutzung, durch Aushandlungsprozesse, durch geteilte Wege etc. sollen soziale Beziehungen und die nachbarschaftliche Solidarität gestärkt werden, womit die Genossenschaften „Formen inszenierter Nachbarschaften" (Häussermann und Siebel 2000, S. 321) entwickeln, die ein „funktionales Äquivalent für die sich ausdünnenden sozialen Netze auf Basis der Verwandtschaft bilden (...)" (ebd.). Dabei müsse aber, wie Gilg und Schäeppi in einer Studie zu den heutigen Wohnbedürfnissen eruiert haben, „die Privatsphäre der eigenen, intimen vier Wände unbedingt gewährleistet bleiben, [und] [d]er Kontakt mit anderen soll freiwillig, beiläufig und informell stattfinden können." (2007, S. 24). Das Konzept des „Zusammen allein Wohnens" (ebd.), wird dabei gerade in den grösseren Projekten zum Ausgangspunkt für die Planung und mit der Clusterwohnung auch auf einer diskursiven Ebene zum Sinnbild für die Verschränkung von Privatheit und Gemeinschaft, die von den Projekten auch nach außen getragen wird.

Mit der Öffnung der Projekte für breitere Personengruppen, die unter dem Credo der sozialen Mischung firmiert, geht auch eine Verschiebung der Zielsetzungen der Projekte einher, die sich unter dem Begriff der sozialen Inklusion fassen lässt. Genossenschaften setzen sich insofern auch mit dem Diskurs um die Problematik von sozialer Exklusion und Segregation in den Städten kritisch auseinander (vgl. Gerometta et al. 2005). Dabei lässt sich auch ein Wandel von Partizipationsstrukturen feststellen. So werden beispielsweise nicht nur die demokratische Entscheidungsfindung, sondern vielmehr die unterschiedlichen Methoden partizipativer Stadtplanung als Novum und teilweise auch Unikum genossenschaftlichen Wohnungsbaus gepriesen. Dabei wird gerade auch die Praxis des Sharings häufig von den Projekten herangezogen, um das Teilen nicht nur um des Teilens willen, sondern als bessere, ökologischere und nachhaltigere Lebensform attraktiv zu machen.

In Verbindung mit der Konstruktion der Praktiken des Wohnens als neue und ‚bessere‘ zukünftige Wohn- und Lebensformen, funktioniert die Praxis nicht nur als Abgrenzung zu gängigen (marktförmigen) Modellen der Wohnraumproduktion, sondern auch zu denjenigen Wohnbauträgern, an die die alternativen Genossenschaften mit der Übernahme der Rechts- und Organisationsform und den damit verbundenen Strukturen (demokratische Entscheidungsfindung, Selbstverwaltung und in Bezug auf die Gemeinnützigkeit außerdem Kostenmiete) anschließen. Hierbei wird gerade die Zukunftsorientierung und die Ganzheitlichkeit der ‚neuen‘ Wohnprojekte betont, mit denen nicht nur Wohnraum und „Möglichkeitsräume“ (Emmenegger et al. 2016, S. 26) für die Partizipation in der Planung, Entwicklung und im Wohnalltag geschaffen, sondern auch den multiplen gesellschaftlichen Krisen sowie den Prozessen der sozialen Exklusion entgegengehalten werden soll. Insofern können die Praktiken alternativer Genossenschaften, die sich auch als ein Changieren zwischen Beharrung und Wandel beschreiben lassen, durchaus im Sinne von Howaldt et al. (2014) als Re- oder Neukombination von sozialen Praktiken gedeutet werden. Dies allein reicht aber noch nicht aus, damit die Praktiken alternativer Wohnbaugenossenschaften als soziale Innovation begriffen werden können. Denn Howaldt et al. zufolge wird die Erfindung erst durch *Nachahmung zur Innovation* „und erst damit eine soziale Tatsache“ (ebenda, S. 12).

3.2 Nachahmung, Imitation und Adaption gemeinschaftlich-kooperativer Praktiken

Bereits in der kurzen Zeit seit ihrem Aufkommen in den 1990er Jahren lässt sich in der Szene alternativer Genossenschaften mit der Weiterentwicklung der Projekte und mit jeder neuen Siedlung und Neugründung ein Wandel in der Praxis der Projekte feststellen. Dieser lässt sich im Sinne von Howaldt et al. (2014) auch als Nachahmung, Imitation und Adaption deuten, die sowohl kontextspezifisch als auch räumlich-zeitlich begründet ist. Der Wandel manifestiert sich, wie wir im Folgenden zeigen werden, unter anderen im Wandel der Organisationsstruktur, der Partizipationsverfahren sowie auch in den Wohnformen.

So wurde die Idee des Großhaushalts, der in Anlehnung an gemeinschaftliche Wohnprojekte der 1960er Jahre und an sozialutopische Ideale, die der Züricher Autor Hans Widmer unter dem Pseudonym P.M. in den 1980er Jahren in seinem Buch „bolo'bolo" (P.M. 1983) konzipiert hatte, in der Genossenschaft Karthago implementiert und in nachfolgenden Projekten, wie etwa den Genossenschaften Kraftwerk1 oder Kalkbreite, wiederaufgenommen. Dabei wurden die Ideen und Konzepte teilweise aber auch an andere Strukturen und veränderte Bedürfnisse angepasst. So wurde etwa der Großhaushalt anders als bei Karthago, wo er die ganzen Projekte umfasst, zu einer von verschiedenen möglichen Wohnformen in der Genossenschaft Kalkbreite umgedeutet.

Die im Zuge der 1980er Bewegung entstandenen Wohnprojekte sind derweil solche, die dem der Genossenschaftsgeschichte eingeschriebenen Ideal der Selbsthilfe im engeren Sinne tatsächlich sehr nahekommen. Es sind häufig Hausprojekte, die Wohnraum für eine Hausgemeinschaft zur Verfügung stellen, bei denen sich die Genossenschaft auf die effektiven Bewohner*innen des jeweiligen Hausprojekts beschränkt und die dem vom Gesetzgeber festgehaltenen Zweck der Genossenschaft, d. h., der „Förderung oder Sicherung bestimmter wirtschaftlicher Interessen ihrer Mitglieder in gemeinsamer Selbsthilfe" (Art. 828 Abs. 1 OR), fast schon idealtypisch entsprechen. Dabei wird gerade bei größeren Projekten und mit dem Fokus auf Neubauprojekte oder Umnutzungen deutlich, dass Strukturen, die auf Freiwilligenarbeit beruhen, im Wohnungsbau relativ bald an ihre Grenzen stoßen. Eine *Professionalisierung* im Entwicklungsprozess der Projekte drängt sich geradezu auf. Damit wiederum gehen bei den alternativen Genossenschaften Entwicklungen einher, die sich als Entwicklung vom Selbsthilfeprojekt zum gemeinnützigen Unternehmen beschreiben lässt. Ausgehend von den ersten Projekten, die als bottom-up- und Selbsthilfeprojekte und als ‚junge Wilde' konzipiert wurden (z. B. Karthago in Zürich, Warmbächli in Bern), über Mischformen (z. B. die Gemeinnützige Genossenschaft Industriestrasse in Luzern, die aus einer Kooperation von einer bottom-up gegründeten Genossenschaft mit traditionellen gemeinnützigen Bauträgern hervorgegangen ist), geht die Tendenz in Richtung top-down initiierter Projekte. Wie die jüngst in verschiedenen Städten gegründete ‚Genossenschaft der Genossenschaften‘ (‚mehr als wohnen‘ und ‚wohnen und mehr‘) deutlich macht, findet sich inzwischen ein breites Segment an Projekten. Mit diesen Entwicklungen geht auch ein Wandel bei den Partizipationsstrukturen einher, die als zentrales Element alternativer Genossenschaften aufscheinen und die in allen alternativen Genossenschaften, wenn auch in unterschiedlicher Ausprägung und mit unterschiedlichen Formaten, zentral sind. Von basisdemokratischen Verfahren über Beteiligungsworkshops bis zu Partizipationsveranstaltungen, die den Grad der Information kaum übersteigen, ist allerdings alles zu finden, auch innerhalb von einzelnen Projekten. Ebenso ist das Verständnis darüber, was mit partizipativen Verfahren gemeint ist, keineswegs einheitlich. Partizipation kann beispielsweise bedeuten, in einer Generalversammlung abzustimmen, an einem Workshop Wohnutopien zu diskutieren, selber in einer Arbeitsgruppe mitzuarbeiten oder an sogenannten Echoräumen teilzunehmen, in denen Architekt*innen ihre laufende Arbeit vorstellen und Feedback von zukünftigen Bewohner*innen oder Interessierten einholen. Während Partizipation von Beginn weg insbesondere bei den Selbsthilfeprojekten großgeschrieben wird, kommt bei denjenigen Projekten, die von Profis geplant werden, der Partizipation im Wohnalltag größere Bedeutung zu. Gerade in den größeren Projekten werden dabei zunehmend auch Stellen für Partizipationsverantwortliche oder sogenannte Siedlungsassistenzen geschaffen, mit denen die Professionalisierung insofern auch in den Bereich des Sozialen vorgedrungen ist.

Dass die Projekte aber dennoch Ähnlichkeiten aufweisen, ist mitunter auch eine Folge der Formierung der alternativen Genossenschaften zu einem Netzwerk, zu einer Szene bzw. zur Genossenschaftsbewegung insgesamt, die eine hervorragende Grundlage für die Nachahmung und Imitation der Ideen und Modelle bietet. Nachvollziehbar wird dies bei der Genossenschaft ‚mehr als wohnen‘, die mit dem Zusatz ‚Innovations- und Lernplattform für die Genossenschaftsbewegung‘ auftritt und die so bereits im Namen deutlich macht, dass sie dezidiert dazu angelegt ist, Lernprozesse in Gang zu setzen und imitiert und kopiert zu werden.

3.3   Diffusion

Den Projekten kommt dabei aber ‚nur‘ in der Genossenschaftsbewegung viel Aufmerksamkeit zu, womit der dritte Aspekt des von uns favorisierten ‚praxeologischen Innovationsverständnisses‘ angesprochen ist, nämlich die Frage, ob die

Projekte auch ausserhalb der Genossenschaftsszene wahrgenommen werden und ihre Praxis von der Gesellschaft aufgenommen, kopiert, imitiert oder zumindest adaptiert wird. Bei der Frage der Diffusion in die Gesellschaft erscheint uns gerade auch die qualitative Dimension von Bedeutung, die sich etwa in der öffentlichen Aufmerksamkeit zeigt, die die Projekte erhalten.

Zumindest zahlenmäßig bleiben die alternativen Genossenschaften nach wie vor ein Nischenphänomen. Wenn auch stetig Projekte dazukommen und sich je nachdem, wo die Grenzen für ‚alternativ' gezogen werden, schätzungsweise zwischen 20 und 40 Genossenschaften in der Deutschschweiz finden, die teilweise auch mehrere Siedlungen bzw. Projekte umfassen, machen sie selbst innerhalb des gemeinnützigen Wohnungsbaus eine kleine Gruppe aus. Genaue Zahlen dazu fehlen allerdings gänzlich. Gleichwohl gibt es Anzeichen für eine Diffusion der Ideen, Modelle und Praktiken der alternativen Genossenschaften in die Genossenschaftsbewegung und darüber hinaus, die zumindest als Indizien für eine weitere Diffusion der Praktiken gemeinschaftlich-kooperativer Wohn- und Lebensformen gedeutet werden können. In verschiedenen Städten setzen die Genossenschaften nicht nur auf eine Vernetzung im Verband gemeinnütziger Wohnbauträger, sondern die alternativen Genossenschaften entwickeln größere Projekte in Kooperation mit traditionellen Bauträgern. Häufig werden dabei auch die öffentliche Hand sowie weitere gemeinnützige Organisationen (z. B. Stiftungen) eingebunden. Wie Projekte in Zürich (mehr als wohnen), Luzern (Gemeinnützige Genossenschaft Industriestrasse) oder Basel (wohnen und mehr) deutlich machen, finden meist Modelle der alternativen Genossenschaften Anwendung. Damit hat sich das Feld alternativer Wohnbaugenossenschaften vervielfältigt und das Wohnungsangebot, die Konzepte und ihre Zielgruppen verbreitert. Ihnen wird nicht nur in Praxishandbüchern (Institut für Kreative Nachhaltigkeit 2012; Feuerstein und Leeb 2015) und in Ausstellungen[3] viel Aufmerksamkeit geschenkt. Auch in der Tagespresse werden die Projekte und ihre neuen Wohnformen und Praktiken des Zusammenlebens thematisiert. Hierbei sind auch die Konzeption der Projekte und ihre Orientierung hin zur Gesellschaft von Bedeutung.

Gleichzeitig werden sie nicht nur in der Tagespresse oft als Beispielprojekte oder auch als Leuchttürme für alternative Wohnformen und als Pioniere zukünftiger Wohnformen vorgestellt. Die Metapher des Leuchtturms, die im Übrigen auch von den Projekten selbst verwendet wird, um ihre Einzigartigkeit und vor allem aber ihre Vorreiterrolle für zukünftige Lebensformen deutlich zu machen, trägt auch

---

3 Deutlich wird dies etwa in der von Juni bis September 2017 dauernden Ausstellung „Together! Die Neue Architektur der Gemeinschaft", im Vitra Design Museum in Weil am Rhein, bei der die Schweizer Projekte zahlreich vorgestellt werden.

dazu bei, dass die Genossenschaften mit ihrer gesellschaftsoffenen Orientierung eine hervorragende Anpassung an die Anforderungen der aktuellen gesellschaftlichen Entwicklungen erzielen, was ihnen jedoch gleichzeitig auch den Vorwurf des Utopieverlusts einbringt (vgl. Novy 1983; zu Cohousing in den Vereinigten Staaten Sargisson 2012). Denn die Projekte werden inzwischen auch als Leuchttürme für die Vermarkung der kreativen oder der nachhaltigen Stadt zum Zwecke des Stadt- und Standortmarketings herangezogen. Heute sind „Städte als Standorte [...] nicht mehr automatisch ‚gefragt‘, sondern müssen sich immer wirksamer anbieten" (Häussermann und Siebel 1993, S. 13, oder auch Habit 2013). Und dafür bieten sich u. a. auch gerade sogenannte Leuchtturmprojekte hervorragend an, die sich im Sinne einer Creative oder Green City Strategie vermarkten lassen.

4   Schluss – Gemeinschaftlich-kooperative Wohnformen als soziale Innovationen deuten?

Wir haben in unserem Beitrag die Frage aufgeworfen, inwiefern die von uns untersuchten gemeinschaftlich-kooperativen Wohnformen als soziale Innovationen gedeutet werden können. Eine Antwort auf diese Frage muss differenziert ausfallen. Wir greifen dazu die neuere Innovationsdebatte auf, die soziale Innovationen als ein komplexes Zusammenspiel von Erfindungen, Re- und/oder Neukonfiguration und Nachahmung sozialer Praktiken versteht und die dabei häufig eine analytische mit einer normativen Perspektive vermischt. Mit unserem ‚praxeologischen‘ Innovationsverständnis versuchen wir dagegen Theorie und Empirie zu verzahnen, ohne vorab normative Aussagen über soziale Innovationen bzw. über deren Bewertung zu machen. Im Anschluss an Gabriel Tarde verstehen wir Innovationen als Re- und Neukombinationen sozialer Praktiken, die erst durch Imitation und Adaption zur sozialen Tatsache werden und die über die Wege der Diffusion (vgl. Blättel-Mink 2015) in die Gesellschaft gelangen. Insofern begreifen wir unser Innovationsverständnis durchaus als eine brauchbare heuristische Anlage für die empirische Analyse von alternativen Lebensformen, ihren Ideen, Modellen, Praktiken und ihrer Positionierung in und durch die Gesellschaft.

Wir fassen unsere Ergebnisse abschließend in drei Punkten zusammen:

1. *Re- und Neukonfiguration sozialer Praktiken*: Unsere Betrachtung der Kooperativen als soziale Innovation hat gezeigt, dass diese Projekte zum einen bestehende Praktiken re- und neu konfigurieren, in dem sie sich auf die traditionsreiche Genossenschaftspraxis beziehen, diese aber vor dem Hintergrund ihrer Wurzeln

in der Jugendbewegung der 1980er Jahre neu konzipieren. Und gerade durch dieses Aufgreifen von bereits Bestehendem werden soziale Praktiken weiterentwickelt und verändert. So experimentieren die Projekte mit alternativen Wohnformen und mit ganz unterschiedlichen Formen der Partizipation. In Kombination mit deren öffentlichkeitswirksamer Inszenierung als alternative, bessere und nachhaltigere Wohnformen und Nachbarschaften verhelfen sie sowohl der Rechts- und Organisationsform der Genossenschaft als auch ihrer sozialen Praxis zu einer Renaissance.

2. *Nachahmung und Wiederholung*: Zum einen zeigen die Praktiken der Projekte sowie ihre Rezeption und der Umstand, dass sie kopiert und adaptiert werden, dass diese in der Lage sind, nicht nur Bestehendes in Frage zu stellen, sondern zu irritieren und auch bereits Vorhandenes aufzubrechen. Zum anderen gibt es in der noch jungen Geschichte der alternativen Genossenschaften bereits Nachahmungen und Wiederholungen von Praktiken, wobei dafür nicht ihre Vernetzung, sondern vor allem auch ihre Konzeption als Lernplattformen von Bedeutung ist. Dies ist gerade in Hinblick auf die Weiterentwicklung der Praktiken bei neuen Projekten von Bedeutung. Dabei führt nicht zuletzt auch die Größe, mit der die jüngsten Projekte angedacht werden, zu einem Wandel der Genossenschaften. Dieser kann als eine Tendenz zu bottom-up initiierten und wenig formalisierten Strukturen mit dem Ziel der Selbsthilfe beschrieben werden. Dieser Wandel erstreckt sich zudem auch auf professionelle Akteure, die ganze Nachbarschaften entwickeln und auf komplexe Methoden sowie unterschiedliche Formate der partizipativen Planung setzen.

3. *Diffusion*: Bis heute hat sich das Feld alternativer Wohnbaugenossenschaften diversifiziert, das Wohnungsangebot und die Konzepte haben sich verbreitet und zudem haben sich die Projekte für breitere Bevölkerungsgruppen geöffnet. Dies hat aber teilweise auch nicht intendierte Folgen, etwa wenn Städte diese Projekte nicht ganz uneigennützig fördern – und sie selbst als Leuchttürme für ihre Stadt- und Standortpolitik nutzen – oder vielleicht müsste man präziser sagen: vereinnahmen (vgl. Habit 2013). Gerade nicht intendierte Folgen bzw. die letzten Endes unkontrollierbaren Wege, die diffundierende Innovationen gehen, finden in der Innovationsdebatte aus unserer Sicht leider wenig Beachtung. Dies liegt mutmasslich an einem Innovationsverständnis, das im Nachklang an modernisierungstheoretische Überlegungen (Zapf 1989) aufgekommen ist und immer noch einen Großteil der gegenwärtigen Debatte durchzieht. In dieser Debatte liegt der Schwerpunkt fast immer auf der Praktik der Erfindung bzw. der Entwicklung von etwas Neuem und Besserem im emphatischen Sinne, und obwohl die Diffusion zwar integraler Bestandteil der Definition ist, wurde

diese Behauptung auf der Ebene der (sozialen) Praktiken empirisch bislang nur selten eingeholt.

Fazit: Die von uns untersuchten alternativen Genossenschaften passen hervorragend in eine Zeit, in der das Bedürfnis nach Gemeinschaft wieder erwacht ist und zur Herausbildung von neuen Formen der Vergemeinschaftung (vgl. Rosa et al. 2010; Hondrich 1999) führt. Mit der Rechtsform der Genossenschaft, die die gemeinschaftliche Selbsthilfe und demokratische Prinzipien zur Grundlage hat, haben die Projekte eine Rechts- und Wirtschaftsform wiedergefunden, der sie zu neuer Aufmerksamkeit verhelfen. Die dabei auftauchende Frage nach der Innovation und Diffusion der Projekte ist eng verknüpft mit den Praktiken, d. h., mit der Art und Weise, wie die jüngste Generation Projekte Wohnen und Zusammenleben im urbanen Raum konzipieren, in ihren Projekten umsetzen, wie sie ihre Vorstellungen nicht nur gegen innen und gegen außen vertreten, und schliesslich, wie diese Praktiken von der Gesellschaft aufgenommen werden. Geschaffen werden *Möglichkeitsräume* für urbane bzw. städtische Lebensweisen, die sich einerseits durch Dichte bei gleichzeitiger Heterogenität der Lebenslagen und Lebensentwürfe zeigen, andererseits aber die Individualität und Anonymität (vgl. dazu Simmel (2006 [1903])) überwinden wollen und genossenschaftliche Wohnformen als verantwortungsvolle Lebensformen in sozialer, ökologischer und ökonomischer Hinsicht konzipieren. Berücksichtigt werden dabei sowohl der Wunsch nach Rückzugsraum und Privatsphäre als auch das Einrichten von Räumen für gemeinschaftliche Aktivitäten. Trotz dieser Befunde erweist sich die Beurteilung der Diffusion als eher schwierig. Das hängt auch damit zusammen, dass wir erst rückblickend, also mit einigem zeitlichen Abstand, bei den gemeinschaftlich-kooperativen Wohnformen werden beurteilen können, ob und in welchem Maße sie diffundiert haben. Unserer Einschätzung nach sind die Projekte, auch wenn sie mit verschiedenen Spannungen behaftet sind, durchaus in der Lage, vielversprechende Wege aufzuzeigen, wie zukünftiges Leben solidarischer und ressourcenschonender konzipiert und gelebt werden kann.

Literatur

Adloff, Frank und Volker M. Heins (Hrsg.). 2015. *Konvivialismus. Eine Debatte*. Bielefeld: transcript.
Blättel-Mink, Birgit. 2015. Diffusionsprozesse sozialer Innovationen erforschen. *Sozialwissenschaften und Berufspraxis*, 38:2, 177–192.

Berger, Peter L. und Thomas Luckmann. 1990 [1980]. *Die gesellschaftliche Konstruktion der Wirklichkeit. Einer Theorie der Wissenssoziologie.* Frankfurt a. M.: Fischer.

BFS, Bundesamt für Statistik. 2017. Bau- und Wohnungswesen 2015. Neuchâtel: Bundesamt für Statistik.

Emmenegger, Barbara, Meike Müller und Bettina Nägeli. 2016. Nachbarschaften in Wohnbaugenossenschaften. Wohnen zwischen Optionen und Verbindlichkeit. In *Dérive*. Zeitschrift für Stadtforschung Nr.65, 23–28.

Feuerstein, Christiane und Franziska Leeb. 2015. *Generationenwohnen. Neue Konzepte für Architektur und soziale Interaktion.* München: Detail.

Gerometta, Julia, Hartmut Häussermann und Giulia Longo. 2005. Social Innovation and Civil Society in Urban Governance: Strategies for an Inclusive City. *Urban Studies* 42:11, 2007–2021.

Gilg, Mark und Werner Schaeppi. 2007. *Lebensräume. Auf der Suche nach zeitgemässem Wohnen.* Sulgen, Zürich: Niggli.

Habit, David. 2013.: Regieren durch Wettbewerb. Zur Logik urbaner Wettbewerbsformationen, in *Kulturen des Wettbewerbs*, Hrsg. Markus Tauschek, 195–216. Münster: Waxmann.

Häussermann, Hartmut und Walter Siebel. 1993. Die Politik der Festivalisierung und die Festivalisierung der Politik. Grosse Ereignisse in der Stadtpolitik. In Leviathan, Zeitschrift für Sozialwissenschaft, Sonderheft 13:1993, 731. Opladen, Westdeutscher Verlag.

Häussermann, Hartmut und Walter Siebel. 2000. *Soziologie des Wohnens. Eine Einführung in Wandel und Ausdifferenzierung des Wohnens.* 2. korr. Aufl. Weinheim und München. Juventa.

Hofbauer, Reinhard. 2016. Soziale Innovation als neues Leitbild für soziale Entwicklung? *Zeitschrift für Zukunftsforschung*, 1:5, 5–23.

Hondrich, Karl Otto. 1999. „Hinter den Rücken der Individuen – Gemeinschaftsbildung ohne Ende. In *Grenzenlose Gesellschaft?* Hrsg. Claudia Honegger, Stefan Hradil und Franz Traxler, 247–257. Opladen: Leske & Budrich.

Howaldt, Jürgen und Michael Schwarz. 2010. Konturen und Dimensionen eines sozialwissenschaftlichen Konzeptes sozialer Innovation. In *Innovation im Fokus. Skizze eines gesellschaftstheoretisch inspirierten Forschungskonzepts*, Hrsg. Dies. 49–70. Bielefeld: transcript.

Howaldt, Jürgen, Ralf Kopp und Michael Schwarz. 2014. *Zur Theorie sozialer Innnovationen. Tardes vernachlässigter Beitrag zur Entwicklung einer soziologischen Innovationstheorie.* Weinheim und Basel: Beltz Juventa.

Howaldt, Jürgen und Michael Schwarz. 2015. Innovation neu denken – „Soziale Innovation" als Kern eines neuen Innovationsverständnisses. In *Sozialwissenschaften und Berufspraxis* 38/2: 159–176.

Hutter, Michael, Herbert Knoblauch, Werner Rammert und Arnold Windeler. 2011. Innovationsgesellschaft heute: *Die reflexive Herstellung des Neuen* (Working Papers, TUTS-WP-4-2011). Berlin: Technische Universität Berlin.

Institut für Kreative Nachhaltigkeit. 2012. *CoHousing Cultures.* Berlin: Jovis.

Krücken, Georg. 2006. Innovationsmythen in Politik und Gesellschaft. In *Kluges Entscheiden. Disziplinäre Grundlagen und interdisziplinäre Verknüpfungen.* Hrsg. Arno Scherzberg, Tilmann Betsch et al., 259–274. Tübingen: Mohr-Siebeck.

Kunze, Iris. 2013. „Intentionale Gemeinschaften" – Experimentierorte einer religionshybriden, „spirituellen" Kultur? In *Religionshybride. Religion in posttraditionalen Kontexten*, Hrsg. Peter A. Berger, Peter A., Klaus Hock und Thomas Klie, 187–200.Wiesbaden: Springer VS.

Leggewie, Claus und Harald Welzer. 2009. *Das Ende der Welt, wie wir sie kannten: Klima, Zukunft und die Chancen der Demokratie.* Frankfurt a. M.: S. Fischer.

Martignoni, Jens. 2017. Nachhaltigkeit und Vernetzung in zukunftsorientierten Schweizer Wohngenossenschaften. In *Nonprofit-Organisationen Und Nachhaltigkeit*, Hrsg. Ludwig Theuvsen, René Andeßner, Markus Gmür, and Dorothea Greiling, 429–38. Wiesbaden: Springer Fachmedien.

Novy, Klaus. 1983. *Genossenschaftsbewegung – Geschichte und Zukunft der Wohnreform*. Berlin: Transit.

Obligationenrecht OR. 1911. Bundesgesetz betreffend die Ergänzung des Schweizerischen Zivilgesetzbuches (Fünfter Teil: Obligationenrecht). vom 30. März 1911 (Stand 1. April 2017) (Nr. 220).

P.M. 1983. *Bolo'bolo*. Zürich: Paranoia City.

Purtschert, Robert und Claudio Beccarelli. 2005. Genossenschaften in der Schweiz zwischen Bedeutungsverlust und wirtschaftlicher Dynamik – ein empirischer Befund. In *Das Genossenschaftswesen in der Schweiz*, Hrsg. Robert Purtschert, 39–63. Bern, Stuttgart, Wien: Haupt.

Reckwitz, Andreas. 2003. Grundelemente einer Theorie sozialer Praktiken: Eine sozialtheoretische Perspektive, in *Zeitschrift für Soziologie*, 32/4: 282–301.

Reckwitz, Andreas. 2016. *Kreativität und soziale Praxis. Studien zur Sozial- und Gesellschaftstheorie*. Bielefeld: Transcript.

Rosa, Hartmut, Lars Gertenbach, Henning Laux und David Strecker. 2010. *Theorien der Gemeinschaft zur Einführung*. Hamburg: Junius.

Sargisson, Lucy. 2012. Second-Wave Cohousing: A Modern Utopia? In *Utopian Studies*, 23:1, 28–56.

Schmid, Peter. 2005. Die Wohnbaugenossenschaften in der Schweiz. In *Das Genossenschaftswesen in der Schweiz*, Hrsg. Robert Purtschert, 299–333. Bern, Stuttgart, Wien: Haupt.

Schubert, Cornelius. 2016. Soziale Innovationen. Kontrollverluste und Steuerungsversprechen sozialen Wandels. In *Innovationsgesellschaft heute*, Hrsg. Werner Rammert, Arnold Windeler, Hubert Knoblauch, Michael Hutter, 403–426. Wiesbaden: Springer.

Simmel, Georg. 2006 [1903]. *Die Großstädte und ihr Geistesleben*. Frankfurt a. M.: Suhrkamp.

Stahel, Thomas. 2006. *Wo-wo-Wohnige! Stadt- und wohnpolitische Bewegungen in Zürich nach 1968*. Dissertationsschrift. Universität Zürich: Zürich.

Tarde, Gabriel. 2009. *Die Gesetze der Nachahmung* (orig. Les lois de l'imitation, 1890). Frankfurt a. M.: Suhrkamp.

Theurl, Theresia, Justus Haucap, Vera Demary Birger P. Priddat und Niko Paech. 2015. Ökonomie des Teilens – nachhaltig und innovativ? In *Wirtschaftsdienst* 95:2, 87–105.

Wetzel, Dietmar J. 2015. ‚Wachstum' und ‚Décroissance' – Bruchstücke einer Genealogie zweier Begriffe seit den 1970er Jahren. In *Die neue Wirklichkeit. Semantische Neuvermessungen und Politik seit den 1970er-Jahren*, Hrsg. Ariane Leendertz und Wencke Meteling, 185–202. Frankfurt/New York: Campus.

Wetzel, Dietmar J. 2016. „New Aesthetico-Political Forms of Community? "Occupy" and the "Sharing Economy" as Examples. In *The Common Growl*, Hrsg. Claviez, Thomas, 159–173. Bronx, NY: Fordham UP.

Wohnraumförderungsgesetz WFG. 2003. Bundesgesetz über die Förderung von preisgünstigem Wohnraum vom 21. März 2003. Nr. 842. (Stand 1. Januar 2013).

Wohnraumförderungsverordnung WFV. 2003. Verordnung über die Förderung von preisgünstigem Wohnraum vom 26. November 2003. Nr. 842.1. (Stand 1. Januar 2014).

Zapf, Wolfgang. 1989. Über soziale Innovationen. In *Soziale Welt*, 40:1–2, 170–183.

Wir sind Nachbarn: Ein partizipatives Gestaltungsprojekt im Essener Eltingviertel

Jan Üblacker und Carolin Schreiber

1 Sozialräumliche Polarisierung, Gentrification und partizipative Stadtentwicklung

In Politik, Verwaltung und Planung herrscht weitestgehend Konsens darüber, dass Nachbarschaften in denen zum Beispiel nur reiche oder nur arme Bevölkerungsgruppen wohnen, negative Auswirkungen auf den sozialen Zusammenhalt in der Stadt haben. Die zunehmende soziale Polarisierung der Städte ist insbesondere für ärmere Stadtteile folgenreich (Friedrichs und Triemer 2009; Kronauer und Siebel 2013; Musterd et al. 2017). Geringe Bildung, niedrige Einkommen und Arbeitslosigkeit vermindern die gesellschaftlichen Aufstiegschancen der Bewohner segregierter Stadtteile. Hinzu kommt, dass Bildungseinrichtungen und öffentliche Räume im Vergleich zu anderen Stadtteilen eine geringere Qualität aufweisen, worunter insbesondere Kinder und Jugendliche aufgrund ihrer lokalen Aktionsräume in erhöhtem Maße betroffen sind (Butterwegge 2017). Nicht zuletzt äußern sich diese Umstände auch in einer geringen Wahlbeteiligung und einer niedrigen Bereitschaft zur Teilnahme an partizipativen Verfahren der Stadtentwicklung. Zusätzliche Benachteiligung kann auch durch homogene soziale Netzwerke entstehen, die überwiegend innerhalb des segregierten Stadtteils verortet sind. Eine Konzentration benachteiligter Gruppen innerhalb einer Nachbarschaft führt demnach zu weiterer Benachteiligung, auch für Neuzuziehende (Sharkey und Faber 2014; Kurtenbach 2017).

Um dieser Benachteiligung entgegenzuwirken, wird eine soziale Mischung in den Stadtteilen angestrebt. Es wird davon ausgegangen, dass diese zu wechselseitigen Lerneffekten, Toleranz und einer Verbesserung gesellschaftlicher Teilhabechancen für benachteiligte Gruppen führt. Insbesondere in der anglo-amerikanischen Debatte werden diese Durchmischungsstrategien durchaus kritisch beleuchtet, da sie vielerorts Gentrification- und Verdrängungsprozesse nach sich ziehen (Bridge et al

© Springer Fachmedien Wiesbaden GmbH, ein Teil von Springer Nature 2018
H.-W. Franz und C. Kaletka (Hrsg.), *Soziale Innovationen lokal gestalten*,
Sozialwissenschaften und Berufspraxis,
https://doi.org/10.1007/978-3-658-18532-9_15

249

2012). In der Regel werden im Rahmen dieser Strategien durch bauliche Eingriffe im Stadtteil auch Veränderungen der Sozialstruktur angestoßen. Die Attraktivierung des Wohnungsbestands (z. B. durch Sanierungen) und der öffentlichen Räume führt in innerstädtischen und innenstadtnahen Stadtteilen auch zu einem Zuzug statushöherer Bevölkerungsgruppen (Friedrichs und Keckes 1996). Begleitet werden diese Maßnahmen mancherorts von künstlerisch-gestalterischen Interventionen, die negative Raumsemantiken und städtebauliche Defizite „bearbeiten" sollen. Diese Praktiken kulturell vermittelter Aufwertung tragen ebenfalls zur Attraktivierung des Gebiets für statushöhere Bevölkerungsgruppe bei und befördern den Aufwertungsprozess (Zukin 1982; Holm 2010).

Den Strategien ist dabei gemein, dass sowohl bauliche Aufwertungen als auch künstlerische Interventionen von der Bevölkerung des betroffenen Stadtteils häufig als fremdartig wahrgenommen werden. Eine Beteiligung an diesen Verfahren ist zwar formal vorgesehen, wird jedoch nur von den Gruppen wahrgenommen, die dazu in der Lage sind, ihre Interessen entsprechend zu artikulieren. Zu den sprachlichen Barrieren kommen die soziokulturellen hinzu, die insbesondere im Falle künstlerischer Aktivitäten wahrgenommen werden. Unter Umständen tragen derartige Strategien zur Verschärfung sozialer Spannungen zwischen den neuzuziehenden und alteingesessenen Bevölkerungsgruppen bei. Wiederholt wurde in Gentrification-Gebieten eine einsetzende Segmentierung der Sozialstruktur entlang von Lebensstilen, Werten und Normen beobachtet, die zu einer Marginalisierung statusniedrigerer, alteingesessener Gruppen führt (Küppers 1996; Schneider 1998). Bewusste und unbewusste Abgrenzungsstrategien, die meist von der Mittelschicht ausgehen, können zu sozialen Spannungen, kultureller Entfremdung und schließlich zur Verdrängung einkommensschwächerer Gruppen führen (Slater 2004; Davidson 2010; Bacqué und Fijalkow 2012; Butler und Robson 2013).

Politische und administrative Akteure befinde sich demnach in dem Dilemma, einerseits gegen benachteiligende Stadtteile und für benachteiligte Bevölkerungsgruppen die Initiative zu ergreifen, andererseits jedoch den Stadtteil nicht in dem Maße sozial zu durchmischen und „aufzuwerten", dass die eigentliche Zielgruppe der Maßnahmen verdrängt wird. Es ist nach wie vor unklar, wie ein sozial nachhaltiger Aufwertungsprozess gestaltet werden kann. Fallbeispiele aus verschiedenen Städten verdeutlichen, dass es nicht ausreicht, Angehörige unterschiedlicher sozialer Schichten und Herkünfte räumlich zu mischen, ohne auch für Möglichkeiten der positiven Begegnung und des Kennenlernens zu sorgen, die sozialen Spannungen und Ausgrenzungen vorbeugen und damit letztendlich das Zusammenleben in der Nachbarschaft befördern.

Wie kann also aus einem räumlichen Nebeneinander auch ein soziales Miteinander entstehen? Wie kann eine Gestaltung der Nachbarschaft durch ihre Bewohner ermöglicht werden und welche Formen kann diese annehmen? Welche Bedeutung hat Nachbarschaft für das Zusammenleben im Stadtteil? Das partizipative Projekt „Wir sind Nachbarn" greift diese Frage auf und erarbeitet im Rahmen eines experimentellen Verfahrens unter Einbezug lokaler Ressourcen der Bewohner neue Wege für eine partizipative Stadtentwicklung. Das Ziel des Beitrags besteht darin, das Projekt und die daraus hervorgegangenen Konzepte vorzustellen und im oben skizzierten Kontext zu diskutieren. Hierzu wird zunächst der sozialräumliche Kontext, in dem das Projekt stattfand, beschrieben. Anschließend werden der konzeptionelle Aufbau des Projekts, das darin vermittelte Wissen und die Methoden sowie zwei Ergebnisse vorgestellt. Im Fazit werden die Möglichkeiten und Grenzen partizipativer Projekte in Stadtteilen diskutiert; dies geschieht sowohl im Hinblick auf die lokale Bedeutung der Aktivitäten als auch vor dem Hintergrund der interdisziplinären Zusammenarbeit zwischen Soziologen und Gestaltern.

2   Sozialräumlicher Kontext: Das Eltingviertel in Essen

Die Stadt Essen ist gekennzeichnet durch ein für viele Ruhrgebietsstädte typisches Segregationsmuster. Demnach ist die Bevölkerung in den nördlichen Stadtteilen im Durchschnitt jünger, hat einen niedrigeren sozioökonomischen Status und ist ethnisch durchmischter. Die südlichen Stadtteile hingegen sind im Durchschnitt älter, wohlhabender und weniger ethnisch durchmischt. Historisch betrachtet hängen diese räumlichen Muster mit den ehemaligen Standorten des Bergbaus, der Schwerindustrie und der industriellen Produktion zusammen. Durch den fortschreitenden Strukturwandel und den Wandel des lokalen Arbeitsmarkts sind die nördlichen Stadtgebiete verstärkt vom sozioökonomischen Wandel der Bevölkerungsstruktur betroffen.

Das Eltingviertel liegt am nördlichen Rand der Innenstadt Essens. Es wird im Norden und im Osten durch eine mehrspurige, vielbefahrene Straße sowie durch ein Gewerbegebiet im Westen begrenzt. Von der Innenstadt ist das Eltingviertel durch die stillgelegte Rheinbahntrasse sowie eine ebenfalls vierspurige Straße abgetrennt. Benannt ist das Viertel nach dem Sägewerksbesitzer Hermann Elting, der das Viertel gegen Ende des 19. Jahrhunderts unweit der damaligen Zeche Victoria Mathias als eine der ersten gründerzeitlichen Stadterweiterungen des Stadtkerns errichten ließ. Die Zeche wurde 1965 geschlossen, wodurch auch die angrenzende Trasse der Rheinischen Bahn an Bedeutung verlor.

Die gründerzeitliche Blockrandbebauung ist in weiten Teilen erhalten oder wurde nach dem Krieg originalgetreu rekonstruiert. Das Zentrum bildet der Eltingplatz, der ursprünglich die Funktion eines Marktplatzes erfüllte und heute begrünt und von Bäumen gesäumt ist. Entlang der Altenessener Straße, der Eltingstraße und an der Kleinen Stoppenberger Straße befinden sich einige Ladenlokale mit Angeboten des täglichen Bedarfs. Es handelt sich dabei überwiegend um Gastronomie und Lebensmitteleinzelhändler. Einige der Ladenlokale werden von Einrichtungen der Kinder- und Jugendbetreuung oder von Kulturvereinen genutzt. Zum Teil sind die Geschäfte der sogenannten ethnischen Ökonomie zuzurechnen.

Im Nordviertel wohnen rund 8.700 Personen. Der Anteil der Bewohner im Transferleistungsbezug ist von 29,3 Prozent im Jahr 2007 auf 38,2 Prozent im Jahr 2015 gestiegen. Der Durchschnitt in Essen liegt bei 17,7 Prozent. 15,6 Prozent der Bewohner des Nordviertels sind arbeitslos (Essen: 9,5 %) und 33,4 Prozent der Haushalte mit Kindern alleinerziehend (Essen: 25,7 %). Der Anteil der Bewohner mit nichtdeutscher oder doppelter Staatsangehörigkeit ist von 37,1 Prozent im Jahr 2007 auf 53,5 Prozent im Jahr 2015 gestiegen (Essen: 24,8 %). Im Vergleich zu den übrigen 49 Stadtteilen der Stadt Essen hat das Nordviertel damit den höchsten Anteil an Personen mit Migrationshintergrund. Auch der Anteil an Sozialwohnungen (15,7 %) ist im Vergleich zur Gesamtstadt höher und der Anteil an Wohneigentümern (5,2 %) geringer.[1]

Die Außenwahrnehmung des Viertels ist ambivalent. Neben den Stadterneuerungsmaßnahmen im Norden des Quartiers konzentriert sich die lokale Berichterstattung insbesondere auf die sozialen und baulichen Missstände im Süden des Viertels, was zu einer negativen Raumwahrnehmung beiträgt. Wilder Sperrmüll, Drogen, Alkoholkonsum und Verschmutzung rund um die Unterführung des Bahndamms lassen diesen Ort zu einem „Angstraum" werden. Durch Drogenkonsum und Handel mehren sich die Polizeikontrollen, wovon auch die naheliegenden Gewerbe negativ betroffen sind.

Aufgrund der im integrierten Entwicklungskonzept der Stadt Essen genannten baustrukturellen und sozialen Defizite ist das Eltingviertel Teil des Stadtentwicklungsprogramms „Soziale Stadt" Essen-Altenessen-Süd und Nordviertel, in dem unter anderem die folgenden Handlungsfelder benannt werden:

- Lokale Ökonomie,
- Wohnen und Wohnumfeld,
- Ökologie,
- Erziehung, Bildung und Zusammenleben,
- Gesundheit und Bewegung, insbesondere im Bezug auf Senioren.

---

1   Quelle: Sozialatlas der Stadt Essen (abrufbar unter https://www.essen.de/rathaus/aemter/ ordner_12/sozialatlas_1.de.html) und Bevölkerungsatlas der Stadt Essen (abrufbar unter https://www.essen.de/rathaus/aemter/ordner_12/bevoelkerungsatlas.de.html)

Bestandteil des Handlungsfeldes Wohnen und Wohnumfeld sind Standortauf-wertungen durch Hof- und Fassadenprogramme sowie die Modernisierung und energetische Sanierung des Wohnraums unter Mitwirkung privatwirtschaftlicher Wohnungsmarktakteure (Stadt Essen 2012). Letzteres geschieht im Wesentlichen durch Beteiligung der Vonovia SE, die im Jahr 2015 ca. 40 Prozent des Wohnungs-bestands übernommen hat und in Kooperation mit der Stadtentwicklungsgesell-schaft Innovation City und der Stadt Essen Modernisierungen und energetische Sanierungen durchführt. Parallel zur Bestandssanierung sind die städtebauliche Neugestaltung des Eltingplatzes und einer der zentralen Achsen des Quartiers, der Eltingstraße, durch die Stadt Essen vorgesehen (Stadt Essen 2012). Von den beteiligten politischen und wohnungswirtschaftlichen Akteuren wird das Projekt als Musterbeispiel für eine energetische und nachhaltige Quartiersentwicklung in einer in erhöhtem Maße von den Folgen des Strukturwandels betroffenen Ruhr-gebietsstadt kommuniziert.

Die Nähe zur Innenstadt, die gründerzeitliche Bausubstanz, die Investitionsdefi-zite, ein erhöhter Anteil von Bewohnern mit niedrigem sozioökonomischen Status, negative Raumsemantiken und eine durch die Stadt und private Wohnungswirt-schaft initiierte Reinvestition in die bauliche Substanz machen das Eltingviertel in mehrerlei Hinsicht zu einem Gebiet, welches insbesondere im nördlichen Teil des Quartiers eine bauliche Aufwertung und in Folge dessen auch einen sozialen Umschichtungsprozess erfährt. Vor dem Hintergrund des partizipativen Nach-barschaftsprojekts ist das insofern von Bedeutung, als dass der im Rahmen eines solchen Gentrification-Prozesses einsetzende Austausch einer statusniedrigeren durch eine statushöhere Bewohnerschaft mit einem Zuzug „neuer" Milieus verbun-den ist, die zu einer Verschiebung der „sozialen Tektoniken" (Butler und Robson 2001) in der Nachbarschaft führen (vgl. Küppers 1996; Schneider 1998). Um diese Gruppen miteinander in Verbindung zu bringen und dadurch das soziale Mitein-ander in der Nachbarschaft zu fördern, schuf das partizipative Projekt „Wir sind Nachbarn" einen Rahmen, innerhalb dessen sich Nachbarn und Studierende über Ideen zum sozialen Miteinander in der Nachbarschaft verständigten und diese dann gemeinsam umsetzten.

3 Das Folkwang LAB "Wir sind Nachbarn"

Das partizipative Projekt „Wir sind Nachbarn" startete im Sommer 2016 als Folkwang LAB, einem experimentellen Lehrformat der Folkwang Universität der Künste in Essen. Die Motivation bestand darin, Wissen und Methoden der Disziplinen

Soziologie und Gestaltung zusammenzuführen und mit ihrer Hilfe im Quartier gemeinsam mit den Nachbarn aktiv zu werden. Hierfür wurden zunächst die sozialräumliche Ausgangssituation, die Ziele und Fragestellungen festgehalten (siehe oben). Im weiteren Verlauf bildeten acht Studierende des Fachbereichs Gestaltung der Folkwang Universität der Künste fünf Teams mit insgesamt zehn Nachbarn des Eltingviertels, um gemeinsam Ideen in einem vorab definierten Rahmen zu entwickeln. Jedes Team bestand aus mindestens einem Studierenden und mindestens einem Nachbarn, sodass gestalterische Fähigkeiten und ortsspezifisches Wissen und Erfahrungen aus der Nachbarschaft miteinander verbunden werden konnten.

Der räumliche Ausgangspunkt war das Atelier VierViertel[2] im Eltingviertel. Es handelt sich dabei um eine vormals leerstehende Ladenzeile mit einer breiten Schaufensterfront, die als Präsentationsfläche für Aktivitäten genutzt wurde. In den Räumlichkeiten wurden die Lehrveranstaltungen und Workshops abgehalten, was auch den Nachbarn eine Teilnahme ermöglichte. Das Atelier diente außerdem als Ausgangspunkt für Quartierserkundungen und als niedrigschwelliger Begegnungsort, um weitere Kontakte in die Nachbarschaft aufzubauen. Später wurde es auch für Gruppendiskussionen, Nachbarschaftstreffs und als Werkstatt benutzt und konnte sich auf diese Weise als ein in der Nachbarschaft akzeptierter Ort etablieren.

Der Projektverlauf orientiert sich an den drei Phasen des Gestaltungsprozesses, in denen jeweils unterschiedliche Schwerpunkte in der Wissensvermittlung gewählt wurden: Forschung und Analyse, Konzeption und Umsetzung.

3.1   Forschungs- und Analysephase

Das Ziel der Forschungs- und Analysephase bestand darin, den Stadtteil kennenzulernen, Informationen und Themen unvoreingenommen aufzunehmen und diese für die spätere gestalterische Arbeit aufzubereiten. Zu diesem Zweck wurden den Teilnehmenden (Studierende und Nachbarn) soziologische Theorie und Konzepte vermittelt, die sie für die soziale Situation vor Ort sensibilisierten und neue Perspektiven auf alltägliche Abläufe eröffneten. Wichtiger Bestandteil eines partizipativen Entwicklungsprozesses, wie er im Projekt verfolgt wird, ist das Nachvollziehen der Wahrnehmung und des Erlebens der Nachbarschaft durch ihre Bewohner. Dem zu Grunde liegt ein Raumverständnis, das davon ausgeht, dass

---

2   Das Ladenlokal wurde von Sophie Gnest und Maren Precht (beides Studierende der Folkwang Universität und LAB-Teilnehmerinnen) im Rahmen des Creative Labs-Stipendiums des Kulturbüros der Stadt Essen und der Vonovia SE eingeworben und zur Verfügung gestellt.

jede Person aufgrund ihrer demographischen Eigenschaften, ihrer Sozialisation und kulturellen Herkunft den Stadtteil anders wahrnimmt und erlebt (Herrmann 2010). Mit Blick auf eine gemeinsame gestalterische Arbeit im Stadtteil bedeutet dies, dass die gegenseitigen Wahrnehmungen des Raumes abgeglichen und im Zuge des Projekts bearbeitet werden.

Um die Wahrnehmungen der Bewohner zu verstehen und nachzuvollziehen, wurden den Teilnehmenden des LABs folgende Methoden der qualitativen Sozialforschung vermittelt:

- Narrative Interviews (Helfferich 2010)
- Walking Interviews (Evans und Jones 2011)
- Gruppendiskussionen (Bohnsack 2005)
- Beobachtungen (Lüders 2005)

Darüber hinaus kommen sogenannte Cultural Probes (Kultursonden) zum Einsatz (Gaver et al. 1999; Mattelmäki 2006). Auch diese verfolgen das Ziel, eine gemeinsame Sprache zu finden und die Zusammenarbeit zwischen den Co-Entwicklern zu erleichtern. Die Technik folgt dabei im Gegensatz zu den oben genannten Methoden der empirischen Sozialforschung keiner streng wissenschaftlichen Herangehensweise, sondern ist eher künstlerisch inspiriert. Der Prozess der Erstellung, Anwendung und Auswertung von Cultural Probes erfolgt in vier Schritten:

1. Zunächst muss die *Zielgruppe kennengelernt* werden. Hierzu sollten auch der Zwecke, der Gebrauch und die Fragestellung der Probe definiert werden. Das Kennenlernen kann zum Beispiel über Beobachtungen, Gruppengespräche oder Literaturrecherche stattfinden.
2. Der zweite Schritt besteht darin, die *Probe zu gestalten*. Hierzu müssen Aufgaben formuliert und Materialien gewählt werden, die die Zielstellung unterstützen. Dabei ist darauf zu achten, dass die Aufgaben nicht zu detailliert beschrieben werden, da sonst der Kreativprozess beim Probanden begrenzt wird, den der Gestalter eigentlich befördern möchte. Die Bearbeitung der Aufgaben sollte für den Probanden möglichst spielerisch und unterhaltsam gestaltet werden.
3. Im Rahmen eines Fokusinterviews oder eine Gruppendiskussion werden die *Ergebnisse der Cultural Probe genutzt*, um über die Gründe und Gedanken des Teilnehmers während der Ausführung zu sprechen.
4. Die *Interpretation* kann zum Beispiel im Hinblick auf Gemeinsamkeiten oder Unterschiede zwischen mehreren Probes erfolgen. Es können auch weitere Methoden (z. B. die oben genannten) hinzugezogen werden. Die Transformation in

ein Konzept erfolgt aufbauend auf den gesammelten Informationen mit Hilfe von Kreativtechniken[3].

Die damit erhobenen Informationen unterstützen die Studierenden dabei, verschiedene Themenfelder des Sozialraums zu durchdringen und so einen gemeinsamen Erkenntnishorizont mit den potenziellen Co-Entwicklern aufzubauen. Neben dem Sammeln von Informationen sowie der Identifikation relevanter Themen und Orte in der Nachbarschaft waren die Studierenden während der Forschungs- und Analysephase auch dazu aufgefordert, potenzielle Partner aus der Nachbarschaft (Co-Entwickler) für den weiteren Verlauf des Gestaltungsprozesses zu gewinnen. Die Bildung der Co-Entwicklerteams aus Studierenden und Nachbarn erfolgte auf Basis gemeinsamer Interessen, Problemwahrnehmungen, Fähigkeiten und Fertigkeiten der Nachbarn und Studierenden.

3.2   Konzeptionsphase

In der zweiten Phase entwickelten die Teams ein konkretes Konzept für ein Thema, das aus der vorangegangenen Forschungs- und Analysephase hervorgegangen ist. Um den Prozess der Themeneingrenzung weiter zu unterstützen und auf die Aspekte des Zusammenlebens in der Nachbarschaft zu lenken, wurden weitere Workshops abgehalten, die Konzepte, Befunde und Mechanismen sozialer Mischung, Interaktion und Integration in der Nachbarschaft vermittelten (Völker et al. 2007; Bridge et al. 2012; Weck und Hanhörster 2015). Außerdem wurden die Dimensionen des Wandels von Nachbarschaften und Gentrification (Glatter 2007; Friedrichs und Blasius 2016) besprochen, um den Teilnehmenden zu verdeutlichen, dass sozialer, baulicher, gewerblicher und symbolischer Wandel eines Stadtteils bis zu einem bestimmten Maße „von unten" gestaltbar sind.

Das Ziel der zweiten Phase war es, erste Prototypen zu entwickeln und Experimente im Stadtteil durchzuführen, die später zu Produkten oder Dienstleistungen ausgearbeitet werden. Die aktive Einbindung der Nachbarn ist in dieser Phase von besonderer Bedeutung, da hier erstmals in die Wohnumgebung gestaltend eingegriffen wird. Diese Praktiken der Raumaneignung haben die Chance, die Ortsbindung und Identifikation der Teilnehmenden mit der Nachbarschaft zu erhöhen. Darüber hinaus können die Nachbarn mit ihrem Wissen und ihrer Erfahrung um besondere

---

3   Die Kreativtechniken bilden die Brücke zwischen der Analyse- und der Konzeptionsphase. Gemeint sind damit z. B. Mindmapping, Brainstorming oder Designtheater.

Orte und deren Funktionsweisen im sozialen Gefüge der Nachbarschaft zum Erfolg der entwickelten Konzepte beitragen.

3.3   Umsetzungsphase

Nachdem erste Prototypen und Experimente gezeigt haben, unter welchen Rahmenbedingungen sich ein Konzept am besten umsetzen lässt, wurde es weiter ausgearbeitet und schließlich in die Nachbarschaft implementiert, wobei die Umsetzung in Abhängigkeit vom jeweiligen Konzept und den jeweiligen Rahmenbedingungen sehr unterschiedlich ausfallen konnte. Während es bei einigen ausreichte, sie in der Nachbarschaft zu platzieren, musste der Umgang mit anderen zunächst erläutert werden. Auch hier übernahmen die Co-Entwickler aus der Nachbarschaft eine wichtige Rolle, da sie über ihre lokalen sozialen Netzwerke das Bewusstsein für den Umgang mit diesen neuen Ideen und die Akzeptanz erhöhen konnten.

4   Beispiele für einen partizipativen Entwicklungsprozess

Im Rahmen des Folkwang LAB „Wir sind Nachbarn" bildeten sich fünf Teams, die jeweils aus Studierenden und Nachbarn bestanden. Nachfolgend werden zwei der entwickelten Ideen vorgestellt. Dabei wird jeweils auf die Ausgangslage, die verwendeten Methoden und das finale Konzept eingegangen.

4.1   Geschichten aus dem Eltingviertel[4]

Ausgangslage: Das Eltingviertel war eine der ersten gründerzeitlichen Erweiterungen der Stadt Essen und wurde in direkter Nähe zur damaligen Zeche Victoria Mathias errichtet. Typisch für das Zusammenleben in dieser Zeit war die enge Verbindung zwischen Wohn- und Arbeitsverhältnissen, die sich auch im nachbarschaftlichen Zusammenleben und in der Sozialstruktur dieser Gebiete widerspiegelte. Mit dem Schließen der Zeche verschwanden nach und nach viele dieser für das Zusammenleben in Arbeitervierteln charakteristischen Elemente, und die Historie der

---

4   Das Konzept wurde erstellt und umgesetzt von Lena Halbedel und zwei Nachbarn des Eltingviertels.

Nachbarschaft trat hinter neueren Entwicklungen zurück. Einzig die stuckverzierten Fassaden der Gründerzeithäuser zeugen noch von der historischen Sozialstruktur. Wilde Sperrmüllberge und Verschmutzungen öffentlicher Räume mindern die Ortsbindung und Verantwortung der Bevölkerung für das Wohngebiet. Die Idee des Co-Entwicklerteams „Geschichten aus dem Eltingviertel" war es, einen Teil dieser vorhandenen historischen Erfahrungen aus der Nachbarschaft zu erheben und für Neuzugezogene und Besucher erfahrbar zu machen.

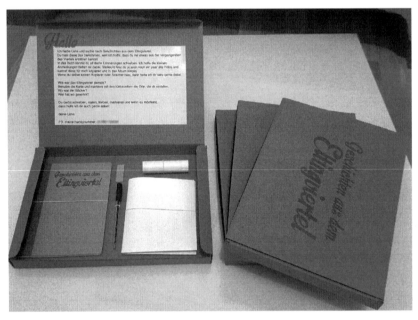

Abb. 1 Cultural Probe „Geschichten aus dem Eltingviertel" (Fotografie: Lena Halbedel)

Methoden: Die Forschungs- und Analysephase startete mit einer Recherche historischer Informationen über das Eltingviertel. Um auch individuelle Erfahrungen und Erlebnisse mit einbinden zu können, wurde Kontakt zu einer Gruppe alteingesessener Senioren hergestellt, von denen ein Pärchen den weiteren Prozess als Co-Entwickler begleitete. In der Gruppe wurden Cultural Probes (Abbildung 1) verteilt, die detaillierte Informationen über die Geschichten der Nachbarschaft und das soziale Miteinander zu Tage förderten. Die Aufgabe für die Teilnehmenden bestand darin, sich mit der historischen Entwicklung des Gebiets zu beschäftigen und eigene Erinnerungen in Form von Notizen, Geschichten und Fotografien festzuhalten. In den Probes waren ein Notizbuch und eine Karte des Eltingviertels enthalten, in denen die Teilnehmenden ihre Gedanken festhielten. Mit Hilfe narrativer Interviews wurden die über die Cultural Probes erhobenen Themen weiter vertieft. Den Abschluss der ersten Phase bildete eine Gruppendiskussion, in der die Teilnehmenden die zuvor erhobenen Daten noch einmal validierten sowie Fotos und Erinnerungen in Form kurzer Notizen auf einer Karte des Eltingviertels platzierten. Auf diese Weise konnten die zunächst nur in den Gedächtnissen jedes Einzelnen vorhandenen Erfahrungen im Raum verortet werden.

Abb. 2   Aufbereitete Informationen und Fotografien im öffentlichen Raum (Fotografie: Lena Halbedel)

Konzept: Das Ziel bestand darin, die gesammelten Informationen möglich öffentlich zugänglich zu machen. Da sich ein überwiegender Teil der Erzählungen auf bestimmte Orte im Eltingviertel bezog, hat sich das Team dazu entschieden, diese genau dort zu platzieren. Die Erzählungen und Fotografien wurden in eine visuell ansprechende Form gebracht und dann an Stromkästen und Laternenmasten befestigt (Abbildung 2). Durch die Platzierung von Hinweisschildern an Kreuzungen und an den Eingängen zum Eltingviertel entstand ein Rundgang, der es Passanten und Bewohnern des Viertels ermöglicht, mehr über die Geschichte dieser Orte zu erfahren. In Bezug auf die einleitend formulierten Fragestellungen von „Wir sind Nachbarn" zeigen die „Geschichten aus dem Eltingviertel", dass die Perspektiven älterer Menschen auf den Stadtteil stark durch vergangene Erlebnisse und Erfahrungen geprägt sind. Ihre meist hohe Wohndauer im Viertel und die Bekanntschaft zu anderen alteingesessenen Bewohnern erhöhen die Ortsbindung und Identifikation mit der Nachbarschaft. Durch den sozialen und baulichen Wandel, den insbesondere Arbeiterviertel im Zuge des Strukturwandels durchlaufen haben, kommen neue Bewohner in das Viertel, die nicht auf diese nachbarschaftsspezifischen Erfahrungen und Erlebnisse zurückgreifen können. „Geschichten aus dem Eltingviertel" versucht nun, durch die Visualisierung des kollektiven Gedächtnisses der Nachbarschaft eine Verbindung zwischen Alteingesessenen und Neuzugezogenen zu ermöglichen, indem es unterschiedliche Wahrnehmungen von Orten im öffentlichen Raum erfahrbar macht.

4.2   Viertelfundstücke[5]

Ausgangslage: Wie bereits weiter oben beschrieben, tauchen an verschiedenen Orten in der Nachbarschaft immer wieder wilde Sperrmüllberge auf, die zum schlechten Image beitragen. Die Haufen bestehen zum Beispiel aus alten Möbeln, Textilien, Zeitschriften oder auch Spielzeug. Während einige Anwohner Unverständnis über die ständige Verschmutzung des öffentlichen Raumes äußern, kann auch beobachtet werden, wie Personen die Haufen durchsuchen und Dinge weiter- und wiederverwenden. Ausgehend von dieser Beobachtung beschäftigte sich das Co-Entwicklerteam „Viertelfundstücke" mit Möglichkeiten der Förderung des materiellen Austauschs in der Nachbarschaft.

---

5   Das Projekt wurde erstellt und umgesetzt von Sophie Gnest und zwei Nachbarn des Eltingviertels.

Liebe/r...,
in den Händen hältst du dein persönliches Kreativset. Einige interessante und vielseitige Aufgaben warten auf dich, die sich ganz um deine persönlichen Gegenstände und ums (Ver)schenken drehen. Auf der Grundlage deiner erfüllten Aufgaben bekomme ich viele wertvolle Informationen, um (vielleicht mit dir gemeinsam?) neue Ideen zum Thema nachbarschaftlicher Austausch zu entwickeln. Die einzelnen Aufgabenbriefe bauen aufeinander auf und sind nummeriert. Du kannst dir deine Aufgaben frei einteilen (das Geschenk kannst du natürlich schon morgen auspacken!). Bitte gib mir das Set bis spätestens 05. Januar wieder zurück. Danach würde ich mich gerne nochmal mit dir treffen, damit du mir von deinen Erfahrungen erzählen kannst. Übrigens: Noch ein weiterer Nachbar hat ein solches Set erhalten... Ich wünsche dir viel Spaß dabei, fröhliche Weihnachten und einen guten Rutsch! Deine Sophie

Abb. 3   Cultural Probe „Nimm und Gib" (Fotografie: Sophie Gnest)

Methoden: Eine erste Annäherung an das Phänomen bestand darin, Walking Interviews in der Nachbarschaft durchzuführen, um ein besseres Verständnis für die Wahrnehmung der Sperrmüllberge durch die Bewohner zu erlangen. Es wurde berichtet, dass einige der Haufen über Nacht zu wachsen scheinen. Bewohner zeigen sich darüber besorgt, dass das Image der Nachbarschaft unter der Verschmutzung leide. In allen Interviews wurde deutlich, dass „jemand" „etwas" dagegen unternehmen müsse. Während dieser explorativen Phase konnten zwei Nachbarn für die weitere Konzeption gewonnen werden. Deren Motivation bestand darin, die Materialien in der Nachbarschaft weiter- oder wiederzuverwenden. Dabei beschränkten sie sich jedoch nicht nur auf den Sperrmüll im öffentlichen Raum, sondern auch auf ungenutzte Gegenstände in privaten Haushalten. Die Co-Entwickler formulierten das gemeinsame Ziel, weitere Nachbarn zur Weitergabe von nicht mehr verwendeten Gegenständen zu motivieren und so einen Austausch anzuregen. Mit der Cultural Probe „Nimm und Gib" erhielten die Teilnehmer eine Reihe von Aufgaben, die sie zur Reflexion über Wertigkeit und Nutzen von Gegenständen ihres Haushalts anregte. Darüber hinaus wurden Sie dazu aufgefordert, einen Gegenstand im öffentlichen Raum (z. B. im wilden Sperrmüll) zu finden, von dem sie glaubten, dass er für jemanden von Nutzen sei. Um die Möglichkeiten und Grenzen des freiwilligen materiellen Austauschs in der Nachbarschaft zu erforschen, wurden kleinere

Experimente unter variierenden Rahmenbedingungen durchgeführt. Eine weitere Aufgabe bestand darin, eine Box im Hausflur aufzustellen, darin einige nicht mehr benötigte Gegenstände zu platzieren und die Reaktionen der übrigen Hausbewohner darauf zu dokumentieren. Einige Nachbarn berichteten, neben Haushaltswaren (z. B. Besteck, Teller) seien auch Lebensmittel getauscht worden. In einigen Fällen wurden Notizen hinterlassen, auf denen Personen nach bestimmten Gegenständen fragten. Parallel dazu wurde eine vergleichbare Anordnung an dem zentralen Platz des Quartiers neben einem Kiosk aufgebaut. Auch hier waren die Bewohner aufgefordert, Gegenstände hineinzugeben oder auch herauszunehmen. Im Gegensatz zu den Boxen in den halb-öffentlichen Räumen war die Box vor dem Kiosk schnell mit Gegenständen überfüllt. Der Kioskbetreiber, der in der Versuchsphase auf die Box aufpasste, berichtete, dass einige Bewohner daran interessiert waren zu wissen, wer die von ihnen zur Verfügung gestellten Gegenstände entnahm. Die Box im öffentlichen Raum wurde daraufhin mit einer Tafel versehen, auf der Gesuche und Angebote mit Kontaktmöglichkeiten notiert werden konnten.

Konzept: Durch die Experimente und Beobachtungen wurde deutlich, dass ein Behältnis für den Austausch von Gegenständen im öffentlichen Raum eine Aufsicht benötigt. Außerdem musste es größer und witterungsresistent sein. Um den Kontakt zwischen den Nutzern zu fördern, sollte es darüber hinaus über eine Funktion verfügen, die es den Nutzern ermöglicht ihre Kontaktdaten, Gesuche und Angebote zu hinterlassen. Das Ergebnis des gemeinsamen Entwicklungsprozesses war ein Metallspind in der Größe eines Kleiderschranks, an dessen Türen eine Pinnwand befestigt wurde. Um die nötige Aufsicht zu gewährleisten, wurde der Schrank in Sichtweite des Kiosks platziert. Das Beispiel des Teams „Viertelfundstücke" verdeutlicht, dass Nachbarschaft ein Ort des materiellen Austauschs sein kann. Über diesen Austausch hinaus ermöglicht der Schrank Begegnungen und gegenseitiges Kennenlernen in der Nachbarschaft. Viertelfundstücke zeigt beispielhaft, dass der anfängliche Ausgangspunkt für einen gemeinsamen Entwicklungsprozess, nämlich die Sperrmüllproblematik im Eltingviertel, letztendlich auch ungelöst bleiben kann. Vielmehr können über Symbole wie den Schrank oder die Tauschboxen und über gemeinsame Aktivitäten die Nachbarn für Weiter- und Wiederverwendung von Gegenständen und Materialien sensibilisiert werden.

5   Fazit

Vor dem Hintergrund zunehmender sozialräumlicher Ungleichheiten in deutschen Städten zeigt das Projekt „Wir sind Nachbarn" beispielhaft, wie in einem segregierten Stadtteil lokales Sozialkapital und Zusammenleben gefördert werden können. Dies geschieht in den genannten Beispielen anhand einer bottom-up-Strategie partizipativer Quartiersentwicklung. Die Förderung eines sozialen Miteinanders geschieht auf zwei Arten. Erstens bringt der partizipative Entwicklungsprozess als solcher Bewohner zusammen und fordert sie dazu auf, gemeinsame Ziele zu formulieren. Durch die enge Einbindung der Co-Entwickler aus der Nachbarschaft, deren Erfahrungen, Wissen und Interessen haben die Studierenden der Gestaltung die Möglichkeit, diese Nachbarschaft in ihren Gestaltungsprozess einzubinden. Den Nachbarn wird dadurch die Möglichkeit gegeben, ihre alltäglichen Routinen und Erfahrungen zu reflektieren und in die Gestaltung ihres Stadtteils einzubringen. Zweitens hat auch das Ergebnis des partizipativen Entwicklungsprozesses einen Einfluss auf das soziale Miteinander im Stadtteil. Im Vergleich zu anderen künstlerischen Interventionen in Nachbarschaften besteht durch den partizipativen Charakter des Vorgehens und die Orientierung an Interessen, Bedürfnissen und Erfahrungen der Nachbarn eine höhere Chance, dass die entwickelten Produkte (Viertelfundstücke) oder Dienstleistungen (Geschichten aus dem Eltingviertel) in der Nachbarschaft dauerhaft akzeptiert und genutzt werden.

Ferner liefert das Projekt auch Hinweise darauf, wie der Austausch der Bevölkerung im Rahmen eines sich abzeichnenden Gentrification-Prozesses und die damit einhergehende Erosion alteingesessener sozialer Netzwerke vermindert werden könnte. Idealerweise finden die gemeinsamen Entwicklungs- und Gestaltungsprozesse in sozioökonomisch gemischten Teams statt, sodass schichtübergreifende Kontakte zwischen den Bewohnern aufgebaut werden. Während der Projektarbeit konnten zwei Faktoren identifiziert werden, die ein solches Ergebnis begünstigen. Erstens müssen die Gruppen einen Weg finden, mit Differenzen umzugehen. Die vermittelnde Rolle der studentischen Co-Entwickler ist dabei von zentraler Bedeutung, erfordert jedoch auch eine hohe Moderationsleistung. Es muss außerdem bemerkt werden, dass das für einen partizipativen Entwicklungsprozess benötigte Vertrauen zu den Nachbarn nur über einen längeren Zeitraum hinweg aufgebaut werden kann. Zweitens hat sich die räumliche Verortung in der Nachbarschaft als grundlegend förderlich herausgestellt. Das Atelier VierViertel hat sich im Laufe des Projekts zu einem niedrigschwelligen Begegnungsort entwickelt, der von der Nachbarschaft angenommen wurde und der ein idealer Ausgangspunkt für die Aktivitäten im Stadtteil war. Über die einjährige Laufzeit des Folkwang LABs hinaus wurde dieser Mehrwert auch von institutionellen Akteuren erkannt und weiter gefördert. So wurde das von den beiden Studierenden Sophie Gnest und Maren Precht eingeworbene Atelierstipendium durch die Vonovia SE um zwei weitere Jahre verlängert, um die partizipative Arbeit im Eltingviertel weiterführen zu können.

6   Zur interdisziplinären Zusammenarbeit von Soziologie und Gestaltung

Über den Kontext von „Wir sind Nachbarn" hinaus zeigt das Projekt beispielhaft, in welcher Art und Weise die Disziplinen Soziologie und Gestaltung zusammenarbeiten können, welche Chancen sich daraus ergeben und wo die Grenzen einer solchen Zusammenarbeit liegen. In den Diskussionen mit Studierenden und Dozierenden der Gestaltung wurde deutlich, dass die Perspektiven und Herangehensweisen der Disziplinen an einen Gegenstand – in diesem Fall die Nachbarschaft – grundverschieden sind. Während die Soziologie ihren Fokus darauf richtet, soziale Zusammenhänge zu verstehen und zu erklären, versucht die Gestaltung aktiv in diese einzugreifen und einen Transformationsprozess anzustoßen. Dies geschieht über die Entwicklung neuer Ideen, Dienstleistungen und Produkte, bei der die Gestaltung auf das Wissen und die Methoden weiterer Disziplinen angewiesen ist. So sind für den gestalterischen Entwicklungsprozess neben ästhetischen auch soziale, technische, ökologische und ökonomische Faktoren bedeutsam.

Die Chancen der Zusammenarbeit von Soziologie und Gestaltung lassen sich auf zwei Ebenen verorten: einer methodischen und einer theoretischen. In der ersten Phase des Gestaltungsprozesses müssen Ziele und Fragestellungen festgelegt und Zielgruppen erforscht werden. Workshops zu den Methoden der qualitativen Sozialforschung (z. B. zu Gütekriterien, zu qualitativen Interviewtechniken oder zum Forschungsprozess allgemein) fördern das Zurücknehmen der eigenen Perspektive und das intersubjektive Nachvollziehen „fremder" Lebenswelten. Das methodische Wissen trägt zu einer Professionalisierung der Forschungs- und Analysephase bei und birgt die Chance, dass die in einer späteren Phase entwickelten Produkte und Dienstleistungen stärker den Bedürfnissen der Zielgruppe entsprechen. Auf der theoretischen Ebene erscheint eine Zusammenarbeit in Form eines Transfers von soziologischen Theorien und Konzepten dann sinnvoll, wenn das gewählte Thema auch soziologisch relevant ist. Wissenschaftliche Befunde zur sozialräumlichen Interaktion und zur Funktionsweise sozialer Netzwerke unterstützen die Gestalter bei der Abstraktion ihrer alltäglichen Beobachtungen und rücken die durch empirische Forschung identifizierten sozialen Mechanismen in den Fokus des späteren Gestaltungsprozesses. Das allgemeine theoretische Wissen wird im

Zuge der Anwendung qualitativer Methoden um das ortspezifische Wissen ergänzt, welches die Gestalter eigenständig erheben.

Die Grenzen der Zusammenarbeit werden deutlicher, je weiter der Gestaltungsprozess sich von der Forschungs- und Analysephase hin zu Konzeptions- und Umsetzungsphase bewegt. In den späteren Phasen tritt die verstehende und nachvollziehende Haltung des Gestalters zu Gunsten einer experimentellen und kreativen Herangehensweise in den Hintergrund. Der Ablauf der Phasen ist dabei jedoch nicht als strikt linear zu verstehen. So zeigt die Entwicklung von Cultural Probes, dass analytische und kreative Arbeitsschritte teils fließend ineinander übergehen. Es ist außerdem anzumerken, dass durch die personelle Zusammensetzung und die thematische Ausrichtung des Projekts ein deutlicher Fokus auf die sozialen bzw. soziologischen Aspekte des Entwicklungsprozesses gelegt wurde. Wären zusätzlich ökonomische, ökologische oder auch technische Perspektiven vertreten gewesen, hätte es durchaus zu weiteren Einschränkungen und Zielkonflikten kommen können.

Literatur

Bacqué, Marie-Hélène und Yankel Fijalkow. 2012. Social mix as the aim of a controlled gentrification process: the example of the Goutte d'Or district in Paris. In *Mixed communities. Gentrification by stealth?*, hrsg. Gary Bridge, Tim Butler, und Loretta Lees, 115–132. Bristol: Policy Press.

Bohnsack, Ralf. 2017. Gruppendiskussion. In *Qualitative Forschung. Ein Handbuch*, hrsg. Uwe Flick, Ernst von von Kardorff, und Ines Steinke, 369–383. Reinbek bei Hamburg: rowohlts enzyklopädie im Rowohlt Taschenbuch Verlag.

Bridge, Gary, Tim Butler, und Loretta Lees (Hrsg.). 2012. *Mixed communities. Gentrification by stealth?* Bristol: Policy Press.

Butler, Tim, Chris Hamnett, und Mark J. Ramsden. 2013. Gentrification, Education and Exclusionary Displacement in East London. *International Journal of Urban and Regional Research* 37 (2): 556–575. doi: 10.1111/1468-2427.12001.

Butler, Tim und Garry Robson. 2001. Social Capital, Gentrification and Neighbourhood Change in London. A Comparison of Three South London Neighbourhoods. *Urban Studies* 38 (12): 2145–2162. doi: 10.1080/00420980120087090.

Butterwegge, Carolin. 2017. *Kinderarmut in Deutschland. Risikogruppen, mehrdimensionale Erscheinungsformen und sozialräumliche Ausprägungen.* Düsseldorf: Forschungsinstitut für gesellschaftliche Weiterentwicklung.

Davidson, Mark. 2010. Love Thy Neighbour? Social Mixing in London's Gentrification Frontiers. *Environment and Planning A* 42 (3): 524–544. doi: 10.1068/a41379.

Flick, Uwe, Ernst von von Kardorff, und Ines Steinke (Hrsg.). 2017. *Qualitative Forschung. Ein Handbuch.* Reinbek bei Hamburg: rowohlts enzyklopädie im Rowohlt Taschenbuch Verlag.

Friedrichs, Jürgen. 2016. *Gentrifizierung in Köln. Soziale, ökonomische, funktionale und symbolische Aufwertungen*. Leverkusen-Opladen: Budrich Barbara.

Friedrichs, Jürgen und Jörg Blasius. 2000. *Leben in benachteiligten Wohngebieten*. Wiesbaden: VS Verlag für Sozialwissenschaften.

Friedrichs, Jürgen und Robert Kecskes (Hrsg.). 1996. *Gentrification. Theorie und Forschungsergebnisse*. Wiesbaden: Springer VS.

Friedrichs, Jürgen und Sascha Triemer. 2009. *Gespaltene Städte? Soziale und ethnische Segregation in deutschen Großstädten*. Wiesbaden: VS Verlag für Sozialwissenschaften / GWV Fachverlage GmbH Wiesbaden.

Gaver, Bill, Dunne, Tony und Elena Pacenti. 1999. Design: Cultural Probes. *Interactions* 6 (1): 21–29.

Glebe, G. und H. Schneider (Hrsg.). 1998. *Lokale Transformationsprozesse in der Global City. Düsseldorf-Oberbilk. Strukturwandel eines city-nahen Stadtteils*. Düsseldorf.

Hannemann, Christine, Volker Kirchberg, Herbert Glasauer, Jörg Pohlan, und Andreas Pott (Hrsg.). 2010. *Jahrbuch Stadtregion 2009/2010 Stadtkultur und Kreativität*. Opladen, Farmington Hills, MI: Verlag Barbara Budrich.

Helfferich, Cornelia. 2010. *Die Qualität qualitativer Daten. Manual für die Durchführung qualitativer Interviews*. Wiesbaden: Springer VS.

Herrmann, Heike (Hrsg.). 2010. *RaumErleben. Zur Wahrnehmung des Raumes in Wissenschaft und Praxis*. Farmington Hills, MI: Verlag Barbara Budrich.

Holm, Andrej. 2010. Gentrifizierung und Kultur. Zur Logik kulturell vermittelter Aufwertungsprozesse. In *Jahrbuch Stadtregion 2009/2010 Stadtkultur und Kreativität*, hrsg. Christine Hannemann, Volker Kirchberg, Herbert Glasauer, Jörg Pohlan, und Andreas Pott, 64–81. Opladen, Farmington Hills, MI: Verlag Barbara Budrich.

Kronauer, Martin und Walter Siebel (Hrsg.). 2013. *Polarisierte Städte. Soziale Ungleichheit als Herausforderung für die Stadtpolitik*. Frankfurt am Main u. a.: Campus-Verl.

Küppers, Rolf. 1996. Gentrification in der Kölner Südstadt. In *Gentrification. Theorie und Forschungsergebnisse*, hrsg. Jürgen Friedrichs und Robert Kecskes, 133–165. Wiesbaden: Springer VS.

Kurtenbach, Sebastian. 2017. *Leben in herausfordernden Wohngebieten. Das Beispiel Köln-Chorweiler*. Wiesbaden: Springer VS.

Lüders, Christian. 2017. Beobachten im Feld und Ethnographie. In *Qualitative Forschung. Ein Handbuch*, hrsg. Uwe Flick, Ernst von von Kardorff, und Ines Steinke, 384–401. Reinbek bei Hamburg: rowohlts enzyklopädie im Rowohlt Taschenbuch Verlag.

Mattelmäki, T. 2006. *Design Probes*. Helsinki: University of Arts and Design Helsinki.

Musterd, Sako, Szymon Marciczak, Maarten van Ham, und Tiit Tammaru. 2017. Socioeconomic segregation in European capital cities. Increasing separation between poor and rich. *Urban Geography* 38 (7): 1062–1083. doi: 10.1080/02723638.2016.1228371.

Rose, Damaris. 2004. Discourses and Experiences of Social Mix in Gentrifying Neighbourhoods. A Montreal Case Study. *Canadien Journal of Urban Research* 13 (2): 278.

Schneider, H. 1998. Gentrification in Düsseldorf-Oberbilk?. Innerstädtische Milieuveränderungen und Lebensstildifferenzierungen. In *Lokale Transformationsprozesse in der Global City. Düsseldorf-Oberbilk. Strukturwandel eines city-nahen Stadtteils*, hrsg. G. Glebe und H. Schneider, 199–232. Düsseldorf.

Sharkey, Patrick und Jacob W. Faber. 2014. Where, When, Why, and For Whom Do Residential Contexts Matter? Moving Away from the Dichotomous Understanding of

Neighborhood Effects. *Annual Review of Sociology* 40 (1): 559–579. doi: 10.1146/annurev-soc-071913-043350.

Slater, Tom. 2004. Municipally managed gentrification in South Parkdale, Toronto. *The Canadian Geographer* 48 (3): 303–325. doi: 10.1111/j.0008-3658.2004.00062.x.

Stadt Essen. 2012. *Integriertes Entwicklungskonzept ‚Soziale Stadt'. Essen-Altenessen-Süd/ Nordviertel.* Essen.

Völker, Beate, Henning Flap, und Siegwart Lindenberg. 2007. When Are Neighbourhoods Communities? Community in Dutch Neighbourhoods. *European Sociological Review* 23 (1): 99–114. doi: 10.1093/esr/jcl022.

Weck, Sabine und Heike Hanhörster. 2015. Seeking Urbanity or Seeking Diversity? Middle-class family households in a mixed neighbourhood in Germany. *Journal of Housing and the Built Environment* 30 (3): 471–486. doi: 10.1007/s10901-014-9425-2.

Zukin, Sharon. 1982. *Loft living. Culture and capital in urban change.* New Brunswick, NJ: Rutgers Univ. Press.

Beteiligung erleichtern
Methoden und Werkzeuge für ergebnisorientierte Kommunikation

Hans-Werner Franz

1 Einleitung

Die Diskussion, wie man gesellschaftliche Strukturen (mit-)entwickelt und sich als WissenschaftlerIn dabei verhält, wurde in den Sozialwissenschaften um die Jahrtausendwende breit geführt (aus einer Vielzahl: Alemann 2002; Alemann et al. 2004; Howaldt 1997). Die Designer fühlen sich seit geraumer Zeit ebenfalls berufen, soziale Innovation zu betreiben, und führen diese Diskussion gerade (u. a. Banz 2016; Franz 2017). Einig sind sich alle, dass es dabei um die konstruktive Einbindung der jeweils Betroffenen geht, die zu Beteiligten gemacht werden sollen. Das Motiv von SozialwissenschaftlerInnen, sich in solche Prozesse hineinzubegeben, ist – wenn sie nicht selbst Beteiligte oder zumindest Interessierte sind – in der Regel Erkenntnisinteresse, profaner: ein Projekt. Daher habe ich diesen Vorgang in vielen Vorträgen und Publikationen (Franz 2009) immer wieder bewusst doppeldeutig als Social Science Production bezeichnet: als Prozess der Erzeugung sozialwissenschaftlichen Wissens, zugleich als Prozess der sozialen Erzeugung von Wissen, an dem alle diejenigen beteiligt sind, die im Rahmen eines Projekts Wissen und Erfahrung sammeln, adaptieren und einer neuen Anwendung oder neuem Wissen zuführen. Anders gesagt: Forschungs- und Innovationsprozess sind zumindest zeitweise nur analytisch voneinander zu trennen.

In diesem Prozess erhalten die forschenden SozialwissenschaftlerInnen eine neue Rolle. Sie werden zu Verantwortlichen eines zielgerichteten sozialen Prozesses, in dem sie nicht mehr nur Fragen stellen und Antworten oder Diskussionsprozesse beobachten, dokumentieren und analysieren, sondern nicht selten selbst die Verantwortung dafür übernehmen, dass die Beteiligten vom Reden zum Entscheiden und zur Vorbereitung von Handlungen kommen. Der Prozess der Hinführung und Vorbereitung auf eine neue Praxis, der für die Beteiligten der Projektkulisse im Vordergrund steht, wird für die WissenschaftlerInnen zum Kontext der Gewin-

© Springer Fachmedien Wiesbaden GmbH, ein Teil von Springer Nature 2018
H.-W. Franz und C. Kaletka (Hrsg.), *Soziale Innovationen lokal gestalten*,
Sozialwissenschaften und Berufspraxis,
https://doi.org/10.1007/978-3-658-18532-9_16

nung von Daten, Informationen und Wissen. Damit ihr wissenschaftliches Projekt realisiert werden kann, sind sie häufig in der Rolle, dafür zu sorgen, dass sich das Beteiligungsprojekt weiter entfaltet. Dafür benötigen die involvierten ForscherInnen Kompetenzen, die sie in der Regel weder während des Studiums noch in einem traditionellen Forschungskontext erwerben können. Das ist zum einen Moderationskompetenz, zum anderen die Kompetenz eines Facilitators. Beide Funktionen sind in der Praxis nur analytisch zu trennen. Moderatoren übernehmen Verantwortung für gelingende Kommunikationsprozesse, Facilitators tun dasselbe, jedoch mit der Ausrichtung auf praktisches Handeln. Sie übernehmen somit praktische Prozessverantwortung, unter Umständen sogar strategische Führungsverantwortung. Dazu gehört zum einen, dass sie eine neue Praxis vorbereiten helfen, zugleich jedoch für alle Beteiligten einen Lernprozess organisieren, der ihnen neue oder erweiterte Kompetenzen im Sinne einer verbesserten gesellschaftlichen Entscheidungs- und Handlungsfähigkeit ermöglicht (Franz und Sarcina 2009). Anders gesagt: Die Beteiligten sollen nicht nur zu Entscheidungen kommen, sondern zugleich lernen, wie sie im weiteren Verlauf selbst ohne weiteres Zutun der Moderatorin oder des Facilitators solche gemeinschaftlichen Kommunikationsprozesse ergebnisorientiert gestalten können. Es geht um Hilfe zur Selbsthilfe (s. die Mindmap in Abb. 1).

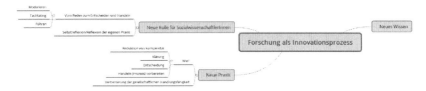

Abb. 1   Mindmap Forschung als Innovationsprozess

Aus diesem Grund haben wir bei der Vorbereitung der Tagung „Soziale Innovationen Lokal Gestalten", zu der dieser Band gehört, Wert darauf gelegt, dass sowohl ein Moderations- als auch ein Facilitation-Tutorial angeboten werden. Dieser Beitrag soll einige Grundintentionen und einfache Praktiken des Facilitating vorstellen.

2 Entscheidungen protokollieren – Handlungen planen

Arbeitsprogramm (Todo-Protokoll)   **Projekt**   Teilnehmende:
Datum:

WAS (Arbeitsschritt, Maßnahme)	WIE (Organisationsform, Vorgehensweise)	WER	bis WANN	Erl.

Abb. 2   Entscheidungen protokollieren – Arbeit planen

Wie schon gesagt, besteht das Hauptziel des Prozesses, um den es hier geht, darin, zu handlungsvorbereitenden Entscheidungen zu kommen. Ich setze mich damit bewusst ab von solchen Ansätzen wie Storytelling. Geschichten über Einsichten und Erfahrungen sind zwar interessant, aber auch nicht mehr als das. Sie schaffen im besten Falle zwar individuelle Einsichten, aber keine Grundlage für gemeinsames Handeln. Um aus einer guten Idee oder aus vielen guten Ideen ein gemeinsames oder mehrere gemeinsame Vorhaben zu machen, bedarf es nach der Sammlung und Analyse der Zusammenführung und Synthese, der Zuspitzung und Machbarmachung. Während Moderation in den meisten Fällen sehr gut geeignet ist, das Sammeln, Ordnen und Analysieren von Ideen und Argumenten zu strukturieren, auf diese Weise Komplexität zu reduzieren und Klärung zu betreiben, geht Facilitating einen Schritt weiter. Es soll helfen (wörtlich: es leichter, einfacher machen), schneller zu Entscheidungen darüber zu kommen, (1) was mit welchem Ziel getan werden soll, (2) wie es getan werden soll, (3) wer für was dabei verantwortlich ist und (4) wann oder bis wann das geschehen (sein) soll. Diese vier einfachen Fragen reichen aus, um Entscheidungen arbeitsgerecht aufzubereiten, als gemeinsame Vereinbarung (tabellarisch) zu protokollieren und die wichtigsten Arbeitsschritte zu planen (s. Abb. 2). Facilitating soll Handeln erleichtern. Denn nur wer etwas tut, verschafft sich Erfolgserlebnisse.

Dazu braucht man einfache Instrumente, die schon durch ihre Struktur zielführend sind. Komplexe Werkzeuge, die durch ihre Gestaltung von der eigentlichen Aufgabe ablenken, sind Zeitvergeudung und werden erfahrungsgemäß einmal und nie wieder benutzt. Es geht darum, schon den Kommunikationsprozess als gemeinsames Hervorbringungserlebnis zu gestalten, bei dem in allen Köpfen gleiche oder zumindest ähnliche Vorstellungen des gemeinsamen Vorhabens erzeugt werden. Wer keine gemeinsamen Referenzbilder schafft, kann nicht erwarten, dass die Praxis rasch zu gemeinsamen Produkten oder Leistungen führt. Das tabellarische Protokoll ist ein solches Referenzbild. Es zerlegt die relevanten Informationen in vier Entscheidungskategorien: Was/Wozu? – Wie? – Wer? – (Bis) Wann? und ergibt als Ganzes einen Handlungsplan. Damit lässt sich individuell wie in der Gruppe jedes Vorhaben planen.

Bildhafter im Wortsinn ist eine Mindmap (s. Abb. 1). Sie reproduziert das in einem Brainstorming- und Diskussionsprozess geäußerte Wissen der einzelnen Teilnehmenden als offengelegte Vernetzung und Hierarchisierung, als neues Bild des gemeinsamen Wissens zu einem bestimmten Gegenstand. Eine solche Mindmap kann man leicht mit Karten an der Pinnwand erstellen. Es gibt jedoch auch gute kostenlose Programme (XMind, FreeMind u. a.), die leicht zu bedienen sind. Entscheidend ist, dass alle Beteiligten die Entstehung der gemeinsamen Mindmap mitverfolgen können. Ganz praktisch: Wird die Mindmap am Laptop erstellt, sollte dieser mit einem Projektor verbunden sein. Das Ziel bei all diesen Werkzeugen ist es, die Beteiligten auf die Erzeugung eines gemeinsamen Bildes ihrer Entscheidungen auszurichten. Denn Bilder prägen sich besser ein, bleiben länger im Gedächtnis haften und wirken so selbst bei der Umsetzung noch länger nach.

3   Strategische Planung

Am Beispiel einer Stakeholderanalyse kann man das leicht zeigen. Stakeholder-analysen sind immer dann wichtig, wenn eine Gruppe von Menschen sich ein gemeinsames Bild davon schaffen möchte, ob sie im Rahmen einer selbstgestellten Aufgabe oder übernommenen Leistungsverantwortung das Richtige und dieses auch richtig tun. Dazu fragt man sich, (1) wer die für die gemeinsame Verantwortung relevanten Interessenten und Interessengruppen (Stakeholder) sind, (2) welche davon die wichtigsten sind, (3) wie deren Erwartungen an die zu erbringende Leistung aussehen und (4) ob diese Erwartungen zur Zufriedenheit der jeweiligen Interessenten erfüllt werden. Systeme, die zur Verbesserung der Managementqualität führen sollen (vgl. Dalluege und Franz 2015), kennen fünf Anspruchsgruppen (Stakeholder), die für jegliche (Art der) Organisation relevant sind: die Kunden, die Investoren, die Mitarbeitenden, die Partner und die natürliche und gesellschaftliche Umwelt. Für jede dieser Gruppen werden die vier Fragen in der angegebenen Reihenfolge durchgegangen. Dabei können auch mehrere Mindmaps entstehen, wenn absehbar ist, dass eine mit der Vielzahl der Aspekte überfüllt würde.

Die fünf Zufriedenheiten

Abb. 3

Mindmap
Stakeholderanalyse

Betrachtet man diese fünf Gruppen zum Beispiel im Kontext einer Bildungseinrichtung etwas detaillierter, so ergeben sich die folgenden Konkretisierungen, die nach Möglichkeit auch personalisiert werden sollten:

- Die Investoren: Diese bringen Kapital, aber auch Zeit oder Interesse und Einfluss ein; bei Bildungseinrichtungen sind das nicht selten öffentliche oder halböffentliche Institutionen (Kommunen, IHKs, Kirchen usw.), die zugleich auch Ziele und Werte vorgeben;
- Die externen Kunden: in der Bildung nicht selten mindestens drei: die Lernenden (Studierende, Teilnehmende, Schüler/innen), die Zahler (Eltern, Kommune, Arbeitsagentur, Unternehmen, bei Universitäten das Land oder ein Unternehmen, zunehmend auch Sponsoren) und nicht zuletzt der Arbeitsmarkt mit seinen regional und branchentypisch unterschiedlichen Anforderungen;
- Die Beschäftigten: Das sind bei Bildungseinrichtungen die hauptamtlichen pädagogischen Mitarbeiterinnen und Mitarbeiter bzw. an Universitäten die beamteten oder angestellten Dozenten und die Angestellten in Verwaltung und sonstigen Aktivitäten (Hausmeister usw.), also all diejenigen Personen, die über einen Dienst- oder Arbeitsvertrag an die Organisation gebunden sind;
- Die Partner: Das sind Lieferanten von Ge- und Verbrauchsgegenständen, Diensten oder wichtigen Informationen; in Aus- und Weiterbildungseinrichtungen ist das jedoch auch die überaus wichtige Gruppe der Dozentinnen und Dozenten, die nicht Teil der Organisation sind, sondern maßnahmen- oder kursbezogen vertraglich gebunden werden;
- Die gesellschaftliche und natürliche Umwelt: Dazu gehören einschlägig relevante Gesetze und Regelwerke (DIN-Normen, Sicherheitsbestimmungen und andere

Standards) ebenso wie ökologische Richtwerte (Lärmemission, Materialeigen-
schaften usw.) oder Regeln guter Nachbarschaft, die zu beachten sind, aber auch
die selbst gesetzten kulturellen Werte und Normen.

4 Perspektivwechsel üben

Ein weiteres wichtiges Ziel des Facilitating, das im Hintergrund immer mit zu
bedenken und für die Auswahl der hier vorgestellten Instrumente mitentscheidend
ist, ist es, alle Beteiligten immer wieder zu Perspektivwechseln zu veranlassen. Das
erleichtert die Vorbereitung von Entscheidungen und hilft, bessere Entscheidungen
zu treffen, die leichter auszuführen sind, weil sie schon im Vorfeld mehr Eventualitä-
ten in den Blick genommen haben. Denn es kann für keine Gruppe ausgeschlossen
werden, dass sie über bestimmte Informationen einfach nicht verfügt, ohne das zu
wissen: Ich weiß nicht, was ich nicht weiß. Ein solcher blinder Fleck kann immer
auftreten. Die Wahrscheinlichkeit dafür lässt sich dadurch verringern, dass man
alle Beteiligten durch das gewählte Format der Veranstaltung oder das Tool der
Entscheidungsvorbereitung systematisch Perspektivwechsel vollziehen lässt.
    In jedem kollektiven Kommunikations- und Planungsprozess kann man sich
leicht mal verlaufen. Dafür ist es wichtig, sich von Zeit zu Zeit zu vergewissern,
was man gerade tut und wo man steht. Eine einfache Methode erlaubt hier Strukturierung. Jeder Klärungs- und Planungsprozess muss vier Fragen beantworten:

1. Was wissen wir?
2. Was wissen wir nicht?
3. Was müssen wir wissen?
4. Woher kriegen wir das?

Die folgenden Veranstaltungsformate für unterschiedlich große Gruppen von
Menschen haben den Perspektivwechsel serienmäßig eingebaut.
    Für Gruppen ab 50 Personen, nach oben offen bis zu tausenden Teilnehmenden,
eignet sich Open Space. Es ist ein sehr einfaches und offenes Veranstaltungskonzept,
das jedoch einen hohen Organisationsaufwand und geübte ModeratorInnen erfordert, gerade weil eine Open Space-Veranstaltung in hohem Maße selbstorganisiert
abläuft (vgl. Franz und Sarcina 2009, S. 163ff). In der Regel gibt es dabei zunächst kein
oder nur ein sehr allgemeines Thema. Die möglichen Themen oder die Themenaspekte
werden in der sogenannten Marktphase (1) von den Teilnehmenden gesammelt,
strukturiert und mit Arbeitsterminen (Wird bearbeitet von … bis) versehen. Dann

verteilen sich alle auf die dabei herausgekommenen Themenräume und bereiten diese in Arbeitsgruppen (2) analytisch auf. Die dort erarbeiteten Schwerpunkte werden dann veröffentlicht und, falls nötig, vertieft. Da ein Open Space häufig über zwei Tage geht, werden abends und am nächsten Morgen Nachrichten über Zwischenstände und Organisatorisches publiziert. Dann folgt das Abschlusstreffen (3), bei dem man sich über den Verlauf der Konferenz äußern kann. Dabei spricht immer nur, wer den Redestock hat. Manche Konferenzen enden dann. Wenn sich an das viele Reden jedoch praktisches Handeln anschließen soll, können diejenigen, die sich stärker engagieren wollen, in der Konvergenzphase (4) aus dem bisher Gesammelten Schwerpunkte isolieren und für diese praktische Umsetzungsüberlegungen anstellen. Open Space hat ein Gesetz und vier Grundsätze. Das „Gesetz der Füße" besagt: Alle können jederzeit überall hingehen. Will sagen: Wer sich irgendwo langweilt oder anfängt, negative Bemerkungen zu machen, sollte sich ein anderes Thema und eine andere Gruppe suchen. Die vier Grundsätze sind nicht weniger pragmatisch, sie lauten: (1) Egal wer da ist, es sind immer die Richtigen. (2) Was passiert, passiert; will sagen: Es lohnt sich nicht, über Hätte, Wenn und Aber zu spekulieren. (3) Die Zeit ist immer die richtige, egal wann was anfängt. Und: (4) Wenn's vorbei ist, ist's vorbei. Will sagen: Wenn nichts Neues mehr kommt, dann geht es eben woanders weiter. Mehrere Wochen oder Monate später sollte dann eine kleinere Veranstaltung folgen, bei der berichtet wird, was von den vielen Ergebnissen wie und was warum nicht in der Zwischenzeit angepackt worden ist.

Abb. 4
World Café
(Grafik: syntelos.de)

Für Gruppen ab 12 bis 40, als mehrtägige Veranstaltung auch weitaus mehr Personen, ist die Methode World Café sehr gut geeignet. Bei ihr schreiben die Teilnehmenden ihre Ideen auf die Papiertischdecke, wechseln dann den Tisch und ergänzen dort ihre Sichtweise auf das Thema oder den Themenaspekt, der dort Gegenstand ist

(s. Abb. 4). Dann wechseln sie zum nächsten Tisch. Jeder Tisch hat einen festen Gastgeber, nicht als Moderator, sondern als derjenige, der die Neuen, die vom vorigen Tisch kommen, in das schon Vorhandene kurz einführt. Er oder sie trägt am Ende die Ergebnisse und Diskussionsverläufe vor. Zur Vertiefung kann man das dann zu einem ausgesuchten Thema aus der ersten Runde wiederholen. Dieses Konzept ist sehr offen und ohne großen technischen Aufwand realisierbar (s. Franz und Sarcina 2009, S. 161ff).

Ganz ähnlich verläuft Brainwriting *für relativ kleine Gruppen von 4 bis 8 Personen.* Brainwriting kann man induktiv und deduktiv organisieren. Beim induktiven Vorgehen schreibt eine jede Person ihre Ideen zu einem gegebenen Thema auf ein Blatt Papier. Dieses Blatt, insgesamt also so viele wie beteiligte Personen, zirkuliert dann im Uhrzeigersinn, so dass alle Beteiligten ihre Ansichten dazuschreiben können. Der Prozess ist zu Ende, wenn das Papier beim Urheber oder der Urheberin wieder ankommt. Wenn alle Papiere wieder zuhause sind, kommen sie in die Tischmitte und alle können sie ergänzen und weitere Verarbeitungsschritte (Auswahl, Priorisierung, gezieltes Weiterspinnen usw.) damit machen. Beim deduktiven Vorgehen bewegen sich die Personen. Dazu braucht man ein definiertes und grob vorstrukturiertes Thema. Man könnte z.B. die Stakeholderanalyse so durchführen. Das Strukturbild mit den fünf Anspruchsgruppen (s. Abb. 3) wird auf das Tischtuch oder das große Packpapier auf dem Tisch gemalt, und alle Beteiligten bewegen sich um den Tisch und schreiben jeweils zu allen fünf Anspruchsgruppen ihre Assoziationen hin. Man kann auch die induktive Methode als Sammelphase vorschalten und die strukturierten Ergebnisse für eine zweite Vertiefungsphase nach der deduktiven Methode nutzen (s. Franz und Sarcina 2009, S. 160f).

Für eine kleine Gruppe von 5 bis 10 Personen, die sich in der Regel schon kennen sollten, ist die seit 1986 existierende Methode der „Six Thinking Hats™" von Edward de Bono eine gute Entscheidungshilfe (s. Abb. 5). Sie eignet sich besonders zur Bewertung und Optimierung von bereits erarbeiteten Ideen und Lösungsansätzen. Dabei setzen die Beteiligten nacheinander fünf der sechs Hüte auf, d.h. sie schlüpfen nacheinander alle in dieselbe Rolle. Der sechste, der blaue Hut, ist für eine Person reserviert, die quasi die Moderation und Supervision des Prozesses innehat. Das kann auch der Vorstandsvorsitzende oder Vereinsvorsitzende sein. Dabei kann die Reihenfolge, in der die Hüte aufgerufen werden, variiert werden. Am Anfang sollte jedoch immer der weiße Hut stehen, denn unter ihm verbirgt sich die Rolle des nüchternen Faktenhubers. Hier geht es darum, für das Thema relevante Daten und Informationen objektiv zusammenzutragen, d.h., ohne sie zu bewerten. Sollte das schon vorab genügend geklärt worden sein, kann man darauf jedoch auch verzichten. Der gelbe Hut birgt die Rolle des rationalen Optimisten, der wohl begründet und unter Berücksichtigung der für das Thema relevanten Kriterien die Vorteile versammelt. Den schwarzen Hut trägt der Pessimist, der nicht minder rational begründete Nachteile, Risiken und Unwägbarkeiten vorträgt. Der grüne Hut steht für den Querdenker, die Künstlerin, das Kreative, für die Ideen, die man von da aus spinnen, und die Chancen, die man daran anschließend weiterentwickeln kann, aber auch zum Aufdecken erwünschter und unerwünschter Nebenwirkungen. Der rote Hut schließlich steht für Emotion; er erlaubt einem endlich, das aufgestaute Unbehagen oder die große Freude zum Ausdruck zu bringen, die man mit ganzen Lösung oder mit einzelnen Aspekten derselben in Verbindung bringt. Je nachdem, in welchem Stadium der Entscheidungsvorbereitung man steckt, kann es also hilfreich sein, den roten Hut zuerst aufzurufen, damit alle erst mal Dampf ablassen können (s. Franz und Sarcina 2009, S. 221ff).

Six Thinking Hats (based on method by Edward de Bono)

Analysis and evaluation of suggestions and alternatives

Colour of hat	White	Yellow	Black	Green	Red	Blue
This **Hat** now, please.						
Role EACH to be played by ALL in this order!	Factual • a head for figures • data collector	Positive • optimist • realist • investor • proactivist	Negative • pessimist • hesitator • alarmist • darksider	Creative • lateral thinker • artist • dreamer	Emotional • softy • raging bull • nostalgic • futurist	Moderative • chairperson • chief • focuser • promoter
Role **Task** and **Aim**	To state • figures • facts • information • details	To reason and reckon • advantages • benefit • effectiveness and efficiency	To consider • disadvantages and • risks • imponderabilities	To imagine • possible impacts • opportunities • cross-over effects	To allow feelings • your heart • your guts • your intuition	To control • overview • rules • objectives and targets

hwf

Abb. 5 Die sechs Hüte nach Edward de Bono (Grafik Franz und Sarcina 2009, S. 222)

5   Prioritäten setzen – Entscheidungen fällen

Am Ende einer Moderation hat man häufig viele gute Ideen, muss dann jedoch dafür
sorgen, dass wenigstens die eine oder andere davon nicht auf dem Papier bleibt,
sondern einer Realisierung oder zumindest einer projektförmigen Formulierung
zugeführt wird. Geschieht das nicht, werden die meisten Beteiligten frustriert
nach Hause gehen. Daher ist es wichtig, die erarbeiteten Handlungsoptionen zu
bewerten und zu hierarchisieren. Dafür gibt es sehr viele Tools, von denen hier
einige wenige vorgestellt werden.

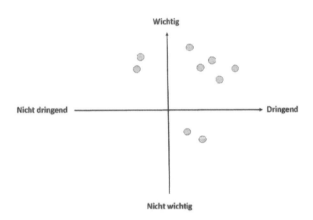

Abb. 6   Entscheidungskreuz Wichtig v. Dringend

Abb. 7   Priorisierungsdiamant

Die erste und wichtigste Unterscheidung ist die nach Wichtigkeit einerseits, Dringlichkeit andererseits. Nicht alles, was eine große Wichtigkeit hat, ist auch dringend oder schnell realisierbar, zumal das nicht immer alle Beteiligten in gleicher Weise gewichten (s. Beispiel in Abb.6). Was bei unserem Beispiel mit einer einfachen Punktabfrage für nur eine Option durchgeführt wurde, kann auch gleichzeitig für so viele Optionen vollzogen werden, wie man Punktfarben zur Verfügung hat. So lässt sich in einem ersten Anlauf die Zahl der Optionen reduzieren, die man als erste angehen möchte. Dieses oft auch Eisenhower-Prinzip genannte Entscheidungskreuz ergibt eine einfache Matrix von vier Unterscheidungen. Wichtig und dringend ist das, was man zuerst anpacken sollte. Wichtig, aber nicht dringend sind die Dinge, die definitiv, aber mit längerem Vorlauf angegangen werden sollten. Nicht wichtig, dennoch dringend sind die Sachen, die man rasch erledigen kann, die man aber getrost delegieren kann. Und was nicht wichtig und nicht dringend ist, bedarf keiner weiteren Bemühung.

Eine andere Methode, bis zu neun unterschiedliche Optionen in eine Prioritätenhierarchie zu bringen, ist der Diamant (s. Abb. 7). Die Gruppe ordnet dabei die vorhandenen Vorschläge den neun Werten zu, zunächst einer der fünf Ebenen, dann einer konkreten Zahl. Sollte absehbar sein, dass diskursiv keine Einigung zu erreichen ist, kann man je Person neun Punkte vergeben, von denen jeder nur einer Option zugeordnet werden darf. Dann bekommt man eine objektive Lösung.

Eine gehaltvollere und detailliertere Methode ist die folgende Bewertung nach Kriterien (s. Abb. 8). Hierbei werden sachliche Kriterien mit den verfügbaren Optionen gekreuzt. Wenn man ein Kriterium als erfüllt ansieht, wird dort eine 1 eingetragen. Sollten die gewählten Kriterien nicht gleichrangig sein, kann man sie gewichten. Dann würde z. B. Kriterium 1 eine 3 (weil es das wichtigste ist), Kriterium 2 eine 2 und Kriterium 3 eine 1 zugeordnet bekommen. Auf diese Weise erhält man eindeutige Ergebnisse, wenn man Spaltensummen und Zeilensummen aufsummiert.

	Kriterium 1	Kriterium 2	Kriterium 3	Kriterium 4	Gesamt
Option 1					
Option 2					
Option 3					
Option 4					
Summe					

Abb. 8 Beurteilung nach Kriterien

Bei manchen Sachen ist es auch gut, einfach mal die Implikationen der jeweiligen Entscheidung für oder gegen eine bestimmte Option, d. h., die gewünschten und ungewünschten Nebenwirkungen, durchzuspielen, bevor man eine Entscheidung ausschließlich aufgrund der jeweiligen Eigenheiten der zur Entscheidung stehenden Optionen fällt (s. Abb. 9).

	Wenn ja	Wenn nein	Implikationen
Option 1	✗		
Option 1		✗	
Option 2	✗		
Option 2		✗	
Option 3	✗		
Option 3		✗	

Abb. 9   Entscheidungsimplikationen

Wer sich zusätzlich noch mit einer SWOT-Analyse – einer Analyse der Stärken, Schwächen, Chancen und Risiken einer Entscheidung – beschäftigen möchte, sei auf das WWW oder auf Franz und Sarcina 2017, S. 212ff verwiesen.

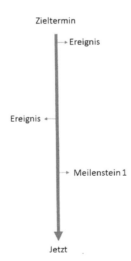

Abb. 10
Zeitplanung als
Countdown

Für die Umsetzung einer Entscheidung, oft aber auch schon für das Treffen der Entscheidung selbst, ist es wichtig, eine Vorstellung von der Zeitachse zu haben, die einem für die Realisierung des Vorschlags zur Verfügung steht. Das gilt besonders dann, wenn es einen terminierten Zeithorizont gibt, der durch innere oder äußere Bedingungen gesetzt ist. Dann hilft eine rasche Zeitplanung, die man als Mindmap anlegen kann (s. Abb. 10). Ein solcher Prozess, der oft spontan eingeschoben werden muss, lässt sich maximal beschleunigen, wenn man nicht beim Jetzt beginnt, sondern beim Zieltermin und von dort aus zurück in die Gegenwart geht. Die Zielerreichungsintervalle werden sehr viel realistischer, die Gefahr, sich zu viel vorzunehmen, wird stark minimiert. In einem ersten Angang werden per Brainstorming alle zu berücksichtigenden Aspekte aufgeschrieben. Dafür ist es wichtig, dass sie verschiebbar sind, wie es bei einer Mindmap oder an der Pinnwand mit Karten möglich ist. Im zweiten Durchgang werden die gesammelten Aspekte dann der Zeitachse zugeordnet und ihre Abhängigkeiten voneinander diskutiert. In kürzester Zeit erhält man einen Überblick, der für die zu treffende Entscheidung relevant sein oder für die schon getroffene Entscheidung modifizierende Wirkungen haben kann.

6 Eine einfache Lerntheorie

Es gibt nichts Praktischeres als eine gute Theorie. Für viele Situationen der Moderation und des Facilitating ist es hilfreich, eine Vorstellung über den Wissensstand der Teilnehmenden und demzufolge vom Ziel des Facilitating zu haben. Was sollen oder müssen die Beteiligten lernen, damit sie machen können, was sie machen wollen? So lautet die Frage, die sich nicht selten schon bei der Planung des Ablaufs eines Workshops oder einer Versammlung stellt. Hierzu gibt eine einfache und dennoch sehr aussagekräftige Lern- oder Kompetenztheorie, deren Urheber irgendwo in den Fünfzigern des vergangenen Jahrhunderts verschollen ist (s. Abb. 11).

4 Lernstufen	4 Übersetzungen		4 Fragen-Strategie*
1. Unbewusste Inkompetenz	Ich weiß nicht, was ich nicht weiß		1. Was wissen wir? Wissen wir das?
2. Bewusste Inkompetenz	Ich weiß, was ich nicht weiß		2. Was wissen wir nicht?
3. Bewusste Kompetenz	Ich weiß, was ich weiß		3. Was müssten wir wissen?
4. Unbewusste Kompetenz	Ich weiß nicht, was ich weiß		4. Wo kriegen wir das her?
			hwf

* Es gibt keine Ebenen-Entsprechung zwischen den vier Lernstufen und den vier grau
unterlegten Frageschritten (HWF).

Abb. 11 Vier-Stufen-Lern- und Kompetenztheorie

Autofahren(-Können) mag als geeignetes Beispiel dienen, um zu erklären, wie die
Vier-Stufen-Lerntheorie analytisch und evaluativ bei der Gestaltung von Lernprozessen funktioniert:

- Unbewusste Inkompetenz:
  Wenn ich, z. B. als Baby oder Eingeborener des Amazonasurwalds, nicht weiß,
  dass es Autos gibt, weiß ich auch nicht, dass ich sie nicht fahren kann. Will
  sagen, ein Problem, das ich nicht als solches wahrgenommen habe, kann ich
  auch nicht angehen.
- Bewusste Inkompetenz:
  Weiß ich, dass es Autos gibt und dass ich sie nutzen könnte, habe aber noch
  keinen Führerschein, weiß ich auch, dass ich ein Auto nicht selbst fahren kann.
  Will ich das ändern, muss ich mich auf einen Lernweg begeben.
- Bewusste Kompetenz:
  Habe ich gerade mit Glück meine Führerscheinprüfung gemacht, kann ich zwar
  ein Auto fahren, führe aber zunächst alle Tätigkeiten im Auto mit Bedacht und
  hoher Konzentration aus.
- Unbewusste Kompetenz:
  Wenn ich dann Routine habe, tue ich viele Dinge gleichzeitig (z. B. die Straßen-
  situation erfassen, steuern, abbremsen, kuppeln, schalten, Radio hören, mich
  unterhalten, rauchen), ohne dass mir die Komplexität dieser Situation noch
  wirklich bewusst ist.

Nahezu jede Situation in unserem täglichen Leben lässt sich dergestalt als Lernprozess begreifen, als Prozess des Dazulernens oder des Verlernens und Neulernens. Ein Beispiel: Muss ich als routinierter Autofahrer (Stufe 4) plötzlich einen rechtsgesteuerten Wagen in Großbritannien fahren, falle ich für einige Zeit zwangsläufig auf die Stufe 3 der bewussten Kompetenz zurück. Eine ältere Person, die sich das nicht mehr zutraut, würde sogar auf die Stufe 2 der bewussten Inkompetenz zurückfallen. Gleiches mag einem Unternehmen geschehen, dessen Umweltbedingungen sich gravierend verändert haben, etwa seine Märkte aufgrund der Globalisierung, neuer Normen oder wegen einer Übernahme durch eine andere Firma – vorausgesetzt es hat diese Veränderung überhaupt wahrgenommen. Falls nicht, befände es sich im Stadium der unbewussten Inkompetenz.

Die analytische Trennung der vier Lernstufen ist jedoch nicht nur für evaluative oder analytisch-beschreibende Zwecke nützlich. Sie ist auch unmittelbar praktisch und hilft, Veränderungs- und Lernprozesse bewusster zu gestalten. Betriebliche Verbesserungs- und Lernprozesse leben wesentlich davon, dass die bewusste ebenso wie die unbewusste Kompetenz der Beschäftigten erschlossen wird. Es ist schnell dahingesagt, man müsse die Lernenden „da abholen, wo sie stehen". Woher aber wissen „Lehrer" und Berater, wo die Menschen stehen, mit denen sie arbeiten und lernen, wenn sie sie nicht fragen? Auch der oder die Beschäftigte selbst bedarf, wenn Lernen im Sinne von Selbstverbesserung zu mehr Verselbständigung führen soll, der Selbstverständigung. Sie ist ein wesentlicher Bestandteil der geforderten „Anschlussfähigkeit" an die individuell und kollektiv vorhandenen Aneignungsmuster.

7 Workshops planen und vorbereiten

Diese Form der Selbstvergewisserung und Planung ist auch für die Moderatorin oder den Facilitator – erst recht, wenn es mehrere sind, – im Vorfeld eines Einsatzes von großer Bedeutung. Ein Workshop, eine Versammlung, eine Zukunftswerkstatt, für die man zuständig ist, müssen geplant werden. Zu den Anforderungen haben wir anfangs gesagt, der Prozess müsse so angelegt sein, dass er zum einen eine neue Praxis vorbereiten hilft, zugleich jedoch für alle Beteiligten einen Lernprozess ermöglicht, der ihnen den Erwerb neuer oder erweiterter Kompetenzen im Sinne einer verbesserten gesellschaftlichen Entscheidungs- und Handlungsfähigkeit erlaubt. Anders gesagt: Sie sollten in Zukunft auch alleine vergleichbare Kommunikations- und Lernprozesse organisieren können. Dazu greifen wir auf das eingangs vorgestellte Planungstool zurück (vgl. Abb. 2), das hier für Lernprozesse modifiziert wurde (vgl. Abb 12). Es fragt für jeden einzelnen Lern- oder

Tutorial 2:
Beteiligung erleichtern – Methoden und Werkzeuge für ergebnisorientierte Kommunikation

Die TN sollen die Facilitator-Rolle in ihrer Bedeutung erkennen, wichtige Werkzeuge dazu kennenlernen und für sich akzeptieren. Da es keine Zeit zum eigenen Üben geben wird, sollen die TN dazu ermutigt und befähigt werden, sich selbst in diese Rolle zu begeben.

XIX. Tagung für Angewandte Sozialwissenschaften, sfs, Raum 15

Zeit	Wozu (Kompetenz-/Lern-/Arbeitsziel)	Was (Lern-/Arbeitsinhalt)	Wie (Lehr-/Lern-/Arbeitsmethoden)	Wie (Instrumente, Material)	Wer (Akteur/e)
Datum 10. Juni 2017			**Dauer** 14h30-16h00		
14h30 – 14h40	Eigene Rolle verstehen Forschung als Innovationsprozess: Situation klären; wann warum verwenden	Einleitung: Social Science Production Wiss. als Facilitator eines Erkenntnis- und Entscheidungsprozesses, handlungsvorbereitend	Präsentation vorbereitete Mindmap: Vom Reden zum Entscheiden und Handeln / Mindmapping vorführen	Flipchart 1	HWF
14h40 – 14h55	Protokoll als Plan verfassen können	Wie man To-Do-Protokolle nutzen kann; Vorteile, Nachteile	Tabelliertes Planen gemeinsam erarbeiten	Pinnwand	HWF und alle
14h55 – 15h05	Stakeholderanalyse durchführen und Mindmapping lernen	Stakeholderanalyse anfertigen	Mindmapping (Programme, zu Fuß) / 5 Stakeholder, 4 Schritte: Wer? Die wichtigsten? Was erwarten die? Was tun wir?	Pinnwand	HWF
15h05 – 15h20	Entscheidungen anstreben und vorbereiten können	Herausgearbeitete Optionen abwägen, kritisch prüfen	Perspektivwechsel üben Große Gruppen: Open Space Große/kleinere Gruppen: World Café Kleine Gruppe: Six Thinking Hats	Flipchart 2	HWF und alle

15h20 – 15h40	In der Gruppe Prioritäten klären können	Tools zum Klären von Prioritäten kennenlernen	Diamant Entscheidungskreuz Wichtig/Dringend Matrix Optionen/Kriterien Matrix Plus/Minus/Implikationen Nur falls genügend Zeit: SWOT-Analyse (Strengths, Weaknesses, Opportunities, Threats)	Flipchart 2	HWF
15h40 – 15h50	Lernen planen, Lernziele setzen können	Einfache Lerntheorie Vier Kompetenzstufen	Vier Kompetenzstufen: Unbewusste Inkompetenz Bewusste Inkompetenz Bewusste Kompetenz Unbewusste Kompetenz	Flipchart 2	HWF
15h50 – 15h55	Lernen planen und vorbereiten	Workshops planen und vorbereiten	Planungstool (auf Basis von To-Do-Protokoll) gemeinsam entwickeln	Pinnwand	HWF und alle
15h55 – 16h00			Einfache Zufriedenheitsabfrage/Kommentare ☺ – ☉ – ☹	Flipchart 1	TN
			Was gebraucht wird	Moderationskoffer Pinnwand 2 Flipcharts	
16h00	Ende der Veranstaltung				

Abb. 12   Workshop-Lernplan

Arbeitsschritt: (1) Was ist das Lern- bzw. Kompetenzziel? (2) Was ist Inhalt oder Gegenstand dieses Schrittes? (3) Wie mache ich das methodisch? Brainstorming? In Gruppen? Alle zusammen? (4) Wie mache ich das ganz praktisch? Mit welchem Material? An der Pinnwand? Am Flipchart? Mit Laptop und Projektor? Heraus kommt eine Liste von Gegenständen, die ich selbst als Moderator oder eine Person vor Ort zur Verfügung stellen muss. Und schließlich (5): Wer macht dabei was? Was macht der Moderator, was die Teilnehmenden? Abb. 12 zeigt die Planung, die dem Tutorial bei der Tagung in Dortmund zugrunde lag.

Und wie immer am Ende einer Veranstaltung sollten alle Teilnehmenden sagen können, was sie von der Veranstaltung gehalten haben, was sie gut oder weniger gut fanden. Das einfachste ist es, mit drei schnell hingeworfenen Smileys (☺ – ☺ – ☹) eine klare Verortung der Teilnehmenden zu verlangen. Die Moderatorin oder der Facilitator geht dabei kurz aus dem Raum oder dreht dem Flipchart mit den Smileys den Rücken zu. Wenn alle ihr Kreuzchen gemacht haben, sollten sie bei Bedarf auch Gelegenheit bekommen, etwas dazu sagen. Je nachdem, wie das Votum ausfällt, wird die Moderatorin oder der Facilitator selbst Fragen dazu haben.

Eine letzte Bemerkung, die aber sehr wichtig ist: Wer sich in diese Verantwortung begibt, Veranstaltungen dieser Art zu moderieren und zu Entscheidungen zu führen, sollte nicht nur gut vorbereitet, sondern auch ausgeschlafen sein. Ein Plan wie der hier gezeigte ist nur eine Route von mehreren möglichen. In der Realität läuft oft viel, manchmal fast alles anders als geplant. Wer dann keinen Plan hat, wird das Ziel aus den Augen verlieren und wie im Kalenderspruch von Bertolt Brecht erleben: Als sie ihr Ziel aus den Augen verloren hatten, verdoppelten sie ihre Anstrengungen es zu erreichen. Der Moderator oder die Facilitatorin sind FührerInnen in dichtem Gestrüpp. Dazu braucht man Orientierung, Konzentration, gute Nerven und Stehvermögen (d. h., einen starken Rücken). Und, wie gesagt, man sollte ausgeschlafen sein.

Literatur

Alemann, Annette von: *Soziologen als Berater.* 2002. *Eine empirische Studie zur Professionalisierung der Soziologie.* Opladen: Springer VS.

Alemann, Annette von, T. Klenk, S. Schwarz: Soziologische Beratung – Ein Positionspapier. In: *Sozialwissenschaften und Berufspraxis* 27, 2-2004, S. 203–220.

Banz, Claudia (Hg.). 2016. *Social Design. Gestalten für die Transformation der Gesellschaft.* Bielefeld: transcript.

Dalluege, Andreas, und H.W. Franz. 2015. *IQM Integriertes Qualitätsmanagement in der Aus- und Weiterbildung. Selbstbewertung für EFQM, CAF, Q2E, DIN EN ISO 9001 und andere QM-Systeme,* Bielefeld: wbv (4. überarbeitete und erweiterte Auflage).

Franz, Hans-Werner. 2017. Design! Von Gesellschaft? In: *soziologie heute,* Heft 53, Juni 2017, S. 27–30.

Franz, Hans-Werner. 2009. Social Science Production or Social Innovation by Social Production of Science. In: Roth, Steffen (ed). *Non-Technological and Non-Economic Innovations. Contributions to a theory of robust innovation,* Bern: Peter Lang, 93–105.

Franz, Hans-Werner, und R. Sarcina. 2009. *Building Leadership in Project and Network Management – A Facilitator's Tool Set.* Dordrecht/Berlin/Heidelberg/New York: Springer

Howaldt, Jürgen. 1997. Der Industriesoziologe als Organisationsberater. Theoretische Überlegungen und Beratungspraxis am Beispiel der Einführung von Gruppenarbeit. In: *Arbeit,* Heft 1, Jg. 6, S. 50–64.

Teil 2
Ökosysteme sozialer Innovation entdecken und entwickeln

Lokale Ökosysteme sozialer Innovation verstehen und gestalten

Dmitri Domanski und Christoph Kaletka

1 Einleitung

Forschung zu sozialer Innovation ist noch sehr jung. Zwar lassen sich einzelne Arbeiten dazu viele Jahrzehnte zurückverfolgen, doch systematische wissenschaftliche Beschäftigung mit diesem Thema begann erst gegen Ende des 20. Jahrhunderts. Durch die Priorität, die die Europäische Kommission sozialer Innovation ab 2009 auf ihrer Agenda einräumte, erhielt das Forschungsfeld einen wichtigen Schub. Es entstand eine ganze Generation neuer Projekte, die in kurzer Zeit zu einer beachtlichen Weiterentwicklung des Konzepts beitragen konnte.

Als soziale Innovation verstehen wir eine gezielte neukombinierte oder rekonfigurierte soziale Praktik, die in der Gesellschaft Verbreitung findet (Howaldt et al. 2014b). Dazu gehört die Erkenntnis, dass soziale Innovationen in konkreten Kontexten entstehen und von ihrer Umgebung beeinflusst werden, nicht zuletzt auch auf der lokalen Ebene (Cattacin und Zimmer 2016). Auf diese Weise ist in den letzten Jahren mit Ökosystemen sozialer Innovation ein Begriff zum festen Bestandteil des – zunehmend auch wissenschaftlichen – Diskurses geworden, der bisher allerdings noch nicht für ein klares Konzept steht.

Im Folgenden wollen wir herausfinden, was mit Ökosystemen sozialer Innovation gemeint sein könnte, und uns so auch der konzeptionellen Klarheit einen Schritt nähern. Der Begriff des Ökosystems entstammt der Biologie und beschreibt die Lebewesen und ihre Beziehungen zueinander innerhalb einer definierten Umwelt. Analog hierzu umfassen Ökosysteme sozialer Innovation nicht nur individuelle und organisierte Akteure, sondern auch die förderlichen und hemmenden Rahmenbedingungen, unter denen sie handeln.

Wir blicken zunächst darauf, wie sich das Verständnis von sozialer Innovation in der internationalen Forschung im Sinne eines multisektoralen Ansatzes gewandelt hat. Danach reflektieren wir, welche Aspekte für die Entwicklung eines wissen-

© Springer Fachmedien Wiesbaden GmbH, ein Teil von Springer Nature 2018
H.-W. Franz und C. Kaletka (Hrsg.), *Soziale Innovationen lokal gestalten*,
Sozialwissenschaften und Berufspraxis,
https://doi.org/10.1007/978-3-658-18532-9_17

schaftlichen Konzepts der Ökosysteme sozialer Innovation besonders wichtig sein könnten. Anschließend konzentrieren wir uns auf die Bedeutung der lokalen Ebene für soziale Innovation, bevor – gestützt auf einige der zentralen Ergebnisse aus dem von der EU im 7. Rahmenprogramm geförderten Forschungsprojekt SI-DRIVE – Herausforderungen für Forschung und Praxis herausgearbeitet werden.

2 Soziale Innovation: auf dem Weg zu einem multisektoralen Ansatz

Moderne Forschung zu sozialer Innovation hat ihre Ursprünge nicht in einem systemischen Innovationskonzept, sondern vor allem in meist unisektoralen oder akteurszentrierten Ansätzen. Jahrzehntelang fokussierte sich die wissenschaftliche Arbeit im Bereich der sozialen Innovation in erster Linie auf soziale Ökonomie und Social Entrepreneurship. Durch diese exklusive Sichtweise, die andere zentrale Aspekte ignorierte, war es lange Zeit nicht möglich, ein umfassendes Konzept sozialer Innovation zu entwickeln. Die Forschung vernachlässigte soziale Innovationen sowohl im öffentlichen Sektor als auch in der Wirtschaft, und die Rolle der Wissenschaft in Prozessen sozialer Innovation fand ebenfalls wenig Beachtung. Sehr wichtig für die Entwicklung des Forschungsfelds sozialer Innovation waren aber gleichzeitig Beiträge, die sich damit beschäftigten, wie „institutional and social networks and interactions between levels of governance can work to enable or constrain local innovation" (Moulaert et al. 2013c, S. 20).

Die Notwendigkeit eines besseren Verständnisses für die Komplexität und den systemischen Charakter sozialer Innovation wird durch einen tieferen Einblick in das Feld der Innovation Studies deutlich. Während Forschung zu sozialer Innovation meistens sehr stark dadurch charakterisiert war, dass sie sich auf den dritten Sektor als den wichtigsten gesellschaftlichen Bereich und Treiber für soziale Innovation und die Bedeutung des Social Entrepreneurs als der zentralen Figur im Innovationsprozess konzentrierte, basieren Konzepte wie (nationale und internationale) Innovationssysteme oder die Triple Helix auf Komponenten, zwischen denen fast immer eine konzeptionelle Operationalisierung von Treibern, Barrieren und der Governance (auch wenn diese anders benannt sein können) stattfindet. Beide Konzepte sehen angemessene Konstellationen von zentralen Akteuren (d. h. besonders Universitäten, Industrie und Regierung) und die komplexen Interaktionen zwischen ihnen als wichtige Faktoren an, um technologische Innovationen zu entwickeln. Eine wichtige Frage dabei ist, was von diesen Ansätzen im Hinblick auf die Weiterentwicklung eines Konzepts von Ökosystemen sozialer Innovation gelernt werden kann.

Einen wichtigen Einblick in die multisektorale Wirklichkeit sozialer Innovation bieten die empirischen Ergebnisse des internationalen Forschungsprojekts SI-DRIVE: Social Innovation – Driving Force of Social Change (2014–2017). Das im Rahmen des Projekts durchgeführte globale Mapping sozialer Innovationen (Kartierung von 1005 Initiativen auf allen Kontinenten; vgl. den ersten Beitrag von Schröder in diesem Band) bestätigt, dass mehrere Typen von Partnern in soziale Innovationen involviert sind: Sowohl der öffentliche als auch der private Sektor sowie die Zivilgesellschaft sind gleichermaßen relevant, und eine generelle Dominanz des dritten Sektors ist nicht zu erkennen. Die Erhebung zeigt, dass in einigen Politikfeldern der öffentliche Sektor genauso relevant ist wie der private Sektor und die Zivilgesellschaft (Bildung, Beschäftigung, Energieversorgung), während in anderen Politikfeldern ein (Armutsreduktion und Transport/Mobilität) oder zwei (Gesundheit/Sozialfürsorge und Umwelt) Sektoren dominieren (Howaldt et al. 2016).

Dagegen nehmen Wissenschaft und Forschung eine kleinere Rolle ein und sind in insgesamt nur knapp 16 Prozent der Initiativen involviert (Howaldt et al. 2016). Zwar haben die Aktivitäten der Hochschulen und Forschungszentren im Bereich sozialer Innovation in den letzten Jahren stark zugenommen, jedoch ist man immer noch weit davon entfernt, von einer echten Quadruple Helix sprechen zu können. Das Potenzial von Wissenschaft und Forschung bleibt weitgehend unausgeschöpft – ein starker Kontrast zu der essentiellen Rolle, die sie in klassischen Innovationsprozessen übernehmen.

3 Ökosysteme sozialer Innovation: auf der Suche nach einem Konzept

Eines der zentralen Ziele von SI-DRIVE ist ein besseres Verständnis von sozialer Innovation. Das Projekt baut auf theoretischen Konzepten auf, die eine bis dahin weitgehend vernachlässigte gesellschaftstheoretische Fundierung sozialer Innovation in den Mittelpunkt stellen (Howaldt et al. 2014a). Diese Fundierung richtet „ihren Blickwinkel zentral auf die Schnittstellen der ausdifferenzierten und weitgehend gegeneinander abgeschotteten selbstbezüglichen gesellschaftlichen Sektoren Staat, Wirtschaft und Zivilgesellschaft, die ihnen jeweils entsprechenden Handlungsrationalitäten sowie Regelungsmechanismen und auf die damit verbundenen Probleme bzw. zunehmend eingeschränkten Problemlösungskapazitäten" (Howaldt et al. 2014b, S. 68–69).

Solche Kooperationen werden von mindestens zwei verschiedenen heuristischen Modellen aufgegriffen. Ein Modell ist die Quadruple Helix (vgl. Wallin 2010), wo Regierung, Industrie, Wissenschaft und Zivilgesellschaft zusammenarbeiten und gemeinsam die zukünftigen und antriebsspezifischen strukturellen Änderungen vornehmen. Das andere Modell ist das Ökosystem sozialer Innovation (vgl. Sgaragli 2014), welches ebenfalls die Interaktionen zwischen den Helix-Akteuren untersucht und den Begriff systemischer Komplexität hinzufügt. Es betrachtet sowohl die Serendipität als auch die Absorptive Capacity des Systems als Ganzes.

Allerdings hat sich Forschung bisher nur sehr wenig damit auseinandergesetzt, was Ökosysteme sozialer Innovation sind. Es gilt ein wissenschaftliches Konzept zu entwickeln. Hier könnte vermutlich von solchen Konzepten wie Innovationssystemen und Triple Helix gelernt werden, allerdings impliziert diese Aufgabe viel mehr als die bloße Adaptation dieser Konzepte. Erforderlich ist vielmehr ein besseres Verständnis der Bedeutung und der Inhalte von Ökosystemen sozialer Innovation. Eine Voraussetzung zur Erfüllung dieser Aufgabe ist das Verständnis von sozialer Innovation aus einer multisektoralen Perspektive. Eine weitere Bedingung ist das Begreifen solcher Ökosysteme als Umgebungen, in denen *soziale* Innovationen entstehen: Diese unterscheiden sich von technologischen Innovationen, welche im Vordergrund von etablierten Konzepten stehen. Des Weiteren geht diese Sichtweise über die akteurszentrierten Konzepte hinaus und muss Governance-Modelle, potenziell unterstützende Infrastrukturen und legale und kulturelle Normen einbeziehen, welche in einem spezifischen Ökosystem Wirkung zeigen.

Durch die Ergebnisse des ersten globalen Mappings sozialer Innovationen, durchgeführt im Rahmen von SI-DRIVE, werden die Bedingungen deutlich, die soziale Innovationen beeinflussen (Howaldt et al. 2016). Sie zeigen, dass neue Herangehensweisen von Bedeutung sind, um soziale Innovationen zu entwickeln und zu verbreiten (z. B. Design Thinking, Innovationslabore etc.). Ebenfalls verweisen sie auf die Notwendigkeit einer neuen Rolle für den öffentlichen Sektor, um einen angemessenen Rahmen und Unterstützungsstrukturen zu schaffen, aber auch auf die Integration von ökonomischen und zivilgesellschaftlichen Ressourcen sowie Unterstützungsmaßnahmen durch Wissenschaft und Forschung.

Für die Entwicklung eines wissenschaftlichen Konzepts von Ökosystemen sozialer Innovation war bereits der Hinweis auf die Bedeutung der Umwelt sozialer Innovationen im wissenschaftlichen Diskurs wichtig. Dies ist von besonderer Bedeutung für Fragen, wie soziale Innovationen sich verbreiten, wie sie angenommen, imitiert oder skaliert werden. Dem französischen Philosophen Gabriel Tarde folgend konzentrieren wir uns auf die soziale Eingebundenheit der Erfindungen in ein dichtes Netzwerk von Nachahmungen. Wie Howaldt et al. (2014a) zeigen, wird dadurch ein Perspektivenwechsel ermöglicht. Anders als Schumpeter, für den der

Innovator in der sozialen Figur des Unternehmers im Fokus des Interesses steht, sind es für Tarde (2009) die Erfindungen selbst, welche als zentrale Treiber sozialer Entwicklung verstanden werden. So gesehen kann mit der Vorstellung eines Ökosystems sozialer Innovation der strenge akteurszentrierte Ansatz überwunden und die Zentrierung auf den sozialen Unternehmer als Schlüsselakteur des Wandels differenziert werden. Der Blick auf die Umwelt, in der soziale Innovationen verbreitet werden und sich verbreiten, öffnet die Perspektive für weitere, bisher in der Forschung stark vernachlässigte Dimensionen.

Neben den Akteuren selbst treten die Schnittstellen zwischen den Sektoren in den Vordergrund des Forschungsinteresses. Dazugehörige Prozesse der gegenseitigen Befruchtung zwischen den Sektoren (,cross-sector-fertilization', siehe Phills et al. 2008) und die Konvergenz der Sektoren (Austin et al. 2007) ermöglichen zunehmend das, was Emerson (2003) eine ,blended value creation' nennt. Hinzu kommt die Tatsache, dass die Grenzen zwischen den Sektoren immer mehr verschwimmen. Auch beim Thema soziale Innovation ist es nicht selten schwierig, Akteure eindeutig einem Sektor zuzuordnen (Howaldt et al. 2016). Vielmehr sind häufig hybride Formen von Organisationen feststellbar. Daher ist es von Vorteil, die Zusammenarbeit zwischen den verschiedenen Akteuren im Sinne einer nachhaltigkeitsorientierten Governance zu unterstützen und neu zu konfigurieren. Hierbei werden etablierte Steuerungs- und Koordinationsmuster durch Aspekte wie Selbstorganisation, sektorübergreifende Zusammenarbeit, Netzwerke und neue Formen von Wissensproduktion ergänzt, erweitert und verändert (Howaldt et al. 2015). Innovationsprozesse, an denen viele verschiedene Akteure aus unterschiedlichen gesellschaftlichen Bereichen teilnehmen, sind jedoch oft nicht nur komplex, sondern auch konfliktträchtig. Zwar arbeiten alle beteiligten Akteure an der gleichen Aufgabe, ihre Beweggründe, Ideen und Interessen können jedoch erheblich auseinandergehen.

Um zu verstehen, warum sich manche Innovationen durchsetzen und viele andere scheitern, reicht eine Analyse von Akteurs-, Kooperations- und Machtkonstellationen allerdings nicht aus. Ökosysteme bestehen nicht allein aus Akteuren, die mehr oder weniger eindeutig unterschiedlichen gesellschaftlichen Sektoren zuzuordnen sind, sondern auch aus ihrer Umgebung, die etwa durch Gesetze und kulturelle Normen, politische, technologische und ökonomische Rahmenbedingungen gekennzeichnet ist (Eckhardt et al. 2017). Außerdem spielen intermediäre Infrastrukturen eine zunehmend wichtige Rolle bei der Gestaltung des Ökosystems. Hier kommen Akteure zusammen, um gemeinsam an innovativen Lösungen zu arbeiten. Dies tun sie in einem konkreten Raum, in dem beispielsweise eine stark ausgeprägte Kultur der Kooperation soziale Innovationen begünstigt, während legale Barrieren einschränkend wirken können. Unterstützende Infrastrukturen füllen darüber hinaus zunehmend eine Lücke, weil es manchmal schlicht keine eindeutige Verantwortlichkeit für das zu lösende Problem gibt (The Rockefeller Foundation und The Bridgespan Group 2014). Gerade für völlig neue Probleme ist dies durchaus typisch. Die Anforderungen an diesen noch neuen Organisationstypus sind allerdings enorm: Je nach Ausrichtung wird dort die weiter oben genannte Serendipität, also die kreative Gestaltung zukünftiger Innovationen, und/ oder Absorptive Capacity, also die Aufnahme- und Innovationsbereitschaft der (lokalen) Gesellschaft gefördert. Ebenso sind Moderationskompetenzen und kluges Schnittstellenmanagement gefragt, um die Kooperation der vier gesellschaftlichen Sektoren trotz unterschiedlicher Systemlogiken zu ermöglichen.

4   Zur Bedeutung sozialer Innovation auf lokaler Ebene

Nach Tarde sind große Städte und vor allem Hauptstädte die Orte, an denen Erfindungen zuerst sichtbar und am häufigsten nachgeahmt werden. Der spezifische Begriff der Nachahmung bedarf hier einer Erläuterung. Czarniawska (2009) zeigt, wie einige europäische Hauptstädte ein enges Netzwerk imitierender Beziehungen entwickelt haben. Politische Behörden, öffentliche Verwaltung und Führung beobachten moderne Trends in anderen Städten und imitieren diese – allerdings nicht in Form einer unreflektierten Übernahme, sondern in vielfältigen Anpassungen. Dieser Prozess der adaptiven Nachahmung ist durch Änderungen an Form und Inhalt selbst kreativ. Czarniawskas Interpretation von Tardes Konzept bezüglich großer Städte ist besonders nützlich, um zu verstehen, wie Innovationen aus dem öffentlichen Bereich in der lokalen Ebene erschaffen und implementiert werden können. Hierbei kann die Imitation von Moden eine Schlüsselrolle spielen.

Es überrascht nicht, dass einer der Bereiche, in denen das Konzept sozialer Innovation zunehmend zum Gegenstand sozialwissenschaftlicher Forschung wurde, die lokale und regionale Entwicklung ist. In Europa wurde Forschung zum Thema soziale Innovation seit Ende der 1980er Jahre vor allem von Louis Laville und Frank Moulaert aus einer regionalen Perspektive durchgeführt. Ebenfalls wiesen Chambon et al. (1982) auf die Bedeutung der lokalen Ebene für den Prozess sozialer Innovation hin. Hierbei wurden soziale Innovationen als lokal erzeugte Reaktionen auf soziale Probleme verstanden. Die Autoren nahmen damals an, soziale Innovation „does not stem from new mechanisms or processes introduced by the large organisations or institutions, but from localized and localizable actions" (Fontan et al. 2008, S. 23). Diese Überlegungen waren wichtig, um die Aufmerksamkeit einer wachsenden Anzahl von – nicht selten französischsprachigen – Forschern auf die Rolle lokaler Zusammenhänge in Bezug zu sozialen Innovationen zu lenken. Die lokale Ebene wurde sogar als der relevanteste Bereich für die Entstehung von sozialer Innovation angesehen. Chambon et al. (1982) zeigen nicht nur, dass soziale Innovationen in verschiedenen Arten von Communities auftreten können, sondern heben auch hervor, dass sie vom Prozess der Bewusstseinsbildung, der Mobilisierung und des Lernens abhängig sind. Des Weiteren erörtern sie, dass der Staat sowohl eine Barriere für soziale Innovation darstellen als sie auch stimulieren kann (Jessop et al. 2013).

In Europa erbrachte eine Reihe von Forschungsprojekten wichtige Resultate zu der Rolle der lokalen Ebene in Bezug auf soziale Innovation, die hauptsächlich unter dem Gesichtspunkt der sozialen Ökonomie betrachtet wurde. Das Projekt Integrated Area Development (IAD) beispielsweise beschäftigte sich mit Herausforderungen in Wohngegenden und erarbeitete eine Alternative „to the more prevalent forms of market-led economic development" (Moulaert et al. 2013c, S. 19). Ein weiteres wichtiges Projekt, welches zu einem besseren Verständnis der Rolle sozialer Innovation im Bereich Community Building verhalf, war SINGOCOM (Social Innovation, Governance and Community Building). Es hat gezeigt, dass soziale Innovationen viele Dimensionen wie den Bezug zu Kultur, soziale Beziehungen und Identität haben können und diese über materielle und ökonomische Fragen hinausgehen (Moulaert et al., 2013c). Die Ergebnisse von SINGOCOM haben essentiell zu einem tieferen Verständnis des Governance-Prozesses auf der lokalen Ebene beigetragen. Durch die Konzentration auf die Governance-Strukturen des Quartiersmanagements wurde es z. B. möglich zu beschreiben und zu analysieren, wie ein direkter Zusammenhang zwischen Angebot und Nachfrage von ausgeschlossenen Gruppen und den Ressourcen ihrer Deckung hergestellt werden können (Moulaert et al. 2005). Im Bericht des Bureau of European Policy Advisers (BEPA) wird diese Sichtweise dadurch betont, dass soziale Innovationen die Funktion haben, Bürger zu mobilisieren, um eine aktive Rolle im Innovationsprozess zu übernehmen und damit die allgemeine innovative Leistung der Gesellschaft zu verbessern (BEPA 2010). Die Ergebnisse von SI-DRIVE bestätigen diese Annahme: Innerhalb des breiten Spektrums der Themen, die im globalen Mapping angesprochen wurden, ist Empowerment als bedeutendste Aufgabe aufgelistet. Hier sind neue Modelle von Governance mit höheren Anteilen von Selbstorganisation und politischer Partizipation erwünscht, die unerwartete Ergebnisse durch die Beteiligung von Interessenvertretern ermöglichen.[1] Wenn soziale Innovation mit Innovationen in

---

1   Klein et al. (2013) beschreiben die Entwicklung des Québec-Modells als soziale Innovation in Verbindung mit sozialer Transformation. „From this standpoint, participative governance, co-production of services or activities, co-construction of public policies, as well as the plural character of the economy [...] represent important dimensions of social innovation" (Klein et al. 2013, S. 382). Hierbei identifizieren sie die ökonomische Wende – „the fact that social movements have switched from merely demanding actions

sozialen Beziehungen zusammenhängt (Moulaert et al., 2013b), dann kann erwartet werden, dass sie mit den Worten des früheren EC-Präsidenten Barroso zu einem „part of a new culture of empowerment" (Franz et al. 2012, S. VI) werden. Wie bereits gezeigt, hat das systemische Konzept sozialer Innovation auch mit der Frage zu tun, wie die Bedingungen für die Entwicklung, Umsetzung und Verbreitung von sozialen Innovationen verbessert werden können. Da viele soziale Innovationen aus lokalen Communities heraus entwickelt werden, haben in den vergangenen Jahren immer mehr Städte damit begonnen, intermediäre Infrastrukturen zu schaffen, um Lösungen für – oft komplexe – soziale Probleme gezielt zu unterstützen (The Rockefeller Foundation und The Bridgespan Group 2014).[2]

Solche Infrastrukturen können als Parks, Zentren, Labore oder Inkubatoren sozialer Innovation geschaffen werden, um nur die gängigsten Möglichkeiten zu nennen. Während es eine lange Tradition gibt, Infrastrukturen für die Entwicklung technologischer Innovationen (z. B. Wissenschafts- und Technologieparks) zu etablieren, ist das Bewusstsein über die Notwendigkeit unterstützender Infrastrukturen in Bezug auf soziale Innovationen im Allgemeinen unterentwickelt, und es mangelt oft noch an einer entsprechenden politischen Agenda.

Es ist in der Regel die Zivilgesellschaft, die dafür sorgt, dass intermediäre Infrastrukturen geschaffen werden. Gleichzeitig können wir nicht davon ausgehen, dass solche Infrastrukturen entwickelt werden könnten, indem einfach auf die Erfahrungen mit unterstützenden Maßnahmen für technologische Innovationen zurückgegriffen wird. Denn soziale Innovationen werden anders geschaffen und verbreitet als technologische Innovationen.

In der Forschung wächst die Erkenntnis, dass das Potenzial, durch soziale Innovationen auf soziale Bedürfnisse zu reagieren, ohne unterstützende Strukturen nicht voll ausgeschöpft werden kann. Eine Aufgabe weiterer Forschung besteht daher darin, besser zu verstehen, wie solche Strukturen konkret funktionieren sollen. Ganz offensichtlich können traditionelle Institutionen diese Funktion nicht erfüllen, da sie von unterschiedlichen Konzepten geleitet werden und nicht über das notwendige Know-how verfügen. Hier sind anwendungsorientierte Forschungsprojekte gefragt (z. B. das vom BMBF geförderte Projekt Ko-SI Lab). Obwohl in den letzten Jahren sowohl auf urbaner oder regionaler als auch auf nationaler Ebene zunehmend Labore

from other to proactive actions at the economic level" (Klein et al. 2013, S. 382) – als eine wichtige Quelle sozialer Innovation (Klein et al. 2013).

2 Erste Ergebnisse der Umfrage, die als Teil eines globalen Mappings von sozialen Innovationen im Rahmen des SI-DRIVE-Projekts durchgeführt wurde, heben den Mangel an besseren finanziellen Bedingungen als Hauptbarriere für soziale Innovationen hervor. Wichtige infrastrukturelle Unterstützung für soziale Innovationen im Sinne von Förderprogrammen fehlt noch immer.

oder Zentren für soziale Innovation entstanden sind, ist das empirische Wissen über ihre Anzahl und Vielfalt (u. a. hinsichtlich Strategien, Leistungen) immer noch gering. Noch weniger ist über den Erfolg solcher unterstützenden Infrastrukturen bekannt, was allerdings angesichts der Tatsache, dass die meisten von ihnen erst seit kurzem existieren, verständlich ist. Mit steigender Anzahl intermediärer Infrastrukturen und zunehmender Forschung zu diesem Thema werden wir in der Lage sein, Strategien für soziale Innovation auf der lokalen Ebene besser zu verstehen und zu entwickeln, und zwar auch in komplementärer Weise zu unterstützenden Maßnahmen für technologische Innovationen.

Bisher sind Labore sozialer Innovation nicht leicht zu definieren, zumal ihre Funktionen noch nicht vollständig verstanden sind. In verschiedenen Städten finden sich sehr unterschiedliche Arten von Laboren sozialer Innovation hinsichtlich Struktur, Finanzierung, Stakeholdern oder Aktivitäten, wodurch sich die Aufgabe noch schwieriger gestaltet. Um es mit den Worten von Westley et al. zu sagen: „There is as yet no established orthodoxy about what a Lab is, and the term is applied to a plethora of processes and organizations, often with markedly different goals and employing distinct methods and approaches" (2015, S. 1).

Vermutlich kommen wir einem Konzept für solche Labore am nächsten, wenn wir sie als neue Institutionen beschreiben, die Akteuren unterschiedlicher gesellschaftlicher Sektoren und zumeist vor allem den Bürgern selbst offenstehen und in welchen kollaborative und oft sektorübergreifende Problemlösungsprozesse ermöglicht werden. Ein Labor sozialer Innovation „strategically brings people together at a time when persistent problems, disruptive changes or a crisis demand that stakeholders come together to make new sense of the situation" (Westley et al. 2015, S. 18). Es bietet Räume und Ressourcen für Arbeitsgruppen aus Bürgern, Wirtschaftsunternehmen, öffentlicher Verwaltung, Politik und Forschung und schafft ein innovatives Milieu.

Eine offene und partizipative Politik ist ein wichtiges Element solcher innovativen Milieus, aber alle gesellschaftlichen Sektoren müssen ihren Beitrag leisten. Dazu gehören eine aktive Zivilgesellschaft, die zu einem hohen Maß an urbaner Serendipität beiträgt, und Unternehmen, die ein Verständnis sozialer Innovation entwickeln, das über traditionelle CSR-Konzepte hinausgeht, ebenso wie die Wissenschaft, deren Forschung eine neue Rolle zuwächst (Howaldt und Kopp 2012, Moulaert et al. 2013a, Schneidewind 2014).

Labore sozialer Innovation können helfen, aus einer Erfindung eine Innovation zu machen. Denn dies ist die typische Herausforderung für viele gute Ideen, wenn sie in die Praxis umgesetzt werden sollen. Gleichzeitig kann die Unterstützung durch solche Labore sehr nützlich sein, wenn es darum geht, verschiedene – oft ganz kleine – soziale Innovationsinitiativen zusammenzubringen und zu koordinieren, um breitere Auswirkungen zu erzielen. In diesem Sinne können wir Labore sozialer

Innovation verstehen „as a process, one that is intended to support multi-stakeholder groups in addressing a complex social problem" (Westley et al. 2015, S. 1). Ein solcher Prozess „allows for the richness of complex systems to shape decision-making; it includes a compilation of tools for exploring and imagining systems as a group; and, it uses techniques for creating and/or identifying pathways for innovations to cross scales" (Westley et al. 2015, S. 18).

Infrastrukturen sozialer Innovation erschließen das Potenzial bestehender Erfindungen – ein Konzept, das in der Innovationsforschung mit Absorptionsfähigkeit beschrieben wird, d. h. als Fähigkeit, reflektierte Nachahmungs- und Anpassungsprozesse bestehender Innovationen und eine entsprechende Professionalisierung der beteiligten Akteure zu betreiben. Die Umsetzung solcher unterstützenden Strukturen wie Labore und Zentren stellt selbst eine neue soziale Praxis dar und schafft gleichzeitig einen Raum für die Entwicklung weiterer sozialer Innovationen.

Es ist nicht verwunderlich, dass solche Strukturen vor allem auf lokaler Ebene an Bedeutung gewonnen haben. Denn Städte, Stadtviertel und Nachbarschaften sind die Orte, an denen gesellschaftliche Herausforderungen besonders deutlich zum Ausdruck kommen und nach direkten Antworten verlangen. Ob es dabei um Unterstützung der in Armut lebenden Menschen geht, um die Organisation der Energieversorgung oder um die Integration von Migrantinnen und Migranten, auf lokaler Ebene kann wie nirgendwo sonst gemeinsam mit den Bürgern an neuen Problemlösungen gearbeitet werden. Dieser unmittelbare Kontakt erleichtert den Prozess der Co-Kreation im Hinblick auf die Einführung neuer sozialer Praktiken. Gleichzeitig eignet sich die lokale Ebene besonders gut als ein Raum des Experimentierens. Hier können neue Lösungen in einem kleinen Rahmen erprobt und Fehler vergleichsweise einfach korrigiert werden. Die lokale Ebene stellt daher auch einen wichtigen Raum des Lernens dar. Laboren und Zentren sozialer Innovation kommt in diesem Zusammenhang eine entscheidende Rolle zu, denn sie können dabei helfen, dass bereits angeeignetes Wissen systematisch zur Unterstützung neuer Initiativen eingesetzt und aus Fehlern gelernt wird.

5   Herausforderungen für Forschung und Praxis

Die im Projekt SI-DRIVE angewandte Methodologie hilft bei der Unterscheidung zwischen internen und externen umweltbedingten Faktoren, die soziale Innovationen betreffen. Hierbei handelt es sich um eine Aufteilung in fünf Schlüsseldimensionen sozialer Innovation, die im Folgenden in Hinblick auf ihre Bedeutung für Ökosysteme sozialer Innovation vorgestellt werden.

5.1 Konzepte und Verständnis sozialer Innovationen

Das globale Mapping macht unzählige Ansätze und Initiativen sichtbar, die die Stärke und das Potenzial sozialer Innovationen in verschiedenen Teilen der Welt, mit ihren verschiedenen ökonomischen, kulturellen, religiösen und historischen Hintergründen, illustrieren. Insgesamt nehmen soziale Innovationen nicht nur in ihrer Beziehung zu sozialer Integration und Chancengleichheit an Bedeutung zu, sondern ebenso im Hinblick auf innovative Fähigkeiten und eine nachhaltige Zukunft für die Gesellschaft als Ganzes. Gleichzeitig variiert das Verständnis von sozialen Innovationen sehr stark von Akteur zu Akteur und ebenso von Ökosystem zu Ökosystem. Während z. b. das Verständnis von sozialen Innovationen in manchen Regionen von einer ausgeprägten genossenschaftlichen Kultur und einer starken Rolle sozialer Ökonomie beeinflusst ist, liegt der Fokus in anderen Fällen auf sozialer Inklusion durch technologische Innovationen. Des Weiteren fehlt ein klares Verständnis von sozialer Innovation bei denjenigen, die Teil des Ökosystems sind. Ein besseres Verständnis von sozialer Innovation und ihrer Beziehung zu technologischen Innovationen und Innovationen, die mehr auf ökonomische als auf soziale Wertschöpfung ausgelegt sind, würde den Akteuren aus den Ökosystemen helfen, zielgerichteter zu arbeiten.

Gerade auf der lokalen Ebene besteht die Gefahr, dass die Beteiligten ein sehr exklusives Verständnis von sozialer Innovation entwickeln, weil sie diese auf das reduzieren, was sie in ihrer Umgebung unmittelbar als eine Herausforderung wahrnehmen (z. B. Armutsbekämpfung). Auf diese Weise entwickelt das lokale Ökosystem wenig Offenheit und Anpassungsfähigkeit bei sich wandelnden Herausforderungen, obwohl diesen möglicherweise mit Initiativen, Beteiligungsprozessen oder Tools begegnet werden könnte, die bereits bekannt und erprobt sind und lediglich adaptiert werden müssten.

5.2 Ziele und soziale Forderungen, gesellschaftliche Herausforderungen und systemischer Wandel

Diese Dimension konzentriert sich auf den erwünschten Output und die Motivation sozialer Innovationen. Im Hinblick auf die verschiedenen Ebenen, auf denen Output generiert wird, weist BEPA (2010, S. 26) darauf hin, dass „the output dimension refers to the kind of value or output that social innovation is expected to deliver: a value that is less concerned with mere profit, and including multiple dimensions of output measurement". Laut dieser Sichtweise können soziale Innovationen mehrere Funktionen haben:

- "respond to *social demands* that are traditionally not addressed by the market or existing institutions and are directed towards vulnerable groups in society [...],
- tackle 'societal challenges' through new forms of relations between social actors, [...] respond to those societal challenges in which the boundary between social and economic blurs, and are directed towards society as a whole [...],
- or contribute to the reform of society in the direction of a more participative arena where empowerment and learning are both sources and outcomes of well-being" (ebd., S. 29).

Das globale Mapping sozialer Innovationen zeigt, dass die Notwendigkeit, auf eine spezifische gesellschaftliche Herausforderung oder einen lokalen sozialen Bedarf zu reagieren, bei weitem die Hauptmotivation und der Anlass ist, um eine soziale Innovation zu initiieren und durchzuführen. Über 60 Prozent der Initiativen wurden aus dieser Perspektive gestartet. Besonders stark äußert sich das im Politikfeld Armutsbekämpfung (75,6 Prozent), gefolgt von Gesundheit/Sozialfürsorge (66 Prozent wohingegen es im Politikfeld Umwelt nur 37,9 Prozent sind. Dies unterstreicht, wie bereits oben dargestellt, das besondere Potenzial sozialer Innovation auf lokaler Ebene, gleichzeitig aber auch die Spezifik unterschiedlicher Ökosysteme. Während umfassendere gesellschaftliche Herausforderungen oft den Großteil von Städten und Regionen eines Landes in ähnlicher Weise betreffen, sind soziale Bedarfe meist kleinteiliger, was wiederum passgenaue Lösungen für jedes Ökosystem erfordert. SI-DRIVE befasst sich bereits mit den Unterschieden zwischen den verschiedenen Politikfeldern, und es wird auch im Weiteren eine wichtige Aufgabe der Forschung zu sozialer Innovation sein, herauszufinden, wie sich Nachfrage nach sozialen Innovationen auf lokaler Ebene je nach Politikfeld und Thema entwickelt und aus welchen Bedarfen sie resultiert. Dies ist nicht zuletzt notwendig, um soziale Innovation gezielter fördern zu können.

Wie die Ergebnisse des globalen Mappings weiterhin zeigen, gibt es eine Vielzahl von Ansätzen und Initiativen, welche die Stärke und das Potenzial sozialer Innovation nutzen, um soziale Integration durch Bildung und Armutsbekämpfung zu unterstützen und nachhaltiges Konsumverhalten zu implementieren oder den demografischen Wandel zu bewältigen. Jedoch gewinnen soziale Innovationen nicht nur an Bedeutung, weil sie sozialen Zusammenhalt und Chancengleichheit fördern, sondern auch wegen der Innovationsfähigkeit und Resilienz von Unternehmen und der Gesellschaft insgesamt.

5.3   Akteure, Netzwerke und Governance

Wer sind die Akteure, die das Ökosystem sozialer Innovation gestalten? Auf den ersten Blick scheint die Antwort offensichtlich: NGOs und NPOs, Sozialunternehmen, öffentliche Behörden, Universitäten und Forschungszentren, um nur einige zu nennen. Allerdings ist es nicht immer einfach zu erkennen, welche Art von Organisationen in soziale Innovationen involviert ist, denn immer häufiger sind in Prozessen sozialer Innovation hybride Organisationsformen vorzufinden. Noch herausfordernder für die Arbeit in Ökosystemen ist der Zustand, dass viele Akteure aktiv an sozialen Innovationen beteiligt sind, ohne dafür den Begriff soziale Innovation zu nutzen und häufig auch ohne überhaupt zu wissen, dass sie gerade an sozialen Innovationen arbeiten. Während soziale Innovation in einem lokalen Ökosystem eine bedeutende Rolle spielen kann, fehlt häufig ein expliziter Fokus seitens der Akteure, wodurch wichtige Potenziale möglicherweise nicht zur Entfaltung kommen.

Es ist darüber hinaus die Aufgabe der Forschung, alle relevanten Akteure zu berücksichtigen, was eine gründliche Untersuchung des Ökosystems jenseits der ‚üblichen Verdächtigen' erfordert. Eine wahre Herausforderung für Forschung und Praxis besteht aber auch in der Entwicklung neuer Governance-Modelle für Ökosysteme sozialer Innovation. Bezüglich der Bedeutung von Empowerment, Co-Kreation und Beteiligung von Bürgern an sozialer Innovation, erscheinen traditionelle Muster und Mechanismen als überholt. Vor diesem Hintergrund eröffnet Sgaraglis (2014) Ansatz für Ökosysteme sozialer Innovation hinsichtlich eines „paradigm shift where grass-root, bottom-up, spontaneous movements and communities of change are shaping new ecosystems" und des „replacement of existing governance models with ones that are more open, inclusive and participatory" (S. 9) eine andere Perspektive, welche in empirischen Studien untersucht werden muss.

5.4   Prozessdynamiken

Fragen in Bezug auf Transfer und Skalierbarkeit sozialer Innovationen – innerhalb desselben oder zu einem anderen Ökosystem – dominieren den Diskurs in diesem Forschungsbereich. Knapp 41 Prozent der in SI-DRIVE untersuchten sozialen Innovationen bleiben lokal. Eine besonders typische Strategie der Skalierung wird – so zeigt das Mapping – durch das Wachstum der Organisation umgesetzt. Während Skalierung eine bewährte Strategie innerhalb desselben Ökosystems darstellt, finden Transfer und adaptive Replikation öfter in einem anderen Umfeld statt. Dies trägt dazu bei, ganz neue Zielgruppen zu erreichen. Die initiierenden Akteure – Sozialunternehmer, Projektmanager, Aktivisten, Gruppen, Netzwerke etc. – haben eine Motivation, Intention oder Strategie, um ihre Lösung für ein soziales Problem zu verbreiten. Und es gibt weitere Aktivitäten, die ein Akteur initiieren kann, um die Grenzen organisationalen Wachstums zu überwinden. Tabelle 1 stellt die verschiedenen Arten der Skalierung oder von Verbreitungsstrategien dar, die im Critical Literature Review des SI-DRIVE Projekts diskutiert wurden.

Tab. 1 Zusammenfassung der zentralen Skalierungsstrategien

Approach	Strategy	Overview
Replication	'Scaling out'	Organisation attempt to replicate their social innovation in other geographical areas
	'Scaling up'	Organisations attempt to affect a wider system change by tackling the institutional causes of a problem
	Mission networks	A social entrepreneur rids of traditional aspects of organisational control (brand, intellectual property, etc.) to influence and create other 'change makers' within the system
Non-replication	Open Source	The core intellectual property of the innovation or organisation is turned into an open source tool for others to take up
	Other (less explored potential strategies)	Including: Affiliation with new partners Direct/indirect dissemination of ideas Working to change policy environments Social movement building

Quelle: Davies 2014, S. 71

5.5 Ressourcen, Fähigkeiten und Einschränkungen

Ressourcen, Fähigkeiten und Einschränkungen sozialer Innovation sind wichtige Treiber, können jedoch ebenfalls Barrieren darstellen. Dies hängt jeweils von der Zusammenarbeit der Akteure, der (unterstützenden) Netzwerke, bereichsübergreifender Zusammenarbeit der Triple und Quadruple Helix, der Verknüpfung von Hintergrundwissen, der Nutzerbeteiligung und institutionellen Konditionen ab. Sie sind eng verbunden mit dem Ökosystem sozialer Innovation und der Infrastruktur für soziale Innovation. Ressourcen (finanzielle und andere) für Ökosysteme sozialer Innovation stellen bisher meistens keinen wichtigen Punkt auf der Tagesordnung der politischen Entscheidungsträger dar. Viele Ökosysteme besitzen sehr wenige

Ressourcen für soziale Innovation: Förderung ist gering, Experten sind selten, und es fehlt an Know-how. Das globale Mapping von SI-DRIVE zeigt auf, dass die mangelnden Fördermittel die größte Barriere sozialer Innovation darstellen und die eigenen Ressourcen der Innovatoren das Hauptfinanzierungsmittel sind. Allerdings geht es um viel mehr als nur um Geld. Ökosysteme sozialer Innovation können nur dann ihr volles Potenzial entfalten, wenn die Menschen die notwendigen Fähigkeiten besitzen, um in diesem Feld tätig zu sein. Universitäten könnten eine wichtige Rolle in der Ausbildung von Experten übernehmen. Gleichzeitig ist die Entwicklung von Fähigkeiten zur Förderung der Ökosysteme sozialer Innovation auch eine zentrale Aufgabe für viele andere Akteure. Eine Frage, der sich die Forschung zu sozialer Innovation widmen sollte, ist die nach der Rolle des Wissens insgesamt und des impliziten Wissens insbesondere. Folgt man den Erkenntnissen aus den Innovation Studies, so hat die räumliche Nähe in diesem Zusammenhang nicht selten eine innovationsfördernde Bedeutung. Es gilt zu erforschen, inwiefern dies auch für soziale Innovationen zutrifft.

6   Zusammenfassung und Ausblick

Ökosysteme sozialer Innovation bestehen zum einen aus Akteuren unterschiedlicher gesellschaftlicher Sektoren, zum anderen aus den strukturellen und normativen Rahmenbedingungen, die die Entwicklung sozialer Innovationen beeinflussen, sei es in fördernder oder hemmender Weise. Es wurde festgestellt, dass intermediäre Strukturen wie Labore sozialer Innovation, in denen Akteure gemeinsam an innovativen Lösungen arbeiten, eine zunehmend wichtige Rolle bei der Gestaltung von Ökosystemen sozialer Innovation spielen und sektorenübergreifende Problemlösungsprozesse ermöglichen.

Ökosysteme sozialer Innovation befinden sich allerdings in sehr unterschiedlichen Entwicklungsstufen innerhalb und jenseits von Europa. „In all countries, though the ecosystem is under development and there are a number of important factors enabling the development of social innovation, including important support and impetus from the EU" (Boelman und Heales 2015, S. 7). Der Stand der Aktivitäten zu sozialer Innovation unterscheidet sich in den verschiedenen Weltregionen je nachdem, ob ein (gemeinsames) Verständnis von sozialer Innovation vorhanden ist, nach der Verbreitung der Initiativen, der Orientierung an sozialen Herausforderungen, der beteiligten Akteure und weiterer Faktoren. Soziale Innovationen sind in komplexen Gesellschafts- und Governance-Systemen verankert, und die zu bewältigenden Aufgaben sind tief in die vielschichtigen gesellschaftlichen und strukturellen Problematiken eingebettet. Gleichzeitig sind viele soziale Innovationen nur von geringer Reichweite: Wenige verlassen ihren eigenen Kontext und die lokale Ebene, und selbst wenn doch, wird Skalierung häufig nur innerhalb der Initiative selbst erreicht. Weitere theoretische wie empirische Arbeiten zu Ökosystemen sozialer Innovation sind notwendig, um Phänomene wie besagte Skalierungsprobleme besser zu verstehen, um Initiativen in unterschiedlichen Phasen des Innovationsprozesses angemessen zu fördern und um praktikable Governance-Modelle für das Zusammenspiel von Sektoren und Intermediären zu entwickeln. Ebenso wird es besser möglich zu verstehen, warum manche Initiativen florieren und sich dauerhaft behaupten und warum andere scheitern.

Literatur

Austin, J. E., R. Gutierrez, E. Ogliastri, und E. Reficco. 2007. Capitalizing on convergence. *Stanford Social Innovation Review* 5(4): 24–31.

Boelman, V., und C. Heales. 2015. *Social Innovation Strategies – Regional* Report (D3.6 internal report).

BEPA (Bureau of European Policy Advisers). 2010. *Empowering people, driving change: Social innovation in the European Union.* http://ec.europa.eu/bepa/pdf/publications_pdf/. Zugegriffen: 08. August 2017.

Cattacin, S., und A. Zimmer. 2016. Urban governance and social innovations. In *Social Innovations in the Urban Context,* Hrsg. T. Brandsen, S. Cattacin, A. Evers, und A. Zimmer, 21–44. Springer International Publishing.

Chambon, J.-L., D. Alix, und J.-M. Devevey. 1982. *Les innovacions sociales.* Paris: Presses Universitaires de France.

Czarniawska, B. 2009. Gabriel Tarde und die Verwaltung von Großstädten. In *Soziologie der Nachahmung und des Begehrens: Materialien zu Gabriel Tarde,* Hrsg. C. Borch und U. Stäheli, 372–396. Frankfurt am Main: Suhrkamp.

Davies, A. 2014. Social Innovation Process and Social and Social Entrepreneurship. In *Theoretical approaches to social innovation: A critical literature review,* Hrsg. J. Howaldt, A. Butzin, D. Domanski, und C. Kaletka, 60–78. http://www.si-drive.eu/wp-content/uploads/2014/11/D1_1-Critical-Literature-Review_final.pdf. Zugegriffen: 08. August 2017.

Eckhardt, J., C. Kaletka, und B. Pelka. 2017. Inclusion through digital social innovations. Modelling an ecosystem of drivers and barriers. In *Universal access in human – computer interaction; 11th International Conference,* Hrsg. M. Antona und C. Stephanidis, Proceedings, Part I, 67–84. Cham: Springer.

Emerson, J. 2003. The blended value map. Integrating social and financial returns. *California Management Review* 45(4): 34–51.

Fontan, J. M., J. L. Klein, und D.-G. Tremblay. 2008. Social Innovation at the Territorial Level: From path dependency to path building. In *The challenge of social innovation in urban revitalization*, Hrsg. P. Drewe, J. L. Klein, und E. Hulsbergen, 17–28. Amsterdam: Techne Press.

Franz, H.-W., J. Hochgerner, und J. Howaldt, Hrsg. 2012. *Challenge social innovation: Potentials for business, social entrepreneurship, welfare and civil society*. Berlin, New York: Springer.

Howaldt, J., A. Butzin, D. Domanski, und C. Kaletka, Hrsg. 2014a. *Theoretical approaches to social innovation: A critical literature review*. http://www.si-drive.eu/wp-content/uploads/2014/11/D1_1-Critical-Literature-Review_final.pdf. Zugegriffen: 08. August 2017.

Howaldt, J., D. Domanski, und M. Schwarz. 2015. Rethinking social entrepreneurship: The concept of social entrepreneurship under the perspective of socio-scientific innovation research. *Journal of Creativity and Business Innovation 1*: 88–89. http://www.journalcbi.com/social-entrepreneurship.html. Zugegriffen: 08. August 2017.

Howaldt, J., R. Kopp, und M. Schwarz. 2014b. Zur Theorie sozialer Inovationen. Tardes vernachlässigter Beitrag zur Entwicklung einer soziologischen Innovationstheorie. Weinheim und Basel: Beltz Juventa.

Howaldt, J., und R. Kopp. 2012. Shaping social innovation. In *Challenge social innovation: Potentials for business, social entrepreneurship, welfare and civil society*, Hrsg. H.-W. Franz, J. Hochgerner, und J. Howaldt, 43–56. Berlin, New York: Springer.

Howaldt, J., A. Schröder, C. Kaletka, D. Rehfeld, und J. Terstriep. 2016. *Mapping the World of Social Innovation: A Global Comparative Analysis across Sectors and World Regions*. Dortmund: TU.

Jessop, B., F. Moulaert, L. Hulgård, und A. Hamdouch. 2013. Social innovation research: a new stage in innovation analysis? In *The International Handbook on Social Innovation: Collective Action, Social Learning and Transdisciplinary Research*, Hrsg. F. Moulaert, D. MacCallum, A. Mehmood, und A. Hamdouch, 110–130. Cheltenham: Elgar.

Klein, J. L., J. M. Fontan, D. Harrisson, und B. Lévesque. 2013. The Quebec Model: a social innovation system founded on cooperation and consensus building. In *The International Handbook on Social Innovation: Collective Action, Social Learning and Transdisciplinary Research*, Hrsg. F. Moulaert, D. MacCallum, A. Mehmood, und A. Hamdouch, 371–383. Cheltenham: Elgar.

Moulaert, F., D. MacCallum, A. Mehmood, und A. Hamdouch, Hrsg. 2013a. *The international handbook on social innovation: Collective action, social learning and transdisciplinary research*. Cheltenham: Elgar.

Moulaert, F., D. MacCallum, A. Mehmood, und A. Hamdouch, 2013b. General introduction: the return of social innovation as a scientific concept and a social practice. In *The international handbook on social innovation. Collective action, social learning and transdisciplinary research*, Hrsg. F. Moulaert, D. MacCallum, A. Mehmood, und A. Hamdouch, 1–6. Cheltenham: Elgar.

Moulaert, F., D. MacCallum, D., J. Hillier, 2013c. Social innovation: intuition, precept, concept, theory and practice. In *The international handbook on social innovation. Collective action, social learning and transdisciplinary research,* Hrsg. F. Moulaert, D. MacCallum, A. Mehmood, und A. Hamdouch, 13–24. Cheltenham: Elgar.

Moulaert, F., F. Martinelli, E. Swyngedouw, und S. González. 2005. Towards alternative model(s) of local innovation. *Urban Studies 42*(11): 1969–1990. doi:10.1080/00420980500279893.

Phills Jr., J. A., K. Deiglmeier, und D. T. Miller. 2008. Rediscovering Social Innovation. *Stanford Social Innovation Review 6*(3): 34–43.

Schneidewind, U. 2014. Urbane Reallabore: Ein Blick in die aktuelle Forschungswerkstatt. *pnd-online* 3. http://www.planung-neu-denken.de/images/stories/pnd/dokumente/3_2014/ schneidewind.pdf. Zugegriffen: 09. August 2017.

Sgaragli, F. 2014. *Enabling social innovation ecosystems for community-led territorial development*. Rom: Fondazione Giacomo Brodolini.

Tarde, G. 2009. *Die Gesetze der Nachahmung*. Frankfurt am Main: Suhrkamp.

The Rockefeller Foundation und The Bridgespan Group. 2014. *Social innovation labs: How social innovation labs can advance your work*. https://www.bridgespan.org/bridgespan/ Images/articles/innovation-lab-resources/Social-Innovation-Labs-External-Guide.pdf. Zugegriffen: 09. August 2017.

Wallin, S. 2010. *The co-evolvement in local development – From the triple to the quadruple helix model*. http://www.leydesdorff.net/th8/TRIPLE%20HELIX%20-%20VIII%20CON-FERENCE/PROCEEDINGS/0110_Wallin_Sirkku_O-104/triple%20helix%20Wallin%20 final.pdf. Zugegriffen: 09. August 2017.

Westley, F., S. Laban, C. Rose, K. McGowan, K. Robinson, O. Tjornbo, und M. Tovy. 2015. *Social Innovation Lab Guide*. https://uwaterloo.ca/waterloo-institute-for-social-innovation-and-resilience/sites/ca.waterloo-institute-for-social-innovation-and-resilience/files/ uploads/files/10_silabguide_final.pdf. Zugegriffen: 09. August 2017.

Innovationspotentiale urbaner Räume
Zur Koevolution institutioneller Bedingungen und personaler Kompetenzen in der Stadtentwicklung

Matthias Wörlen und Tobias Hallensleben

1   Einleitung

Die nachhaltige Transformation dicht besiedelter urbaner Räume stellt eine der zentralen Herausforderungen des 21. Jahrhunderts dar. Angesichts tiefgreifender ökologischer, sozialer und ökonomischer Krisenerscheinungen gilt es, auf lokaler Ebene spezifische Kompetenzen aufzubauen und städtische Lebensräume neu zu gestalten. Doch warum sind manche Städte empfänglicher bzw. aufnahmefähiger für Veränderungsimpulse? Wovon hängen Lern- und Innovationsfähigkeit urbaner Räume ab? Und wie können regionale Potentiale der Modernisierung analytisch durchdrungen und entwickelt werden? Zur Beantwortung dieser Fragen skizzieren wir im Folgenden eine Konzeption zur Analyse städtischer Innovationsfähigkeit, die insbesondere den Ambivalenzen, Ungewissheiten und unintendierten Nebenfolgen komplexer Veränderungen Rechnung trägt. Die zentralen Voraussetzungen für *soziale Prozesse des Innovierens* erfassen wir dabei über das Konstrukt der *Reflexivität* (Moldaschl 2006; Hallensleben et al. 2015). Es beinhaltet die Fähigkeit zur Distanzierung gegenüber eingeübten Routinen, bewährten Regeln, definierten Prozessen, für alternativlos gehaltenen Gewissheiten. Damit einher geht die Bereitschaft, das eigene Handeln zu beobachten, neues Wissen aufzunehmen, responsiv zu sein und divergente, mitunter konfligierende Perspektiven aufzugreifen und zu verarbeiten.

Im Beitrag werden zunächst die konzeptionellen Grundlagen der Reflexivitätsanalytik vorgestellt. Besonderes Augenmerk gilt dabei dem Wechselspiel zwischen institutionellen Bedingungen und personalen Kompetenzen. Anschließend wird anhand eines Wasser-Infrastrukturprojektes in Hannover-Kronsberg aufgezeigt, wie sich im Zuge der Planung und Erschließung des ehemaligen Expo-Geländes neue Verfahren und Praktiken vegetationsbasierter Regenwasser-Bewirtschaftung entwickelt haben und welche Lerneffekte dadurch zutage traten. Untersucht wird, wie ambivalente Ziele, unsicheres Wissen und widersprüchliche Anforderungen mit

© Springer Fachmedien Wiesbaden GmbH, ein Teil von Springer Nature 2018
H.-W. Franz und C. Kaletka (Hrsg.), *Soziale Innovationen lokal gestalten*,
Sozialwissenschaften und Berufspraxis,
https://doi.org/10.1007/978-3-658-18532-9_18

institutionellen Bedingungen vor Ort interagieren, und wie dies zur Entwicklung von Innovationsfähigkeit im Feld der Stadtentwicklung beiträgt. Auf den empirischen Befunden der Fallstudie aufbauend werden abschließend die Konsequenzen für die Übertragbarkeit der Reflexivitätsanalytik diskutiert.

2   Reflexivität als urbanes Innovationspotential

2.1   Was heißt Reflexivität als Potential?

Die vorliegende Untersuchung richtet sich im Kern auf die Analyse von Lern- und Innovationspotentialen. Lern- und Innovationspotentiale werden dabei über den Ansatz der Institutionellen Reflexivität konzipiert (Moldaschl 2005, 2006), der sich bereits in unseren Analysen betrieblicher Innovationspotentiale bewährt hat (vgl. z. B. Moldaschl, Hallensleben, Wörlen 2015) und hier nun mit Blick auf die Verarbeitung urbaner Entwicklungsherausforderungen weiterentwickelt wird. Im Wesentlichen geht es dabei um Reflexivität als Kompetenz bzw. als Vermögen, etwas zu tun – als generatives Potential, wirksam zu handeln.

Einen zentralen Bezugspunkt zur Spezifikation von Reflexivität entwickelt Moldaschl entlang Luhmanns (1984) *Theorie sozialer Systeme*. Dort wird Reflexivität als eine bestimmte Form der Selbstbezüglichkeit in der systemischen Reproduktion verstanden. Durch diese *prozessuale Reflexivität* steht Systemen eine höherstufige Form des Aufbaus von Komplexität zur Verfügung. Denn im Gegensatz zur basalen Selbstreferenzialität autopoietischer Reproduktion erlaubt Reflexivität Systemgeschichte fortzuschreiben, indem Anschluss nicht einfach nur passiert, sondern Anschlussfähigkeit systematisch geschaffen wird. Die mit Reflexivität begrifflich gefasste Selbstbezüglichkeit der Systemreproduktion hilft dem System, sich zu erkennen – sie stiftet Zuverlässigkeit und Stabilität, schafft Routinen und entlastet. Die prozessuale Reflexivität der Systemtheorie ist der unmittelbare Rückgriff des Systems auf seine Geschichte. Diese Rekursivität sollte unserem Verständnis nach von Reflexivität im Sinne von Innovationsfähigkeit unterschieden werden. Rekursivität bringt zum Ausdruck, dass bei der Systemreproduktion ein Korridor möglicher Zukunftsszenarien (Ortmann 1995) mitprozessiert wird. Sie kann in Form von institutioneller Pfadabhängigkeit zum umfassenden Verlust der Veränderbarkeit führen (Schreyögg et al. 2003). In Form fortgeschriebener funktionaler Dummheit – mimetische Schweigekartelle, Heucheleien, Rationalitätsmythen – kann Rekursivität geradezu als das Gegenteil von Reflexivität („organizationally supported lack of reflexivity" Alvesson und Spicer 2012, S. 1196) verstanden werden.

Rekursivität stellt eine Selbstbezüglichkeit dar, die bei der Strukturierung institutioneller Settings üblicherweise aufgrund einer gewissen Historizität anzutreffen ist. Diese Rekursivität kann zum Problem werden, wenn sie Pfade für notwendige Innovation verbaut – muss es aber nicht. Reflexivität sehen wir im Gegenzug als Fähigkeit, Rekursivität zu beachten, d. h., die Konsequenzen rekursiver Strukturierung zu beobachten und zu verarbeiten.

Neben dieser direkten Rekursivität gilt es auch Nebenfolgen aufgrund von Wechselwirkungen bei der selbstbezüglichen Reproduktion sozialer Strukturen zu beachten. Insbesondere Ulrich Beck (Beck et al. 1996) hat darauf unter dem Stichwort der „reflexiven Modernisierung" hingewiesen: Die Grundpfeiler der ersten Modernisierung potenzieren ihre Wirkung im Rahmen wechselseitiger Selbstanwendung in einer „Revolution der Nebenfolgen" (Beck 1993, 62) und schaffen damit eine Risikogesellschaft – eine Gesellschaft, in der sich soziale, politische, ökologische und individuelle Risiken den etablierten Sicherungsinstanzen entziehen (Beck 1986). Die Implikationen dieser Dynamisierungen und Komplexitätssteigerungen von Selbstbezüglichkeit für die Steuerbarkeit von Innovation werden z. B. unter dem Stichwort der reflexiven Governance diskutiert (Voss 2008; Rotmans und Loorbach 2008; Newig und Voss 2010): Projekte der nachhaltigen gesellschaftlichen Innovation schlagen sich in soziokulturellen, technologischen, ökologischen und ökonomischen Feldern nieder, die sich z. T. überlagern und miteinander gekoppelt sind. Die feldspezifischen Wirkungen beeinflussen sich wechselseitig und werden dadurch kaum vorhersagbar oder gar kausal erklärbar. Folglich entpuppen sich Steuerungsstrategien, die allein an funktional spezialisierten Rationalitäten eines Teilsystems ausgerichtet sind, als Grundproblem nachhaltiger Entwicklung, weil sie Nebenfolgen in anderen Teilsystemen hervorbringen, die die Entwicklung als Ganzes gefährden können.

Selbstbezüglichkeit kann daher nicht nur – wie im Fall der direkten systemischen Rekursivität – mit der Gefahr des Verlusts von Veränderbarkeit einhergehen, sondern sie kann angesichts nicht vorhersehbarer Nebenfolgen verschränkter und dynamisierter Rekursivität einen Kontrollverlust zu Folge haben. Reflexivität ermöglicht, Selbstbezüglichkeit zu verarbeiten. Mit Reflexivität als Potential nachhaltigen Innovierens verbinden wir – Moldaschl folgend – die Fähigkeit, sowohl mit den Nach- und Nebenwirkungen (Hysterese) der Rekursivität als auch mit dem Verlust an Steuerbarkeit aufgrund der verkoppelten Nebenfolgenproduktion möglichst achtsam umzugehen (Weick et al. 1999).

2.2   Ko-Evolution institutioneller und subjektivitäts-basierter Reflexivität

Das ursprüngliche Ziel der Reflexivitätsanalytik ist ihre Anwendung auf Institutionen im Rahmen der *Institutionellen Reflexivität*. Institutionen sind die Standards, Verfahren und Deutungsmuster, die den beteiligten Akteuren als Referenzpunkte zur Entwicklung ihrer Routinen dienen. Institutionen können in unterschiedlicher Weise die Bedingungen ihrer eigenen Abweichungen, Veränderungen, Außerkraftsetzung – ihrer Entwicklung – vorgeben. Institutionelle Reflexivität lässt sich insofern als Innovationsfähigkeit verstehen, als dass sie eine Orientierung darstellt, aufgrund derer Regeln und Gelegenheiten für methodischen Zweifel, diskursives Hinterfragen und kritische Distanzierung gesetzt werden. Institutionelle Reflexivität manifestiert sich in einer Reihe von Eigenschaften institutioneller Regulierung (Moldaschl 2005, 2006):

- Offenheit zur Revision bzw. Innovation bisheriger Sichtweisen und Praktiken
- Organisation von Selbstbeobachtung und Selbstkritik (Evaluationsorientierung)
- Kritikkultur/Diskursivität/Dialogfähigkeit
- Nebenfolgensensibilität/Achtsamkeit
- Schaffen von Handlungsoptionen
- Distanzierungsanreize
- Umgang mit Unsicherheit: Kontingenzbewältigung, Ambiguitätstoleranz
- Selbstanwendung

Reflexivität als Innovationsfähigkeit geht allerdings über die institutionelle Zurverfügungstellung von Gelegenheiten hinaus. Die durch Praktiken, Verfahren und Regeln strukturierten Möglichkeiten müssen genutzt werden, wenn sie wirksam werden sollen. Die Ausrichtungen zur nicht-programmierten Auseinandersetzung müssen im interpretativen Handeln erwirkt werden. Hierbei sind sie auf Subjekte – Träger von Subjektivität – angewiesen. Erst durch Subjekte bekommen sie Sinn, denn Subjekte bringen aufgrund ihrer Perspektivität die Beobachtungsfähigkeit und aufgrund ihrer Intentionalität die Handlungsfähigkeit ein, die für Sinnstiftung notwendig ist. Deshalb wollen wir hier keine auf Institutionen isolierte Perspektive einnehmen, sondern Reflexivität als subjektive Kompetenz beachten. Folgende Manifestationen von Reflexivität als subjektiver Kompetenz sind hierbei von besonderer Relevanz:

- Reflexives Wissen: Wissen über das eigene Wissen (historisch, kulturell, sozial), dessen Herkunft und Grenzen

- Reflexive Perspektivität: Bewusstsein von der Standortabhängigkeit eigener Wahrnehmung und Wertung, daher Distanz gegenüber eigenen Routinen, Denkweisen, Überzeugungen
- Soziale Dezentrierung: Bereitschaft, Perspektiven anderer auf das eigene Tun nicht nur zur Kenntnis zu nehmen, sondern zu suchen
- Pluralismus: Anerkennung und Wertschätzung von Diversität als produktivem Potential statt (nur) als Störfaktor
- Achtsamkeit für die Nebenfolgen eigenen Handelns
- Optionalität: Präferenz für Entscheidungen, die weitere Möglichkeiten offen lassen
- Ambiguitätstoleranz: Mit Ungewissheit, Uneindeutigkeit und Widersprüchen umgehen können
- Rezentrierung: Fähigkeit, die divergenten Perspektiven wieder zusammenzuführen, zu entscheiden und zu handeln.

Als subjektive Kompetenzen sind diese Manifestationen von Reflexivität von der Qualität gemachter Erfahrungen abhängig, stellen aber keine direkte Aktivierung des Erfahrenen selbst, sondern eine Anwendung geronnener Erfahrung unter situational spezifischen Bedingungen dar (vgl. Langemeyer 2013). In diesem Sinne erweitert verstehen wir Reflexivität als Art der Selbstbezüglichkeit von Subjekten[1], die diese befähigt, von eigenen Prämissen und Handlungsprogrammen zu dezentrieren, eine kritische Sicht auf sich selbst einzunehmen, sich den Standpunkt Anderer zu vergegenwärtigen und sich aus der Perspektive Anderer zu betrachten.

Wir verankern Reflexivität als Innovationsfähigkeit in der Wechselwirkung zwischen institutionellen Rahmungen und der Art, wie Akteure in ihrem institutionellen Handeln (Lawrence und Suddaby 2009) auf diese Rahmung Bezug nehmen, indem sie auf ihre reflexiven Kompetenzen zurückgreifen. Innovationsfähigkeit wird somit auf zwei Pole zurückgeführt:

- Zum einen auf institutionalisierte Qualitäten von Lernprozessen, die individuelle Akteure und institutionelle Settings unterstützen, sich mit den Grenzen der eigenen Gewissheiten, der Kontingenz unterschiedlicher Zukunftsentwürfe und der Differenz unterschiedlicher Perspektiven auseinander zu setzen.
- Zum anderen auf die subjektiven Kompetenzen beteiligter Akteure, diese Gelegenheiten zu erkennen und zu nutzen.

---

1   Genauer wäre diese Selbstbezüglichkeit vermutlich als Selbst/Welt-Relationierung zu begreifen.

Wir sehen diese beiden Pole in einem ko-evolutionären Verhältnis (vgl. Abb. 1):

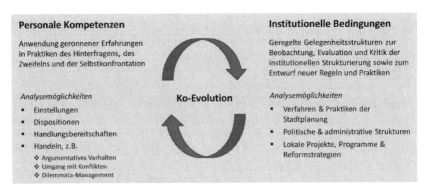

Abb. 1   Ko-Evolution von institutionellen Bedingungen und personalen Kompetenzenv

Vergleichbar zum Modell der reflexiven Strukturierung von Handlungsmodalitäten durch kompetente (knowledgable) Akteure bei Giddens (1984) sehen wir die Wirkung mehr oder weniger reflexiv begabter Subjekte auf die anwendende (Re- und Neu-) Produktion institutioneller Rahmungen. Mit Ortmann könnte man auch sagen, dass institutionelle Rahmungen immer Freiheitsgrade der Interpretation aufweisen (vgl. z. B. Ortmann und Sydow 2001) und in ihrer interpretativen Aktualisierung immer auch verändert werden (vgl. z. B. Ortmann 2003). Die institutionell geregelten Gelegenheiten zur aktiven Auseinandersetzung mit Pfadabhängigkeiten und Nebenfolgen sind daher ebenfalls Niederschlag des reflexiven institutionellen Handelns durch kompetente Akteure (Hallensleben et al. 2015). Unsere Vorstellung der Ko-Evolution reflexiver Potentiale kann daher – wenn auch nicht bewusst an Giddens angelehnt – auch als eine Lesart der Strukturationstheorie verstanden werden, die spezifisch auf die Frage nach der Genese von Reflexivität als Innovationsfähigkeit ausgerichtet ist.

Mit dem Konzept der Institutionellen Reflexivität betonen wir allerdings stärker als die Strukturationstheorie die institutionell geregelten Gelegenheitsstrukturen, um Nebenfolgen und Pfadabhängigkeiten des institutionellen Settings zu beobachten, zu evaluieren, zu kritisieren und gezielt Alternativen in den Strukturierungsprozess einzuspeisen. Die Ausformung dieser Gelegenheiten kann unterschiedlich sein: Natürlich sind hier die formatierten Verfahren zur institutionellen Selbst-Beobachtung, Evaluation etc.; vgl. Moldaschl 2005) zentral, aber nicht umfassend. Zentrales Argument für unser Verständnis der wechselseitigen Prozessierung von institutioneller und subjektivitätsbasierter Reflexivität als Ko-Evolution ist, dass die Ausformungen institutioneller Reflexivität nicht nur Gelegenheiten zur Auseinandersetzung mit institutionellen Settings bieten, sondern den Subjekten auch Erfahrungsräume eröffnen, im Rahmen derer die Referenzen für reflexive Kompetenzen erarbeitet werden können. Zum Beispiel können Anlässe zur Auseinandersetzung in Form von Objekten (Jain 2016), Events (vgl. z. B. Lampel und Mayer 2008) oder Projekten (Wörlen et al. 2016) geschaffen werden. Professionalisierungsprogramme können gezielt auf die Einübung eines souveränen Umgangs mit Ambiguitäten ausgerichtet sein (vgl. Schön 1984; Dewe 2009). Erfahrungsräume können über institutionelle Regelungen geöffnet – oder eben geschlossen werden (z. B. Hallensleben et al. 2015).

2.3 Reflexivität als urbanes Innovationspotential

Die Reflexivitäts-Analytik wurde in unserer bisherigen Forschung überwiegend auf die Innovationsfähigkeit von Unternehmen angewendet. Ohne dies bisher im Einzelnen durchdekliniert zu haben, halten wir die Konzepte der „Institutionellen Reflexivität", der „Reflexivität als subjektive Kompetenz" und der „Ko-Evolution subjektiver und institutioneller Reflexivität" grundlegend auf sozial-räumliche Konfigurationen anwendbar, solange die Elemente dieser Konfigurationen ein gewisses Maß wechselseitiger Bezüglichkeit – Grade der Systemhaftigkeit (vgl. „systemness" bei Giddens 1984, S. 283) – aufweisen.

- So weisen z. B. urbane Governance-Formen aufgrund eines gewissen Maßes der räumlichen Ko-Präsenz ihrer Akteure erweiterte Möglichkeiten institutionell gerahmter Auseinandersetzung auf. „Im Ort werden Unterschiede erfahren und sind gesellschaftliche Prozesse und Probleme in einer Weise präsent, die – im Wortsinne – nahelegt, dass diese thematisiert, als entscheidungsrelevant angesehen und damit politisiert werden." (Sack 2012, S. 312)
- Städte werden auch zunehmend zu strategischen Akteuren stilisiert, die ihre kreativen Potenziale (z. B. Florida 2003), ihre Krisenfestigkeit (z. B. Pickett et al. 2004) oder ihre Smartness (vgl. dazu kritisch: Hollands 2008) managen sollen. Und tatsächlich scheinen sich Städte und ihre Vertreter – zum Beispiel bei der Frage des ja eigentlich globalen Klimawandels – zunehmend selbst als eigenständige und strategiefähige Akteure wahrzunehmen.
- Auch wird bei der Analyse der ökonomischen Bedingungen städtischen Lebens aktuell die stadtspezifische Grundlage im Vergleich zu den regionalen und nati-

onalen Einflussfaktoren betont.[2] Städte scheinen sich demnach – zumindest z. T.
hinsichtlich ihrer ökonomischen Lebensbedingungen – aus den sie umfassenden
Gesellschaften auszudifferenzieren.

- Reflexivität ist unserer Perspektive nach für diese Ausdifferenzierung mitentscheidend. Wir folgen hier u. a. Michael Storper (1997), der stadtspezifische
Ökonomien auf distinkte urbane Dimensionen von Reflexivität zurückführt,
die ihrerseits von den „concrete relations between persons and organizations
which are formed in cities" abhängen, durch „conventions which have speci-
fically urban dimensions" (ebd., S. 5) koordiniert werden und in Folge dessen
sich häufig von Stadt zu Stadt unterscheiden.

Diese Argumente weisen nicht zufällig eine gewisse Ähnlichkeit mit der Perspektive des Ansatzes der *Regional Innovation Systems* [RIS] (Braczyk et al. 1998) auf,
denn auch dort wird selbstbezügliche Institutionenbildung (vgl. Systemhaftigkeit
bei Cooke 2001, S. 954) auf räumliche Interaktionsbedingungen und historische
Verweisungszusammenhänge zurückgeführt. Insofern schließen wir an die RIS
an, wenn wir folgern, dass Städte aufgrund ihrer Strukturiertheit als räumliche
soziale Konfigurationen eigenständige Innovationspotentiale aufweisen. Anschließend an die raumsoziologische Konzeption von Stadt durch Martina Löw kann
man folgern, dass Städte noch stärker und unmittelbarer als Regionen durch ihre
räumliche Konfiguration erfahrbar sind. Urbane Strukturen „stehen nicht als
Abstraktion einer konkreten Örtlichkeit gegenüber, sondern werden im Handeln
am konkreten Ort der Stadt realisiert. Städte sind durch dieses Erfahrenwerden
des Ortes immer auch gedeutete und wahrgenommene Formen." (Löw et al 2008,
S. 12) Örtlichkeit der Stadt manifestiere sich somit in lokalen Praktiken, und über
deren Verdichtung „entstehen ortsspezifische Pfade, Erzählungen und Strategien,
das Eigene herzustellen, zu verstetigen, zu reproduzieren und so immer wieder
als Eigenes zu erfahren. (Löw 2010, S. 616) Diese ortsspezifische Strukturierung
bestimme letztlich „den Charakter der Städte, ihre Atmosphären, aber auch ihre
Handlungs- und Problemlösungskapazitäten" (Löw 2008, S. 63).

Es gibt daher gute Argumente für die Annahme, dass sich urbane Innovationspotentiale unterscheiden können, die sich in der institutionellen Rahmung und
der erfahrungsgestützten, subjektiven Kompetenz manifestieren und die sich über
Reflexivität als Fähigkeit der achtsamen, nebenfolgen-sensiblen Selbstbezüglichkeit
abbilden lassen. Im Rahmen lokaler politischer Kulturen können sich stadtspezifische

---

2   Diese Argumentation findet man z. B. im Global-Cities-Ansatz (Sassen 1991), aber auch
    im UN Habitat Report State of the World's Cities 2012/2013: Prosperity of Cities. (UN
    Habitat 2013).

Regeln, Verfahren und Praktiken herausbilden, die in unterschiedlichem Maße und unterschiedlich geformte Gelegenheiten zum Hinterfragen, zum Widerspruch oder zur Einspeisung alternativer Entwicklungsmöglichkeiten bieten. Für nachhaltiges Innovieren müssen diese Gelegenheiten von kompetenten Akteuren – lokale institutionelle Entrepreneure, Aktivisten, Communities of Practice – genutzt werden.

Mit der nachfolgenden Fallstudie zu einem städtischen Entwicklungsprojekt im Bereich der Regenwasserinfrastruktur wollen wir die Tragfähigkeit und die Aussagekraft der Reflexivitätsanalytik für urbane Innovationspotentiale prüfen. Natürlich soll hiermit auch eine Plausibilisierung dieser Perspektive auf Innovationsfähigkeit erfolgen. Die Studie soll aber auch genutzt werden, um kritisch über notwendige Anpassungen und Erweiterungen der Reflexivitätsanalytik zur Übertragung auf urbane Innovation nachzudenken.

3 Kontext und Design der Fallstudie

Die Fallstudie fokussiert die Innovationspotentiale, die in Hannover bei der Entwicklung neuer Methoden der Regenwasserinfrastruktur im Rahmen des Expo 2000-Projekts „Hannover-Kronsberg" genutzt wurden. Damit begeben wir uns in ein hochrelevantes Feld nachhaltiger Stadtentwicklung, denn die Umgestaltung der Regenabwasserinfrastruktur stellt eine komplexe Herausforderung dar, der sich aktuell viele Großstädte stellen müssen. Regenwasser wird in nahezu allen größeren Agglomerationen von den Dächern, Straßen, Plätzen und sonstigen versiegelten Flächen direkt ins Rohrleitungsnetz eingespeist, dort zu immer größeren Strömen zusammengelegt und der Aufbereitung am Stadtrand zugeführt, bevor es außerhalb in Flüsse oder Meer abgelassen wird. Dieser rohr- und betonbasierte graue Ansatz konzentriert sich darauf, Regenwasser möglichst schnell aus dem städtischen Metabolismus abzuleiten (Wong, 2006). In der Konsequenz tendieren urbane Ökosysteme dazu auszutrocknen, mit zum Teil zerstörerischen Effekten für das städtische Mikroklima, für die Bodenbedingungen und einer Erhöhung der Exposition gegenüber Umweltkrisen oder -katastrophen. Zugleich erhöht sich durch die beschleunigte Ableitung die Gefahr von Hochwasser (vgl. z. B. Wörlen et al. 2016). Vergrößert wird diese Problematik vielerorts durch Klimawandel und weitere Urbanisierungswellen.

Inzwischen werden die zerstörerischen Folgen der grauen Regenwasser-Infrastruktur klarer wahrgenommen, und eine Vielzahl von Städten nimmt sich der Herausforderung an, neue Bewirtschaftungstechniken und Planungspraktiken zu entwickeln. Von technischer Seite ist das ein vergleichsweise einfaches Unterfangen.

Vegetationsbasierte Wasserbewirtschaftungs-Systeme – sog. Blau-Grüne Infrastruktur [BGI] – haben ihre Funktionalität und Umsetzbarkeit bereits häufig auch
in dicht bebauten städtischen Räumen unter Beweis gestellt.[3] Für einen Pfadwandel
von grauer zu blau-grüner Infrastruktur gilt es, diese vegetationsbasierten Elemente
jeweils in Anbetracht der lokalen Bedingungen in ein umfassendes Bewirtschaf-
tungssystem zu integrieren. Die dazu notwendige Transformation in der Kultur
des Infrastrukturdesigns und in den dazugehörigen institutionellen Routinen einer
Stadt setzt allerdings grundlegende Bedingungen voraus (Brown 2003, S. 68f.):

1. (Regen-)Wasser muss auch im urbanen Kontext wieder als wertvolle Ressource
   und nicht mehr als zu entsorgender Müll betrachtet werden. Im Zuge dessen
   darf Regenwasserbewirtschaftung auch nicht mehr auf die Zielstellung ökonomischer Effizienz reduziert werden, sondern muss soziale und ökologische
   Werte berücksichtigen.
2. Wasser muss stärker dezentralisiert und gezielt über die komplette Stadtflä-
   che hinweg bewirtschaftet werden. Regenwassermanagement wird dadurch
   zum transdisziplinären Feld, das nicht länger nur in der Verantwortung einer
   einzelnen Planungs- und Aufsichtsinstanz – dem zuständigen, kommunalen
   Abwasseramt – liegt, sondern eine Reihe von öffentlichen Institutionen und
   privaten Partnern betrifft und von ihnen gestaltet werden muss.

In der hier dargestellten Forschung liegt der Fokus auf den Handlungsressourcen
und Fähigkeiten, die eine derartige Transformation befördern, wobei wir uns vor
allem auf die Reflexivität der beteiligten institutionellen und personellen Akteure
konzentrierten. Konzeptionelle Grundannahmen lassen sich grob folgendermaßen
verstehen: Der graue Ansatz zur Regenwasserbewirtschaftung wird im Rahmen
eines Bündels institutionalisierter Praktiken und Verfahren wirksam, das seinerseits
eingebettet ist in ein kultur-historisch entwickeltes Verständnis städtischer Was-
seranforderungen. Eine Transformation zu BGI setzt auf individueller, kollektiver
und institutioneller Ebene reflexive Potentiale voraus, die im Zusammenspiel einen
Lernprozess bewirken, im Rahmen dessen das wechselseitig sich stabilisierende
Verhältnis zwischen gebauter Umwelt, professioneller und administrativer Praxis,

---

3   Hierzu müssen hydrologische und ökologische Gestaltungsgrundsätze in die Entwick-
    lung städtischer Flächen integriert werden, um urbane Nutzungsansprüche, Wasser-
    anforderungen und Vegetation in multifunktionalen Systemen zusammenzuführen.
    Von der hydrologischen Seite müssen diese Systeme Wasser auffangen, es filtern, seine
    Abflussgeschwindigkeit regulieren und wo möglich versickern und speichern. Typische
    Elemente dieser BG-Systeme sind begrünte Dächer, Mulden, Rigolen, Regengärten,
    Rückhaltebecken, Seen und Versickerungsanlagen.

Bewirtschaftungstechnologie und kulturellen Verständnis- und Bewirtschaftungsweisen verändert werden kann. In unseren Fallstudien suchten wir nach signifikanten zukunftsweisenden, epistemischen Orientierungen, rekonstruierten ihren Niederschlag in innovatorischem Handeln und interpretieren die hierin zum Ausdruck gebrachten Potenziale aufbauend auf dem Reflexivitäts-Ansatz (s. o.). Das Datenmaterial zum folgenden Fall der blau-grünen Infrastruktur-Implementation am Kronsberg in Hannover basiert wesentlich auf 11 Interviews und 3 Gruppendiskussionen, die in den Jahren 2015–2016 mit Personen geführt wurden, die an einem BGI-Projekt in den 1990ern beteiligt waren. Ergänzt wurde dieses Interview-Material durch intensive Auswertung öffentlicher und nicht-öffentlicher Projektdokumentationen.

4 Fallstudie: Transformation der Regenwasserbewirtschaftung am Beispiel Hannover-Kronsberg

Die Fallstudie ist die historische Konstruktion der Entwicklung eines neuen Pfads der Regenwasserinfrastruktur-Entwicklung im Zuge des Expo 2000-Projekts „Hannover-Kronsberg". Blau-Grüne Infrastruktur (BGI) war zuvor keine etablierte Praxis dort. Die Kronsberg-Erschließung war erfolgreich als erster Schritt für eine Veränderung der Regenwasserbewirtschaftung in Hannover. Nach diesem Projekt wurden Systeme zur dezentralen, vegetationsbasierten Rückhaltung und Versickerung von Regenwasser etablierte Technologien in Hannover. Bei Neu-Erschließungen und bei der Modernisierung erschlossener Siedlungen ist seit dem Expo-Projekt die Prüfung wasserwirtschaftlicher Bedarfslagen und ggf. eine vegetationsbasierte Regenwasserbewirtschaftung verpflichtend. Datenreihen hierzu sind leider unvollständig. Allerdings wurden von 2002 bis 2008 in Hannover 150 Bebauungspläne dahingehend geprüft und in 22 Fällen BGI zur Auflage gemacht und in der späteren Bebauung umgesetzt. In diesem Sinne kann Hannover-Kronsberg mit gutem Recht als erfolgreich genutzte Gelegenheit der Transformation grauer in blaugrüne Regenbewirtschaftungspraktiken angesehen werden.

Hannover-Kronsberg ist ein Wohngebiet mit 7000 Einwohnern, die sich auf 3000 Wohnungen auf einer Fläche von 500m x 3km verteilen. Es wurde 1992–2000 als Ausstellungssiedlung für die Weltausstellung EXPO 2000 "Mensch-Natur-Technik" erbaut mit dem Anspruch, neue und besonders nachhaltige Erschließungsformen anzuwenden. Der Kronsberg liegt in direkter räumlicher Nähe zum Hannoveraner Expo-Gelände. Seine Erschließung als Wohngebiet bot damit die Möglichkeit,

einen von Kritikern der Expo-Kandidatur befürchteten Druck auf den städtischen
Wohnmarkt mit einer ins Expo-Konzept integrierten Maßnahme zu entschärfen.
Nachhaltige Regenwasserinfrastruktur war zwar nicht der originäre Fokus des
Expo-Projekts „Kronsberg", angesichts der Nachhaltigkeitsprogrammatik und der
komplexen hydrologischen Situation am Kronberg war es allerdings unausweichlich,
auch für die Regenwasserbewirtschaftung am Kronsberg nach neuen Lösungen zu
suchen. Denn die Grundwassereinspeisung auf dem Kronsberg ist mit 194 mm/a
bedeutend höher als im regionalen Schnitt und trägt wesentlich zur Stabilisierung
des Wasserhaushalts in der Region bei. Pläne zur Erschließung des Kronsbergs
aus der Zeit vor dem Expo-Projekt wurden nicht ausgeführt, weil die Herausforderungen der sicheren Ableitung von Regenwasser und der Aufrechterhaltung der
Grundwassereinspeisung nicht vereinbar erschienen. Die grauen Technologien
garantieren zwar schnelle Ableitung, aber dadurch wären nachgelagerte Hochwasser
wahrscheinlicher geworden und zugleich wären sie mit der Gefahr der Absenkung
des lokalen Grundwasserspiegels einhergegangen, was u. U. mit der schleichenden
Austrocknung des nahe gelegenen Feuchtwaldgebiets Eilenriede – einer der größten
Stadtwälder in Deutschland – verbunden gewesen wäre.

Die konfligierenden Ansprüche – der Hochwasserschutz und die nachhaltige
Entwicklung – fanden im Erschließungsprozess nicht nur eine institutionelle
Entsprechung, sondern wurden stark personalisiert: Hanns Mönninghoff, Umweltdezernent der Stadt Hannover, für den die Umsetzbarkeit des Kronsberg-Projekts
als glaubwürdiges Leuchtturm-Projekt für Nachhaltigkeit von höchster Priorität
war, und Fritz Tolle, der als Geschäftsführer der Stadtentwässerung Hannover
seinen Fokus auf die Absicherung eines funktionalen Hochwasserschutzes setzte.
Dieser Konflikt wurde in einer Weise ausgetragen, die es einer Reihe innovativer
Planer, Ingenieure und Architekten erlaubte, innovative Ideen in die spätere Lö-
sungsfindung einzuspeisen.

Hanns Mönninghoff ist studierter Wasserbau-Ingenieur und zugleich eine recht
charismatische Person. Vor seinem Engagement als Umweltdezernent was er nie-
dersächsischer Landtagsabgeordneter und als Aktivist gegen die Expo-Kandidatur
sehr präsent. Er kristallisierte sich zur zentralen Triebkraft für Nachhaltigkeit bei
den vielen Details der Kronsberg-Bebauung. Da er sowohl den politischen Rück-
halt als auch den fachlichen Hintergrund hatte, konnte er sich gegenüber dem
risikoaversen und insofern konservativen Tolle recht unverkrampft und konziliant
verhalten. Er koordinierte auch die Arbeit zwischen der planerischen Umsetzung
und der wissenschaftlichen Expertise, ohne sich in die Entwicklung der technischen
Lösungsbausteine direkt einzumischen. Sein Hauptaugenmerk war, Kronsberg
in Form eines glaubhaften Piloten als Hebel für die Etablierung nachhaltiger

Bautechnologien aufzubauen. In allen Interviews wurde der Erfolg Kronsbergs als Nachhaltigkeitsprojekt ganz wesentlich auf seine Patronage zurückgeführt.

Ermittelt wurden die technischen Lösungen der späteren BGI-Bebauung in der Zusammenarbeit zwischen einer Gruppe reputationsträchtiger Wasser-Ingenieurwissenschaftler an der Universität Hannover und einem Netzwerk mittelgroßer regionaler Bauunternehmen und Ingenieurbüros, die sich in besonderer Weise offen für neue, nachhaltigkeitsorientierte Ideen und Technologien gezeigt haben. Vor allem die Entwicklung des Drosselschachts durch das Team um Fritz Sieber, die Demonstration der Umsetzbarkeit und die umfassende Kommunikationsarbeit durch eine Gruppe junger Wasseringenieure und Landschaftsplaner hat am Ende eine integrierte Planung entstehen lassen, die ein zuverlässiges low-impact-Konzept mit einer Vielzahl kleinteiliger Rückhaltemöglichkeiten in den individuellen, privat entwickelten Wohnblocks verband.

Im Zentrum der neuen Lösung am Kronsberg stand ein Mulden-Rigolen System, das allerdings angesichts der ausgeprägten Hanglage am Kronsberg erst durch gezielte Regulierungstechniken umsetzbar wurde. Durch eine gezielte und regulierte Integration von Rückhaltung und Ableitung in den Wohnblöcken, dem offenen Mulden-Rigolen-System im Straßenverlauf und deren Anschluss an ein konventionelles Rohrsystem konte der gesicherte Ablauf bei Starkregen garantiert werden und zugleich bei normalen Niederschlägen das Wasser vor Ort versickern oder verdunsten.

Das Ergebnis war somit ein Kompromiss, da im Fall einer Überflutung der Mulden eine Ableitung ins ebenfalls eingerichtete, konventionelle Ableitungssystem gewährleistet wurde. Die Finanzierung über die örtliche Wassergebühr ließ eine derartige Überversorgung für den Einzelfall Kronsberg zu. Kronsberg selbst funktionierte allerdings als Lernobjekt und Ausstellungsstück für BGI. Nachfolgende Erschließungsprojekte konnten dadurch mutiger gestaltet werden und wurden dies auch – und zwar unter der Ägide der ehemals opponierenden, städtischen Abwasseringenieure.

5   Diskussion: Fähigkeiten zur BGI-Innovation am Kronsberg aus der Perspektive der Reflexivitätsanalytik

Oliver Ibert (2009) betont mit Blick auf die Expo Hannover, dass Innovationsprojekte *zum einen* durch einen Verzicht auf zielgesteuerte Planung zu Gunsten visionengetriebener Zielfindung und *zum anderen* durch gezielte Nutzung des charismatischen Momentums befördert wurden. Das lässt sich auch im Bereich der Regenwasserinfrastruktur am Kronsberg nachvollziehen. Angesichts des klaren Konflikts zwischen dem Ziel „Nachhaltigkeit" und dem Mittel „Graue Infrastruktur" mussten Unsicherheit und Mehrdeutigkeit zunächst ausgehalten werden, um im weiteren Planungsverlauf Horizonte zu öffnen und Fragen zu stellen, deren Antworten man noch nicht kannte. Aus einer reflexivitätsanalytischen Perspektive sind drei Aspekte des Falls besonders relevant:

1. Zwar war die Expo seit jeher starker Kritik seitens der Öko-Bewegung ausgesetzt, doch konnte sich die Politik über das Instrument der Bevölkerungsbefragung – 51,5 Prozent der Hannoveraner Bevölkerung stimmten für die Ausrichtung der Expo – auf die demokratische Legitimation des Vorhabens berufen. Dies verlieh sowohl der Austragung der Expo als solcher als auch ihrer Nachhaltigkeitsprogrammatik starken Nachdruck. Die städtischen Träger erkannten dies als Auftrag, etablierte Stadtentwicklungsverfahren und -praktiken infrage zu stellen. Im Zuge dessen wurde die an sich risikoaverse Abwasser-Administration aktiv aufgefordert, eine Lösung für Probleme zu entwickeln, an denen sie aufgrund des Festhaltens am grauen Ableitungs-Ansatz bereits vor Jahren gescheitert war. Unter diesen Bedingungen wurde die Entwicklung reflexiver Praktiken der Wasserbewirtschaftung überhaupt erst möglich, da im Wissen um die mangelnde Eignung der vorhandenen Mittel (graue Infrastruktur) die Suche nach besseren Lösungen aktiv eingefordert wurde. Unter alltäglichen Bedingungen wäre die Erfüllung dieser Forderung eher unwahrscheinlich gewesen. Erst die Außeralltäglichkeit der Expo schuf Raum, Ressourcen und Gelegenheiten, um mit dem grauen Paradigma der Regenwasser-Infrastruktur zu brechen.

2. Der politisch erzeugte Innovationsdruck konnte erst durch das hohe Maß an Diskursivität in eine neuartige Konzeption für Abwasser-Infrastruktur umgesetzt werden. Diese Diskursivität wurde wesentlich auf personaler Ebene getragen: Der Umweltdezernent Hanns Mönninghoff und Fritz Tolle, der Leiter der Stadtentwässerung, stehen in erster Instanz sinnbildlich für gegensätzliche Zugänge zur Wasserbewirtschaftung, die jeweils für ganze Gruppen von beteiligten Akteuren maßgeblich waren. So gab es auf der einen Seite eine starke Fraktion links-ökologischer Aktivisten und Ingenieure, die eine vollständige Vor-Ort-Bewirtschaftung laut propagierten. Auf der anderen Seite entsprach nur eine graue Lösung den professionellen Standards des Hochwasserschutzes. Diese gegenüberstehenden Positionen führten allerdings nicht zu Verkeilung und Verknöcherung, sondern wurden für neue Ideen und Argumente offengehalten. Die technischen Lösungskonzepte (Drossel-Schaft; Mulden-Rigolen; dezentrale

Rückhaltung) konnten in diesem Klima der angespannten Offenheit entwickelt werden und Gehör finden.

Mönninghoff und Tolle sind in diesem Zusammenhang aber nicht nur als Statthalter zu sehen. Sie wirkten auch als Personen. Dass ein diskursives Klima trotz hoher Konfrontativität und hohen Verantwortungsdrucks geschaffen und über recht lange Zeit aufrechterhalten wurde, führen wir ganz wesentlich auf Kompetenzen zurück, die Hanns Mönninghoff und Fritz Tolle in die Strukturierung dieser Situation eingebracht haben. Beide haben diesen Konflikt nicht nur ausgehalten, sondern auch aufrechterhalten und damit eine gemeinsame Auseinandersetzung mit den Anforderungen des Hochwasser-Schutzes und denen der Grundwasser-Absicherung initiiert. Wir können diesen Lösungsprozess auch als aufeinander verweisende Dezentrierung und darauf aufbauende, gemeinsame Rezentrierung fassen.

3. Die an die Erschließungskonzeption anschließende Planung der Bebauung des Kronsbergs musste unter großem Zeitdruck vollzogen werden. Diese Planung ging aufgrund des neuen Regenwasser-Infrastruktur-Plans mit besonderen Herausforderungen einher: Vorort-Bewirtschaftung und -Rückhaltung von Regenwasser erfordert, dass schon am Niederschlagsort gezielt das Verhältnis von Versickerung, Verdunstung und Abfluss reguliert wird. Am Kronsberg – wie auch bei den meisten anderen Erschließungsprojekten – schlägt sich diese Problematik verstärkt beim Übergang von den privat bebauten Flächen zur städtischen Infrastruktur nieder.

Zur Bewerkstelligung dieser Herausforderung war ein intensiver Abstimmungs- und Lernprozess notwendig, in dem nicht auf etablierte Verfahren der Bauplanung zurückgegriffen werden konnte. Die 22 Wohnblocks am Kronsberg wurden von 17 regionalen Unternehmen entworfen, geplant und gebaut. Keines von diesen Unternehmen hatte Erfahrung mit in Blockbebauung integrierter Regenwasserbewirtschaftung. Jedes Unternehmen musste sich Wissen und Techniken für Dachbegrünung, vegetationsbasierte Wasserleitung, integrierte Rückhaltung und aktive Verdunstung aneignen. Dies gelang in dezentralen Lernprozessen, deren Koordination von einer Gruppe junger Wasser-Ingenieure aus dem hochschulnahen Umfeld übernommen wurde. Ihre Aufgabe war es, sich mit den jeweiligen, trotz Blockbebauung recht unterschiedlichen Vorhaben auseinander zu setzen und mit den Ingenieuren aus den Bauunternehmen über neue Lösungen der vegetationsbasierten Vor-Ort-Bewirtschaftung zu brüten.

Stärker als bei den vorhergehenden Aspekten sehen wir hier Reflexivität als personenbasierte, aber netzwerkförmig verteilte Kompetenz. Viele kleinteilige Austauschprozesse waren letztlich für die erfolgreiche Umsetzung der Nachhaltigkeitsziele notwendig. Der Modus hierarchischer Direktiven wäre hier nicht erfolgsversprechend gewesen und wurde auch aufgrund des Zeitdrucks gar nicht versucht. Stattdessen wurde netzwerkförmig eine Bereitschaft zur Perspektivenübernahme mobilisiert und Reziprozität geübt.

Die Fallstudie zusammenfassend kann man erkennen, dass die Entwicklung der Regenwasser-Infrastruktur entscheidend und deutlich von einem klassischen Planungsprozess (zielorientiert, funktional differenziert, formalisiert, hierarchisch) abweicht. Diese Abweichungen sind Ausdruck von spezifischen epistemischen Fähigkeiten auf der institutionellen Ebene, der Ebene der Projektleitung und des Netzwerks der operativen Führungseinheiten. Die Grenzen des etablierten grauen Paradigmas zu erkennen und gezielt zu ihrer Überwindung aufzufordern – und zugleich die dazu notwendigen Ressourcen zu Verfügung zu stellen, – lässt sich klar als Grundlage der vollzogenen Infrastruktur-Innovation identifizieren. Diese Gelegenheit zu nutzen war allerdings nicht voraussetzungslos. Auf institutioneller Leistungsebene mussten neue Formen der Verhandlung scheinbar widersprechender Ansprüche gefunden werden. Auf der Ebene der Umsetzung mussten laterale Abstimmungsprozesse entwickelt werden, die in ihrer Informalität, Direktheit, Lernförmigkeit deutlich von der klassischen Baubeaufsichtigung abweichen. Gerade auf dieser Umsetzungsebene sehen wir eine Entwicklung von Reflexivität in Form reziproker Perspektivenübernahme, die sich zwar grundsätzlich in unserem Analyse-Rahmen subjektivitätsbasierter Reflexivität wiederfindet, die aber gerade durch ihren Verweis auf die räumliche Dimension der direkten Interaktion und Beziehungspflege Anschlüsse an eine spezifisch urbane Verfasstheit von Reflexivität eröffnet. Für die weitere Konzeptualisierung von Reflexivität als ausdrücklich urbanes Innovationspotential gilt es daher zu prüfen, inwieweit das bestehende Modell (institutionelle Reflexivität, subjektivitätsbasierte Reflexivität, Ko-Evolution) die Genese von Reflexivität in Beziehungsnetzwerken fassen kann oder dahingehend erweitert werden sollte.

Vor diesem Hintergrund können wir die BGI-Implementation am Kronsberg als kollektiven Lernprozess verstehen, der wesentlich durch institutionelle Reflexivität angeleitet und durch Rückgriff auf personengestützte Reflexivität erwirkt wurde. Begünstigt wurde dieser Lernprozess durch eine Außeralltäglichkeit, die bewusst als Gelegenheit zur Innovation genutzt wurde. Die Gefahren, die mit einer derartigen charismatischen Motivierung einhergehen, sieht man bei den vielen Pilotprojekten in Unternehmen und Städten, die als Strohfeuer keine bleibenden Spuren hinterlassen. Das Kronsberg-Projekt konnte dieser Gefahr entgehen. BGI ist heute etablierte Technik in Hannover. Nach Aussagen unserer Interviewpartner konnte das Innovationsklima des Kronsberg-Projekts allerdings nicht in der institutionellen Ausrichtung der Entwicklungsorgane der Stadt Hannover veralltäglicht werden.

6 Fazit

Im Beitrag haben wir gezeigt, warum wir für die Klärung der Frage nach den Grundlagen nachhaltiger Modernisierung urbaner Räume einen reflexivitäts-analytischen Zugang zu Innovationspotentialen als weiterführend erachten. Wir haben unser Verständnis von Innovationsfähigkeit als Verweisungs- und Entstehungszusammenhang institutioneller und subjekt-basierter Reflexivität entfaltet und Argumente für eine Übertragung der reflexivitätsanalytischen Perspektive auf urbane Innovationspotenziale erschlossen. Im anschließenden Fallbeispiel wurden institutionelle Innovationen – neue Praktiken der Stadtentwicklung – identifiziert und auf institutionelle Verfasstheiten und subjektive Kompetenzen zurückgeführt. Sowohl für die institutionellen als auch für die subjektiven Ausformungen urbaner Innovationsfähigkeit konnte gezeigt werden, dass sie über die Reflexivitätsanalytik weiterführend verstanden werden können.

Natürlich wirken in gezielten Veränderungsprozessen sozialer Praxis nicht nur Potentiale, sondern auch Ressourcen (materielle und immaterielle, vgl. dazu Moldaschl 2007), und natürlich wirken neben Reflexivität als Potential auch andere Fähigkeiten und strukturell veranlagte Möglichkeiten. Aber die mit Reflexivität begriffene Fähigkeit, institutionelle Pfadabhängigkeiten, verkoppelte Nebenfolgen, multiple Perspektiven und vielfältige Optionen zu verarbeiten, scheint grundlegend für ein generelles Potential zur intendierten Veränderung. Daher nehmen wir an, dass der Zugang, Innovationsfähigkeiten auf Reflexivität und damit auf Formen der Selbst-Welt-Relationalisierung zurückzuführen, ein hohes bisher nur annähernd ausgeschöpftes Potential hat, die Grundlagen sozialer Innovationen zu verstehen.

Bisher wurde die Reflexivitätsanalytik vor allem auf Organisationen angewendet. Die postulierte Übertragbarkeit auf eine Vielzahl von Innovationsfeldern hängt nicht zuletzt an der Klärung der Frage, wie Reflexivität in verschiedenen sozialen Konfigurationen verfasst ist. Diesbezüglich wurde auf eine erste Annäherung an die Eigenheiten der sozial-räumlichen Konfiguration „Stadt" aufbauend und in Auseinandersetzung mit dem Fallbeispiel der Versuch unternommen, spezifisch urbane Manifestationsformen von Reflexivität zu identifizieren. Netzwerkförmige Genese von Perspektivenübernahme in direkter räumlicher Ko-Präsenz war hier besonders augenscheinlich. In der weiteren Auseinandersetzung mit Innovationspotentialen von Städten gilt es daher zu prüfen, welche Bedeutung die Konfigurationsmerkmale von *Stadt* und insbesondere städtische Räumlichkeit für die Genese von Reflexivität haben. Außerdem diskutieren wir im Zuge der hier dokumentierten Forschungs-arbeiten, inwieweit netzwerkförmige Reflexivität in der vorliegenden Konzeption von Reflexivität als Innovationsfähigkeit ausreichend berücksichtigt ist.

Literatur

Alvesson, M., und A. Spicer. 2012. A Stupidity-Based theory of organizations. *Journal of management studies* 49.7: 1194–1220.

Beck, Ulrich. 1993. *Die Erfindung des Politischen: Zu einer Theorie reflexiver Modernisierung.* Frankfurt am Main: Suhrkamp.

Beck, Ulrich, A. Giddens und S. Lash. 1996. *Reflexive Modernisierung. Eine Kontroverse.* Frankfurt am Main: Suhrkamp.

Beck, Ulrich. 1986. *Risikogesellschaft – Auf dem Weg in eine andere Moderne.* Frankfurt: Suhrkamp.

Braczyk, H.J., P. Cooke, und M. Heidenreich (Hrsg.). 1998. *Regional innovation systems: the role of governances in a globalized world.* London: Psychology Press.

Brown, Rebekah. 2003. *Institutionalisation of Integrated Urban Stormwater Management: Multiple – Case Analysis of Local Management Reform across Metropolitan Sydney.* Dissertation an der University of New South Wales. Sydney.

Cooke, Philip. 2001. Regional innovation systems, clusters, and the knowledge economy. *Industrial and corporate change.* 10: 945–974.

Dewe, Bernd. 2009. Reflexive Professionalität. In *Soziale Arbeit zwischen Profession und Wissenschaft,* Hrsg. A. Riegler, S. Hojnik und K. Posch, 47–63. Wiesbaden: Springer VS.

Florida, Richard. 2003. Cities and the creative class. *City & Community* 2: 3–19.

Giddens. Anthony. 1984. *Die Konstitution der Gesellschaft. Grundzüge einer Theorie der Strukturierung.* Frankfurt/New York: Campus

Hallensleben, T., M. Wörlen und M. Moldaschl. 2015. Institutional and personal reflexivity in processes of organisational learning. *International Journal of Work Innovation* 1: 185–207.

Hollands, R. G. 2008. Will the real smart city please stand up? Intelligent, progressive or entrepreneurial? *City* 12: 303–320.

Ibert, Oliver. 2009. Innovationsorientierte Planung und das Problem des episodischen Lernens, In *Innovationen im Raum – Raum für Innovationen: 11. Junges Forum der ARL, 21. bis 23. Mai 2008 in Berlin,* Hrsg. P. Dannenberg, H. Köhler, T. Lang, J. Utz, B. Zakirova und T. Zimmermann, 18–28. Hannover: Verlag der ARL.

Jain, Anil. 2016. Ästhetische Resonanz – Subjekt, Begehren, Medium. *kultuRRevolution* 70: 84–88.

Lampel, J., und A.D. Meyer. 2008. Field-configuring events as structuring mechanisms: How conferences, ceremonies, and trade shows constitute new technologies, industries, and markets. *Journal of Management Studies* 45: 1025–1035.

Langemeyer, I. 2013. Grundzüge einer subjektwissenschaftlichen Kompetenzforschung. *REPORT Weiterbildung* 1: 15–24.

Lawrence, T. B., und R. Suddaby. 2006. Institutions and institutional work. In *The Sage Handbook of Organization Studies, 2. Edition,* Hrsg. S. R. Clegg, C. Hardy, T.B. Lawrence und W. R. Nord, 215–254. London: Sage.

Löw, Martina. 2008. Eigenlogische Strukturen – Differenzen zwischen Städten als konzeptuelle Herausforderung. In *Die Eigenlogik der Städte. Neue Wege für die Stadtforschung,* Hrsg. Helmuth Berking und Martina Löw, 33–55. Frankfurt aM: Campus Verlag.

Löw, Martina. 2010. Stadt-und Raumsoziologie. In *Handbuch Spezielle Soziologien,* Hrsg. Georg Kneer und Markus Schroer, 605–622. Wiesbaden: Springer VS.

Löw, M., S. Steets, und S. Stoetzer. 2008. *Einführung in die Stadt-und Raumsoziologie.* Stuttgart: UTB.

Luhmann, Niklas. 1984. *Soziale Systeme.* Frankfurt am Main: Suhrkamp.

Moldaschl, M., 2005. Audit-Explosion und Controlling-Revolution. Zur Verstetigung und Verselbständigung reflexiver Praktiken in der Wirtschaft. *Soziale Welt* 56: 267–294.

Moldaschl, M., 2006. Innovationsfähigkeit, Zukunftsfähigkeit, Dynamic Capabilities. *Managementforschung* 16: 1–36.

Moldaschl, Manfred (Hrsg.). 2007. *Immaterielle Ressourcen. Nachhaltige Unternehmensführung und Arbeit I (2. Aufl.).* München: Hampp.

Newig, J., und J.P. Voß. 2010. Steuerung nachhaltiger Entwicklung. In *Nachhaltigkeit regieren,* Hrsg. Reinhard Steurer und Rita Trattnigg, 239–258. München: Oekom.

Ortmann, Günter. 1995. *Formen der Produktion.* Wiesbaden: Springer VS.

Ortmann, Günther. 2003. *Regel und Ausnahme.* Frankfurt am Main: Suhrkamp.

Ortmann, G., und J. Sydow. 2001. Strukturationstheorie als Metatheorie des strategischen Managements – zur losen Integration der Paradigmenvielfalt. In *Strategie und Strukturation,* Hrsg. G. Ortmann und J. Sydow, 421–447. Wiesbaden: Gabler.

Pickett, S., M.L. Cadenasso, und J. M. Grove. 2004. Resilient cities: meaning, models, and metaphor for integrating the ecological, socio-economic, and planning realms. *Landscape and urban planning* 69: 369–384.

Rotmans, J., und D. Loorbach. 2008. Transition management: reflexive governance of societal complexity through searching, learning and experimenting. In *Managing the transition to renewable energy,* Hrsg. J. Van den Bergh und F. R. Bruinsma, 15–46. Edward Elgar Publishing, 2008.

Sack, Detlef. 2012. Urbane Governance. In *Handbuch Stadtsoziologie,* Hrsg. Frank Eckardt, 311–335. Wiesbaden: Springer VS.

Sassen, Saskia. 1991. *The Global City: New York. London, Tokyo.* Princeton: University Press.

Schimank, U. 2002. Organisationen: Akteurkonstellationen – korporative Akteure – Sozialsysteme. *Kölner Zeitschrift für Soziologie und Sozialpsychologie. Sonderband.* 42: 29–54.

Schön, Donald. 1984. *The reflective practitioner: How professionals think in action.* New York: Basic books.

Schreyögg, G., J. Sydow und J. Koch. 2003. Organisatorische Pfade – Von der Pfadabhängigkeit zur Pfadkreation. *Managementforschung 13,* 257–294.

Storper, M. 1997. The city: centre of economic reflexivity. *Service Industries Journal* 17: 1–27.

UN Habitat. 2013. *State of the World's Cities 2012/2013: Prosperity of Cities.* London: Routledge.

Voß, Jan-Peter. 2008. Nebenwirkungen und Nachhaltigkeit: Reflexive Gestaltungsansätze zum Umgang mit sozial-ökologischen Ko-Evolutionsprozessen. In *Nachhaltigkeit als radikaler Wandel,* Hrsg. Helmuth Lange, 237–260. Wiesbaden: Springer VS.

Weick, K. E., K. M. Sutcliffe, und D. Obstfeld. 1999. Organizing for high reliability: Processes of collective mindfulness. *Research in organizational behavior* 21: 23–81.

Wong, T. 2006. Water sensitive urban design – the journey thus far. *Australian Journal of Water Resources.* 10: 213–222.

Wörlen, M., B. Wanschura, H. Dreiseitl, K. Noiva, J. Wescoat, und M. Moldaschl. 2016. *Enhancing Blue-Green Infrastructure and Social Performance in High Density Urban Environments.* Projektbericht. Überlingen: Ramboll Liveable Cities Lab.

Regionalmanagement und soziale Innovation
Wie Transition Management innovative Projekte zum Erfolg führt

Janina Evers und Ralf Kleinfeld

1 Einleitung

Der demografische Wandel stellt Regionen und Kommunen vor vielfältige Herausforderungen. Es gilt, unterschiedliche Wandlungsprozesse zu gestalten: Sei es, mit Bevölkerungsrückgang oder Bevölkerungswachstum umzugehen oder unternehmensseitig den Fachkräftebedarf mittel- und langfristig zu sichern. Hierfür bieten sich insbesondere solche Lösungen an, die spezifisch auf die Region oder Kommune zugeschnitten sind, da die Ausprägungen des demografischen Wandels einzelne Regionen unterschiedlich betreffen (vgl. Knipperts 2017). Jedoch ist es kaum möglich, dass ein einzelner Akteur – seien es Unternehmen, Politik oder Zivilgesellschaft – die Folgen des demografischen Wandels alleine gestaltet. Es sind im Idealfall gemeinsame Anstrengungen vieler Akteure, die in Regionen oder Kommunen tatsächlich etwas bewirken können. Die Kooperation heterogener Akteure in einem neu zu gründenden Netzwerk wird in diesem Beitrag als soziale Innovation diskutiert, da diese Kooperation auf Prozessen beruht, die dem Transition Management folgen. Dieses Konzept geht von einem „Management" von heterogenen Akteursnetzwerken aus, d. h. von der Annahme, dass es „jemanden gibt, der sie initiiert und moderiert" (Kleinfeld et al. 2017).

Im Rahmen des Projekts *Transdemo – Innovative Strategien zur Gestaltung des demografischen Wandels in Regionen*[1] wurde ein solches Steuerungskonzept entwickelt. Hierfür wurden zunächst die theoretischen Konzepte der Regional Governance, des Transition Managements und der regionalen Innovationssysteme aufeinander bezogen und darauf aufbauend eine Weiterbildung sowie ein

---

[1] Das Verbundprojekt *Transdemo – Innovative Strategien zum Übergang auf demografiefeste Regionen* wurde von 2014–2016 gefördert vom Bundesministerium für Bildung und Forschung.

© Springer Fachmedien Wiesbaden GmbH, ein Teil von Springer Nature 2018
H.-W. Franz und C. Kaletka (Hrsg.), *Soziale Innovationen lokal gestalten*,
Sozialwissenschaften und Berufspraxis,
https://doi.org/10.1007/978-3-658-18532-9_19

Handlungsleitfaden für die Moderation von regionalen Akteursnetzwerken zur Entwicklung und Umsetzung von Projekten und Experimenten im demografischen Wandel als soziale Innovation erarbeitet (vgl. Hafkesbrink et al. 2015; Evers und Knipperts 2015). Diese Ergebnisse werden im vorliegenden Beitrag mit Bezug auf die Gründung und Etablierung neuer Interaktionsarenen in Regionen diskutiert. Soziale Innovationen finden sich diesem Ansatz folgend einerseits auf einer prozessualen Metaebene der Gestaltung von Übergangsprozessen im demografischen Wandel (siehe Abschnitt 3 des vorliegenden Beitrags). Andererseits erzeugen neue Formen der Kooperation heterogener Akteure (soziale) Ergebnisinnovationen zur Gestaltung des demografischen Wandels, z. B. indem Unternehmen neue Lösungen zur Fachkräftesicherung erarbeiten (vgl. auch Evers et al. 2017).

Der Beitrag diskutiert zunächst Regionalmanagement als soziale Innovation und gibt darauf aufbauend einen Überblick über die Verknüpfung von Regional Governance und Transition Management als Grundlage für die Etablierung neuer Akteursbeziehungen in Regionen als soziale Innovation auf der Metaebene. Im Anschluss werden die im Projekt Transdemo entwickelten Ergebnisse der Weiterbildung und des Handlungsleitfadens konkretisiert. Handlungsleitfaden und Weiterbildung unterstützen die Moderation von Akteursnetzwerken dabei, innovative Projekte zu einem langfristigen Erfolg und zu (sozialen) Ergebnisinnovationen im demografischen Wandel zu führen, was anhand eines Personalmanagementprojekts in der Lebensmittelwirtschaft in Nordrhein-Westfalen exemplifiziert wird.

2   Regionalmanagement und soziale Innovation

Warum sind regionale Netzwerke so wichtig, um zu innovativen Projekten und Lösungen im demografischen Wandel zu gelangen? Zum Beispiel werden in ihnen Wissen und Informationen geteilt – insbesondere dann, wenn eine spezifische räumliche Nähe vorhanden ist (vgl. Kujath 2014). Der Austausch von Wissen und Informationen ist jedoch auch unter der Rahmenbedingung der räumlichen Nähe nicht voraussetzungslos und bedarf der Moderation und Steuerung, um nicht bei der Diskussion von Lösungsansätzen stehen zu bleiben, sondern diese Lösungsansätze in Form von innovativen Projekten in die Umsetzung zu bringen.

Soziale Innovationen bezeichnen neue Praktiken und neue Lösungen bspw. für Formen der Zusammenarbeit in Regionen: „Eine soziale Innovation ist eine von bestimmten Akteuren bzw. Akteurskonstellationen ausgehende intentionale, zielgerichtete Neukonfiguration sozialer Praktiken in bestimmten Handlungsfeldern bzw. sozialen Kontexten, mit dem Ziel, Probleme oder Bedürfnisse besser zu lösen bzw. zu befriedigen, als dies auf der Grundlage etablierter Praktiken möglich ist" (Howaldt und Schwarz, 2010: 89). Diese neuen Praktiken können durch das Konzept des „innovativen Regionalmanagements im demografischen Wandel" strukturiert werden (siehe hierzu Evers und Knipperts 2015; Kleinfeld et al. 2017). Regional Governance – die selbstgesteuerte Kooperation heterogener Akteure – wird hierzu ergänzt um die Ansätze des Transition Managements, welche die Steuerung ebenjener Kooperationen vorsieht. Dieser Transition-Kreislauf (vgl. Loorbach 2010) ermöglicht neue Kooperations- und Interaktionsformen in sich durch den demografischen Wandel verändernden Regionen, die z. B. durch den fortschreitenden Fachkräftemangel geprägt sind. Regionalmanagement als soziale Innovation ermöglicht neue und bislang nicht gewählte Interaktionsformen von Akteuren. Es handelt sich um einen Ansatz zur Steuerung und Moderation von Netzwerken in Regionen, aus dem neue Lösungen zum demografischen Wandel hervorgehen.

Inwiefern Transition Management Lösungsansätze für die Kooperation von Akteuren bietet und als soziale Innovation zu verstehen ist, zeigt der nachfolgende Abschnitt 3.

3   Regional Governance und Transition Management

3.1   Governance-Konzepte

Mit dem Begriff „Governance" werden Handlungen und Strukturen bezeichnet, die private und öffentliche Akteure und deren Interessen koordinieren, indem Netzwerke unter Einschluss all jener Akteure gebildet werden, denen ein relevanter Einfluss auf wichtige gemeinsame „Treiber" zugeschrieben wird.

Governance als Analysebegriff ist hierbei nicht an einen bestimmten Forschungsansatz oder eine bestimmte Theorieschule gebunden, jedoch eng mit der Netzwerkforschung und der vergleichenden Policy-Forschung verwandt. *Governance* wird dabei als *Strategie* verstanden, um nicht-institutionelle Möglichkeiten der Handlungskoordination von Staat, privaten Organisationen, Märkten und Netzwerken in verschiedenen Politikfeldern zu realisieren. Die Herausforderung besteht darin, wie (gemeinsame) Ziele bei unterschiedlichen Ausgangsinteressen mit einem Minimum an Transaktionskosten und Wohlfahrtsverlusten durch externe Effekte erreicht werden können (Schenk 2003; Williamson 1975, 1985).

Governance lässt sich von der *Zielsetzung* her verstehen als Koordination durch und Zusammenarbeit in freiwillig organisierten *Netzwerken*. Governance kann öffentlichen Institutionen helfen, unter veränderten wirtschaftlichen, politischen, sozialen und kulturellen Bedingungen Handlungsfähigkeit zu erhalten und gleichzeitig demokratische Legitimität für diese neuen Handlungsformen zu erzeugen. An die Stelle vertikal-hierarchischer Politiksteuerung tritt in Governance-Arrangements eine stärkere *horizontale Kontextsteuerung*, an der sich ansonsten autonom bleibende Akteure beteiligen, die auf Augenhöhe und auf der Basis von Vertrauen bei ansonsten divergierenden Interessen durch Verhandeln und Argumentieren freiwillig miteinander kooperieren. *Ziel* ist es, gemeinsam erkannte Probleme zu bearbeiten oder gemeinsam definierte Ziele zu erreichen. Somit stellt sich Governance als ein Mix aus Wettbewerbs- und Kooperationslogik dar, der nicht den Repräsentations- und Legitimationsverpflichtungen demokratisch verantwortlicher, territorial definierter Gebietskörperschaften unterliegt.

Die Einbindung anderer Akteure als *Voraussetzung von Governance* wird in Erwägung gezogen, wenn Problemlösungen durch staatliche Instanzen allein nicht mehr machbar sind bzw. wenn die hierfür benötigten Ressourcen nicht oder nicht mehr ausreichend zur Verfügung stehen. Als Begründung für die Einbeziehung anderer Akteure wird zumeist auf Gesichtspunkte der Effizienz, Effektivität sowie der Kompetenz verwiesen. Es geht um Identifizierung und Einbindung relevanter Akteure, vor allem, wenn diese als Vetospieler intervenieren können. Zusammenarbeit bedeutet gleichzeitig auch einen (Teil-)Verzicht auf autonome Gestaltungs- und Regelungskompetenz.

Es lassen sich einige *Spielregeln* verallgemeinern, die für die meisten Governance-Netzwerke zutreffen: Der Zutritt in und der Austritt aus Governance-Netzwerken ist freiwillig; der Zutritt kann andererseits auch nicht erzwungen werden. Die Handlungsfelder sind meist thematisch und oft auch zeitlich begrenzt. Entscheidungen unterliegen Kompromiss- oder Einstimmigkeitserfordernissen und sind für Dritte nicht bindend.

Erfolg durch Governance ist am ehesten dort zu erwarten, wo Differenzen und Widersprüche bei Sachthemen zwischen den Akteuren problemlösungs- und kompromissorientiert verhandelt werden können.

Aus einer *partizipatorischen Perspektive* finden sich in Governance-Arrangements neue Formen gesellschaftlicher Mitwirkung, die sich nicht mehr allein auf die Einflussnahme von Interessengruppen in der Phase der Willensbildung oder Implementierung beschränken. Ziel von Governance ist vielmehr, gesellschaftliche Akteure als Ko-Produzenten an kollektiven Entscheidungen zu beteiligen.

3.2 Regional Governance

Regional Governance beschreibt die Kooperation von Akteuren im regionalen Maßstab (Kleinfeld et al. 2006; Kleinfeld 2017). Viele soziale, ökonomische und ökologische Probleme lassen sich immer weniger innerhalb der gewachsenen politischen Grenzen lösen. So kommen herkömmliche institutionelle Steuerungsformen vermehrt an ihre Grenzen (Benz und Fürst 2003). Flexible und eher schwach institutionalisierte Kooperationsformen zwischen unterschiedlichen Akteuren bilden eine mögliche Antwort auf dieses Dilemma (Benz und Dose 2010, S. 15). Solche Formen der Selbststeuerung auf der regionalen Ebene werden als „Regional Governance" bezeichnet. Regional Governance dient als Oberbegriff für verschiedene raumbezogene Anwendungen des Governance-Konzepts (Metropolitan, Rural oder Urban Governance) unterhalb der gesamtstaatlichen Ebene. Viele Beobachter stimmen darin überein, dass es paradoxerweise gerade die Folgen von Globalisierung, steigender Komplexität der Politikgestaltung sowie der Schwächung des Nationalstaates sind, die Städte und urbane Regionen erneut an Bedeutung und Wertschätzung gewinnen lassen (Castells 1996; Peters und Pierre 2001). An Städte und Regionen wird die Hoffnung geknüpft, dass sie zum politischen Ort werden, an dem Innovationen gestaltet und Strategien der Integration realisiert werden (Brenner 2003; Scott 2002).

Im Sinne von Regional Governance werden Regionen nicht anhand der relativ festen Grenzen von Gebietskörperschaften definiert, sondern anhand der Reichweite von Aufgaben, Interdependenzen und Interaktionen der beteiligten Akteure. Dies kommt der *Tätigkeitsregion* in der Typologie Blotevogels (1996) nahe. In der Region überlagern sich flexible Geographien, d. h. es bildet sich ein Mix aus verschiedenen funktionalen Steuerungszusammenhängen (vgl. Hooghe und Marks 2001; Liddle 2006; Brandsen 2006). Der Raum der Region bleibt flexibel im Hinblick auf Ziele und Aufgaben; der Kreis der beteiligten Akteure verändert sich durch Beitritt oder Austritt (Benz und Meinke 2007, S. 9). Diese Veränderungen führen gleichzeitig zu einer gestiegenen Bedeutung nicht-hierarchischer Netzwerke und zum stärkeren Einbezug nicht-staatlicher Akteure (Scharpf 1999).

3.3   Management von Regional Governance

Regional Governance-Netzwerke, deren Teilnehmer sich aus Politik, Verwaltung, Unternehmen, Verbänden und anderen zivilgesellschaftlichen Vertretern rekrutieren, kennen nicht nur Interessengegensätze, sondern auch Mentalitätsunterschiede. Die strategische Lenkung solcher Diskussionsprozesse stellt eine große Herausforderung für das Management von Regional Governance dar. Hier liegt einer der wichtigsten Gründe, die dafürsprechen, das Konzept von Regional Governance um das des Transition Managements zu erweitern und soziale Innovationen durch neue Interaktionsarenen zu etablieren (vgl. Hafkesbrink 2015).

Regional Governance bleibt in den vielen Fällen, in denen es zu keiner dauerhaften Institutionalisierung kommt, eng mit dem Konzept des Netzwerks verbunden. Interaktionen in Netzwerken sind angelegt als reziproke Beziehungen (Tacke 2000). Anders als Organisationen werden Netzwerke meist spontaner gebildet, und ihre Bindungen sind loser gekoppelt (Bandelow 2005, S. 37). Langfristig können weiche Anreize zur Kooperation sehr stark werden.

Netzwerk-Governance ist zugleich eine Führungs- oder Managementaufgabe. Ein zweckmäßiges Managementsystem eines Regional Governance-Netzwerkes stellt Anforderungen, die sich qua Organisationszielen, Stakeholdern und Regeln vom Management der öffentlichen Verwaltung ebenso unterscheidet wie vom Management in der Privatwirtschaft. Lokale und regionale Initiativen zu vernetzen, Kooperationen zu fördern und Verhandlungspositionen aufzubauen, ist Aufgabe des Managements von Regional Governance (Priddat 2006; Longo 2006; Plamper 2006). Die ambitionierte Aufgabe besteht darin, die Logiken von Wettbewerb und Kooperation konfliktschonend miteinander zu vereinbaren. Priddat (2006) argumentiert, dass es bei Governance-Arrangements vor allem in Verdichtungsräumen meist um den Zugriff von Regionen auf Wettbewerbsfaktoren geht, die regional noch nicht verfügbar oder nutzbar sind.

3.4   Transition Management

Als Transition Management wird der bewusst herbeigeführte Prozess grundlegender Veränderungen innerhalb gesellschaftlicher Subsysteme verstanden (Loorbach 2010, S. 22; Frantzeskaki 2009, S. 39). Der öffentliche Sektor galt lange Zeit als Ort, in dem Routine und Bürokratie vorherrschten und einmal eingeschlagene Pfade nur selten verlassen wurden. Diese Rigidität institutioneller Arrangements macht gerade den öffentlichen Sektor nach Ansicht von Van Buuren und Loorbach (2009) attraktiv für Innovationen. Die meisten Erfahrungen mit Transition Management wurden bislang in den Niederlanden gemacht, wo das Konzept auch entwickelt worden ist. Der Transitionsbegriff bezieht sich auf den Wandel gesellschaftlicher Subsysteme (organizational fields; Geels und Schot 2010, S. 12f), die als komplex gelten. Unzufriedenheit mit dem Status quo bzw. Unsicherheit über die Zukunft nutzt Transition Management als Hebel, um durch eine ergebnisoffene und optimierte Steuerung die angestrebten Ziele besser zu erreichen.

Die Transition-Literatur unterscheidet mehrere Ebenen von Transitionen:

Die *Regime* genannte Meso-Ebene in Transitionsprozessen besteht typischerweise aus Unternehmen, Behörden und weiteren Akteuren. Ihre Handlungen bilden ein Geflecht, das insgesamt stabil ist und nur graduelle Veränderungen zulässt.

Regime stabilisieren sich durch Normen und Regeln, so dass nur wenig Raum für alternative Entwicklungen bleibt (Geels und Schot 2010, S. 20f).

Auf der Mikro-Ebene bleibt Raum für einzelne *Nischen*. In ihnen können neue soziale Praktiken oder technische Innovationen entwickelt werden, wobei oftmals einzelne Akteure oder kleine Netzwerke eine Vorreiter-Rolle übernehmen, ohne alleine in der Lage zu sein, das dominante Regime in Gefahr zu bringen (Geels und Schot 2010, S. 22f; Rotmans u. a. 2001, S. 13).

Als Makro-Ebene (*Landschaft*) werden im Transition Management jene gesellschaftlichen Prozesse bezeichnet, die ein Regime nicht alleine und nicht direkt beeinflussen kann. Dazu gehören die Megatrends wie der demografische Wandel. Dem liegt die Annahme zugrunde, dass sich ein Regime anzupassen beginnt und einen Wandlungsprozess einleitet, sobald eine Nische hinreichend bahnbrechende Innovationen erzeugt oder der externe Druck aus der Landschaft zu stark wird (Meadowcroft 2009, S. 329).

Der Ablauf einer Transition und ihr Erfolg kann nicht exakt vorhergesagt werden. Transitionsprozesse sind oft langwierig und komplex. Daher ist Management in Form einer Moderation nötig, um langfristige Ziele und Strategien in kurzfristige zu überführen und sich einen Überblick über Entwicklungsoptionen zu verschaffen (Rotmans 2001, S. 27ff; Voß 2002, S. 279ff). Anstelle einer „command and control"-Steuerung verfolgt Transition Management eine evolutionäre, mehrstufige Vorgehensweise. Diese Grundsätze werden in verschiedene Interventionsarten operationalisiert: Orientieren, Agenda-Setzung, Aktivieren und Reflektieren (Hölscher et al. 2017). Die Ziele einer Transition sollten flexibel und veränderbar bleiben, da sich Probleme und Anforderungen oftmals im Zeitablauf verändern. Transition Management zielt somit auf einen prozessorientierten und zielsuchenden *Steuerungsstil* ab (Loorbach 2006, S. 8f). Dieser Steuerungsstil baut auf einigen Schlüsselelementen auf, die sich aus den speziellen Eigenschaften von Komplexität und Transition ergeben (Loorbach 2006, ebd.):

• Systemdenken unter Einbezug aller relevanten Akteure, Handlungsfelder, Handlungsebenen und ihrer Interaktionen.

• Auch bei kurzfristigen Zielvorgaben sollten langfristige Ziele mit bedacht werden.

• Nischen oder Transitionsarenen sollen Raum für Innovationen schaffen.

• Frontrunner sollen in speziellen Transitionsarenen zusammengebracht werden, um ihre Innovationsfähigkeit zu bündeln.

• An die Stelle einer rigiden Planung tritt ein moderierter Mechanismus aus Variationen und Selektionen, der Raum für Experimente und Evolution lässt.

- Um eine Transition erfolgreich durchführen zu können, muss die Perspektive der Akteure verändert werden, wozu sich am besten Lernprozesse eignen (Learning by doing and doing by learning).

Eine wichtige Voraussetzung für den Erfolg von Transition Management als soziale Innovation ist eine gute Koordination des Prozesses. Hierzu wird möglichst ein *Kernteam* gebildet. Seine Aufgabe ist es, einen Prozessplan zu entwerfen und die benötigten personellen, finanziellen und zeitlichen Ressourcen zu sichern. Zudem setzt sich das Team für die Steigerung der Akzeptanz innerhalb der Transitionsnische ein. (Hölscher u. a. 2017).

Der Transition Management-Ansatz hat einen stark partizipativen Charakter, da er bei vorausgesetzter Offenheit von Zielen und Wegen auf die aktiven Beiträge der im Netzwerk mitwirkenden Akteure angewiesen ist. Staatliche Akteure können im Transition Management wichtige Rollen bei der Unterstützung von Nischen übernehmen. Kern unterscheidet bei diesen Steuerungsrollen zwischen Funktionen eines Unterstützers, Stimulators, Kontrolleurs und Direktors (Kern 2009). Wie Transition Management als soziale Innovation Projekte in Regionen zum Erfolg führen kann, indem Handlungsleitfaden und Weiterbildung diejenigen unterstützen, die Netzwerke koordinieren, zeigt der nachfolgende Abschnitt anhand eines konkreten Projekts.

4 Realisierung sozialer Innovationen in Form von Projekten und Experimenten

Eine Herausforderung im demografischen Wandel ist die Entwicklung neuer Lösungen zur Fachkräftesicherung in Unternehmen. Diese neuen Lösungen auf Basis der oben beschriebenen Kooperationsstrukturen sind wiederum (soziale) Innovationen für Unternehmen und Regionen.

Regionen haben unterschiedliche Wirtschafts- und Arbeitsstrukturen. In manchen Regionen sind Branchen angesiedelt, die vom Fachkräftemangel deutlicher betroffen sind als andere Regionen oder Branchen. Der Fachkräftemangel offenbart ein hohes soziales Innovationspotenzial, da Unternehmen neue Lösungen als „soziale Praktiken" (vgl. Howaldt und Schwarz 2014, S. 326) etablieren müssen, um ihren Bedarf an qualifizierten Mitarbeiter/innen mittel- und langfristig zu decken. Gemeinsame Lösungen in Regionen zeigen sich hierbei als erfolgversprechender als Einzellösungen in Unternehmen – innovatives Regionalmanagement im demografischen Wandel setzt insofern am Netzwerkansatz an, um gemeinsam (soziale) Innovationen zu entwickeln und umzusetzen.

Am Beispiel des Projekts *PerLe – Personalmanagement in KMU der Lebensmittelwirtschaft Nordrhein-Westfalen* (mit finanzieller Unterstützung durch das Land Nordrhein-Westfalen und den Europäischen Sozialfonds) lässt sich zeigen, wie Netzwerkmanagement auf der Grundlage des Handlungsleitfadens für Transition Management, der konkrete Instrumente in Form eines Musters verknüpft und diesen Regionalmanager/innen an die Hand gibt, eingesetzt werden kann.

Das Projekt PerLe hat das Ziel, passende Lösungen mit Unternehmen zu entwickeln: zur Personalgewinnung, Personalbindung, zum Employer Branding, zur Personalstrategie und zur Netzwerkeinbindung von Unternehmen – insbesondere hier sind soziale Innovationen gefragt – denn „allein [ist] kein oder zumindest nicht der gewünschte Erfolg zu erzielen" (Plamper und Will 2017, S. 61). Erst aus der Kooperation mit weiteren Unternehmen, Forschungs- und Beratungseinrichtungen ergeben sich tatsächlich neue und tragfähige Lösungen. Hierbei muss berücksichtigt werden, dass der Wissensaustausch unter Konkurrenten geschieht, was an die Kooperation und Moderation des Netzwerks vielfältige Voraussetzungen stellt. Wie gelingt es, trotz Wettbewerbsstellung zu einem vertrauensvollen Wissensaustausch zu gelangen? Hierfür bietet das Transition Management Lösungen, die zu einem Vertrauensaufbau im Netzwerk beitragen, indem alle Partner im Netzwerk gemeinsame Ziele festlegen, auf das Ziel hin motiviert und passende Unternehmens- und Netzwerkprojekte umgesetzt werden (siehe oben).

Das Projekt PerLe hat u. a. das Ziel, mit Unternehmen bedarfsgerechte Lösungen für die Fachkräftesicherung zu entwickeln, welche die gestiegenen Anforderungen an die Qualifikation des Personals in der Lebensmittelwirtschaft aufnehmen. Hierzu müssen sich die kleinen und mittleren Unternehmen der Lebensmittelwirtschaft von der Personalverwaltung hin zu einem angepassten, bedarfsspezifischen Personalmanagement weiterentwickeln (vgl. auch Holtbrügge 2015). Unternehmensspezifische Good-Practice-Lösungen des Personalmanagements können zwar einzelne „Lücken" im Fachkräftebedarf schließen und dazu beitragen, dass sich ein Unternehmen besser am Markt um Fachkräfte behaupten kann. Da der Fachkräftemangel jedoch tiefgreifend ist und gesamte Branchen und Regionen betrifft, sind übergreifende Lösungen gefragt. Das Projekt PerLe kann als Beispiel eines Netzwerkprojekts gesehen werden. Die beteiligten Unternehmen entwickeln unter der Moderation der Projektträger Lösungen, die in die Branche transferiert werden. Sei es, dass neue Netzwerke mit (Berufs-) Schulen eingegangen werden oder die Branche selbst sich insgesamt attraktiver für potenzielle Auszubildende darstellt.

Die für die Moderation von Netzwerken notwendigen Instrumente werden in Form eines Handlungsleitfadens systematisch miteinander verknüpft und in das

Transition Management-Prozessmodell (vgl. Loorbach 2010) eingebunden, wie die nachfolgende Tabelle zeigt:

Tab. 1   Handlungsleitfaden für ein innovatives Regionalmanagement als soziale Innovation (Quelle: eigene Darstellung in Anlehnung an den Transitionsprozess)

Problemdefinition und Zusammenstellung des Netzwerks	Langfristige Vision	Umsetzung von Projekten und Experimenten	Evaluierung
Regionalanalyse	Leitbildentwicklung	Projektentwicklung	Evaluierungs-konzept
Stakeholderanalyse	Zielformulierung	Projektmanagement	Ausgewählte Evaluations-instrumente
Vertrauensbildende Expertengespräche	Balanced Scorecard	Teammanagement	
	SWOT Analyse		
	Übergreifende Moderation der Netzwerkarbeit		

Dem Ansatz des Transition Managements folgend, benötigt das Netzwerk Steuerung und Moderation. Die Projektträger strukturieren, moderieren und dokumentieren die Netzwerktreffen, bringen sie immer wieder mit den eingangs aufgestellten Zielen in Verbindung, unterstützen bei der Entwicklung von Best-Practice-Beispielen und evaluieren den Erfolg der Projekte. Die Kooperation heterogener Akteure, die durch die gleiche Branche einen ähnlichen Erfahrungshintergrund und in der Regel auch ähnliche Organisationskulturen mit geteilten Regeln und Routinen haben, kann als soziale Innovation bezeichnet werden, da neue Interaktionsarenen geschaffen werden, die den Austausch zur Entwicklung und Umsetzung von Innovationen zum demografischen Wandel (Fachkräftegewinnung in der Lebensmittelwirtschaft) betreffen. Diese Kooperation wäre durch ausschließliche Selbststeuerung nicht zustande gekommen.

Dem Handlungsleitfaden (vgl. Tabelle 1) folgend, sind zunächst die relevanten Akteure durch eine Regional- und Stakeholderanalyse für das zu bearbeitende Thema zu identifizieren. Diese können durch vertrauensbildende Expertenge-spräche aktiviert und motiviert werden, sich am Netzwerk zu beteiligen. Zentral ist an dieser Stelle, den Vorteil und die Nutzeneffekte einer Netzwerkarbeit im Vergleich zu Einzellösungen herauszustellen. Erste Aufgabe der Netzwerkpartner ist es, im Rahmen von Zielfindungsworkshops gemeinsame Ziele zur Gestaltung des demografischen Wandels zu entwickeln. Hierbei sollten bereits Messgrößen für die Zielerreichung bestimmt werden, damit eine spätere Erfolgsbewertung möglich ist. Diese können auch in Form eines öffentlichkeitswirksamen „Kick-Offs" mit vielen Akteuren aus der Region diskutiert werden – was gleichzeitig den Gedanken der offenen Innovationen und des offenen Netzwerks unterstützt (vgl. Hafkesbrink et al. 2017; Evers et al. 2017). Die Umsetzung solcher Projekte erfordert Projektmanagementkompetenz, die entweder durch die Moderation gegeben ist oder für die bestimmte Netzwerkpartner qualifiziert werden. Mit Projekten und Experimenten sollen die gesetzten Ziele (z. B. Fachkräftegewinnung) erreicht werden. Sie dienen zugleich der Pilotierung neuer Interaktionsformen als sozialer Innovation (siehe auch Engelmann und Norck 2017). Für die Moderation ist zu berücksichtigen, „dass für einen regionalen Steuerungsprozess keine hierarchische Macht zur Durchsetzung von Vorhaben zur Verfügung steht. [Die Moderation muss] versuchen, jenseits der bloßen Koordination Verständigungs-, Vertrauens- und Machtbeziehungen zu organisieren" (Engelmann und Norck 2017, S. 104). Der Moderation kommt die Aufgabe zu, das Netzwerk so zu gestalten und zu steuern, dass erfolgversprechende und für die Netzwerkpartner nutzbringende Projekte und Experimente soziale Innovationen erzeugen. Hierbei sind z. B. Machtverhältnisse zu balancieren und Vertrauen innerhalb des Netzwerks aufzubauen. Insbesondere Vertrauen zwischen heterogenen Partnern kommt eine entscheidende Rolle für das Gelingen freiwilliger Netzwerkstrukturen zu (vgl. Eichhorn und Spannowsky 2006). Die Moderation unterstützt Vertrauen durch die Schaffung eines gemeinsamen Problembewusstseins, welches zu einer geteilten Zieldefinition führen kann und greift bei etwaigen Konflikten schlichtend ein.

Für die Moderation eines solchen regionalen Transition-Netzwerks wurde im Rahmen des vom BMBF geförderten Projekts „Transdemo" (2014–2016) eine Weiterbildung „Innovatives Regionalmanagement im demografischen Wandel" entwickelt, die das Ziel hatte, Moderatorinnen und Moderatoren zu unterstützen, den Transitionsprozess als soziale Innovation in Regionen zu steuern (www.transdemo-projekt.de). Politische Lösungen mit top-down-Charakter reichen häufig nicht aus, um den Herausforderungen des demografischen Wandels nachhaltig zu begegnen. Gebraucht werden angepasste Lösungen, die alle relevanten Stakeholder aus Politik, Arbeitswelt, Wissenschaft und intermediären Organisationen mit einbeziehen. Dezentrale Steuerungsmechanismen sind notwendig, um Nachhaltigkeit zu erzeugen und angepasste regionale Lösungen umzusetzen. Im Mittelpunkt der Weiterbildung stand daher die Verknüpfung der beiden analytischen Ansätze Transition Management und Regional Governance, die als soziale Innovation bei der Gestaltung des demografischen Wandels zum Einsatz kommen. Die Verbindung von theoretischen Grundlagen mit praktischer Anwendung der vermittelten Fähigkeiten kann Moderatorinnen und Moderatoren zur Bildung von netzwerkbasierten innovativen Kooperationen mit unterschiedlichen Akteuren befähigen. Das Weiterbildungskonzept ermöglicht der Moderation auf der Basis von Regional Governance und Transition Management die Identifizierung von relevanten Stakeholdern, die Verortung von thematischen Herausforderungen und die damit verbundene Erfassung und Abgrenzung des relevanten regionalen Umfeldes sowie die Netzwerkbildung mit den betroffenen Akteuren und Stakeholdern. Darüber hinaus vermittelt die Weiterbildung Einblicke in die Herausforderungen für Wirtschaft und Arbeit, Organisationsentwicklung, Qualifizierung, regionale Konzepte und Strategien, Ansätze öffentlicher Förderung und regionaler Politik.

Im Rahmen eines fortlaufenden Management-Kreislaufs ist die formative und summative Evaluation der umgesetzten Projekte und Experimente zentral. Spezifische Indikatoren für Zielerreichung (hier: Sicherung des Fachkräftebedarfs) müssen festgelegt werden, die eine Erfolgsbewertung zulassen. Bei den einzelnen Unternehmensprojekten gilt es abzufragen, ob und inwiefern die gewählten Prioritäten die spezifische Herausforderung im Personalmanagement bearbeiten kann und ob die gewählten Maßnahmen und Instrumente für die Unternehmensprojekte tatsächlich dazu beitragen, die Prioritäten im Personalmanagement weiterzuentwickeln (vgl. Evers et al. 2017).

5   Fazit

Freiwillige Kooperation durch Netzwerkbildung scheint in einer zunehmenden Zahl von Fällen das angemessene Handlungsmuster als Antwort auf gegenwärtige und zukünftige Herausforderungen, z. B. des demografischen Wandels, zu sein. Richtung, Ausmaß und Geschwindigkeit des Wandels werden zwar von einzelnen Akteuren beeinflusst, aber nicht mehr vollständig kontrolliert (Rotmans et al. 2001). Die sich daher anbietende Form der Problemlösung in Form kollektiven Handelns durch Netzwerkbildung unter Einschluss von autonom bleibenden Akteuren entspricht genau den Kernmerkmalen von Governance. Findet dies auf einer regionalen Ebene statt, sprechen wir von Regional Governance. Sie ist kein Selbstläufer, sondern bedarf der Initiierung und Moderation. Hier setzt Transition Management als eine Form eines Mehr-Ebenen-Steuerungsmodells an. Es nutzt gemeinsam zu entwickelnde normative Visionen als Ausgangspunkt für die Formulierung kurz- mittel- und langfristiger gemeinsamer Innovationsstrategien.

Transition Management erscheint besonders gut geeignet für die Moderation und das Management von Kooperationsformen à la Regional Governance. Transition

Management wurde explizit für die Gestaltung komplexer Situationen geschaffen, was insbesondere durch das Einbeziehen von typischen Charakteristika von Veränderungsprozessen erreicht wird und ein besseres Bewusstsein für die Probleme und Eigenschaften solcher Prozesse schafft.

Literatur

Bandelow, N. 2005. *Kollektives Lernen durch Veto-Spieler?* Baden-Baden: Nomos.

Benz, Arthur, und D. Fürst. 2003. Region „Regional Governance" Regionalentwicklung. In *Regionen erfolgreich steuern*, Hrsg. B. Adamaschek und M. Pröhl, 11–66. Gütersloh: Bertelsmann Stiftung.

Benz, A. und A. Meincke. 2007. *Regionalwissenschaftliche Theorieansätze und Analyse der Governance Strukturen. Endbericht der Module 3. und 4. der Begleitforschung „Regionen Aktiv Land gestaltet Zukunft".* Hagen

Benz, A. und N. Dose. 2010. Von der Governanceanalyse zur Policytheorie. In *Governance Regieren in komplexen Regelsystemen*, Hrsg. A. Benz und N. Dose, 251–276. Wiesbaden: Springer VS.

Blotevogel, H. H. 1996. Auf dem Wege zu einer „Theorie der Regionalität": Die Region als Forschungsobjekt der Geographie. In *Region und Regionsbildung in Europa: Konzeptionen der Forschung und empirische Befunde*, Hrsg. G. Brunn, 44–68. Baden-Baden: Nomos.

Brandsen, T. 2006. Regional Governance und hybride Organisationen. In *Regional Governance. 2 Bde., Hrsg. R. Kleinfeld, H. Plamper und A. Huber*, 101–110. Göttingen: v+r unipress.

Brenner, N. 2003. Metropolitan Institutional Reform and the Rescaling of State Space in Contemporary Western Europe. *European Urban and Regional Studies*, 10(4).

Castells, M. 1996. *The Rise of the Network Society. The Information Age: Economy, Society and Culture Vol. I.* Cambridge, MA, Oxford, UK: Wiley-Blackwell.

Eichhorn, P. und W.Spannowsky. 2006. Verbesserung der Regionalentwicklung Regionalmanagement Staatsvertrag. Buchreihe *Raumplanungs-, Bau- und Umweltrecht, Bd.7* . Kaiserslautern:

Engelmann, T. und S. Norck. 2017. Regionale Nachhaltigkeitsgovernance im Spannungsfeld von Regimestrukturen und Nischenentwicklungen. In *Innovatives Regionalmanagement im demografischen Wandel*, Hrsg. R. Kleinfeld, J. Hafkesbrink und J.Stuhldreier, 89–114 Wiesbaden: Springer VS.

Evers, J., und J. Knipperts. 2015. Vernetzung und Kooperation: Soziale Innovationen im demografischen Wandel. In *Zusammen- Arbeit- Gestalten. Soziale Innovationen in sozialen und gesundheitsbezogenen Dienstleistungen*, Hrsg. G. Becke, P. Bleses, F. Frerichs, M. Goldmann, B. Hinding und M. K. W. Schweeret, S. 109–124. Wiesbaden: Springer VS.

Evers, J., J. Hafkesbrink, J. Stuhldreier, und W. Joormann. 2017. Erfolgsbedingungen regionaler Innovationssysteme im demografischen Wandel – das Beispiel der Region Niederrhein. In *Innovatives Regionalmanagement im demografischen Wandel*, Hrsg. R. Kleinfeld, J. Hafkesbrink, und J. Stuhldreier, 173–198. Wiesbaden: Springer VS.

Frantzeskaki, N., und J. de Haan. 2009. Transitions: Two steps from theory to policy. *Futures: the journal of policy, planning and future studies Heft 41*: 593–606.

Geels, F.W., und J. Schot. 2010. The dynamics of transitions: a socio-technical perspective. In *Transitions to sustainable development. New directions in the study of long term tansformative change*, Hrsg. J. Grin, J. Rotmans, und J. Schot, 11–101. Blackwell, New York: Routledge.

Hafkesbrink J., J. Evers, und J. Knipperts. 2017. Vernetztes Kompetenzmanagement: Schulungskonzept und Moderationsinstrumente zur kooperativen Entwicklung und Umsetzung von Innovationen in Regionen. In *Vernetztes Kompetenzmanagement*, Hrsg. M. Bornewasser. Springer (Im Erscheinen).

Hafkesbrink J., J. Evers, J. Knipperts, G.Spitzner, und T. Wöhrmann. 2015. Transition Management „Demografischer Wandel und Innovationsfähigkeit". Zwischenbericht im Projekt Transdemo. http://transdemo-projekt.de/sites/transdemo-projekt.de/files/biblio/Zwischenbericht%20Transdemo_2015.pdf. Zugegriffen am 01.072017:

Holtbrügge, Dirk. 2015. *Personalmanagement*. Berlin/Heidelberg: Springer Gabler.

Hölscher, K., J. M. Wittmayer, S. Maschmeyer, und N. Frantzeskaki. 2017. Transition Management als Meta-Governance-Rahmenwerk zur Gestaltung von Nachhaltigkeitstransitionen. Analyse von Governance-Kapazitäten durch Transition-Management-Interventionen in Gent und Montreuil. In *Innovatives Regionalmanagement im demografischen Wandel*, Hrsg. R. Kleinfeld, J. Hafkesbrink, und J. Stuhldreier, 27–58. Wiesbaden: Springer VS.

Hooghe, L., und G. Marks. 2001. Types of Multi-Level Governance. European Integration Online Papers (EioP), 5 (11). http://eiop.or.at/eiop/texte/2001-011a.html. Zugegriffen: 22.09.2016.

Howaldt, J., und M. Schwarz. 2014. Soziale Innovation – Eine Herausforderung und Chance für Wissenschaft und Gesellschaft. In *Sozialen Wandel gestalten. Zum gesellschaftlichen Innovationspotenzial von Arbeits- und Organisationsforschung*, Hrsg. M. Jostmeier, Georg, A. und H. Jacobsen. Wiesbaden: Springer VS.

Howaldt, Jürgen und Michael Schwarz. 2010. Soziale Innovation – Konzepte, Forschungsfelder und -perspektiven. In: Howaldt, Jürgen und Jacobsen, Heike (Hrsg): Soziale Innovation. Auf dem Weg zu einem postindustriellen Innovationsparadigma. Wiesbaden: Springer VS, S. 87–108

Kern, F. 2009. The politics of governing 'system innovations' towards sustainable electricity systems, Dissertation University of Essex. http://eprints.sussex.ac.uk/ . Zugegriffen: 01.07.2017

Kleinfeld, R., J. Hafkesbrink, und J. Stuhldreier. 2017. Vorwort. In *Innovatives Regionalmanagement im demografischen Wandel*, Hrsg. R. Kleinfeld, J. Hafkesbrink, und J. Stuhldreier, VII-IX. Wiesbaden: Springer VS.

Kleinfeld, R. 2017. Regional Governance und Transition Management – Integration analytischer Konzepte als Innovationsinstrument im demografischen Wandel. In: *Kleinfeld, Ralf; Hafkesbrink, Joachim und Stuhldreier, Jens: Innovatives Regionalmanagement im demografischen Wandel*. Wiesbaden: Springer VS, S. 267–301

Kleinfeld, R.; Harald Plamper; Andreas Huber (Hg.) 2006: Regional Governance. 2 Bde. Göttingen: v+r unipress

Kleinfeld, Ralf 2017: Regional Governance und Transition Management – Integration analytischer Konzepte als Innovationsinstrument im demografischen Wandel. In: Kleinfeld, Ralf; Hafkesbrink, Joachim und Stuhldreier, Jens: Innovatives Regionalmanagement im demografischen Wandel. Wiesbaden: Springer VS, S. 267–301

Knipperts, J. 2017. Regionale Kooperationen im demografischen Wandel. In *Innovatives Regionalmanagement im demografischen Wandel,* Hrsg. R. Kleinfeld, J. Hafkesbrink, und J. Stuhldreier, 1–26. Wiesbaden: Springer VS.

Kujath, H. J. 2014. Dynamiken regionaler Innovationsprozesse unter den Bedingungen des globalen Wandels. In: Regionalentwicklung im Zeichen der Großen Transformation. Strategien für Ressourceneffizienz, demografischen Wandel und Innovationsfähigkeit, Hrsg. M. Miosga und S. Hafner, 157–182. München: oekom

Liddle, J. 2006. Regional Governance und die Beteiligung der Zivilgesellschaft in Großbritannien. In *Regional Governance. 2 Bd., Hrsg.* R. Kleinfeld, H. Plamper, und A. Huber, 125–144. Göttingen: v+r unipress.

Longo, F. 2006. Organisatorische Netzstrukturen und Management-Systeme als Voraussetzung für die Steuerung von Regional Governance. In *Regional Governance. 2 Bde., Hrsg.* R. Kleinfeld, H. Plamper und A. Huber, 265–276. Göttingen: v+r unipress.

Loorbach, D. 2010. Transition Management for Sustainable Development. A prescriptive, complexity-based Governance Framework. *Governance – An international Journal of Policy administration and institution 23*: S. 161–183

Loorbach, D. 2007. Transition management. New mode of governance for sustainable development. International Books, Kluwer, Utrecht

Meadowcroft, J. 2009. What about the politics? Sustainable development, transition management, and long term energy transitions. *Policy Sciences*: 323–340.

Peters, B. G, und J. Pierre. 2001. Developments in intergovernmental relations: towards multi-level governance. *Policy & Politics*, 29(2).

Plamper, H. 2006. Regional Governance – eine Managementaufgabe!. In *Regional Governance. 2 Bde., Hrsg.* R. Kleinfeld, H. Plamper, und A. Huber, 365–388. Göttingen: v+r unipress.

Plamper, H., und O. C. Will. 2017. Regional Transition – eine Managementaufgabe. In *Innovatives Regionalmanagement im demografischen Wandel,* Hrsg. R. Kleinfeld, J. Hafkesbrink, und J. Stuhldreier, 59–88. Wiesbaden: Springer VS.

Priddat, B. 2006. Netzwerk, Cluster und Fusionen als drei Modelle von Regional Governance. In *Regional Governance. 2 Bde., Hrsg.* R. Kleinfeld, H. Plamper und A. Huber, 253–265. Göttingen: v+r unipress.

Rotmans, J., und D. Loorbach. 2010. Towards a better understanding of transitions and their governance. A systemic and reflexive approach. In *Transitions to sustainable development – new directions in the study of long term transformation change,* Hrsg. J. Grin, J. Rotmans, und J. Schot , 105–220. Blackwell, New York: Routledge.

Rotmans, J., R. Kemp, und M. van Asselt. 2001. More Evolution than Revolution. Transition Management in Public Policy. *Foresight*: 15–31.

Scharpf, F. W. 1999. *Regieren in Europa: Effektiv und demokratisch?* Frankfurt/New York: Campus Verlag.

Schenk, K.-E. 2003. Economic Institutions and Complexity. Cheltenham-Northampton.

Scott, A.J. 2002. *Global City-Regions: Trends, Theory, Policy.* Oxford: University Press.

Tacke, Veronika. 2000. Netzwerk und Adresse. *Soziale Systeme Heft 6*: 291–320.

Van Buuren, A., und D. Loorbach. 2009. Policy innovation in isolation? Conditions for policy renewal by transition arenas and pilot projects. *Public Management Review*: 375–392.

Voß, R. 2002. Regionale Innovationssysteme als Gegenstand eines neuen Forschungsverbundes der Region Berlin-Brandenburg. In *Regionale Innovationssysteme,* Hrsg. R. Voß, 25–50. Berlin: Verlag News und Media.

Williamson, O.E. 1975. *Markets and Hierarchies: Analysis and Antitrust Implications*. New York: Free Press.
Williamson, O.E. 1985. *The Economic Institutions of Capitalism. Forms, Markets and Relational Contracting*. New York: Macmillan.

Soziale Innovation im Quartier
Community Center als Antwort auf soziale Probleme in benachteiligten Stadtteilen

Frank Schulz

1   Neue Ansätze für benachteiligte Quartiere

Die Stadtplanung beschäftigt sich als wissenschaftliche und praktische Disziplin in einem wesentlichen Umfang mit sozial benachteiligten Quartieren und sucht vor allem im Rahmen von städtebaulichen Förderprogrammen nach nachhaltigen Lösungen zur Stabilisierung der Bevölkerungs- und Stadtstrukturen. Maßgeblich ist seit 1999 vor allem das Bundesprogramm „Soziale Stadt", das die „[...] *Finanzhilfen des Bundes zur Förderung von Maßnahmen der Sozialen Stadt [...] für Investitionen in städtebauliche Maßnahmen zur Stabilisierung und Aufwertung von Stadt- und Ortsteilen mit besonderem Entwicklungsbedarf ein[...]setzt, die auf Grund der Zusammensetzung und wirtschaftlichen Situation der darin lebenden und arbeitenden Menschen erheblich benachteiligt sind (vgl. § 171 e BauGB). Damit soll ein Beitrag zur Erhöhung der Wohnqualität und Nutzungsvielfalt, zur Verbesserung der Generationengerechtigkeit der Quartiere und zur Integration aller Bevölkerungsgruppen geleistet werden"* (VV 2016, Artikel 4). Neben der zumeist städtebaulich ausgerichteten Aufwertung im Quartier, um diese Fehlentwicklungen abzubauen, wird insbesondere seit der ersten PISA-Studie 2001 das Thema Bildung als zentraler Schlüssel für Integration, Berufsqualifikation und gesellschaftlicher Teilhabe debattiert. Dabei gibt es mittlerweile einen breiten Konsens, dass nicht nur Schule allein Ort von Bildung sein soll, sondern sich dieses Thema quer durch alle Aktivitäten in einem benachteiligten Stadtquartier zieht (Million et al. 2017). Diese Strategie hat auch die Förderung erkannt und vor allem maßgeblich über die EU-Förderschiene EFRE (Europäischer Fonds für regionale Entwicklung) in der für Stadtentwicklung maßgeblichen Prioritätsachse 4 dieses Thema bedient. Das Land NRW hat daraus den Aufruf „Starke Quartiere – Starke Menschen" gemacht, um mit einer intelligent ausgerichteten Strategie von Präventionsketten im Bildungs- und Beratungsbereich benachteiligte Quartiere zu stabilisieren. „Der

© Springer Fachmedien Wiesbaden GmbH, ein Teil von Springer Nature 2018
H.-W. Franz und C. Kaletka (Hrsg.), *Soziale Innovationen lokal gestalten*,
Sozialwissenschaften und Berufspraxis,
https://doi.org/10.1007/978-3-658-18532-9_20

Schwerpunkt des Projektaufrufs ‚Starke Quartiere – starke Menschen' liegt auf der präventiven und nachhaltigen Entwicklung von Stadtquartieren und Ortsteilen und auf der Bekämpfung von Armut und Ausgrenzung" (Ministerium für Wirtschaft, Innovation, Digitalisierung und Energie des Landes Nordrhein-Westfalen 2017). Die Verzahnung von unterschiedlichen Einrichtungen zu einer sogenannten Bildungslandschaft[1] ist hierbei eine mögliche Vorgehensweise. In diesem Zusammenhang bekommt auch Schule eine neue Rolle zugewiesen.

Erst langsam erreicht das Thema die wissenschaftliche Debatte. Ein 2017 erschienenes Buch mit dem Thema „Gebaute Bildungslandschaften" nimmt sich umfassend dieser Thematik an und beleuchtet die Verbindung von Bildungsthemen und Stadtentwicklung. Das geschlossene System Schule soll dabei aufgebrochen werden und stärker mit dem Stadtteil in Interaktion treten (Million et al. 2017, S. 6f). Hierbei soll es konkret um mehr als eine bloße Kooperation von Bildungseinrichtungen gehen. Vielmehr steht die konkrete Einbeziehung bürgerschaftlicher und ökonomischer Potenziale eines vorwiegend benachteiligten Quartiers im Mittelpunkt als Basis für eine Bildungslandschaft (Niemann 2014, S. 24). Häufig kommt der Kommune dabei eine zentrale Steuerungsfunktion zu, da sie die unterschiedlichen Bildungsinstitutionen bzw. -angebote koordiniert und bei den einzelnen Beteiligten ein neues Verständnis für eine Kooperation schaffen muss (Niemann 2014, S. 26f).

Wie bereits im Zusammenhang mit dem Förderprogramm Soziale Stadt angedeutet, zeichnen sich benachteiligte Stadtquartiere durch eine hohe Konzentration marginalisierter Bevölkerungsgruppen und städtebaulicher sowie baulicher Defiziten aus. Auslöser sind häufig Strukturwandel und daraus resultierende Polarisierungen bzw. die Zuwanderung problematischer Gruppen (Bartkowiak 2008, S. 20ff). Basierend auf den Überlegungen von Häußermann zur sozialräumlichen Dreiteilung der Städte, erweitert Bartkowiak diesen Gedanken um einen vierten Teil[2]. In dieser sogenannten „Arme-Leute-Stadt" kumulieren die Problemlagen in

---

1 Eine ausführliche Auseinandersetzung mit dem Thema Bildungslandschaft findet sich in der Veröffentlichung von Niemann (2014).

2 Als erste Struktur wird die „wettbewerbsfähige [Innen-]Stadt mit baulich-räumlichen Highlights, glanzvollen Geschäfts- und Kultureinrichtungen" bezeichnet. [...] Die zweite Struktur bilden die bevorzugten Wohnstandorte der Wohlhabenden meist am Rande der Kernstädte, selten auch innenstadtnah mit ihren Villen oder Eigenheimkomplexen mit großen Grünanlagen. [...] Die dritte Struktur ist die ‚Normale-Leute-Stadt' mit ihrer baulich-räumlich durchschnittlich ausgestatteten Mietwohnungsstruktur, zum Teil innenstadtnah gelegen, zum Teil auf Vorortstadtteile verstreut oder in der Nähe großer Betriebe angesiedelt. [...] Die vierte Struktur bildet die ‚Arme-Leute-Stadt' der Großstädte, die sich vermehrt seit den 1980er Jahren meist kleinräumig sowohl in den prosperierenden wie in den schrumpfenden Großstädten herausbilden" (Bartkowiak 2008, S. 25f)(siehe auch Abb. 1).

besonderer Weise, die städtebaulichen und baulichen Defizite verdeutlichen sich in ungepflegten öffentlichen Orten, desolaten Wohngebäuden (beispielhaft Abb. 1) und vor allem auch stark sanierungsbedürftigen öffentlichen Einrichtungen. Betroffen sind hiervon vor allem Orte der institutionalisierten Bildungseinrichtungen, die sich massiven Herausforderungen gegenübersehen (siehe auch steg NRW 2017, S. 27f).

Abb. 1   Sichtbare Indikatoren für ein benachteiligtes Quartier, steg NRW

Aus dieser stark verkürzt zusammengefassten Debatte wird deutlich, dass hier Handlungsbedarf besteht und neue Konzepte für Schule konkret auch für den Stadtteil gedacht werden müssen. Damit einhergehend hat sich der Bildungsbegriff erweitert, der lebenslanges und lebensweltorientiertes Lernen einschließt. Bildung ist demnach ein „Prozess, der geistige Aufgeschlossenheit zum Ziel haben muss. Einstellungen und Kenntnisse von der Art, wie man sie benötigt, um sich immer neues Wissen anzueignen und mit immer neuen Situationen zurechtzukommen. Bildung findet damit an den Orten statt, an denen Menschen leben, sie ihren Alltag organisieren und sie ihr soziales und formales Lernumfeld haben" (Stadt Bielefeld 2012, S. 8f). Bildung wird als lebenslanger und nie abschließender, in allen Lebensphasen und Lebensbereichen stattfindender, individueller Prozess des Menschen mit dem Ziel seiner Befähigung zur gesellschaftlichen Teilhabe verstanden.

Bildung liegt jedoch schon lange nicht mehr alleine in der Hand der Schulen. Während diese sich durch die Ganztagsorientierung vom Lern- zum Lebensraum gewandelt haben, wurde nun auch Lebensraum als Lernort entdeckt. Da Lernen über den Tag verteilt an verschiedenen Standorten stattfindet, müssen die Beziehungen zwischen den Standorten und dem öffentlichen Raum durchdacht sein und die verschiedenen Bildungsprozesse durch Vernetzung und/oder Kooperation von verschiedenen Institutionen wie Schule, Kindertageseinrichtungen, Jugendeinrichtungen, dem sozialen Umfeld im Stadtteil, Freizeiteinrichtungen und natürlich dem Elternhaus zusammenwirken. Vor diesem Hintergrund stellt sich die Frage, wie das Zusammenspiel von formalen Bildungsorten derart gestaltet werden kann, dass alle Kinder und Jugendliche – unabhängig von ihrer Herkunft, ihren sozialen Verhältnissen und den regional unterschiedlichen Bedingungen des öffentlichen Angebots – bestmöglich gefördert werden und wie dabei non-formale und informelle Bildungsgelegenheiten berücksichtigt und einbezogen werden können (vgl. dazu auch Coelen 2011 und Million et al. 2017, S. 25ff).

Schule verändert sich demnach. Besonders prominent ist hierfür der Rütli-Campus in Berlin (s. Campus Rutli 2017), bei dem mit einem breit angelegten Konzept Stadtteil und Schule miteinander verknüpft worden sind. Vereinzelt lassen sich weitere Projekte in Hamburg und in NRW finden. Ziel des neuen Ansatzes ist es, die Funktion Schule enger mit dem Stadtteil zu verknüpfen, um neue Synergien entstehen zu lassen. Dabei soll die Schule als Institution und Gebäude mit einem umfänglichen Angebot zu möglichst allen Tageszeiten zur Anlaufstelle für alle im Stadtteil werden. Diese sogenannten Community Center oder auch Bürgerzentren sind an sich keine neue Erfindung in der Stadtplanung, ihre Verzahnung und die effizientere Nutzung der Kompetenzen von Schule in Deutschland allerdings schon. Die Betrachtung sogenannter „Präventionsketten" steht plötzlich im Vordergrund. Lebenslanges Lernen von der Geburt bis zum Tod scheint die Devise, um vor allem in abgehängten Stadtteilen die Chancen auf eine bessere Teilhabe für alle zu erhöhen. Die Bündelung unterschiedlicher Ansätze, Angebote und Philosophien soll dabei der Schlüssel zum Erfolg werden.

Doch auf welchen Weg begeben wir uns hier genau, und welche Hemmnisse und Widerstände begegnen uns, wenn das Ziel der Verknüpfung von Bildungsangeboten inklusive Schule verwirklicht werden soll? Anhand des Beispiels Duisburg-Marxloh als einem der bekanntesten Stadtteile mit sozialen Problemlagen soll exemplarisch das Vorgehen zur Umsetzung des sogenannten „Campus Marxloh" mit dem Fokus auf Prozessorganisation und Akteursstrukturen beschrieben und ausgewertet werden. Das methodische Vorgehen erfolgt anhand der Fallbeispielanalyse Duisburg-Marxloh mit Bezügen zu weiteren Projekten mit ähnlichen Ausrichtungen. Der Autor ist dabei an drei der Prozesse intensiv beteiligt gewesen und hat die dadurch gewonnenen Daten für diesen Artikel ausgewertet (Bielefeld-Umweltzentrum, Bürgerzentrum Wichlinghofen und Campus Marxloh).

2 Hintergrund und Einordnung des Begriffs „Community Center"

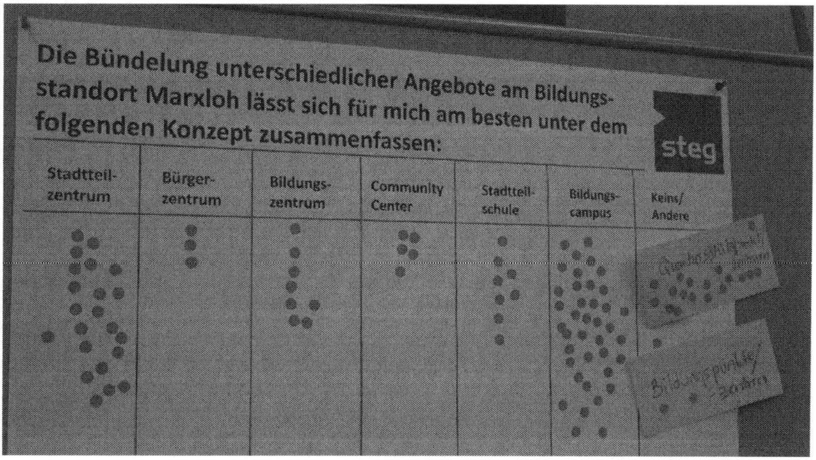

Die Bündelung unterschiedlicher Angebote am Bildungs-standort Marxloh lässt sich für mich am besten unter dem folgenden Konzept zusammenfassen:

steg

Stadtteil-zentrum	Bürger-zentrum	Bildungs-zentrum	Community Center	Stadtteil-schule	Bildungs-campus	Keins/Andere

Abb. 2 Begriffe für Treffpunkte im Quartier, steg NRW

Bevor das Vorgehen in Duisburg genauer betrachtet werden kann, ist es wichtig, den für die deutsche Planungslandschaft neuen Begriff eines Community Centers etwas zu beleuchten. Insgesamt sind die Begrifflichkeiten für einen Versammlungsort mit unterschiedlichen Nutzungen in einem Quartier breit gestreut. Das Community Center mit seinen Ursprüngen in den USA und Großbritannien versucht hier, die bereits bestehenden Konzepte inhaltlich zu ergänzen. Es existieren meist gleichrangig betrachtete Begriffe wie Bürgerzentrum, Gemeindezentrum oder Stadtteilzentrum. Da kaum wissenschaftliche Definitionen für diese Vielfalt an Bezeichnungen existieren, sind kaum eindeutige Aussagen möglich (siehe Abb. 2). So steht das Gemeindezentrum zum einen für ein von einer kirchlichen Gemeinde genutztes Zentrum und zum anderen für einen Ort der Gemeinde im Sinne der kommunalen Körperschaft. Beiden ist gemeinsam, dass hier für eine eher enge Zielgruppe Veranstaltungen stattfinden sollen (Duden 2017). Bürgerzentrum oder Stadtteilzentrum sind für den Duden keine geläufigen Begriffe, so dass hier die Unterscheidung angenommen werden muss, dass sich die Begriffe nach Zielgruppe, Betreiberkonzept oder räumliche Ebene unterscheiden. Das Community Center als neuer Begriff hat seine Wurzeln in den USA, wo vor allem im frühen 20. Jahrhundert in Verbindung mit Schulgebäuden Zentren errichtet wurden, die Aktivitäten von und für die Gemeinde außerhalb der Schulzeiten anboten. Vielfach waren diese Angebote dazu gedacht, um die Integration der Zuwanderer in den USA voranzutreiben. In den Folgejahren wurden diese Einrichtungen verstärkt auch als Orte zur Stärkung der Demokratisierung in einem bestimmten Quartier genutzt und haben bis heute diese Funktionen erhalten (Smith 2002). Im Gegensatz zu den bisherigen Einrichtungen mit den gängigen oben erwähnten Bezeichnungen sollen Community Center in Deutschland vor allem stärker Bildungseinrichtungen und Quartiersangebote miteinander verzahnen und neu ausrichten (steg Hamburg 2014). Ausgangslage und Gründe für die Weiterentwicklung von Schulstandorten und sonstigen bestehenden Gemeindeeinrichtungen sind vor allem folgende Aspekte:

- Kommunen im Wettbewerb um stabile Einwohnerschaft und Unternehmen
- Sanierungsstau bei kommunalen Bestandsgebäuden
- Konsolidierung der Bildungsinfrastruktur
- Flächenüberschuss, leerstehende und/oder untergenutzte Bestandsgebäude versus Flächenbedarf an anderer Stelle
- Bildungskonzepte im Wandel, flexible versus unflexible Bildungseinrichtungen

Im Kern besteht die Überlegung, mehr Nutzer auf weniger Fläche unterzubringen, kluge Konzepte zu entwickeln, um die Qualität der Angebote zu erhöhen bei insgesamt weniger Investitionen (steg Hamburg 2014). Community Center stehen demnach stärker als die anderen Konzepte für eine multifunktionale Nutzung von Infrastruktur mit einem differenzierten Angebot für möglichst viele Bewohnerinnen und Bewohner eines Stadtteils. Sie nehmen somit eine zentrale Rolle in der Bildungs- und Quartiersentwicklung ein und tragen dazu bei, ungenutzte Ressourcen zu aktivieren, Kosten zu reduzieren, den Bildungssektor zu stärken und lokale Netzwerke zu fördern. Zentrale Aspekte sind dabei die

- bessere Auslastung städtischer Infrastruktur, verbunden mit der Bündelung von Ressourcen und effizientem Mitteleinsatz
- Verknüpfung sozialer Infrastruktur
- Organisation von durchgängigen Betreuungsketten durch Verknüpfung von Bildungs- und Betreuungsangeboten an einem Ort

- stärkere Vernetzung im Stadtteil und das Zusammenbringen von Kooperationspartnern
- identitätsstiftende, zentrale Anlaufstelle für Bürgerinnen und Bürger
- sowie die Öffnung der Institution Schule zum Stadtteil.

Ein attraktives Quartierszentrum ist somit ein Ort, der zur Aktivierung der Bewohnerinnen und Bewohner beiträgt, Identifikation mit dem Quartier erhöht und nachhaltige Beteiligungsstrukturen herausbildet. Er ist Kern eines sozialräumlichen Netzwerkes, an dem unterschiedliche Dienste und Aufgaben zusammengeführt werden und damit Kompetenzen, Potenziale und Ressourcen zur Verfügung stehen. Er bietet letztlich für die Bildung einen lernfördernden Raum und vernetzte Pädagogik.

In Hamburg sind diese Zentren in jüngster Vergangenheit in verschiedenen Formen entstanden, was den Grad der Zentralisierung, ihre Kooperationsbeziehungen, ihre inhaltliche Ausrichtung sowie ihre baulich-räumliche Ausgestaltung angeht. Auch in Nordrhein-Westfalen wird die Diskussion in sozial schwierigen Stadtteilen lauter, Schulen enger mit dem Stadtteil zu verzahnen, um den dort lebenden Kindern und Jugendlichen bessere Bildungschancen zu ermöglichen und die Abwärtsspirale zu durchbrechen. Denn hier geht es längst nicht mehr nur um reine Wissensvermittlung, sondern um die Förderung sozial integrativen Lernens. Das Konzept der Community Center kann sowohl eine Antwort auf Schwierigkeiten in problematischen Quartieren als auch auf knapper werdende finanzielle Ressourcen sein. Sie bieten die Chance, auf demografische und soziale Veränderungen zu reagieren und Verantwortung zu teilen:

- Bildung ist auf Zu- und Übergänge sowie neue gesellschaftliche Herausforderungen auszurichten – die Bildung von Kindern und Jugendlichen im präventiven Sinne steht hier insbesondere vor großen Herausforderungen
- Multifunktionale Räume schaffen zukunftsfähige Flexibilität bei veränderten Zielgrößen (z. B. starke Zunahme der Anzahl von Kindern und Jugendlichen durch Zuwanderung) und Zielgruppen (z. B. Senioren und politischen Rahmenzielen wie z. B. Inklusion)
- Die Einbettung von Einzelzielen in das gemeinsame Handeln am Standort stärkt die gemeinsame Verantwortung. Fachübergreifende Planung, Verantwortung und Finanzierung ist der Grundpfeiler für die Infrastruktureinrichtung
- Die Einbeziehung der Ökonomie (u. a. kommerzielle Anbieter, Wohnungswirtschaft, professionelles Marketing und Management) kann – sofern gewünscht – langfristig öffentlichen Mitteleinsatz senken

- Die Entstehung von Synergien – sowohl räumlich als auch inhaltlich – ist der Grundpfeiler für die Entwicklung eines Community Centers. Der Kern dieser Einrichtung muss nicht zwangsläufig eine Schule sein. Das zeigen z. B. die Idea Stores in Großbritannien (siehe Abb. 4), wo es um die Weiterentwicklung von Bibliotheken ging, oder das Beispiel Umweltzentrum Bielefeld, ein Verein, der sich dem Stadtteil öffnen wollte. Aber Schulen bieten sich häufig an, da hier Sanierungsmaßnahmen anstehen, die Auslastung der Gebäude bei knappen öffentlichen Kassen gesteigert werden soll und sie in den Quartieren als Lernort bereits bekannt sind.

In der praktischen Umsetzung zeigt sich jedoch, dass der Begriff „Community Center" eher problematisch ist, da er oftmals bei den Beteiligten keine sinnvolle Assoziation hervorruft. Das führt dazu, dass zwar das Konzept intensiv unter diesem Label diskutiert worden ist, letztlich aber in allen Beispielen auf den Begriff am Ende verzichtet wird (z. B. Hamburg: Bürgerzentrum Feuervogel (siehe Abb. 3), Bürgerzentrum Süderelbe oder Rütli-Campus, Campus Marxloh). In vielen Fällen wird gern auf den Begriff Campus zurückgegriffen, der abgeleitet von einer Universität als Ort wahrgenommen wird, an dem sich unterschiedliche Bildungsakteure

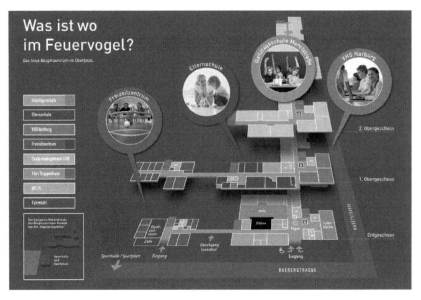

Abb. 3   Beispiel Feuervogel aus Hamburg, steg Hamburg

vernetzen und gemeinsam an einem bedarfsgerechten und abgestimmten Bildungsangebot arbeiten können. Kritisch bewertet wird vor allem der mögliche abschreckende Effekt des Begriffs, da er gerade in sozial benachteiligten Quartieren eine Schwelle darstellen könnte, weil unter Campus eine Institution verstanden werden kann, die Eliten vorbehalten ist. Konkrete Untersuchungen zu diesem Effekt gibt es bislang jedoch nicht.

Abb. 4   Ansatz der Idea Stores in London – Weiterentwicklung von Quartiersbibliotheken zu Community Centern, steg NRW

Community Center im Sinne des Begriffs können abschließend als Kristallisationspunkte für kommunale Bildungslandschaften verstanden werden, da hier unterschiedliche Bildungskonzepte zu einem schlüssigen Gesamtbild zusammengefügt werden sollen. Die Erfahrung der steg NRW zeigen, dass hierzu meist Unterstützung von außen benötigt wird, da komplexe Prozesse, die ein Zusammenwirken der Akteure am Ende erst ermöglicht, gesteuert werden müssen. Die Ausführungen zum Fallbeispiel machen dies zusätzlich deutlich.

3   Der Ansatz des „Campus Marxloh" in Duisburg

Abb. 5   Herbert-Grillo-Gesamtschule Marxloh, steg NRW

Der oben beschriebene Ansatz von Stadterneuerung, der Bildung als Schlüssel
begreift, basiert auf der Beobachtung, dass Probleme in benachteiligten Quartieren sehr vielfältig und komplex sind und viele Quartiere mit der Zeit bereits eine
gewisse „Förderhistorie" aufweisen (Dortmund-Nordstadt, Köln-Chorweiler oder
Duisburg-Marxloh). Das lebenslange Lernen wird daher auch in Nordrhein-Westfalen als eine Art Erfolgsphilosophie angesehen, um benachteiligten Stadtteilen
eine Perspektive bieten zu können. Momentan lassen sich in Nordrhein-Westfalen
unterschiedliche Ansätze beobachten, die in einer Bildungskonferenz im November
2017 vorgestellt und diskutiert werden sollen. Der Campus Marxloh ist dabei ein
prominentes Beispiel mit Leuchtturmcharakter.

Der Stadtteil Marxloh ist ein klassischer „Arbeiterstadtteil" im Duisburger
Norden mit umgebender Schwerindustrie. Noch in den 1970er Jahren galt er als das
„Einkaufszentrum des Duisburger Nordens", musste dann aber Ende der 1980er und
zu Beginn der 1990er Jahre Funktionsverluste hinnehmen, die vor allem mit dem
wirtschaftlichen Strukturwandel zusammenhingen. Als Folge kam es zu starken
Abwanderungen junger und qualifizierter Arbeitskräfte, Kaufkraftverluste und

Wandel der Bevölkerungsstruktur. Nach dem starken Bevölkerungsverlust von 1990
bis 2010 steigen seit 2009 die Einwohnerzahlen in Duisburg-Marxloh wieder an.
Dieser Bevölkerungszuwachs ist allerdings ausschließlich auf den Zugewinn an Nicht-
deutschen mit zu größten Teilen bulgarischer und rumänischer Staatsangehörigkeit
zurückzuführen. So stieg der Ausländeranteil von 36,6 Prozent (2011) auf nun 45,0
Prozent (2016). Der Anteil der Einwohner mit Migrationshintergrund stieg in diesem
Zeitraum von 59,3 Prozent auf aktuell 64,1 Prozent. (Stadt Duisburg 2016, S. 3ff).

Schon seit den frühen 1980er Jahren ist Marxloh im Rahmen der integrierten
Stadterneuerung in diverse Förderkulissen aufgenommen worden. Der Stadtteil
gilt als Pilot für das Programm „Stadtteile mit besonderem Erneuerungsbedarf",
was hinterher zum Bundesprogramm Soziale Stadt erweitert worden ist. Die Herausforderungen im Stadtteil haben sich in den vergangenen Jahren immer wieder
anders dargestellt, sodass eine kontinuierliche Begleitung durch die oben genannten
Förderprogramme bislang notwendig war und auch in Zukunft notwendig sein
wird. Durch die massive Zuwanderung von Menschen aus Südosteuropa in den
letzten Jahren steht der bereits in der Phase der Verstetigung befindliche Stadtteil
vor neuen Herausforderungen, deren Bewältigung ausschlaggebend für die nachhaltige Sicherung der erreichten Erneuerungserfolge ist.

Aufgrund der komplexen Problemlagen im Stadtteil hat sich die Stadt Duisburg
darüber hinaus auf Grundlage des Integrierten Städtebaulichen Entwicklungs-
konzepts (ISEK) um die Aufnahme in das eingangs erwähnte Programm „Starke
Quartiere – starke Menschen" beworben. Der Ansatz der Armutsbekämpfung und
Prävention und damit der Zugang zu den entsprechenden Förderprogrammen
ermöglichen einerseits direkte Hilfen für die vielen Menschen in äußerst prekären
Lebensverhältnissen, andererseits die nachhaltige Verstetigung von Strukturen.
Während des Umsetzungszeitraums des ISEKs sollen die bestehenden (Regel-)
Strukturen im Stadtteil (städtebaulich, sozial, ökonomisch) so gestärkt werden, dass
sie die neuen Herausforderungen durch die hohe Zuwanderung von Menschen aus
Südosteuropa auch dauerhaft bewältigen können. Der Verbesserung der Bildungs-
situation im Stadtteil kommt dabei eine besondere Bedeutung zu.

Vor allem die Attribute „junger Stadtteil" und „bunter Stadtteil" zeigen, wie wichtig zielgerichtete Bildungsangebote in Marxloh sind. Die große Anzahl an Kindern
und Jugendlichen – viele davon mit einem Migrationshintergrund – benötigen gute
Bildungsangebote, um sich integrieren zu können und um bessere Aussichten auf den
Arbeitsmarkt zu haben. Die Arbeitslosenzahlen bei Migrantinnen und Migranten
sind trotz des positiven Trends auf dem allgemeinen Arbeitsmarkt weiterhin überdurchschnittlich hoch. Da das Thema Bildung im Integrierten Handlungskonzept
für Marxloh eine besonders wichtige Rolle spielt, ist die Bildungsteilhabe im Stadtteil ausführlich analysiert worden. Im Kontext des lebenslangen Lernens ist dabei

nicht nur die schulische, sondern bereits die frühkindliche Bildung berücksichtigt
worden (Stadt Duisburg 2016, 12ff).

Die Stadt Duisburg hat basierend auf diesen Überlegungen eine Machbarkeitsstudie zur Entwicklung eines Community Centers mit Stadtteilschule für den Stadtteil
Marxloh in Auftrag gegeben. Aufbauend auf einem vorangegangenen Beteiligungsprozess und im Rahmen der Erstellung des Integrierten Entwicklungskonzeptes
sind bereits zahlreiche Eckpunkte gesetzt worden, die ein zukünftiges Community
Center ausmachen sollen. Der Stadtteil Marxloh versucht seit Jahren, die sozialen
Disparitäten und mangelnde Bildungschancen mit Hilfe von Förderprogrammen
abzubauen. Die Errichtung eines Community Centers könnte hier eine zentrale
Funktion übernehmen und neue Lehr- und Lernkonzepte umsetzen. Als weiteres
wichtiges Element sollen die Einrichtungen und Akteure hier gebündelt werden, um
auf diese Art Synergieeffekte zu ermöglichen und Zielgruppen besser zu erreichen.

Die Stadt Duisburg hat die Herbert-Grillo-Gesamtschule (siehe Abb. 5) ausgewählt, da hier bereits seit Jahren Angebote für den Stadtteil etabliert werden
konnten und der Standort langfristig erhalten bleiben soll. Die Idee der offenen
Schule für den Stadtteil ist somit schon in Ansätzen vorhanden und soll weiter
ausgebaut werden. Aktuelle Probleme betreffen vor allem die Raumsituation, die es
derzeit u. a. nicht in ausreichendem Maße ermöglicht, Seiteneinsteiger zu beschulen,
neue pädagogische Konzepte umzusetzen bzw. neue Angebote zu etablieren. Eine
bauliche und inhaltliche Erweiterung soll zusätzlich dazu dienen, weitere für den
Stadtteil bedeutsame Funktionen zu übernehmen.

4   Gestaltung eines Akteursprozesses für die „Phase 0"

Abb. 6   Beteiligungsprozess Campus Marxloh, steg NRW

Die Montag-Stiftung Jugend und Gesellschaft hat im Zuge ihrer Ausführungen
zu „Schulen planen und bauen 2.0" die Bedeutung der sogenannten „Phase 0"

besonders hervorgehoben, die für die Weichenstellung eines derartig komplexen Projektes wichtig ist. Gemeint ist damit der intensive Beteiligungsprozess (Abb. 6), um mit den Akteuren vor Ort sowohl inhaltlich als auch baulich einen neuen Ort im Sinne der zuvor genannten Kriterien zu gestalten (Montag Stiftung 2017). Die Errichtung eines multifunktional nutzbaren außerschulischen Bildungs- und Lernortes erfordert daher ein hohes Maß an Vorarbeit. Diese Vorarbeit im Sinne der zuvor genannten „Phase 0" hat die steg Hamburg noch einmal in drei weitere Abschnitte unterteilt. In der Vorklärungs- und Beschlussphase (Abschnitt 1, Abb. 7) geht es vor allem darum, den Entschluss zur Errichtung einer solchen Einrichtung verwaltungsintern zu klären und dementsprechend die Standortentscheidung und eine erste Kostenschätzung vorzubereiten. Die Stadt Duisburg hat hierzu bereits 2015 erste Überlegungen angestellt, die von der Verwaltungskonferenz der Stadt beschlossen worden sind.

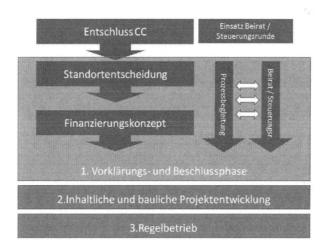

Abb. 7   Projektverlauf Abschnitt 1, steg Hamburg

Im zweiten Abschnitt (Abb. 8) schließt die inhaltliche und bauliche Projektentwicklung an. Hier geht es vor allem um die starke Einbindung der wichtigen Nutzergruppen sowie um die Analyse der zu realisierenden Bedarfe. Die Begleitung des Prozesses durch Externe ist ebenso wichtig wie die Einrichtung eines Beirates oder einer Steuerungsgruppe auf städtischer Seite bzw. auf Seiten der potenziellen Nutzerinnen und Nutzer. In diesem Abschnitt erfolgt die Erarbeitung einer

Machbarkeits- bzw. Konzeptstudie mit allen beteiligten Akteuren. Diese dient als Grundlage für ein Raumprogramm, das in einem ersten architektonischen Vorentwurf mündet. Diese Vorstellungen sind die Grundlage für einen Wettbewerb für die Ausführungsplanungen und den letztlichen Bau des Gebäudes.

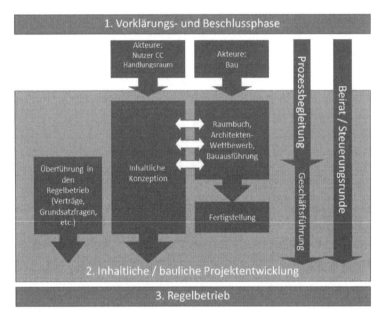

Abb. 8   Projektverlauf Abschnitt 2, steg Hamburg

Der letzte Abschnitt (Abb. 9) beschreibt die Vorbereitung zum Regelbetrieb der Einrichtung. Neben der Eröffnung und Einweihung des neuen Zentrums geht es vor allem auch darum, die inhaltlichen Gestaltungsspielräume und die genaue Ausrichtung zu bestimmen. Hierzu muss schon während des Baus eine Art Geschäftsführung oder ein Management eingerichtet werden, das die Bauzeit zur inhaltlichen Ausrichtung nutzen kann.

Abb. 9 Projektverlauf Abschnitt 3, steg Hamburg

Die Abbildung 10 zeigt den breiten Akteursprozess, der im Rahmen der Erarbeitung des inhaltlichen Konzeptes stattgefunden hat. Zwei Organisationseinheiten waren für die gesamte Umsetzung zentral. Zur zentralen Projektsteuerung und -begleitung wurde eine Projektgruppe eingerichtet. Sie hat den Prozess zur Erstellung der Machbarkeitsstudie begleitet. Alle Projektmitglieder begegnen sich hier auf Augenhöhe und treffen Entscheidungen gemeinsam. Zentrale Elemente sind der Austausch von Wissen und Erfahrungen im Laufe des Prozesses sowie die inhaltliche Diskussion über das Ziel und die inhaltliche Ausrichtung des „Campus Marxloh". Die Projektgruppe ist das Steuerungsinstrument für die Machbarkeitsstudie zum „Campus Marxloh". Sie hat zwar letztlich keine Entscheidungsfunktion, bereitet jedoch die Inhalte zur Entscheidungsfindung im Detail vor. Die letztliche Entscheidung zur Umsetzung der Überlegungen zum „Campus Marxloh" obliegt dabei der Verwaltung der Stadt Duisburg bzw. den politischen Gremien. Ihre Legitimation erhält die Gruppe über die in ihr vertretenen Kompetenzen im Zusammenhang mit ihrem Wissen über den Stadtteil und seine Bedarfe. Die Projektgruppe ist demnach das Expertengremium für die Erstellung der Machbarkeitsstudie und steht im stetigen Austausch mit den Akteuren in Marxloh sowie mit dem Projektteam in der Verwaltung. Sie hat in diesem Prozess somit die inhaltliche Leitfunktion inne und ist eine Schnittstelle zwischen der Verwaltungsebene auf der einen und dem Stadtteil auf der anderen Seite. Folgende Akteure sind in dieser Gruppe vertreten:

- Stadt Duisburg (Amt für Stadtentwicklung und Projektmanagement; Amt für schulische Bildung; Bildungsbüro; Jugendamt; Kommunales Integrationszentrum)
- Entwicklungsgesellschaft Duisburg (EG DU)
- Schulleitung Herbert-Grillo-Gesamtschule
- Grillo-Stiftung
- Auftragnehmer steg NRW GmbH, schamp & schmalöer, Architektur und Städtebau

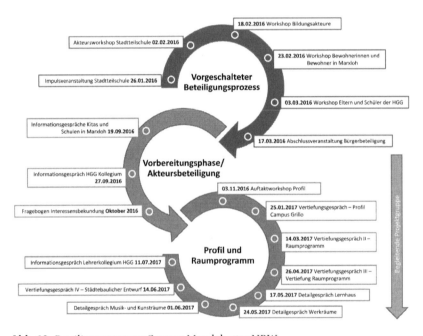

Abb. 10 Beteiligungsprozess Campus Marxloh, steg NRW

Die zweite Säule stellen die Vertiefungsgespräche dar. Mit im Rahmen der Analyse ausgewählten Akteuren konnte in einem ersten Vertiefungsgespräch zunächst das gemeinsame Verständnis des „Campus Marxloh" geklärt werden. Darüber hinaus fand eine Konkretisierung der einzelnen Angebote statt, wobei auch erste Überschneidungen und Synergien deutlich geworden sind. Insgesamt konnte ein erstes Leitbild für das gemeinsame Dach des „Campus Marxloh" formuliert werden. Das zweite Vertiefungsgespräch konkretisierte die Angebote der einzelnen Akteure und stellte sie in einem Raumprogramm mit funktionalen Abhängigkeiten dar. Mit den Teilnehmenden sind individuelle Raumbedarfe sowie erste Ausstattungs- und Nutzungsmerkmale einzelner (Gemeinschafts-)Räume intensiv diskutiert worden. Grundlage für die Ausarbeitungen des zweiten Vertiefungsgespräches waren die Ergebnisse aus dem zweiten Fragebogen „Raum- und Nutzungsbedarfe". In einem dritten Vertiefungsgespräch sind die inhaltliche Ausgestaltung des „Campus Marxloh" hinsichtlich Raumanzahl, -nutzung und -ausstattung intensiviert sowie die einzelnen Raumbedarfe konkretisiert worden. Das vierte Vertiefungsgespräch befasste sich mit ersten vom Architekturbüro SCHAMP & SCHMALÖER erarbeiteten Nutzungsvarianten. Insgesamt sind drei Nutzungsvarianten vorgestellt und mit den Akteuren intensiv diskutiert worden. Die Ergebnisse des Vertiefungsgesprächs dienten als Grundlage zur Ausarbeitung konkreter Grundrisse. Diese sollen den Akteuren in einem fünften Vertiefungsgespräch im September 2017 präsentiert werden.

Daneben wurden für einige Akteursgruppen reine Informationsgespräche durchgeführt, um möglichst viele aktive Gruppen und Einrichtungen in Marxloh auf einem gemeinsamen Stand zu halten. Im Sinne der Ausgestaltung einzelner Räume war es zudem erforderlich, Detailgespräche mit einem ganz kleinen Nutzerkreis zu führen, um hier fachspezifische Erörterungen zu ermöglichen (z. B. zur Ausgestaltung eines Werkraums). Abbildung 11 verdeutlicht die Bandbreite an Organisationsstrukturen, die für die Entwicklung des Campus Marxloh erforderlich sind.

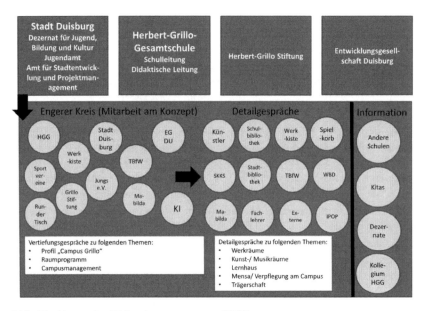

Abb. 11 Akteure im Diskussionsprozess, steg NRW

---

5   Reflexion der Probleme, Hindernisse und Erfolgsfaktoren

Die Reflexion der Hürden im Projekt lässt sich in drei zentrale Bausteine unterteilen, die im Artikel bereits angesprochen worden sind. Hier spielt die Prozessorganisation eine große Rolle, da in Marxloh ein enges Geflecht an unterschiedlichen Akteurskonstellationen vorhanden ist. Diese Konstellationen sind daher auch der zweite Betrachtungspunkt für die Reflexion des Prozesses. Nicht zuletzt sind die oben genannten Vorstellungen der Fördergeber und die daraus resultierenden Förderbedingungen von großer Bedeutung für das Gelingen eines derartigen Vorhabens.

Im Rahmen der Prozessorganisation lässt sich festhalten, dass im Vorfeld Energie verschenkt wurde, da nicht von Anfang an ein zusammenhängender Prozess geplant worden ist. Der vorangegangene Prozess war wenig strukturiert und zielgerichtet; es wurden lediglich Wünsche abgefragt, ohne eine konkrete Vorstellung davon zu entwickeln, in welchem Rahmen die Umsetzung dieser Wünsche erfolgen könnte. Parallel hat die Schule ihre internen Raumvorstellungen bearbeitet und für sich als

Arbeitsergebnis verbucht. Letztlich sind diese Prozesse jedoch erst mit der Beauftragung der Machbarkeitsstudie zusammengeführt worden. Für die Akteure vor Ort hat sich dies zum Teil wie eine Wiederholung angefühlt, sodass einige Einrichtungen zunächst nicht weiter kooperieren wollten. Ebenfalls aus dieser Vorphase resultierte die oben beschriebene Projektgruppe, die jedoch kein klares Verständnis für sich und ihre Aufgaben entwickelt hatte. Die dort ansässigen Akteure zogen zu Beginn nicht an einem Strang und behinderten den weiteren Prozessverlauf auf unterschiedliche Art und Weise. Erst ein gemeinsamer Workshop zur Definition des Selbstverständnisses schuf eine Arbeitsatmosphäre auf Augenhöhe für den weiteren Prozess. Übertragen auf die anderen eingebundenen Akteure lässt sich festhalten, dass das Verständnis für das Projekt nur sehr langsam wächst, da viele Diskussionen und Rückkopplungsschleifen Zeit brauchen. Der Ansatz, die Machbarkeitsstudie bzw. den gesamten Prozess innerhalb eines Jahres durchzuführen, hat sich als nicht zielführend erwiesen. Die Stadt Duisburg hat erkannt, dass eine kontinuierliche Begleitung über die Machbarkeitsstudie hinaus erforderlich ist, um Inhalte weiter zu konkretisieren. Nicht zuletzt fehlt noch ein klares Bekenntnis der Stadtverwaltung zu diesem Projekt, was die Übernahme von Kosten anbelangt. Wesentlicher Hemmfaktor ist dabei vor allem die Zuweisung bestimmter Verantwortlichkeiten (und damit auch der Kosten) zu einem bestimmten Dezernat.

Als erfolgreich haben sich in diesem Projekt vor allem die kontinuierlichen Steuerungssitzungen (1x im Monat) der Projektgruppe sowie die oben erwähnte Sondersitzung zur Rolle der Projektgruppe erwiesen. Die starke Einbeziehung der einzelnen Mitglieder in inhaltliche Arbeitsprozesse hat das Verantwortungsgefühl innerhalb der Gruppe gestärkt und die Relevanz der beigesteuerten Inhalte erhöht. Wichtig war es, das Tempo der Beteiligten abzuschätzen und langsam den Detaillierungsgrad zu schärfen. Als Konsequenz kamen unterschiedliche Beteiligungsformate zum Einsatz. Hilfreich und letztlich auch ausschlaggebend für die Prozessgestaltung war und ist die hohe Bereitschaft bei der Schule und den städtischen Vertreter/innen, diesen Prozess aktiv mitzugestalten. Hierin liegt vielleicht der größte fördernde Aspekt für den gesamten Prozess, da vor allem über die Schule viele weitere Kooperationspartner für das Projekt gewonnen werden konnten. Ansporn der Schule ist sicherlich die Erwartung, dass sich über einen neu gebauten Campus Marxloh auch die angespannte Raumsituation an der Schule verbessert.

Im Hinblick auf die eigentlichen Akteurskonstellationen kann festgehalten werden, dass es sehr schwierig ist, innovative und neue Konzepte in Marxloh einzuführen. Eine bereits jahrzehntelang andauernde Förderung hat vielfach „kleine Königreiche" entstehen lassen, die in einigen Fällen den Selbsterhalt vor die Implementierung neuer Ansätze stellen. Es gibt dabei zum Teil verhindernde Akteure, die den Prozess bewusst blockieren, und sogenannte „verbrannte" Akteure, mit denen keiner mehr kooperieren will, da in der Vergangenheit Enttäuschungen entstanden sind. Darüber hinaus ließ sich feststellen, dass viele Akteure zwar in einem Austausch miteinander stehen, dieser aber offenbar in einigen Fällen nicht zielgerichtet stattfindet, da keine richtige Steuerung vorhanden ist. Das hat innerhalb des Prozesses zum Teil zu Doppelarbeit geführt, da Informationen nicht vorhanden waren oder Abstimmungen nicht im benötigten Detaillierungsgrad stattgefunden haben (z. B. bei der Abstimmung von Angeboten für den Übergang von Grundschule und weiterführender Schule). Aufgrund der hohen Dichte an Akteuren im Bildungs- und Integrationsbereich in Marxloh war es zwingend erforderlich, die Anzahl der Akteure zu reduzieren und inhaltlich auszuwählen, sowohl für die steuernden Gremien als auch für die Arbeitsgruppen.

Als positiven Effekt kann man festhalten, dass sich mit steigendem Detaillierungsgrad der Ideen für den Campus Marxloh viele weitere Nebenprozesse ergeben haben. So hat der Stadtsportbund begonnen, sein Sportkonzept für den Stadtteil zu überarbeiten, um neue Angebote einrichten zu können. Auch das Theater und einzelne Künstlergruppen haben auf Basis des Prozesses eigene Ideen für Aktivitäten weiterentwickelt, die zukünftig im Campusgebäude stattfinden könnten. Die punktuelle Einbindung einzelner Einrichtungen für Detailgespräche hat sich ebenfalls als sehr sinnvoll herausgestellt. Diese Art der Beteiligung konnte erst mit einem stärkeren Detaillierungsgrad stattfinden und hat vor allem die Akteure vor Ort angesprochen, die ganz konkret praktische Angebote vor Ort unterhalten oder einrichten wollen. Hier ging es nicht mehr um abstrakte Zielvorstellungen, sondern um konkrete Überlegungen zu Einrichtungsgegenständen oder technischen Voraussetzungen.

Als letzter Punkt hat bei der Bearbeitung der „Phase 0" und damit auch der Machbarkeitsstudie die Auseinandersetzung mit Förderzugängen und der Finanzierung für Probleme gesorgt. Obwohl von allen Seiten eine stärkere Einbindung von Schule und Stadtteil gefordert wird, ist es nicht möglich, beide Inhalte über abgestimmte Förderzugänge finanzieren zu lassen. Inhaltlich führt es dazu, dass eine künstliche Aufteilung von Quartiersfunktion und Schule für die Förderung erarbeitet werden musste, um deutlich zwischen Schulaktivitäten und anderen Nutzern zu trennen. Die EFRE-Förderung schließt sogar eine Schulnutzung für ein über diesen Zugang gefördertes Gebäude komplett aus (trotz des Ansatzes über Starke Quartiere, starke Menschen). Die Undurchsichtigkeit der Förderlandschaft und die mangelnde bzw. komplizierte Kombination von nicht aufeinander abgestimmten Förderzugängen führen zu Komplikationen bei der Projektumsetzung. Oft beklagt wird auch, dass die Förderung zwar mit großzügiger Geldausstattung den Bau neuer Infrastrukturen fördert, den erforderlichen Betrieb und insbesondere das notwendige Personal nur unzureichend bzw. gar nicht.

Positiv ist zu reflektieren, dass im Zuge des Bearbeitungsprozesses eine hohe Bereitschaft des Ministeriums für die Umsetzung des (Modell-)Projektes festzustellen ist. Die Unterstützung, die hier erfolgt, hilft, die unterschiedlichen Fördertöpfe besser miteinander zu kombinieren bzw. neue Wege zu finden, die einen neuen Rahmen für eine Förderfähigkeit eröffnen. Dazu gehört auch die kritische Überprüfung von Regelunterricht und anderen schulischen Aktivitäten, die weit darüber hinausgehen und somit auch keine Schule mehr im eigentlichen Sinne darstellen.

Letztlich bleibt festzuhalten, dass diese Art der Prozessgestaltung für die beteiligten Akteure eine Neuerung darstellt, da sie ihre formalen Grenzen überschreiten müssen. Besonders offensichtlich wird dies bei der Institution Schule, die mit einer Öffnung in den Stadtteil hinein plötzlich weitaus mehr Aufgaben übernimmt, als sie eigentlich für ihr „Pflichtprogramm" müsste. Daher hängt die Durchführung eines solchen Vorhabens von der hohen individuellen Bereitschaft einzelner Einrichtungen ab, die bereit sind, bisherige Grenzen zu überschreiten (Regelschule, Förderung, Verwaltungshandeln). Diese Energie muss über eine stringente Prozesskoordination zusammengeführt werden, die idealerweise extern erfolgen sollte, um in den etablierten Strukturen anerkannt zu werden. Nicht zuletzt hat sich hier (und auch in den anderen Prozessen aus Hamburg und NRW) gezeigt, dass vor allem der zeitliche Aspekt eine große Rolle spielt. Die Entwicklung von neuen Bildungsstandorten braucht Zeit, um zu experimentieren, Ideen auszutauschen und ein Verständnis für das Neuartige zu entwickeln. Dieser Lernprozess und letztlich nicht unbedingt das Ergebnis ist die eigentliche soziale Innovation.

Literatur

Campus Rütli. 2017. *Modellprojekt Campus Rütli – CR² in der Bildungslandschaft Reuterquartier.* Campus Rütli http://campusruetli.de/konzept/ . Zugegriffen: 11. August 2017.

Coelen, Thomas, und Croonenbroeck, Jana. 2011. *Innenansichten von zwei Bildungslandschaften – eine Mikroperspektive.* In *Räume flexibler Bildung. Bildungslandschaft in der Diskussion,* Hrsg. P. Bollweg und H-U. Otto, 337–349. Wiesbaden: VS Verlag für Sozialwissenschaften.

Duden. 2017. Stichwort Gemeindezentrum. Duden. http://www.duden.de/rechtschreibung/Gemeindezentrum. Zugegriffen: 31. Juli 2017

Ministerium für Wirtschaft, Innovation, Digitalisierung und Energie des Landes Nordrhein-Westfalen. 2017. Starke Quartiere – starke Menschen. EFRE NRW. https://www.efre.nrw.de/wege-zur-foerderung/projektaufrufe/starke-quartiere-starke-menschen/. Zugegriffen 09. August 2017

Million, Angela; Coelen, Thomas; Heinrich, Anna Juliane; Loth, Christine, und Somborski, Ivanka. 2017. *Gebaute Bildungslandschaften. Verflechtungen zwischen Pädagogik und Stadtplanung*. Berlin: Jovis Verlag.

Montag Stiftung Jugend und Gesellschaft. 2017. *Schulen planen und bauen 2.0. Grundlagen, Prozesse, Projekte*. Aktualisierte und ergänzte Neuausgabe von „Schulen planen und bauen. Grundlagen und Prozesse". Berlin: Jovis Verlag.

Smith, Mark K. 2002. Community centres (centers) and associations: their history, theory, development and practice. Infed. http://infed.org/mobi/community-centers-and-associations. Zugegriffen 10. August 2017

Stadt Bielefeld. 2012: 2. *Bildungskonferenz zum Thema „Individuelle Förderung"*. Dokumentation, verfügbar unter: www.bielefeld.de/ftp/dokumente/Doku_Bildungskonferenz_2.pdf

Stadt Duisburg. 2016. *Integriertes Handlungskonzept Marxloh*. Fortschreibung

Steg Hamburg. 2014. *Community Schools als Mehrwert für den Stadtteil*. Impulsreferat Andrea Soyka, steg Hamburg mbH. Luruper Forum, 4. Juni 2014

Steg NRW/Stadt Duisburg. 2017. *Machbarkeitsstudie zur Errichtung eines Community Centers in Duisburg Marxloh*. Unveröffentlichtes Dokument

Verwaltungsvereinbarung des Bundes und der Länder zur Städtebauförderung. 2016.

Soziale Innovationen im ländlichen Raum
Zivilgesellschaft und kommunale Verwaltungsstruktur als begünstigende und hemmende Faktoren

Christoph Schubert

1 Einleitung

Ländliche Räume unterliegen starken Veränderungen. Abgesehen von wenigen wachsenden Regionen sind sie meist und insbesondere in den neuen Bundesländern von Abwanderung, Alterung und damit verbundenen Konsequenzen, wie einer ständig bedrohten Infrastrukturausstattung, gekennzeichnet. In dieser Situation wird von lokalen zivilgesellschaftlich organisierten Engagierten zunehmend gefordert, die Folgen demographischer Veränderungen zu kompensieren. Der demographische Wandel erzeugt so eine Situation, die das Entstehen sozialer Innovationen begünstigt.

Anhand von Fallstudien dreier schrumpfender Gemeinden aus Bayern, Sachsen-Anhalt und Rheinland-Pfalz zeigt der Artikel, wie kommunalpolitische und zivilgesellschaftliche Akteure mit demographischen Veränderungen und deren Folgen umgehen, wie dabei soziale Innovationen entstehen und welche Bedeutung dabei den vorhandenen lokalen Kontexten kommunalpolitischen und zivilgesellschaftlichen Handelns zukommt.

Die Engagierten reagieren in den drei Orten der Fallstudien sehr unterschiedlich auf demographische Herausforderungen. Während die zivilgesellschaftlichen Akteure in Sachsen-Anhalt auf den Wegfall lokaler Bildungsinfrastruktur mit einer Reorganisation vorhandener Strukturen des Engagements reagieren und so versuchen, die Attraktivität des Ortes zu erhalten, stehen die Fallgemeinden in den alten Bundesländern vor ganz anderen Herausforderungen. Hier binden die vorhandenen Strukturen lokaler Vereine und kirchlicher Akteure weite Teile des zur Verfügung stehenden Potentials engagierter EinwohnerInnen, sodass Umgangsweisen mit aktuellen Herausforderungen vor allem von kommunalpolitischen Akteuren initiiert werden müssen.

© Springer Fachmedien Wiesbaden GmbH, ein Teil von Springer Nature 2018
H.-W. Franz und C. Kaletka (Hrsg.), *Soziale Innovationen lokal gestalten*,
Sozialwissenschaften und Berufspraxis,
https://doi.org/10.1007/978-3-658-18532-9_21

Viele gut aufgearbeitete Beispiele sozialer Innovationen im ländlichen Raum finden sich bereits in der Literatur. Zivilgesellschaftlich initiierte soziale Innovationen finden sich bspw. in den Bereichen des ÖPNV (Burmeister 2010), der Nahversorgung (Frey 2008), der Bildungsinfrastruktur (Kühne 2012) oder Kultur (Stiftung Niedersachsen 2006). Daneben werden soziale Innovationen im ländlichen Raum auch als wirtschaftliche (Social Entrepreneurship) (Jähnke, Gabriela B. Christmann und Balgar 2011) oder als technische (bspw. KIT zum Umgang mit Alterung und Gesundheit) (Frehe, Teuteberg und Ickerott 2016) Innovationen beschrieben.

Im vorliegenden Beitrag geht es daher nicht darum, die Liste gelungener Innovationen für den ländlichen Raum bloß um weitere Beispiele zu ergänzen. Anhand der Fallstudien werden Strukturen aufgezeigt, die soziale Innovationen begünstigen oder hemmen. Dabei werden insbesondere (1) kommunale Verwaltungsstrukturen mitsamt ihrer institutionellen Ausgestaltung und ihren kommunalpolitischen Akteuren und (2) die vorhandenen Strukturen zivilgesellschaftlichen Engagements mit Blick auf die Vereinslandschaft, die Bedeutung der Kirche und die Intensität des bestehenden Engagements der Einheimischen berücksichtigt.

Dazu beschreibt der nächste Abschnitt zunächst die demographischen Veränderungen ländlicher Räume und ihre Bedeutung für vorhandene Infrastrukturen sowie die Bedeutung zivilgesellschaftlichen Engagements auf dem Land, bevor im Abschnitt 3 ein Überblick über bisherige Forschungen zu sozialen Innovationen im ländlichen Raum gegeben wird. Abschnitt 4 führt in die Studie ein, die diesem Artikel zu Grund liegt, und stellt die Fallgemeinden dar. Die Relevanz kommunaler Verwaltungsstrukturen und der bestehenden Vereinslandschaft als hemmende oder fördernde Faktoren sozialer Innovationen werden fallvergleichend in Abschnitt 5 dargestellt, bevor der Artikel mit einem kurzen Fazit schließt.

2 Ländliche Räume – demographische Veränderungen, Infrastrukturabbau und Zivilgesellschaft

Die Bevölkerung entwickelt sich in Deutschland regional unterschiedlich. Während Ballungsräume bzw. Metropolregionen wachsen, sind insbesondere überwiegend ländlich geprägte Landkreise oder gar Bundesländer von Bevölkerungsrückgang betroffen. Vor allem Bundesländer wie Sachsen-Anhalt, Mecklenburg-Vorpommern, die weit von Berlin entfernten Teile Brandenburgs, einige Regionen Ost- und Westsachsens, aber auch Teile Nordbayerns, des Saarlands, von Rheinland-Pfalz und Hessen; also all die überwiegend ländlichen Regionen, die abseits der Metropolregionen gelegen sind, waren in den vergangenen Jahren in überdurchschnittlichem Maße von

Bevölkerungsrückgang geprägt (Schlömer 2015). Die damit einhergehende Spirale aus Arbeitsplatzmangel, Abwanderung und (Bildungs-) Infrastrukturabbau wird in der Forschungsliteratur schon seit einiger Zeit als Peripherisierung bezeichnet. Damit einher geht neben Beschreibungen der fortschreitenden Entleerung ländlicher Räume auch die Frage der Chancengleichheit der Lebensverhältnisse in ländlichen Räumen (Barlösius und Neu 2007). Denn in peripheren Lagen werden dadurch die Chancen der dort lebenden Menschen, an Bildung, Arbeits- und kulturellem Leben zu partizipieren, immer schlechter gegenüber denen von EinwohnerInnen wachsender ländlicher oder gar städtischer Räume (ebd.).

„Infrastrukturen dienen nicht nur unserer Versorgung, sondern sind Bedingungen gesellschaftlicher Integration" (Kersten et al. 2012, S. 563). Als Folge des demographischen Wandels sind Infrastrukturen sowohl in den Bereichen der Versorgung als auch als kulturelle und soziale Infrastrukturen in ihrer gegenwärtigen Ausgestaltung gefährdet (Kocks 2007). Mit Schrumpfung und Alterung (als den für den ländlichen Raum wichtigsten Phänomenen des demographischen Wandels) gehen ein veränderter Bedarf an Infrastrukturen ebenso wie ein Abbau vorhandener Infrastruktur einher (Winkel 2006, S. 173). Die Verschiebung des Bedarfs an Einrichtungen der Daseinsvorsorge lässt sich anhand der folgenden Phänomene illustrieren: Niedrige Geburtenraten und Abwanderung sorgen im ländlichen Raum dafür, dass die Anzahl der Bevölkerung dort systematisch rückläufig ist. Bildungs- und Versorgungsinfrastrukturen werden so nicht mehr ausgelastet und sind oft zu teuer, um sie zu erhalten. Da „Leben im Dorf" jedoch häufig „zur Arbeit pendeln" bedeutet, steigt gleichzeitig der Bedarf junger Familien nach einer Ganztagsbetreuung ihrer (Vorschul-)Kinder. Da vor allem die Jüngeren abwandern, bleiben in den Dörfern die Alten zurück. Damit einher geht wiederum ein vermehrter Bedarf nach Seniorenbetreuungs- und Pflegeeinrichtungen (Winkel 2006, S. 175).

Rückläufige Bevölkerungszahlen sind jedoch auch einer der Gründe, warum Kommunen, Landkreise und Bundesländer Gebiets- und Verwaltungsreformen initiieren. Weniger Einwohner bedeuten immer auch weniger kommunale Finanzen, so dass letztlich häufig aus Effektivitätsgründen größere politische und Verwaltungseinheiten geschaffen wurden (Hesse 2013). So wurden insbesondere in den östlichen Bundesländern in den letzten zehn Jahren Gebietsreformen durchgeführt, die darauf zielten, Landkreise zusammenzufassen, und auf kommunaler Ebene kam es in einigen Bundesländern zur Bildung von Einheitsgemeinden.

Dieser „Rückzug des Wohlfahrtsstaates" (Neu 2014, S. 119) ist Ausgangspunkt zivilgesellschaftlichen Handelns zur Bewältigung der Herausforderungen, aus dem soziale Innovationen entstehen können. Seit mehreren Jahrzehnten lassen sich Forderungen nach mehr bürgerschaftlichem Engagement seitens bundespolitischer Akteure (Klie 2013) feststellen. Seit dem Bericht der Enquete-Kommission des Bundestags „Zukunft des Bürgerschaftlichen Engagements" (Enquete-Kommission 2002) und der Initiierung politiknaher Institutionen wie bspw. des „Bundesnetzwerks Bürgerschaftliches Engagement (BBE)" artikulieren politische Vertreter immer wieder, dass es einer Stärkung der Zivilgesellschaft in Deutschland bedürfe und mehr bürgerschaftliches Engagement nötig sei. Dabei wird letztlich aber gesetzt, was „richtiges" Engagement sei. Dazu gehört oft auch die Übernahme von Verantwortung in ländlichen Räumen. Diese Verantwortungszuschreibung wird von vielen EinwohnerInnen ländlicher Räume als Zumutung gewertet, denn Aufgaben, die in dichter besiedelten Regionen der Staat übernimmt, sollen durch diesen Appell auf die BürgerInnen übertragen werden.

Gleichzeitig lässt sich jedoch eine Tendenz der EinwohnerInnen ländlicher Gemeinden zur Selbstresponsibilisierung (Steinführer 2015) oder Selbstaktivierung (Neu 2014) beobachten. Während Responsibilisierung das Phänomen beschreibt, dass staatliche Akteure den DorfbewohnerInnen Verantwortung für ihre Belange zuschreiben, meint Selbstresponsibilisierung, dass sich die EinwohnerInnen selbst für dörfliche Angelegenheiten verantwortlich fühlen. Früher wurden vor allem Ereignisse landwirtschaftlichen Produzierens (bspw. die gemeinsame Schlachtbank), religiös organisierte Aspekte des Lebens und Sterbens (bspw. das Tragen des Sarges von Verstorbenen) oder die Organisation von Geselligkeit im Dorf als gemeinschaftlich zu bewältigende Herausforderungen behandelt. Diese Tradition führt jedoch heute noch zu einem Verständnis, dass man die eigenen Probleme selbst (und unabhängig von Staat und Markt) bewältigen könne. Analysen des Freiwilligensurveys 2009 zeigen dementsprechend, dass Engagement im ländlichen Raum eine größere Rolle spielt als in Städten, wenngleich dabei große Unterschiede zwischen den alten und den neuen Bundesländern bestehen. Allgemein lässt sich sagen, dass das Engagement in ländlichen Gemeinden mit 38 Prozent höher liegt als in Kleinstädten mit 36 Prozent und Großstädten mit 34 Prozent (Gensicke und Geiss 2010, S. 26).

3   Soziale Innovationen im ländlichen Raum

Soziale Innovationen haben sich in den letzten Jahren sowohl national (Howaldt und Schwarz 2015, 2010; Rammert 2010; Rückert-John 2013) als auch international (Moulaert 2013) zu einem breit rezipierten und beforschten Thema entwickelt. Eine inzwischen oft gebrauchte Definition sozialer Innovationen geben Howaldt und Schwarz:

„Eine soziale Innovation ist eine von bestimmten Akteuren bzw. Akteurskonstellationen ausgehende intentionale, zielgerichtete Neukonfiguration sozialer Praktiken
in bestimmten Handlungsfeldern bzw. sozialen Kontexten, mit dem Ziel, Probleme
oder Bedürfnisse besser zu lösen bzw. zu befriedigen, als dies auf der Grundlage
etablierter Praktiken möglich ist." (Hervorhebungen im Original, Howaldt und
Schwarz 2010, S. 89)

Wie oben bereits geschrieben, ist diese „zielgerichtete Neukonfiguration sozialer
Praktiken" für den ländlichen Raum inzwischen in vielen Handlungsfeldern und
mit einigen Akteuren bzw. Akteurskonstellationen als Innovatoren beschrieben
worden. Es existieren viele Handlungsfelder, in denen Engagierte Lösungen für
bestehende soziale Probleme oder weggefallende Infrastruktur entwickelt und
etabliert hat. Meistens sind diese Innovationen jedoch nur vereinzelt zu finden und
werden dementsprechend oftmals anhand gelungener „best practice"-Beispiele de-
monstriert. Als prominenteste Beispiele solcher Innovationen im ländlichen Raum
können hier Dorfläden, Bürgerbusse und Bioenergiedörfer gelten (Blanckenburg
und Jain 2013).

Soziale Innovationen brauchen in den Dörfern Ideengeber vor Ort, die die Innovationen vorantreiben können. Wie bisherige Forschungen zeigen, sind dies oft
Bürgermeister oder Planungs- bzw. Verwaltungsinstanzen auf kommunalpolitischer
Ebene oder Akteure aus der Zivilgesellschaft (Christmann 2017, S. 23). „Unabdingbar
im ganzen Prozess seien Personen, die vor Ort als Impuls- und Ideengeber und/
oder Triebkräfte auftreten und somit als Schlüsselfiguren wirken. Diese Personen
müssten identifiziert und unterstützt werden. Ein großes Potential für frische
Impulse bzw. Ideen bieten ,Fremde', ,Neu-Zugezogene' oder ,Rückkehrer', da sie
einen neuen Blick mitbringen und so Routinen durchbrechen bzw. ,Lock-in-Ef-
fekten' vorbeugen können" (ebd., S. 24). Gleichzeitig müssten lokal verwurzelte
Akteure mit eingebunden werden, um die Akzeptanz neuer sozialer Praktiken
zu steigern. Darüber hinaus zeigen bestehende Forschungen, dass für den Erfolg
sozialer Innovationen im ländlichen Raum bestehende Kommunikationskulturen
vor Ort sowie die Möglichkeit professioneller Beratung (ebd., S. 25) und der Zugang zu Akteurs- und Ressourcennetzwerken über den Ort hinaus (Richter 2016)
wesentliche Kriterien darstellen.

In der bestehenden Forschung wurde damit schon auf wichtige Faktoren, die
soziale Innovationen im ländlichen Raum fördern oder hemmen können, Bezug
genommen. Bisher hat die Struktur der Zivilgesellschaft und der kommunalen
Verfasstheit bzw. Verwaltung in diese Diskussionen jedoch keinen Eingang gefunden. Kommunalpolitik und Zivilgesellschaft werden auf der Ebene der Akteure
(der Bürgermeister, Lokalpolitiker oder einzelner Engagierter) berücksichtigt. Die
kommunalpolitische Verwaltungsstruktur und eine sich daraus ergebende Auto-

nomie des Handelns oder andernfalls stark eingeschränkte Handlungsspielräume eben dieser, wie sie teilweise innerhalb von Verbandsgemeinden zu finden sind, sowie die Struktur des Engagements und der Inklusionsgrad der BürgerInnen in lokale Vereinslandschaften wurden dabei aber vernachlässigt.

4   Studiendesign und Fallbeschreibungen

Zwischen Juli 2014 und November 2015 wurden zur Untersuchung der Bedeutung lokaler Kontexte für soziale Innovationen drei Gemeinden fallstudienartig untersucht. Ein Forschungsdesign, das auf Fallstudien ausgerichtet ist, bietet den Vorteil, soziale Phänomene, eingebettet in den jeweiligen Kontext, umfassend beobachten und beschreiben zu können (Stake 1995; Yin 2009). Die Fallstudien sollten in unterschiedlichen regionalen, politischen und historischen Settings durchgeführt werden. Die Auswahl der Untersuchungsgemeinden erfolgte anhand von Daten der laufenden Raumbeobachtung. Zunächst wurden Kreise danach ausgewählt, wie ländlich sie sind, wie stark sie von Schrumpfung betroffen sind und wie sie mit Bildungs- und medizinischer Infrastruktur ausgestattet sind. Die Gemeinden selbst sollten dazu eine Einwohnerzahl zwischen 1000 und 1500 Personen haben und Teil einer Verbandsgemeinde/Verwaltungsgemeinschaft sein. Diesem Vorgehen entsprechend wurden je eine Gemeinde im Landkreis Stendal (Sachsen-Anhalt), im Landkreis Vulkaneifel (Rheinland-Pfalz) und im Landkreis Tirschenreuth (Bayern) ausgewählt.

Nach einem Initialinterview mit dem jeweiligen Bürgermeister wurden dazu in allen Orten jeweils zwei einwöchige Forschungsaufenthalte durchgeführt, bei denen insgesamt über 40 ca. einstündige semi-strukturierte Interviews mit Bürgermeistern, Kommunalpolitikern, Vereinsvorsitzenden und anderen Engagierten entstanden sind. Daneben flossen in das Material noch Feldnotizen, Beschreibungen ethnografischer Ortsspaziergänge und eine Recherche in den lokal relevanten Print- und Onlinemedien ein.

4.1   Fall Sachsen-Anhalt

Der untersuchte Ort liegt im Landkreis Stendal, hat ca. 1200 Einwohner und gehört einer Verbandsgemeinde an. Zu Beginn des Schuljahres 2013/2014 wurde die Grundschule von der Verbandsgemeinde geschlossen. Im Vorfeld der Schulschließung fanden im Ort verschiedene Formen des Protests statt, die die Schule erhalten wollten. Dafür formierte sich zunächst ein kleiner Kreis von BürgerInnen, der aus nicht mehr als 15 Personen bestand und der zunächst zu Protestaktionen aufrief. Diese Personen waren allesamt Einheimische und nur zum Teil schon vorher in Vereinen engagiert. Zu Beginn ihrer gemeinsamen Tätigkeit verband sie nicht mehr als die Teilnahme an einer gemeinsamen Yogagruppe und die Verbundenheit mit ihrem Ort, der nun durch den Schulwegfall an Attraktivität zu verlieren drohte.

Sie mobilisierten über Unterschriftenaktionen und Proteste zunehmend mehr BürgerInnen, es entstand eine Bürgerinitiative. Das Engagement zum Erhalt der Schule ging damit nicht von den etablierten Vereinen – insbesondere dem Förderverein für Schule und Kindergarten – aus, sondern von einem neuen Akteur. Die Schule wurde in der zweiten Jahreshälfte 2013 geschlossen. Dennoch blieb die Initiative erhalten und suchte fortan ein neues Betätigungsfeld und eine dauerhaftere Organisationsform. Nun gingen von der Initiative mehrere Dorfverschönerungsaktionen aus. Da der Ort durch den Schulwegfall an Attraktivität verloren hatte, wollten die Bürgerinnen und Bürger ihren Ort wenigstens sauber halten und schön gestalten, um den Verlust auszugleichen. Außerdem fusionierte die Initiative mit dem Förderverein für (nunmehr nur) den Kindergarten, der ebenfalls nach einer Neuorientierung suchte. Die Bürgerinitiative gab sich so eine stabilere und dauerhaftere Organisationsform.

Parallel zum Prozess der Schulschließung begannen sich die kommunalpolitischen Verhältnisse im Ort zu wandeln. Die deutlichste Veränderung war eine neue Wählergemeinschaft. Diese wurde im Laufe der Zeit immer bedeutender und stellte bei der letzten Gemeinderatswahl fast alle Kandidaten, die über eine gemeinsame Liste antraten. Insbesondere die jüngeren Mitglieder des Rates sind aufgrund der Initiative einer einzelnen politisch engagierten Bewohnerin des Ortes in den Rat gekommen. Sie lud einige Zeit vor der Wahl junge BürgerInnen ein und erklärte ihnen, was die Arbeit im Gemeinderatsamt bedeute, welche Pflichten und welcher Arbeitsaufwand auf die Kandidaten zukäme. Letztlich wurde die Initiatorin der Wählergemeinschaft selbst ca. ein Jahr nach der Schulschließung zur neuen Bürgermeisterin gewählt. Ihre Person verdeutlicht, wie eng bürgerschaftliches und politisches Engagement in kleinen ländlichen Orten miteinander verbunden sein können.

4.2 Fall Bayern

Der Ort liegt im Landkreis Tirschenreuth im nördlichen Bayern, hat weniger als 1300 Einwohner und gehört einer Verwaltungsgemeinschaft an. Der Ort wurde vor einiger Zeit von einer gravierenden politischen Veränderung geprägt. Bei einer

Kommunalwahl wurde der CSU-Bürgermeister zum ersten Mal in der Geschichte des Ortes durch einen Kandidaten der SPD abgelöst. In der bayrischen Gemeinde wird vor allem von kommunalpolitischen Akteuren im Ort und durch den Landkreis versucht, den demographischen Herausforderungen entgegenzutreten. Zur Aufrechterhaltung eines ÖPNV, der auch jenseits der Beförderung schulpflichtiger Kinder die EinwohnerInnen gut versorgt, hat der Landkreis ein Rufbussystem ins Leben gerufen. Die BewohnerInnen der Gemeinden können damit aus 18 Linien Busse telefonisch vorbestellen. Daneben existiert seit 2004 ein kommunaler Zweck- bzw. Interessenverband im Landkreis. Neben der Förderung des Tourismus haben darin zuletzt mehrere Gemeinden gemeinsam das Projekt „Demographische Modelle im ländlichen Raum" durchgeführt. Zusammen mit einem Regionalentwicklungsbüro wurde auf zwei Demographiekonferenzen zusammen mit BürgerInnen der beteiligten Gemeinden in Arbeitsgruppen versucht, mögliche Maßnahmen zu verschiedenen demographisch relevanten Themenfeldern zu entwickeln.

Die Betreuung der SeniorInnen steht im Landkreis ebenfalls schon viele Jahre auf der Agenda. Seit 2008 gibt es in allen Orten eigene Seniorenbeauftragte. In der Fallgemeinde ist die Seniorenarbeit eine institutionelle Kooperation von Landkreis, Bürgermeister und Kirche, die sich in der Person der Seniorenbeauftragten manifestiert. Im Ort gibt es schon viele Jahrzehnte ein Senioren- und Altenwerk der katholischen Kirche. Die Betreuung dieser Einrichtung übernimmt in aller Regel ein Mitglied des Pfarrgemeinderates. Gleichzeitig beruft der Bürgermeister eine/n Seniorenbeauftragte/n aus den Mitgliedern des Gemeinderates. Da in der Gemeinde das Altenwerk der Kirche schon über 30 Jahre von einer Engagierten betreut wird, hat bereits der letzte Bürgermeister die Seniorenbeauftragte nicht aus dem Gemeinderat berufen, sondern diese Aufgaben ebenfalls von ihr übernehmen lassen. Sie organisiert Altennachmittage, Tagesausflüge und steht als Begleitung zu Ämtern oder Ärzten zur Verfügung.

Alle bisher genannten Umgangsweisen haben ihren institutionellen Ursprung auf der Ebene des Landkreises. Jenseits davon engagiert sich im Ort vor allem der Bürgermeister dafür, Bevölkerungsveränderungen adäquat zu begleiten und Problemlagen so gut wie möglich zu bewältigen. Gerade in der stetig wachsenden Gruppe der Alten sieht er ein Potential. Er hat eine Gruppe von ca. zehn älteren Herren dazu motivieren können, für die Gemeinde kleine Arbeiten zu übernehmen. Insbesondere im Kindergarten, aber auch in und auf anderen Flächen und Gebäuden der Gemeinde, erledigen sie hausmeisterliche Tätigkeiten.

4.3 Fall Rheinland-Pfalz

Der untersuchte Ort liegt im Landkreis Vulkaneifel, hat weniger als 1200 Einwohnern und gehört einer Verbandsgemeinde an. Im Ort existieren viele Vereine, die intensiv neue Mitglieder suchen und zum Teil in naher Zukunft an dieser Aufgabe zu scheitern drohen. Nur einigen gelingt es, effektive Mechanismen der Nachwuchsgenerierung oder alternative Vereinskonzepte zu etablieren. Demographische Veränderungen werden so vor allem im Wandel der Vereinslandschaft deutlich.

Die Bewältigung demographischer Herausforderungen jenseits der Sphäre zivilgesellschaftlicher Institutionen geht vor allem von kommunalpolitischen Akteuren aus. Diese nehmen Veränderungen als eine Frage der Wirtschaftskraft und des Tourismus war. So bemühen sie sich, in einem ausgewiesenen Gewerbegebiet des Ortes Unternehmen anzusiedeln, beklagen den Leerstand von Wohn- und Geschäftsimmobilien an der Hauptstraße des Ortes als schädigend für touristische Bemühungen und versuchen gleichzeitig den Radweg, der durch den Ort führt, touristisch zu vermarkten. Die bedeutendste Initiative zur Verschönerung des Ortes ist die Neugestaltung der Dorfmitte aus Mitteln des Dorferneuerungsprogramms des Landes Rheinland-Pfalz. Zusammen mit einem Planungsbüro wurde dabei ein zentraler Platz im Ort mit dem Gefallenendenkmal verschönert und für Gedenkfeiern besser nutzbar gemacht. Zusätzlich wurden Tafeln aufgestellt, die die Geschichte des Ortes und touristische Ziele in der Umgebung erläutern. In die Neugestaltung bezog das Planungsbüro die Bürger des Ortes im Rahmen von Bürgerforen und Arbeitsgruppen mit ein.

Insbesondere die traditionellen Vereine des Ortes stehen vor großen Nachwuchsproblemen. Eine überalterte Mitgliederstruktur, langjährig gleich besetzte Vorstandspositionen und sich jährlich wiederholende immer gleiche Vereinsaktivitäten verstärken dabei die Unfähigkeit, neue Mitglieder zu gewinnen. Einigen Vereinen gelingt es jedoch durch Kooperationen mit gleichen Vereinen anderer Orte, den eigenen Mitgliedermangel zu kompensieren. So ist bspw. der Sportverein eine Spielgemeinschaft mit benachbarten Sportvereinen eingegangen, und der Musikverein fusionierte ebenfalls mit dem des Nachbarortes. Klassischerweise richten sich die Angebote von Vereinen im Dorf an die Bewohner des jeweiligen Ortes. Der Karnevalsverein schafft es für neue Mitglieder attraktiv zu sein, da er eine neue Aktionsform gefunden hat, die weit über das eigene Dorf hinaus sichtbar ist. Eine ihm zugehörige Theatergruppe spielt Stücke in regionaler Mundart, für die immer wieder viele auswärtige Zuschauer den Ort besuchen.

5   Zivilgesellschaft und Kommunalverwaltung als Kontext sozialer Innovationen

Demographische Veränderungen erzeugen eine Situation, in der es zu sozialen Innovationen kommen kann. Den drei Fallgemeinden ist gemeinsam, dass verschiedene Akteure oder Akteursgruppen diese Veränderungen durch die „Neukonfiguration sozialer Praktiken" zu bewältigen versuchen. Die Orte zeigen dabei, dass Kommunalpolitik, kommunale Verwaltungsstrukturen und die vorhandenen Strukturen und Institutionen des Engagements soziale Innovationen begünstigen oder hemmen können. Sie verdeutlichen aufgrund ihrer Ambivalenz jedoch auch, welch hochindividuelles politisches, zivilgesellschaftliches, historisches und regionales Setting dabei einen Einfluss auf das Entstehen sozialer Innovationen nimmt. Der Annahme folgend, dass die genannten Strukturen entscheidend dazu beitragen, ob und von wem diese „Neukonfiguration sozialer Praktiken" ausgehen, werden die drei Fälle im Folgenden daraufhin vergleichend beschrieben.

5.1   Kommunale Verwaltungsstrukturen, Kommunalpolitik und Bürgermeister

Wie demographische Herausforderungen in einzelnen ländlichen Orten bewältigt werden, ist abhängig von (1) der jeweiligen kommunalen Verwaltungsstruktur, (2) dem Handeln übergeordneter Instanzen wie Landkreis oder Bundesland sowie (3) der Rolle einzelner Kommunalpolitiker und des jeweiligen Bürgermeisters. Diese drei Elemente können soziale Innovationen begünstigen oder hemmen.

(1) Die wichtigste Einflussgröße ist die kommunale Verwaltungsstruktur, da von ihr die Autonomie eines Ortes und damit sein Potential, eigenmächtig wirksam zu handeln, abhängt (Heese 2013). Da Dörfer mit unter 1500 Einwohnern, wie in den Fallstudien, in aller Regel nicht mehr eigenständig sind, gehören sie in Deutschland meistens entweder einer Einheitsgemeinde, einer Verbandsgemeinde oder einer Verwaltungsgemeinschaft an. Die beiden Orte in Sachsen-Anhalt und Rheinland-Pfalz sind jeweils Teil einer Verbandsgemeinde, während das bayerische Dorf Mitglied einer Verwaltungsgemeinschaft ist.

In Einheitsgemeinden sind die einzelnen Orte rechtlich nicht länger selbstständig. In ihnen existiert nur noch ein Gemeinderat und Gesamtbürgermeister, die einzelnen Orte haben nur Ortschaftsräte. Damit haben sie keinerlei politische und administrative Autonomie mehr. Verbandsgemeinden unterscheiden sich davon insofern, als dass die einzelnen Orte noch rechtlich eigenständig sind und über

eigene Bürgermeister und Gemeinderäte verfügen. Die Ortsteile einer Verbandsgemeinde bestimmen zwar noch über einen eigenen Haushalt, viele Aufgaben, wie
bspw. die Hoheit über Schulangelegenheiten, liegen jedoch im Zuständigkeitsbereich
der Verbandsgemeinde. So sind die einzelnen Orte nur sehr begrenzt frei in ihren
Entscheidungen. Das höchste Maß an Autonomie bleibt den einzelnen Orten im
Rahmen von Verwaltungsgemeinschaften. Solche Zusammenschlüsse werden
oft auch als Formen interkommunaler Kooperation bezeichnet. Hier bleiben die
einzelnen Orte völlig frei und autonom und entscheiden jeweils individuell im
Rahmen einzelner Kooperationen darüber, welche Aufgaben bzw. Hoheitsbereiche
gemeinschaftlich geregelt werden sollen.

Aus Sicht der Kommunalverwaltungen bietet sowohl die interkommunale
Zusammenarbeit (IKZ) als auch die Einheits- bzw. Verbandsgemeinde organisatorische Vorteile. Die IKZ könne dabei als ein Mittel der Kommunalreform gelten,
welches das Recht auf Selbstverwaltung eines Ortes schone, gleichzeitig versprächen
Einheits- bzw. Verbandsgemeinden eine viel stärkere Kostenersparnis, da viele
administrative Belange gemeinsam geregelt werden könnten (Hesse 2013, S. 54f;
Lorig und Regolot 2013). Da die Bewältigung demographischer Herausforderungen
jedoch in jedem Ort individuell ausgehandelt werden muss, birgt die Kostenersparnis in Verbandsgemeinden, wie der Fall aus Sachsen-Anhalt zeigt, die Gefahr, dass
die dabei entstehenden Infrastrukturen den räumlichen Notwendigkeiten nicht
entsprechen. Da die einzelnen Orte einer Verbandsgemeinde über keine politische
und administrative Autonomie mehr verfügen, können Sie auch nicht mehr adäquat reagieren. Rechtlich eigenständigere Orte wie die bayerische Fallgemeinde,
die nur Mitglied in einer Verwaltungsgemeinschaft ist, besitzen so ein viel höheres
Potential, auf individuelle Herausforderungen reagieren zu können. Gerade in den
ländlichen Regionen der neuen Bundesländer haben die Verbandsgemeinden zum
Teil ein sehr großes Zuständigkeitsgebiet. Aufgrund der Weiträumigkeit können
die von der Verbandsgemeinde gewählten Strategien nicht immer für alle Ortsteile passend sein. Wird Infrastruktur als Folge demographischer Veränderungen
abgebaut, sind die kommunalen Verwaltungsstrukturen am besten geeignet, mit
diesen Veränderungen umzugehen, die flexibel genug sind, in den einzelnen Orten
individuelle Handlungsspielräume zuzulassen (Baade et al. 2007, S. 80).

(2) Anhand der Bewältigung demographischer Herausforderungen kann betrachtet
werden, dass das Potential sozialer Innovationen in einem Dorf auch davon abhängt, inwiefern diese Themen bereits von Akteuren auf anderen Ebenen bearbeitet
werden. In dem bayerischen Ort gehen viele Initiativen vom Landkreis aus. So
werden dort die regional spezifischen Herausforderungen, also der Umgang mit
Alterung und die Aufrechterhaltung eines ÖPNV, bearbeitet. In Rheinland-Pfalz

existieren Programme zum Umgang mit dem demographischen Wandel, die mit Mitteln des Bundeslandes umgesetzt werden. Damit erfährt der Ort eine Art Standardbewältigungsmechanismus, unabhängig davon, wie wirksam oder nötig dieses Programm im jeweiligen Ort zur Reaktion auf vorhandene individuelle Probleme ist. In beiden Orten geht damit ein ganz bestimmtes Leitbild der Kommunalverwaltung, das ganz spezifische Folgen erzeugt, einher. „In der kommunalpolitischen Praxis […] kann das Leitbild ‚Dienstleistungskommune' das bürgerschaftliche Engagement erschweren, nämlich dann, wenn der Bürger sich mit der Rolle des Kunden und Konsumenten zufriedengibt, sich also nicht mehr als Mitgestalter des Gemeinwesens versteht" (Junkernheinrich und Lorig 2013, S. 27). Aber gerade von zivilgesellschaftlich Engagierten können individuelle kleinräumige Lösungen und Innovationen ausgehen, die den Problemen des demographischen Wandels gerechter werden als Bewältigungsmechanismen überlokaler Instanzen.

(3) Soziale Innovationen brauchen Initiatoren. Gerade in Orten mit traditionell starken kommunalpolitischen Strukturen können neue soziale Praktiken auch von einzelnen Kommunalpolitikern und insbesondere von dem/der Bürgermeister/in ausgehen. Alle drei Gemeinden fallen in das Kommunalverfassungssystem der „Süddeutschen Bürgermeisterverfassung". Diesem ist ein starke Stellung des Bürgermeisters inhärent. Er wird im Rahmen dieser Gemeindeordnung direkt gewählt und ist mit verhältnismäßig vielen Kompetenzen ausgestattet (ebd.). Dass im bayerischen Ort Initiativen zum Umgang mit Alterung nur vom Bürgermeister und nicht von anderen zivilgesellschaftlich oder lokalpolitisch Engagierten ausgehen, kann ein Beleg dafür sein, dass die starke Stellung des Bürgermeisters zwar soziale Innovationen durch seine Person möglich macht, gleichzeitig jedoch die übrigen BürgerInnen sich auch auf ihn verlassen und selbst nicht mehr aktiv werden. Verstärkt wird dies in Bayern und in Rheinland-Pfalz noch dadurch, dass hier kommunale Parteipolitik eine wichtige Rolle spielt. Sind Parteien auf kommunaler Ebene stark präsent, führt dies in der Wahrnehmung der EinwohnerInnen zu einer Professionalisierung der Kommunalpolitiker. Die EinwohnerInnen der Orte erwarten so von den gewählten Kommunalvertretern auch aufgrund ihrer Parteizugehörigkeit Lösungsvorschläge für anstehende Herausforderungen. Im Ort in Sachsen-Anhalt spielt Parteizugehörigkeit und -politik überhaupt keine Rolle. Hier nehmen die DorfbewohnerInnen die gewählten Ratsmitglieder auch deswegen als weniger durchsetzungsfähig wahr, da ihre Handlungen und Positionen scheinbar nicht durch die Zugehörigkeit zu einer großen Partei legitimiert werden.

Insgesamt verdeutlicht der Fall in Sachsen-Anhalt sehr gut, wie die kommunale Verfasstheit eines Ortes soziale Innovationen ausgehend von kommunalpolitischen

Akteuren hemmen kann. Die Zugehörigkeit zu einer Verbandsgemeinde und das Fehlen übergeordneter Bewältigungsmechanismen durch Landkreis oder Bundesland führen dazu, dass keine Strategien für den Ort gefunden werden. Dass der ehrenamtliche Bürgermeister selbst in der Verbandsgemeinde nur geringen Einfluss hat und die Ratsmitglieder sich nicht über parteipolitische Organisationen zusätzliche Legitimität verschaffen können, verstärkt dort nur das Unvermögen, Initiativen zur Bewältigung demographischer Herausforderungen aus kommunalpolitischen Strukturen heraus zu realisieren. Gleichzeitig existiert jedoch gerade in dieser Situation das größte Potential für soziale Innovationen aus der Zivilgesellschaft.

5.2   Strukturen des Engagements

In allen drei Orten werden Geselligkeit und Freizeitgestaltung vor allem über die Aktivität in Vereinen organisiert, der Feuerwehr wird überall die Rolle der wichtigsten organisierenden und unterstützenden Institutionen zugesprochen. In Rheinland-Pfalz und Bayern sind darüber hinaus die Kirche und ihr nahestehende Organisationen von Bedeutung.

Zwischen der Vereinslandschaft des Ortes in Sachsen-Anhalt einerseits und den Strukturen des Engagements in Rheinland-Pfalz und Bayern auf der anderen Seite lassen sich deutliche Unterschiede feststellen. Diese finden ihren Ursprung darin, dass Ausprägungen zivilgesellschaftlichen Engagements in ihrer gegenwärtigen Form in Sachsen-Anhalt durch den Systemumbruch 1989/90 nicht auf das gleiche Maß an Historizität und Traditionen zurückblicken wie in den Orten der alten Bundesländer. Sowohl in Bayern als auch in Rheinland-Pfalz finden sich sehr traditionelle Vereinslandschaften, die durchgehend geprägt sind von Mehrfach- oder sogar dem Vielfachengagement der EinwohnerInnen des jeweiligen Ortes.

In Rheinland-Pfalz finden sich vor allem traditionelle Vereine, neben Feuerwehr und Sportverein sind dies ein Musikverein, ein Männergesangsverein sowie ein Landfrauenverein. Gerade die letztgenannten Vereine haben heutzutage an Attraktivität verloren. Dementsprechend überaltert sind sie. Außerdem werden sie oft schon viele Jahrzehnte von den gleichen Vorständen geführt. Beschäftigt damit, das eigene Bestehen zu sichern, reicht ihr Wirken für den Ort nicht darüber hinaus, jährlich wiederkehrende routinisierte Verpflichtungen zu übernehmen. Der bayerische Ort ist bäuerlicher geprägt, daher finden sich dort auch ein Heimat- und ein Trachtenverein, zwei Schützenvereine und ein Gebirgsverein. Sie alle sind ähnlich den Vereinen in Rheinland-Pfalz mit dem Erhalt ihrer Mitgliederzahl und der Rekrutierung neuer Mitglieder beschäftigt. Beiden Orten ist gemeinsam, dass die EinwohnerInnen jeweils nicht nur in einem Verein aktiv sind, sondern in aller Regel

Mitglied in vielen Vereinen und auch in mehr als einem Verein aktiv sind. Daher
fällt es den bestehenden Vereinen auch schwer, neue Mitglieder zu rekrutieren, da
die EinwohnerInnen der Orte in aller Regel mit ihrem bestehenden Engagement
schon ausgelastet sind. Gleiches gilt für die Bewältigung demographischer Herausforderungen; auch dazu fehlt es den BewohnerInnen an der Möglichkeit, sich
noch stärker zu engagieren. Diese Situation in Kombination mit dem Verständnis
einer Dienstleistungskommune verdeutlicht, warum soziale Innovationen von
kommunalpolitischen Akteuren ausgehen.

Im sachsen-anhaltinischen Ort ist dagegen die Dichte an Vereinen und Mit-
gliedschaften viel geringer. Zwar gibt es hier ebenfalls traditionelle Vereine wie etwa
einen Heimatverein oder den Sportverein, aber eben auch eine ganze Gruppe von
Personen, die bisher noch nicht oder nicht so stark engagiert sind, sodass im Ort
noch das Potential für Vereins- und Initiativenneugründungen bestand. Als die
Schule geschlossen werden sollte, konnte sich daher eine neue Initiative gründen.

Die Bewältigung demographischer Herausforderungen durch zivilgesellschaftliche Akteure wie in Rheinland-Pfalz bei der Neuausrichtung einiger Vereine oder
in Sachsen-Anhalt bei der Organisation des Protests gegen die Schulschließung geht
von ganz bestimmten Personengruppen aus. Initiativ sind in beiden Fällen entweder Zugezogene, die biografisch einen städtischen Kontext mit sich bringen, oder
jüngere Erwerbstätige, die häufig über einen Hochschulabschluss verfügen. In allen
Orten erwiesen sich diese Personengruppen als förderlich für soziale Innovationen.

Traditionelle Formen bürgerschaftlichen Engagements sind in aller Regel in
Vereinen organisiert. Das Tätigkeitsspektrum von Vereinen im ländlichen Raum
folgt meistens einem bestimmten zeitlichen Zyklus: Feste werden jährlich gefeiert,
Spenden halbjährlich gesammelt, und Sportveranstaltungen finden etwa im Zwei-
monatsrhythmus statt. Solch ein traditionelles Engagement wird strukturell auch als
Form des „alten Ehrenamts" bezeichnet (Braun 2008). Gerade die Bürgerinitiative
in Sachsen-Anhalt verdeutlicht, dass Innovationen bzw. Lösungen für bestimmte
soziale Probleme oder Herausforderungen durch projektförmiges Engagement
entwickelt werden. Problemfokussierung, zeitliche Begrenzung und eine gewisse
(Semi-) Professionalität zeichnen das aus, was man als „neues Ehrenamt" versteht
(Braun 2008). „Das ‚neue' bürgerschaftliche Engagement lebt davon, eigene Themen
zu benennen und selbstbestimmte Wege zur Lösung von Problemen zu entwickeln.
Das gilt im ländlichen wie im städtischen Raum" (Koch 2011, S. 35). Soziale Innovationen gehen von zivilgesellschaftlichen Akteuren vor allem dann aus, wenn sie
aus Strukturen des neuen Engagements entstehen können, da diese flexibel und
offen genug für Innovationsprozesse sind.

Zusammenfassend erweisen sich also Vereinslandschaften dann als innovati-
onsfördernd, wenn Sie das Potential bieten, bisher nicht aktive Menschen in neue

institutionelle Strukturen zu integrieren. Innovationshemmend dagegen wirken Vereinslandschaften, in denen die einzelnen Akteure so stark integriert sind, dass sie keine Ressourcen mehr für die Bearbeitung neuer Herausforderungen haben.

6   Fazit

Birgit Blättel-Mink benennt als eines der gegenwärtig in der Forschung noch unbeantworteten Probleme zu sozialen Innovationen die Frage, ob „sich so etwas wie ein nationales oder regionales ,soziales Innovationssystem' denken [lässt]?" (2015, S. 187) Auf ein regionales Modell sozialer Innovationen zu schließen, soweit sollte mit den hier präsentierten Fallstudien nicht gegangen werden. Wohl aber konnte gezeigt werden, dass die Entstehung und Durchsetzung sozialer Innovationen von regionalen Kontexten abhängig ist. Soziale Innovationen, die von zivilgesellschaftlichen Akteuren ausgehen, sind in ländlichen Gemeinden ganz entscheidend von der kommunalen Verwaltungsstruktur und von der in den einzelnen Orten vorhandenen Landschaft zivilgesellschaftlicher Organisationen sowie deren Vermögen, Innovationen zu fördern, abhängig.

Die drei Fallstudien schrumpfender ländlicher Gemeinden in Bayern, Rheinland-Pfalz und Sachsen-Anhalt zeigen dabei, dass kommunale Verfasstheit und Verwaltung einerseits und lokale Strukturen des Engagements andererseits in einem ambivalenten Verhältnis zueinanderstehen. Während in Bayern und Rheinland-Pfalz die „Neukonfigurationen sozialer Praktiken" vor allem von kommunalen Akteuren ausgingen, waren dort nur in begrenztem Umfang soziale Innovationen durch zivilgesellschaftliche Akteure zu beobachten. Die Wahrnehmung der Engagierten ihrer kommunalen Verwaltung als Dienstleistungskommune mag hierfür eine Erklärung liefern. In Sachsen-Anhalt dagegen war es gerade die spezifische Kombination aus kommunaler Verwaltungsstruktur und kommunalpolitischen Akuteren, die es zivilgesellschaftlich organisierten Engagierten ermöglichte, stark eigeninitiativ zu wirken.

Literatur

Baade, K., Berger, P., Buchsteiner, M., Ewald, A., Fischer, R., Fülkell, D., Geister, S., Gruber, I., Henning, S., Holtermann, D., Ickert, H., Kiwall, C., Klafehn, S., Neu, C., Pilch, S.

C., Sanne, N., Schröder, M., Soltow, C., Tietje, O., Völkner, C., und Zuppa, M. 2007. *Daseinsvorsorge im peripheren ländlichen Raum – am Beispiel der Gemeinde Galenbeck.* Rostock: Universität Rostock.

Barlösius, Eva, und Claudia Neu. 2007. „Gleichwertigkeit – Ade?" Die Demographisierung und Peripherisierung entlegener ländlicher Raume. *PROKLA 146 Zeitschrift für kritische Sozialwissenschaft* 37 (1): 77–92.

Blanckenburg, Christine von und Angela Jain. 2013. Soziale Innovationen im ländlichen Raum. *BBE-Newsletter 13/2013.* http://www.b-b-e.de/fileadmin/inhalte/aktuelles/2013/06/NL13_Gastbeitrag_Blanckenburg_Jain.pdf. Zugegriffen: 11. August 2017.

Blättel-Mink, Birgit. 2015. Diffusionsprozesse sozialer Innovationen erforschen. *Sozialwissenschaften und Berufspraxis (SuB)* 38 (2): 177–92.

Braun, Sebastian. 2008. Vom „alten" zum „neuen" Ehrenamt, Anmerkungen zum freiwilligen Engagement. *BBE-Newsletter 13/2008.* http://b-b-e.de/uploads/media/nl13_braun.pdf. Zugegriffen: 10. Juni 2015.

Burmeister, Jürgen. 2010. Der Bürgerbus: ehrenamtliches Engagement der besonderen Art. Bericht und Empfehlungen aus der Praxis. *Informationen zur Raumentwicklung* (7): 517–23.

Christmann, Gabriela. 2017. Raumentwicklung. In *Innovationen für die Gesellschaft: Neue Wege und Methoden zur Entfaltung des Potenzials sozialer Innovation,* Hrsg. Jürgen Howaldt, Ralf Kopp, Stefan Böschen et al., 22–27. Dortmund: Sozialforschungsstelle Dortmund (sfs)

Enquete-Kommission „Zukunft des Bürgerschaftlichen Engagements" des Deutschen Bundestages. 2002. *Bericht. Bürgerschaftliches Engagement: auf dem Weg in eine zukunftsfähige Bürgergesellschaft.* Wiesbaden: Springer VS.

Frehe, Volker, Frank Teuteberg und Ingmar Ickerott. 2016. IKT Als Enabler Für Soziale Innovationen in Smart Rural Areas – Das Alter Im Ländlichen Raum Hat Zukunft. In *Multikonferenz Wirtschaftsinformatik (MKWI) 2016: Technische Universität Ilmenau, 09. – 11. März 2016,* Hrsg. Volker Nissen, Dirk Stelzer, Steffen Straßburger und Daniel Fischer, 631–42. Ilmenau: Universitätsverlag Ilmenau.

Frey, Heinz. 2008. DORV-Zentrum in Jülich-Barmen – perfekte ortsnahe Rundum-Versorgung. *Berichte über Landwirtschaft – Zukunft ländlicher Räume* (217. Sonderheft): 193–97.

Gensicke, Thomas und Sabine Geiss. 2010. *Hauptbericht des Freiwilligensurveys 2009: Ergebnisse der repräsentativen Trenderhebung zu Ehrenamt, Freiwilligenarbeit und Bürgerschaftlichem Engagement.* Berlin: Bundesministerium für Familie, Senioren, Frauen und Jugend

Hesse, Joachim J. 2013. Kommunale Reformpolitik in den Ländern der Bundesrepublik Deutschland – eine systematisch-vergleichende Analyse. In *Kommunalreformen in Deutschland,* Hrsg. Martin Junkernheinrich und Wolfgang H. Lorig, 37–92. Baden-Baden: Nomos.

Howaldt, Jürgen und Michael Schwarz. 2010. Soziale Innovation – Konzepte, Forschungsfelder und -perspektiven. In *Soziale Innovation: Auf dem Weg zu einem postindustriellen Innovationsparadigma,* Hrsg. Jürgen Howaldt und Heike Jacobsen, 87–108. Wiesbaden: Springer VS.

Howaldt, Jürgen und Michael Schwarz. 2015. Innovation neu denken – „Soziale Innovation" als Kern eines neuen Innovationsverständnisses. *Sozialwissenschaften und Berufspraxis (SuB)* 38 (2): 159–76.

Jähnke, Petra, Gabriela B. Christmann und Karsten Balgar, Hg. 2011. *Social Entrepreneurship: Perspektiven für die Raumentwicklung.* Wiesbaden: Springer VS.

Junkernheinrich, Martin und Wolfgang H. Lorig. 2013. Kommunale Selbstverwaltung und kommunale Reformagenden – eine Einführung. In *Kommunalreformen in Deutschland*, Hrsg. Martin Junkernheinrich und Wolfgang H. Lorig, 23–34. Baden-Baden: Nomos.

Kersten, Jens, Claudia Neu und Berthold Vogel. 2012. Die demografische Provokation der Infrastrukturen. *Leviathan. Zeitschrift für Sozialwissenschaft* 40 (4): 563–90.

Klie, Thomas. 2013. Zivilgesellschaft und Aktivierung. In *Demografiepolitik: Herausforderungen und Handlungsfelder*, Hrsg. Michael Hüther und Gerhard Naegele, 344–62. Wiesbaden: Springer VS.

Koch, Claudia. 2011. Der Einfluss von Rahmenbedingungen auf bürgerschaftliches Engagement – Erfahrungen aus Planungsprozessen und neuen Engagementstrukturen in Hessen. In *Aktive Dorfgemeinschaften: Partizipation und Bürgergesellschaft*, Hrsg. Doris Schmied, Karl M. Born und Henning Bombeck. Göttingen: Cuvillier.

Kocks, Martina. 2007. Konsequenzen des demographischen Wandels für die Infrastruktur im ländlichen Raum. *Geographische Rundschau* 59 (2): 24–30.

Kühne, Stefan. 2012. Expansion des Privatschulsektors im letzten Jahrzehnt. *Ländlicher Raum* (4): 34–35.

Lorig, Wolfgang H. und Sascha Regolot. 2013. Kommunalpolitik im demografischen Wandel. In *Kommunalreformen in Deutschland*, Hrsg. Martin Junkernheinrich und Wolfgang H. Lorig, 161–89. Baden-Baden: Nomos.

Moulaert, Frank, Hrsg. 2013. *The international handbook on social innovation: Collective action, social learning and transdisciplinary research*. Cheltenham u. a.: Elgar.

Neu, Claudia. 2014. Ländliche Räume und Daseinsvorsorge – Bürgerschaftliches Engagement und Selbstaktivierung. In *Think Rural! Dynamiken des Wandels in peripheren ländlichen Räumen und ihre Implikationen für die Daseinsvorsorge*, Hrsg Frieder Dünkel, Michael Herbst und Thomas Schlegel, 117–24. Wiesbaden: Springer VS.

Rammert, Werner. 2010. Die Innovationen der Gesellschaft. In *Soziale Innovation. Auf dem Weg zu einem postindustriellen Innovationsparadigma*, Hrsg Jürgen Howaldt und Heike Jacobsen, 21–51. Wiesbaden: Springer VS.

Richter, Ralph. 2016. Social Innovations in Rural Life Worlds. In *Ruralism: The future of villages and small towns in an urbanizing world*, Hrsg. Vanessa M. Carlow, 140–47. Berlin: Jovis.

Rückert-John, Jana, Hrsg. 2013. *Soziale Innovation und Nachhaltigkeit*. Wiesbaden: Springer VS.

Schlömer, Claus. 2015. Demographische Ausgangslage: Status quo und Entwicklungstendenzen ländlicher Räume in Deutschland. In *Gerontologie und ländlicher Raum: Lebensbedingungen, Veränderungsprozesse und Gestaltungsmöglichkeiten*, Hrsg. Uwe Fachinger und Harald Künemund, 25–43. Wiesbaden: Springer VS.

Stake, Robert E. 1995. *The art of case study research*. Thousand Oaks Calif. u. a.: Sage.

Steinführer, Annett. 2015. Bürger in der Verantwortung. Veränderte Akteursrollen in der Bereitstellung ländlicher Daseinsvorsorge. *Raumforschung und Raumordnung* 73 (1): 5–16. doi:10.1007/s13147-014-0318-3.

Stiftung Niedersachsen, Hrsg. 2006. *„älter – bunter – weniger": Die demografische Herausforderung an die Kultur*. Bielefeld: Transcript.

Winkel, Rainer. 2006. Die Auswirkungen des demographischen Wandels auf die soziale Infrastruktur. In *Räumliche Konsequenzen des demographischen Wandels. Teil 6: Demographische Trends in Deutschland. Folgen für Städte und Regionen*, Hrsg. Paul Gans und Ansgar Schmitz-Veltin, 172–91. Hannover: Verlag der ARL.

Yin, Robert K. 2009. *Case Study Research: Design and Methods*. Los Angeles: SAGE.

Autorinnen und Autoren

Becker, Arno
*1981, Dr. agr., Dipl.-Ing. agr. Bis 2011 Mitarbeiter am Lehrstuhl für Wirtschafts- und Agrarpolitik der Universität Bonn, bis 2015 Seniorberater einer mittelständigen Unternehmensberatung, seit 2015 selbständiger Berater und Evaluator, Inhaber von USV-Agrar, einem Beratungsbüro, welches im Schwerpunkt wissenschaftsbasierte Studien und Gutachten zur Politikinformation und Entscheidungsunterstützung anbietet.
Wichtigste Fachgebiete:
1. Politik- und Programmevaluation, Politikfolgenabschätzung sowie Markt- und Potentialanalysen in den Politikfeldern/Branchen Landwirtschaft, Ernährung, Umwelt und Energie.

Biniok, Peter
Dr. phil.; Soziologe und Informatiker
Fachgebiete:
• Digitalisierung und gesellschaftlicher Wandel
• Technik- und Wissenschaftsforschung
• Öffentliche Sozialforschung; www.peterbiniok.de

Cuypers, Mathias
*1992, Student im Masterstudiengang Soziologie der Universität Duisburg-Essen, hat sich als Wissenschaftliche Hilfskraft an der Sozialforschungsstelle Dortmund mit der Bedeutung lokaler Akteure für europäisches Community Building beschäftigt. Für den vorliegenden Beitrag in diesem Band hat er u. a. die Untersuchungsstichproben zusammengestellt und die statistischen Analysen durchgeführt.

© Springer Fachmedien Wiesbaden GmbH, ein Teil von Springer Nature 2018
H.-W. Franz und C. Kaletka (Hrsg.), *Soziale Innovationen lokal gestalten*,
Sozialwissenschaften und Berufspraxis,
https://doi.org/10.1007/978-3-658-18532-9

Domanski, Dmitri,
*1979, Forscher. M.A. Politikwissenschaft, Geschichte, Ostslawische Philologie, seit 2010 an der sfs Sozialforschungsstelle Dortmund (TU Dortmund) in Forschung und Beratung als Senior Researcher; Mitbegründer von ESSI (European School of Social Innovation, Wien).
Wichtigste Fachgebiete:
- Empirische Forschung, Capacity Building und Community Building im Bereich soziale Innovation, vor allem in Europa und Lateinamerika
- Konzepte und Theorien sozialer Innovation, insbesondere im Hinblick auf die Entwicklung des Konzepts der Ökosysteme sozialer Innovation
- Soziale Innovation auf regionaler und lokaler Ebene, u. a. die Rolle der Hochschulen und des öffentlichen Sektors

Engel, Toya
*1983, Wissenschaftliche Mitarbeiterin am Fachgebiet Stadtplanung und Regionalentwicklung der HafenCity Universität Hamburg, Dipl.-Ing. Stadtplanung
Fachgebiete:
- Stadt- und Regionalentwicklung im Zeichen des Klimaschutzes
- Pioniere und soziale Innovation in der regionalen Energietransformation
- Regionale Innovationsprozesse und kooperative sowie wissensbasierte Regionalentwicklung

Eurich, Johannes
*1962, Prof. Dr. theol., Professor für Diakoniewissenschaft und Direktor des Diakoniewissenschaftlichen Instituts an der Universität Heidelberg. Seit 2011 Gastprofessor an der Stellenbosch University in Südafrika; Mitglied der Sozialkammer der EKD sowie verschiedener nationaler und internationaler Wissenschaftsgremien; Mitherausgeber der internationalen Fachzeitschrift Diaconia. Prof. Eurich hat u. a. das EU-Forschungsprojekt „Social platform for innovative social services" mit verantwortet und Beiräte zu Laboren sozialer Innovationen geleitet.
Wichtigste Forschungsgebiete:
- Transformation des Wohlfahrtsstaates
- Soziale Innovationen
- Ethik in der Sozialen Arbeit

Evers, Janina
Projektmanagerin bei der innowise GmbH, Duisburg. Studium der Soziologie, Wirtschaftspolitik und Öffentlichen Rechts in Münster und York.

Arbeitsschwerpunkte:

- Arbeits- und Organisationsforschung und -beratung,
- Personal- und Organisationsentwicklung,
- demografischer Wandel
- Projektreferenzen u. a.: „Transdemo" – Innovative Strategien zur Gestaltung des Übergangs auf demografiefeste Regionen", „Produktivitäts-Cockpit soziale Dienstleistungen – Messung, Bewertung und Gestaltung der Produktivität in einem dynamisch wachsenden Dienstleistungsmarkt", „8iNNO – Organisationale Achtsamkeit als Basis für Innovationsfähigkeit von Unternehmen".

Franz, Hans-Werner
*1947, Berater für Qualitätssysteme. Sozialwissenschaftler, Dr. phil. (Soziologie, Politologie, Hispanistik), Dipl.-Übersetzer, Dolmetscher, Journalist, bis 2015 an der sfs Sozialforschungsstelle Dortmund (TU Dortmund) in Forschung und Beratung als Senior Researcher und Mitglied der Geschäftsführung; Mitglied des geschäftsführenden Vorstandes (Schatzmeister) des Berufsverbandes Deutscher Soziologinnen und Soziologen (BDS); (bis Oktober 2017) Managing Director von ESSI (European School of Social Innovation, Wien).
Wichtigste Fachgebiete:

- Entwicklung von Systemen und Organisationen beruflicher Aus- und Weiterbildung (Europäische Union, national, regional, betrieblich); Humanressourcen-Entwicklung
- Organisationsentwicklung (Unternehmen und Arbeit), kooperative Arbeitssysteme, Arbeitszeitgestaltung, Personalentwicklung, Qualitätsmanagement (u. a. nach EFQM) und Evaluation, Leitbildentwicklung, soziales Krisenmanagement
- Arbeitsmarkt- und Regionalentwicklung, vor allem in altindustriellen Regionen

Frischknecht, Sanna
*1984, Soziologin M.A., wissenschaftliche Mitarbeiterin in dem vom Schweizerischen Nationalfonds geförderten Forschungsprojekt „Transformative Gemeinschaften als innovative Lebensformen? (Nr. 162889) am Seminar für Soziologie der Universität Basel; Doktorandin und Mitglied der Graduate School of Social Sciences (G3S) der Universität Basel; Promotionsprojekt zu gemeinschaftlich-kooperativen Wohnformen am Beispiel der Wohnbaugenossenschaftsbewegung in der Schweiz seit den späten 1980er Jahren.
Forschungsinteressen u. a. in den Bereichen:

- Wohnsoziologie, Stadtforschung, Genossenschaftsforschung, qualitative Methoden der empirischen Sozialforschung.

Funk, Stephanie Catharina
*1989, M. Sc. Public Health, Wissenschaftliche Mitarbeiterin bbb Büro für berufliche Bildungsplanung R. Klein & Partner GbR; persönliches Mitglied der DeGEval Gesellschaft für Evaluation e. V.
Arbeitsschwerpunkte:
- Entwicklung von Konzepten in der Gesundheitsförderung und Prävention
- Wissenschaftliche Begleitung und Evaluation von settingbezogenen Maßnahmen, Programmevaluation

Gorges, Johannes
*1985, Projektleiter bei CO CONCEPT Luxemburg (www.coconcept.lu). Soziologe M.A. (Soziologie, Erziehungswissenschaften)
Wichtigste Fachgebiete:
- Evaluation von Programmen, Kampagnen und Projekten
- Begleitung von betrieblichen und branchenspezifischen Transformationsprozessen
- Verbraucheranalysen und Marktforschung

Götz, Konrad
* 1953, empirisch orientierter Sozialforscher, Dr. phil., Soziologe (Soziologie, Politologie, Kriminologie), Promotion über Freizeitmobilität, bis 1987 Sozialwissenschaftler im Programm Humanisierung der Arbeitswelt, bis 1995 Studienleiter am Sinus-Institut in Heidelberg, bis heute Koordinator strategische Beratung, Mobilitäts- und Lebensstilforscher am ISOE-Institut für sozial-ökologische Forschung in Frankfurt am Main. Mitglied des wissenschaftlichen Beirats des VCD, Mitglied der Leitungsgruppe des Nationalen Forschungsprogramms „Steuerungsmöglichkeiten des Endenergieverbrauchs" (NFP 71) der Schweiz.
Wichtigste Fachgebiete:
- Zielgruppen- und Lebensstilmodelle
- Sozialwissenschaftliche Mobilitäts- und Verkehrsforschung
- Methoden der qualitativen empirischen Sozialforschung

Grauel, Jonas
*1978, Dr. phil., Soziologe. 2012 Promotion zum Thema Lebensmittelkonsum und Alltagsmoral an der Universität Siegen, bis 2016 Post-Doc an der Universität Hamburg im Exzellenzcluster „Integrated Climate System Analysis and Prediction" (CliSAP), hier Forschung zum Thema Klimawandel und Transformation zu einer nachhaltigeren Wirtschaftsweise. Seit 2016 wissenschaftlicher Mitarbeiter für Mo-

nitoring und Evaluation im Projekt MehrWert NRW bei der Verbraucherzentrale NRW, seit 2017 Teamleiter Wissensmanagement.

Wichtigste Fachgebiete:

- Konsumsoziologie, insbesondere Ernährung und Lebensmittel sowie Nachhaltigkeit und Moral im Verbraucheralltag; Organisations- und Wirtschaftsforschung, insbesondere Unternehmen und Klimawandel.
- Konzeption von Monitoringsystemen, Begleitung externer Evaluationen, interne kollegiale Beratung zur Gestaltung von Maßnahmen, strategische Projektentwicklung.

Hallensleben, Tobias

*1982, Sozialwissenschaftler (Soziologie, Psychologie, Pädagogik) und Mitarbeiter am Lehrstuhl für Sozio-Ökonomik und unternehmerisches Handeln der Zeppelin Universität Friedrichshafen. Fellow am European Center for Sustainability Research (ECS) sowie Mitarbeiter im Forschungsprojekt *ReProNa – Reflexives Projektmanagement für nachhaltige Innovationsarbeit*. Mitglied der Sektion Arbeits- und Industriesoziologie (AIS) der Deutschen Gesellschaft für Soziologie (DGS) und der Abteilung Critical Management Studies (CMS) der Academy of Management. Forschungsschwerpunkte:

- Innovation als sozialer Prozess
- Lernen in und von Organisationen
- Organisation und Subjektivität (insbes. betriebliche Sozialisation)
- Innovationsfähigkeit und Reflexivität
- Soziale Transformationsprozesse postindustrieller Gesellschaften
- Können und Kompetenzen von Individuen und Kollektiven

Jaik, Alexandra

* 1988, seit 2015 wissenschaftliche Mitarbeiterin Hochschule Bochum, Mitglied des NRW-Fortschrittskollegs „Energieeffizienz im Quartier", Sozial- und Kulturwissenschaftlerin (Europastudien B.A., Soziokulturelle Studien M.A.)

Wichtigste Fachgebiete

- Nachhaltiger Konsum
- Nachhaltige Stadtteilentwicklung
- Soziale Innovation/Praktiken

Jende, Robert

* 1984, Soziologe (Magister Artium), Fellow am Kolleg Postwachstumsgesellschaften Jena (http://www.kolleg-postwachstum.de); Promotionsstudent an der Fried-

rich-Schiller-Universität Jena (Thema der Dissertation: Wege in die Gesellschaft. Performative Soziologie als Methodik öffentlicher Soziologie); Forschungsschwerpunkte:

- Performative Soziologie
- Öffentliche Soziologie
- Transformative Wissenschaft
- Gesellschaftstheorie
- Erkenntnistheorie

Kaletka, Christoph
*1975, Dr. phil. (Kommunikationswissenschaft, Psychologie, Englische Philologie), Senior Researcher und Mitglied der Geschäftsführung der Sozialforschungsstelle, zentrale wissenschaftliche Einrichtung der TU Dortmund; lehrt an der Fakultät für Rehabilitationswissenschaften der TU Dortmund Soziale Innovation und Digitale Inklusion; Editorial Board Mitglied des Journals „European Public & Social Innovation Review (EPSIR)", Beiratsmitglied von „All Digital", dem Dachverband europäischer Interneterfahrungsorte, und Mitglied des Facharbeitskreises Qualifizierung und Beschäftigung der Region Westfälisches Ruhrgebiet; Koordination des Forschungsprojekts „Social Innovation – Driving Force of Social Change (SI-DRIVE)" im 7. Forschungsrahmenprogramm der EU.
Wichtigste Fachgebiete:

- Ökosysteme sozialer Innovation
- Digitale Inklusion und gesellschaftliche Teilhabe
- Transferstrategien und intermediäre Akteure

Kleinfeld, Ralf
*1952, habil. Dr. rer. pol,. Professor für Vergleichende Politikwissenschaft, Universität Osnabrück seit 1999, Akademischer Oberrat FernUniversität Hagen 1984–1998, Vorstand DVPW 2006–2015, Mitherausgeber „Bürgergesellschaft und Demokratie" im VS Verlag, Mitglied Sportforum AG an der Deutschen Sporthochschule Köln, Wissenschaftlicher Beirat des Otto-Kirchheimer-Preises
Wichtigste Fachgebiete:

- Vergleichende Demokratieforschung
- Vergleichende Verbändeforschung
- Vergleichende Zivilgesellschaftsforschung
- Politikwissenschaftliche Sportforschung
- Kommunal- und Regionalpolitik und Regional Governance

Klindworth, Katharina
*1984, Wissenschaftliche Mitarbeiterin am Fachgebiet Stadtplanung und Regionalentwicklung der HafenCity Universität Hamburg, M.Sc. Stadtplanung, B.Sc. Geographie
Fachgebiete:
- Klimaschutz und Anpassung an den Klimawandel in Städten und Regionen
- städtische und regionale Governance der Stadt- und Regionalentwicklung, von Klimaschutz und Klimaanpassung
- Transitionforschung

Knieling, Jörg
*1964, Professor für Stadtplanung und Regionalentwicklung der HafenCity Universität Hamburg, Dr.-Ing. Stadt-, Regional- und Umweltplanung, M.A. Politikwissenschaften/Soziologie, Mitglied der Akademie für Raumforschung und Landesplanung ARL, Vorsitzender des Förderkreises für Raum- und Umweltforschung FRU e. V.
Forschungsfelder:
- Leitbilder und Visionen nachhaltiger Stadt- und Regionalentwicklung / Metropolenforschung
- Urban and Regional Governance, Öffentlichkeitsbeteiligung / deliberative Demokratie
- Klimawandel und Raumentwicklung / Transformationsforschung

Maylandt, Jens
*1977, Wissenschaftlicher Mitarbeiter der Sozialforschungsstelle (TU Dortmund). Diplom-Sozialwissenschaftler, seit 2005 an der Sozialforschungsstelle Dortmund.
Wichtigste Fachgebiete:
- Analyse der Diffusion sozialer Innovationen, insbesondere in Verbindung mit institutionalisierten Legitimitätsvorstellungen
- Regionale Innovationsnetzwerke, Europäisches Community Building mittels Internetplattformen
- Soziale Innovationen für gute Arbeit und ihre Diffusion

Obermeier, Claudia
*1984, Wissenschaftliche Mitarbeiterin und Doktorandin im Fachbereich Soziologie an der Christian-Albrechts-Universität zu Kiel, Master of Arts in Soziologie und Philosophie. Mitglied des Senats des Berufsverbandes Deutscher Soziologinnen und Soziologen (BDS).
Forschungsschwerpunkte:
- Alter(n)ssoziologie

- Technisierung (inklusive Robotik und Mensch-Roboter-Interaktion) und Digitalisierung
- Theorien und Analysen sozialer Ungleichheit

Pelka, Bastian
*1975, Dr. phil. (Kommunikationswissenschaft, Soziologie, Politikwissenschaft), wissenschaftlicher Mitarbeiter der Sozialforschungsstelle, zentrale wissenschaftliche Einrichtung der TU Dortmund, Forschungsrat und Koordinator des Forschungsbereichs „Arbeit und Bildung in Europa". Lehrtätigkeit an der Fakultät für Rehabilitationswissenschaften der TU Dortmund, Lehrgebiet: digitale Inklusion. Wichtigste Fachgebiete:

- Digitale Inklusion: Teilhabe mit und in digitalen Medien
- Ausgestaltung wohlfahrtsstaatlicher Angebote zur digitalen Teilhabe
- Soziale Innovation: regionale Innovationssysteme und digitale soziale Innovationen
- Digitale Plattformen
- Gestaltung digitaler Mensch-Technik Interaktion
- Systeme lebensbegleitenden Lernens

Rademacher, Laura Tahnee
*1992, seit 2012 Studium an der WWU Münster, 2015 Abschluss 2-Fach Bachelor Soziologie/ Kultur- und Sozialanthropologie. Anschließend Studium Master Soziologie „Antinomien sozialer Dynamiken". Seit 2014 Hilfskraft am Institut für Soziologie Münster und seit 2015 freie Mitarbeiterin im Frauenbüro der Stadt Münster und der BAG kommunaler Gleichstellungsbeauftragten. Schwerpunkte:

- Arbeitskreise gegen Gewalt an Mädchen und Frauen Münster und Gewaltschutzgesetz Münster
- Europäische Charta zur Gleichstellung von Frau und Mann auf kommunaler Ebene
- Indikatoren zur Messung von Gleichstellungsarbeit

Schreiber, Carolin
Prof. (stv.), studierte Industrial Design an der Universität Duisburg-Essen und der FH Joanneum, Graz. Sie leitet gemeinsam mit ihrem Partner ein Büro für Partizipative Gestaltung sowie Transportation- & Produktdesign DESIGNWESEN in Essen und ist seit Januar 2014 als Vertretungsprofessorin im Fachbereich Gestaltung, Industrial Design sowie dem Heterotopia Graduate Programm an der Folkwang Universität

tätig. 2016 wurde sie vom Stifterverband für die deutsche Wissenschaft mit dem Ars Legendi Preis für exzellente Hochschullehre ausgezeichnet.
Ihre fachlichen Schwerpunkte liegen im Social & Participatory Design. Ihre Studierenden arbeiten in Nachbarschaften, Altenheimen, Kinderförderungszentren, Krankenhäusern etc. gemeinsam mit „Nicht-Gestaltern" in einem Gestaltungsprozess auf Augenhöhe.

Schröder, Antonius

*1955, Diplom-Sozialwissenschaftler und Mitglied der Geschäftsführung der Sozialforschungsstelle (Technische Universität Dortmund), verantwortlich für europäische und internationale Forschung; Vice-Chairman der Working Group People der Europäischen Stahltechnologie Plattform (ESTEP), Senatssprecher des Berufsverbandes Deutscher Soziologinnen und Soziologen (BDS).
Er koordiniert/e, war und ist beteiligt an vielen von der EU geförderten Projekten zum Lebenslangen Lernen (insbesondere zur beruflichen Aus- und Weiterbildung, zuletzt mit dem Focus auf „Green Skills") und zu Sozialer Innovation. Aktuell koordiniert er das von der EU finanzierte Projekt „SI-DRIVE – Social Innovation: Driving Force of Social Change" mit 25 Partnern aus der ganzen Welt, das innovative Projekte und Initiativen zu den Politikfeldern Bildung und Lebenslanges Lernen, Beschäftigung, Umwelt, Energieversorgung, Transport und Mobilität, Gesundheit und soziale Dienstleistungen, Armutsbekämpfung und Nachhaltigkeit umfasst. Aktuell arbeitet er weiterhin an Projekten, die technologische Forschung und Entwicklung mit sozialen Wirkungen und Entwicklungsprozessen verbinden.

Schubert, Christoph

*1985, Soziologe (M.A.), wissenschaftlicher Mitarbeiter am Lehrstuhl für Bildungssoziologie an der Martin-Luther-Universität Halle-Wittenberg, zwischen 2013 und 2016 Stipendiat des internationalen Graduiertenkollegs „Formwandel der Bürgergesellschaft" der Universitäten Halle und Tokyo.
Wichtigste Fachgebiete:
- Soziologie ländlicher Räume sowie der Umgang mit demografischen Veränderungen
- Bildungs- und Hochschulsoziologie, insbesondere Hochschulexpansion und die Akademisierung von Beschäftigung

Schulz, Frank

*1979, Stadtplaner AKNW, Dr.-Ing. Raumplanung, seit April 2017 Prokurist des Planungsbüros steg NRW in Dortmund, von 2009–2017 wissenschaftlicher

Mitarbeiter an der TU Dortmund im Fachbereich Städtebau, Stadtgestaltung und Bauleitplanung, Gründungsmitglied des Forums Stadtforschung.
Wichtige Fachgebiete:

- Integrierte Stadterneuerung und Städtebauförderung (vor allem in den Förderprogrammen Soziale Stadt, Stadtumbau sowie Aktive Stadt- und Ortsteilzentren)
- Kommunalberatung und Projektmanagement im Bereich Städtebauförderung und EU-Förderung
- Machbarkeitsstudien zum Thema Bildungslandschaften und innovative Entwicklung von Stadtteilzentren

Selke, Stefan
* 1967, Öffentliche Soziologie, Prof. Dr., lehrt und forscht an der Hochschule Furtwangen als Professor für „Gesellschaftlichen Wandel" und Forschungsprofessor für „Transformative und öffentliche Wissenschaft. Mehr unter: www.stefan-selke.de
Wichtigste Fachgebiete:

- Armut und nachhaltige Armutsbekämpfung
- Digitale Transformation und digitale Selbstvermessung
- Soziale Utopien
- Öffentliche Soziologie und Transformative Wissenschaft

Stenger, Myriam
*1977, freischaffende Evaluatorin, Dipl. Ing. (FH) Gartenbau (Gartenbauökonomie, Dienstleistungsgartenbau, Biotechnologie), seit 2016 Evaluatorin an der der Hochschule Geisenheim University, bis 2016 Unternehmensberaterin und Evaluatorin bei CO CONCEPT Marketingberatung.
Wichtigste Fachgebiete:

- Kampagnen-, Politik-, Programm-Evaluationen (Europäische Union, national, regional);
- Evaluation und Weiterentwicklung der Hochschullehre mit Bezug zur grünen Branche (nutzenfokussierte Evaluationssysteme, dialogische Evaluationsverfahren, Evaluation der externen Perspektive)
- Gartenbauökonomie (Imageforschung, strategische Positionierung, Wissenstransfer- und Wertschöpfungsketten)

Sunderer, Georg
*1979, Diplom-Soziologe. Wissenschaftlicher Mitarbeiter im Forschungsschwerpunkt „Mobilität und Urbane Räume" am Institut für sozial-ökologische Forschung (ISOE), Frankfurt am Main.
Wichtigste Fachgebiete:

- Ethischer Konsum
- Mobilitätsorientierungen und Verkehrsmittelwahl
- Akzeptanz von sozial-ökologischen Innovationen

Üblacker, Jan

Studium der Soziologie, Politik und Kommunikation an der Universität Augsburg, der Middle Eastern Technical University Ankara und an der Universität zu Köln, Promotion an der Universität zu Köln zum Thema „Gentrification-Forschung in Deutschland" und bis 2015 wissenschaftlicher Mitarbeiter am dortigen Institut für Soziologie und Sozialpsychologie, Lehrbeauftragter an der Folkwang Universität der Künste, seit 2015 wissenschaftlicher Referent des Themenbereichs Integrierende Stadtentwicklung am Forschungsinstitut für gesellschaftliche Weiterentwicklung (FGW).

Wichtigste Arbeitsgebiete:
- Stadt- und Quartiersentwicklung, Segregation, Gentrification, Social Mix
- Methoden empirischer Sozialforschung, Forschungssynthesen
- Organisation des Wissenstransfers zwischen Akteuren der Zivilgesellschaft, Politik und Wissenschaft, Wissenschaftskommunikation

Wetzel, Dietmar J.

*1968, Soziologe und Dipl. Frankreichwissenschaftler, Privatdozent an der Friedrich-Schiller-Universität Jena und wissenschaftlicher Mitarbeiter am Seminar für Soziologie an der Universität Basel; Co-Leitung des SNF-Projekts „Transformative Gemeinschaften als innovative Lebensformen? Cohousing und Vertragslandwirtschaftsprojekte in der deutschsprachigen Schweiz". Seit April 2017 Vertretungsprofessor (Schwerpunkte: Lebensführung und Nachhaltigkeit) am Fachbereich Sozialökonomie an der Universität Hamburg. Lehrbeauftragter an den Universitäten Basel und Bern sowie an der Hochschule für Gesundheit, Fribourg.

Wichtigste Fachgebiete:
- Soziologische Theorien, Kultur- und Gendersoziologie
- Wirtschaftssoziologie, insbesondere (Finanz-)Märkte, Wettbewerb, Kooperation
- Französische Sozialphilosophie
- Gedächtnissoziologie (Erinnern und Vergessen, Maurice Halbwachs)
- Resonanz- und Anerkennungssoziologie
- Gemeinschaftssoziologie
- Qualitative Sozialforschung (Ethnographien; Diskurs- und Dispositivanalysen)

Wiloth, Stefanie
*1985, B.A., Soziologin und Dipl. Gerontologin, Promotion in Gerontologie, seit 2014 wiss. Mitarbeiterin am Diakoniewissenschaftlichen Institut der Universität Heidelberg.
Forschungsgebiete:
- Digitalisierung/Technikeinsatz bei der Versorgung und Betreuung älterer Menschen
- Potenziale und Ressourcen bei älteren Menschen mit chronischer Erkrankung
- Körperliche Aktivität und Training bei Menschen mit Demenz
- Umwelt und Wohnumfeld im Alter

Wörlen, Matthias
*1978, Soziologe und Wirtschaftswissenschaftler. Wissenschaftlicher Mitarbeiter am Lehrstuhl für Sozio-Ökonomik und unternehmerisches Handeln der Zeppelin Universität Friedrichshafen. M.A. (Soziologie, BWL, VWL), Fellow des European Center for Sustainability Research (ebenfalls ZU). Leiter des Projekts „Enhancing Blue-Green and Social Performance in Dense Urban Environments" (2014–2016) finanziert durch die Ramboll Stiftung und Mitarbeiter im BMBF-Projekt „ReProNa: Reflexives Projektmanagement für nachhaltige Innovationsarbeit" (2016–2019).
Wichtigste Fachgebiete:
- Gestaltung kollektiver Lernprozesse in institutionellen Umfeldern (Organisationsentwicklung, Regional- und Stadtentwicklung, Professionen, Wissensnetzwerke)
- Analyse von Kompetenzen und Ressourcen für nachhaltige Entwicklung (Dynamiken, Substitutionseffekte und Nebenfolgen beim Gebrauch materieller und immaterieller Ressourcen)
- Forschung zu sozialer Innovation und sozio-ökologischer Transition

Zimmer, Wiebke
*1971, Studium der Chemie, Promotion am FB Physik der FU Berlin, von 2001 bis 2004 als wissenschaftliche Mitarbeiterin im Umweltbundesamt im Fachgebiet Schadstoffminderung und Energieeinsparung im Verkehr, seit Januar 2005 Wissenschaftliche Mitarbeiterin und seit 2013 stellv. Leiterin des Bereichs Ressourcen & Mobilität im Berliner Büro des Öko-Institutes.
Wichtigste Fachgebiete:
- Bewertung alternativer Mobilitätskonzepte
- Entwicklung von Strategien zur CO_2-Minderung im Transportsektor
- Szenarienentwicklung sowie Beurteilung von ordnungspolitischen und ökonomischen Instrumenten und Maßnahmen im Bereich Verkehr

Zisenis, Dieter
*1954, Dipl. päd., Gesellschafter bbb Büro für berufliche Bildungsplanung R. Klein & Partner GbR, Geschäftsführung, selbständiger Berater und Erziehungswissenschaftler seit 2007, davor langjährige Berufserfahrung in unterschiedlichen Arbeitsfeldern der Erwachsenenbildung, zuletzt als Institutsleiter eines Fort- und Weiterbildungsinstitut für Gesundheitsberufe
Arbeitsschwerpunkte:
- Konzeptentwicklung und Projektmanagement im Bereich Bildung/Weiterbildung, Sozialwirtschaft – mit den besonderen Themenschwerpunkten Sozialraum, Quartier und Alphabetisierung und Grundbildung Erwachsener
- Wissenschaftliche Begleitung, Evaluation nationaler und europäischer Projekte

Druck:
Canon Deutschland Business Services GmbH
im Auftrag der KNV-Gruppe
Ferdinand-Jühlke-Str. 7
99095 Erfurt